Hans Georg Siegler

Danzig

Chronik eines Jahrtausends

Drostes
Städte-
Chronik

Hans Georg Siegler

DANZIG

Chronik eines Jahrtausends

Droste Verlag

Die Bildvorlagen stammen aus den Archiven
des Droste Verlags und des Autors.
Zeitgenössische Fotos von Gerhard Jeske

CIP-Titelaufnahme der Deutschen Bibliothek

Siegler, Hans Georg:
Danzig: Chronik eines Jahrtausends/Hans Georg Siegler.–
Düsseldorf: Droste, 1990
(Droste-Städte-Chronik)
ISBN 3-7700-0884-7

Schutzumschlagentwurf: Helmut Schwanen (Fotos: RP-Archiv)
Gesamtherstellung: Clausen & Bosse, Leck
ISBN 3-7700-0884-7

Inhalt

Vereinige uns Europäer neu
und mildre unsern herben Sinn
mit deinem Saft von Freund-
schaft und Verständnis.

Aristophanes, »Der Frieden«
(421 v. Chr.)

Aus dem Bericht über die Reise
Bischofs Adalbert von Prag
im April 997 nach Danzig,
von Johannes Canaparius,
Abt des Klosters der Heiligen
Bonifaz und Alexis, auf dem
Aventin in Rom:

»Nachdem der Herzog Boleslaw den Wunsch
Adalberts erfahren hatte, gab er ihm ein
Boot und rüstete es mit 30 Bewaffneten
zum Schutz auf der Reise aus.
Adalbert suchte zuerst »die Burg Danzig«
auf, welche die Küste des Meeres berührte
und von diesem die weiten Gebiete
des Herzogs abtrennte . . .«

(Erste Erwähnung der »urbs Gyddanyzc«.)

Vor der Zeitrechnung

Um 1700 v. Chr. Erwähnung einer Bernsteinstraße als Handelsweg vom Mittelmeer über die Mährische Pforte in das Gebiet um die Weichselmündung.

Um 1580–1480 v. Chr. Funde baltischen Bernsteins in Schachtgräbern der frühmykenischen Zeit.

Um 1130 v. Chr. Fachwerkhäuser auf Pfosten (Pfahlbauten) im Weichseldelta.

Um 1000 v. Chr. Ostgermanische Siedlungen an der Mündung der Weichsel. Die Ostgermanen siedeln hier über eintausendfünfhundert Jahre.

Um 500 v. Chr. Eine etruskische Handelsstraße führt über Hallstatt, Linz, Glatz in Schlesien und Czersk (Skurgon bei Ptolemäus) an die Mündung der Weichsel, auf der Bronzeschmuck und Tongefäße mit etruskischen Motiven gefunden werden.

Um 450 v. Chr. Griechische Münzfunde lassen darauf schließen, daß eine Handelsstraße von Olbia am Schwarzen Meer bis an die Danziger Küste führte.

Aus dem 4. Jh. v. Chr. Die Nachprägung einer Münze Alexanders des Großen wird bei St. Albrecht, wenige Kilometer südlich von Danzig gefunden.

Um 200 v. Chr. Seit dieser Zeit ist die handwerkliche Bearbeitung von Eisen in den Brandgruben bei Oliva nachweisbar. Hier fand sich auch ein Gräberfeld als Beweis einer größeren Ansiedlung. In den Urnengräbern und Brandgruben wurden Waffen und Schmuckstücke aus Eisen aufgefunden. Funde römischer Münzen lassen zugleich auf einen Handelsverkehr mit dem Römischen Reich über die »Bernsteinstraße« schließen.

Um die Mitte des 2. Jh. Südwanderung der ostgermanischen Goten von Schweden und Gotland an die Weichselmündung. Dieses Mündungsgebiet besiedeln nacheinander Rugier, Burgunder und Goten.

113 v. Chr. Unterbrechung des etruskischen Handels.

Von der Zeitrechnung an

Um 78 n. Chr. Plinius erwähnt die Weichsel als einen Fluß Germaniens. Tacitus nennt den germanischen Stamm der Gotonen an der Ostseeküste am Unterlauf der Weichsel. Östlich davon beschreibt er die Ästen.

Im 6. Jh. n. Chr. Cassiodor weist in der gleichen Region auf die Ästen hin. Jordanes nennt das Land an der Mündung der Weichsel »Gothiscandza« (Land der Goten). Seeräuberzüge der Wikinger führen bis in das Mündungsgebiet der Weichsel (Truso).

Im 7. Jh. n. Chr. Anfänge slawischer Siedlungen auf dem Gebiet der späteren Rechtstadt Danzigs.

7. bis 9. Jh. n. Chr. Ausgrabungen nach 1945 auf dem Gebiet der späteren Rechtstadt nahe der Mottlau bestätigen ältere slawische Siedlungen.

750 n. Chr. Kufische Münzfunde bei Oliva (und von 800 n. Chr. bei St. Albrecht in der Nähe Danzigs).

Um 900 n. Chr. Der angelsächsische Seefahrer Wulfstan berichtet über Siedlungen in Weichselünde (Wislamund) und auf der Halbinsel Hela (Skyringshael). In diese Zeit reichen zahlreiche Bootsfunde zurück, die in und bei Danzig gefunden wurden. Die Prussen, ein baltischer Stamm, erreichen die Ostseeküste bis über die Weichselmündung hinausgehend.

9. bis 10. Jh. n. Chr. Ausgrabungen der Jahre 1971 bis 1974 bestätigen Spuren einer sehr frühen Siedlung unterhalb der Fundamente des später dort errichteten Rechtstädtschen Rathauses und des heutigen Neptunbrunnens.

Nach Mitte des 10. Jh. n. Chr. Gründung einer slawischen Burg auf dem Burggelände am Mottlauknie in Danzig.

Im 10. Jh. n. Chr. Der spanische Kaufmann Ibrahim Ibn Jakub nennt die Prussen in seinem Reisebericht. Westlich »einer fabelhaften Stadt der Frauen« erwähnt er das Volk der Ubâba am Meer.

963 Der Herrscher Polens, Mieszko I., begibt sich unter die Lehnshoheit des deutschen Kaisers Otto I.

966 Mieszko I. wird christlich getauft.

966 Am Ende des 10. Jh. befand sich das Land an der unteren Weichsel unter der Herrschaft eines Fürsten, der um 966 an den Hof des polnischen Herzogs nach Gnesen gekommen war, um dessen Tochter zu ehelichen. In Gnesen herrschte damals Boleslaw, der Sohn Mieszkos I., der als Begründer des polnischen Reiches in die Geschichte eingegangen ist und 966 das Christentum angenommen hatte.

968 An der Kreuzung zweier Handelsstraßen von West nach Ost durch das Tal des Schidlitzbachs und der von Nord nach Süd führenden Bernsteinstraße entstand, nahe der Einmündung des Mottlauflusses in den Weichselstrom, an der Stelle einer Fischersiedlung das frühmittelalterliche Danzig mit einer Burg als Fürstensitz und einem Hafen als Zentrum des Weichsel- und Seehandels.

976 Im Verlauf der Kämpfe um Pomorże Zachodnie (Pommern) geriet Mieszko I. in Konflikt mit dem deutschen Kaiser Otto II., dem er sich tributpflichtig erklären mußte.

980 Im Gelände zwischen der Rittergasse und der in einem spitzen Winkel zu ihr verlaufenden Großen Knüppelgasse und der Gasse mit dem Namen »Rähm«, der einstigen Burgsiedlung, wurden nach 1945 unter den Trümmern der dortigen, im März 1945 zerstörten Wohngegend die hölzernen Relikte einer Wehrsiedlung entdeckt. Es wird vermutet, daß es sich um eine Insel zwischen den Flußläufen von Weichsel und Mottlau gehandelt haben könnte. Diese Siedlung war von einem Holz- und Erdwall umgeben, der sie nicht nur vor feindlichen Angriffen, sondern auch vor den Überschwemmungen des mit der Schneeschmelze im Frühjahr auftretenden Weichselhochwassers schützen sollte. Die Höhe dieser Befestigung soll etwa 10, ihre Breite etwa 15 Meter betragen haben.

990 Ein prussischer Raubfürst namens Hagel macht vorübergehend den unterhalb des Hagelsberges liegenden Fischerort an der Weichsel, Münde, tributpflichtig.

991 Mieszko I. stellt sein Herrschaftsgebiet unter den Schutz des Heiligen Stuhls, um dessen Eingliederung in das Deutsche Reich zu unterlaufen.

992 Tod Mieszkos I. Nachfolge: Boleslaw Chrobry (der Tapfere).

997 Herzog Boleslaw Chrobry versucht die deutsche Lehnshoheit zu beenden und seine nördlichen Nachbarn, die baltischen Prussen und die slawischen Pomoranen, zu unterwerfen. Mission Adalberts von Prag, der in Danzig den Fürsten und viele seiner Untertanen tauft und auf seiner Bekehrungsfahrt zu den Prussen von diesen erschlagen wird. Erste Erwähnung einer »urbs Gyddanyzc« in der Vita Adalberts durch Abt Canaparius in Rom.

999 29. Juni Heiligsprechung Adalberts von Prag.

Um 1000 Boleslaw Chrobry besetzt das Land um die Weichselmündung. Pilgerreise Kaiser Ottos III. zum Grab des heiligen Adalbert nach Gnesen. Bei dem damaligen Treffen zwischen Kaiser Otto III. und Boleslaw Chrobry wurde die Gründung des Erzbistums Gniezno (Gnesen) und einiger ihm untergeordneter Bistümer verkündet.

1025 Herzog Boleslaw Chrobry läßt sich kurz vor seinem Tod zum König krönen. Mieszko II., Lambert, tritt seine Nachfolge (1025–1034) an.

1039 Mit dem Verlust von Pomorże durch den Angriff des böhmischen Herzogs Bretislaw I. wurde der damalige polnische Staat von der Ostsee abgeschnitten.

1107 Boleslaw III. (Schiefmund) setzt die Dynastie der Piasten fort und vollendet damit die frühfeudale Monarchie (1138).

Ende des 11. Jh. Die Burgsiedlung Danzig wird durch einen Flächenbrand zerstört.

1113 Mit der Eroberung der Stadt Nakel durch Boleslaw III. (Schiefmund) wird das Küstengebiet um Danzig (Pomorże Gdańskie) Polen einverleibt.

1123 Pomerellen wird dem neuen polnischen Bistum Kujawien mit Sitz in Wloclawek (Leslau) zugewiesen.

1135 Boleslaw III., genannt »Schiefmund«, erkennt die Lehnshoheit des deutschen Kaisers über Pommern an.

1140 (oder 1148) Die Burg von Danzig (castrum Kdanzc) wird vorübergehend zum Besitz des Bischofs von Leslau, den Papst Eugen III. diesem verleiht. Von der Burg wird ein Schiffszoll erhoben. Von dieser Abgabe, wie auch von dem Getreide, erhält der Bischof den »Zehnten« als Steuer. Diese Burg lag an der gleichen Stelle wie die spätere Burg der pomerellischen Herzöge.

1140–1150 Erweiterung der Stadt Danzig (Suburbium und Markt) auf dem Gelände der Altstadt.

1150 Subislaw I., Herzog in Pomerellen, stiftet St. Katharinen als Pfarrkirche des Bezirks der Danziger Burg.

Zwischen 1170 und 1180 Erste nachgewiesene Ansiedlung deutscher Kaufleute und Handwerker im damaligen Danzig.

1174 13. Januar Todestag des Herzogs Subislaw I. von Pomerellen.

1177 Sambor I., Fürst in Pomerellen, † 1207(?), soll nach dem Bericht seines Zeitgenossen, des polnischen Chronisten Vinzenz Kadłubek von Krakau, ein Enkel des Siro, Palatin von Masowien und Kujawien, gewesen sein und Steuereinnehmer in »Pommern«, dem Mieszko III., der Alte, seine Tochter zur Gemahlin gegeben habe. Unter dem Jahre 1177 berichtet der gleiche Chronist, daß Kasimir der Gerechte (1177–1194) Sambor zum »Markgrafen« in Danzig eingesetzt habe. Sambor selbst nannte sich »princeps Pomeranorum«, führte seine Herrschaft auf »väterliches Erbe« zurück und verfügte nach der Form seiner Verleihungsurkunde für das Kloster Oliva von 1178 über Grund und Boden und die damit verbundenen landesherrlichen Einkünfte und Rechte wie ein völlig unabhängiger Landesfürst. Sambor I. hatte mehrere Kinder, von denen namentlich nur sein Sohn Subislaw II. bekannt ist, der ihn nicht überlebte. Nach Olivaer Überlieferung soll Sambor 1207 gestorben und im dortigen Kloster begraben sein. Sein Nachfolger wurde sein jüngerer Bruder Mestwin I. als Senior des Geschlechts, den die Olivaer Mönche als den Friedfertigen (pacificus) bezeichneten.

(Zitat: Ernst Bahr)

1178 18. März Mittels einer auf der Danziger Burg ausgefertigten Urkunde wird das Kloster Oliva (als dessen Begründer Subislaw I. gilt) urkundlich »bestätigt«. Den Zisterziensern werden Dörfer (u. a. Oliva) und Rechte (u. a. Fischfang und Mühlen am Strießbach) verliehen. Die Untertanen des Klosters Oliva mußten an der Burg und dem Bau einer Brücke in Danzig sogenannte Scharwerkersdienste leisten. Die Brücke wird wohl das Bollwerk am linken Mottlauufer, die spätere »Lange Brücke« gewesen sein. Den »Zehnten« des Schiffszolls, der an dieser »Brücke« erhoben wurde, erhielt jetzt das Kloster Oliva. Eine Kaufmannsstraße von Stargard aus verband Danzig mit dem Hinterland.

um 1200 Anhand der Ausgrabungsergebnisse der Nachkriegszeit stellt sich die Topographie der Siedlung zu Beginn des 13. Jh. etwa folgendermaßen dar: die Burg mit dem Sitz des Herzogs in einer Insellage am nordwestlichen Ufer der Mottlau, mit den Häusern des herzoglichen Gefolges und der Dienerstadt, Ställen und Hofgebäuden, vermutlich auch mit einer Kapelle. Zwischen Burg und der von Fischern und Handwerkern bewohnten Siedlung führt etwa in der Linie des heutigen Altstädtischen Grabens der Hauptweg in Richtung Westen bis zur Katharinenkirche und dem südlich von dieser gelegenen Marktplatz, dem heutigen Dominikanerplatz.

1207 Tod Sambors I. Dessen Bruder übernimmt als Mestwin I. die Herrschaft über Pomerellen.

1209 In der Stiftungsurkunde des Prämonstratenserinnenklosters Zuckau nennt sich Mestwin I. Fürst von Danzig. Er dehnt sein Land nach Süden aus und erweitert es um das Fürstentum Schwetz.

1212–1214 Gründung des Klosters Zuckau durch Mestwin I.

1220 Nach Mestwins I. Tod folgte diesem sein Sohn Swantopolk nach. Die jüngeren Brüder Swantopolks erhalten andere Landstriche (Wartislaw, Ratibor und Sambor II.)

1220–1224 Ältestes erhaltenes Zollprivileg für die lübischen Kaufleute in Danzig.

Um 1224 Swantopolk erteilt als Nachfolger Mestwins I. die »Freiheit« zur Lokation einer »civitas« auf dem Boden der Rechtstadt.

1224 Heidnische Prussen überfallen das Kloster Oliva und töten Mönche des Olivaer Konvents unter Martern.

1227 22. Januar Den Dominikanermönchen wird die Nikolaikirche übergeben. Erste Erwähnung eines Schulzen der Stadt Danzig.

1227 Swantopolk gelingt es, die polnische Oberhoheit abzustreifen.

1234 Swantopolk nennt sich jetzt Herzog von Pommern und »Herr von Danzig«. Im Kampf gegen den Ritterorden versucht Swantopolk von einer Burg im Kulmer Land und von der Burg Zantir im Knie von Nogat und Weichsel aus, den Weichselhandel zu sperren. Daraufhin verbündet sich der Ritterorden mit polnischen Herzögen gegen ihn. Prusseneinfall in Oliva mit der Zerstörung des dortigen Klosters.

1236 Selbstverwaltung der »civitas Danczik« durch einen Schultheißen.

1253 Nach seiner Niederlage gegen den Ritterorden mußte sich Swantopolk verpflichten, bei einem Friedensbruch die Danziger Burg dem Ritterorden mit allen Rechten zu übergeben.

1258 Gründung des Klosters Poguttken als Zisterzienserkloster Neu-Doberan mit mecklenburgischen Mönchen. (Da sich die Lage als ungünstig erwies, wurde das Kloster 1276 an die Ferse verlegt und in Pelplin lokalisiert.)

1260 5. August Der Danziger Dominik, ein großer Jahrmarkt, wird zum erstenmal von der Bevölkerung mit großer Anteilnahme gefeiert. Seitdem wurde der Dominik alljährlich am 5. August als großes

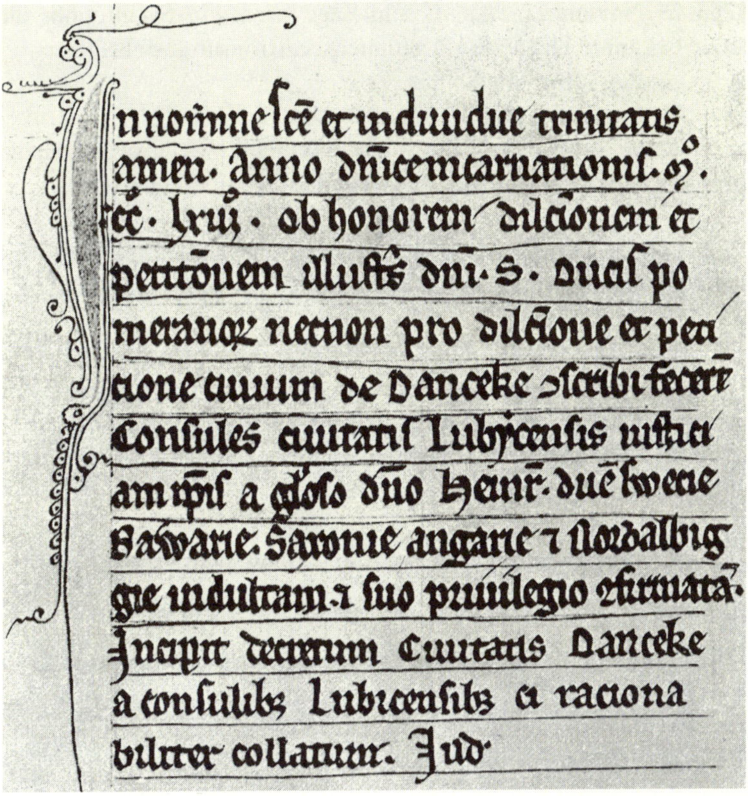

Der Rat der Stadt Lübeck verleiht im Jahre 1263 auf Bitten des Herzogs Swantopolk von Pomerellen und der Danziger Bürger der Stadt Danzig das lübische Stadtrecht.

Stadtfest abgehalten, das jeweils vierzehn Tage dauerte. Ein Ablaß, den Papst Alexander IV. für den Tag des heiligen Dominikus bewilligte, soll den Anlaß zum Danziger Dominik gegeben haben, zu welchem Handwerker, Höker, fahrende Händler mit ihren Waren nach Danzig kamen und hier einen großen Absatz erzielten. Volksbelustigungen umrahmten den allseits beliebten Jahrmarkt, und dies bis auf den heutigen Tag.

1263 Aufzeichnung des in Danzig geltenden lübischen Rechts. In diesem Jahr wird ein alter Schultheiß von Danzig mit Namen Arnold erwähnt.

1263 25. November An diesem Tage wird von Swantopolk die letzte bekannte Urkunde »in gedanensi castro« ausgestellt.

1266 11. Januar Tod Swantopolks. Die Herrschaft des verstorbenen Herzogs wird unter seine Söhne aufgeteilt: Wartislaw in Danzig, Mestwin in Schwetz und Sambor II. in Liebschau und Dirschau.

1269 1. April Im Konflikt der Brüder Mestwin II. und Wartislaw sichert sich Mestwin II. den Beistand der Brandenburger und überträgt diesen sein Land als Lehen.

1270 Die Stadtmauer erstreckt sich jetzt, nach einem Bericht über die Stadtbefestigung, im Verlauf der heutigen Hundegasse, der Berholdschen Gasse, Kürschnergasse, Heiligengeistgasse, Ziegengasse und Postgasse.

1271 Die Danziger liefern Burg und Stadt den Brandenburgern aus.

1272 Nach dem Tod seines Bruders Wartislaw betrachtete Mestwin II. sich als alleinigen Erben und »Herrn von Pommern«. Eroberung der Danziger Burg durch Boleslaw von Polen und Unterwerfung der deutschen Stadt.

1273 Als neuer Verwalter der deutschen Stadt wird der Schultheiß Heinrich Pape erwähnt.

1280 Dem Dominikanerkloster war seit seiner Gründung die Nutzung des Schidlitzbachs, der von der »Höhe« durch das Tal, in dem das Dorf Schidlitz liegt, fließt und in die Mottlau mündet, zugesprochen worden. Von Herzog Mestwin II. wird die Schenkung seines Vaters Swantopolk aus dem Jahr 1227 bestätigt.

1282 15. Februar Mestwin II. setzt den Neffen und Nachfolger Boleslaws, Herzog Przemyslaw von Großpolen, durch eine »donatio inter vivos« zu seinem Mitregenten und Erben ein.

1283 Zum erstenmal zeigen sich in den Gassen Danzigs die Ordensritter in ihren weißen, mit einem schwarzen Kreuz versehenen Umhängen. Anlaß ist die in Anwesenheit des Ordensmarschalls und Vize-

1399

1414

1387

Danziger Siegel.

landmeisters Konrad von Tierberg von Mestwin II. nach längerem Widerstreben erteilte Bestätigung der 1276 von Sambor II. verfügten Schenkung des Landes um die Stadt Mewe.

1293 Die letzte Urkunde vor seinem Tod fertigt Herzog Mestwin II. in der Burg von Danzig aus, mit der Hervorhebung der Floskel »in castro nostro«.

1294 25. Dezember Tod Mestwins II. Przemyslaw von Polen tritt vertragstreu dessen Nachfolge als Herrscher in Pomerellen an. Nach dem Aussterben des pomerellischen Herrscherhauses wird die Burg von Danzig vorzüglich von Palatinen und Landrichtern bewohnt. Unter ihnen wurden Swenza und Bogussa für das Schicksal Danzigs bedeutend, denn sie schufen die Voraussetzungen für die Besetzung der Burg im Jahr 1301 durch den Ritterorden.

1295 August/Oktober Przemyslaw verleiht der Stadt Danzig ein neues Befestigungsrecht, zugleich wahrscheinlich auch Magdeburger Stadtrecht.

1295 Die noch freie Fläche zwischen der unteren Brotbänken- und der Heiligengeistgasse wird bebaut. Das Wohngebiet wird im Westen der Stadt bis zur Gerber-, Wollweber- und Scharmachergasse ausgeweitet. Die Stadt wird mit Plankenzäunen und Gräben neu befestigt.

1296 Der Palatin Swenza erscheint nach der Wahl Wenzels II. zum König von Polen als dessen Vertreter und Statthalter von Pomerellen.

1296–1299 Pomerellen unter der Herrschaft Herzog Wladyslaw Lokieteks.

1299 Die Handelsbeziehungen zwischen Danzig und Lübeck dokumentiert die einzige von der pomerellischen Stadt ausgefertigte Originalurkunde für die Stadt Lübeck. Sie trägt das Stadtsiegel einer mit Brustwehren bestückten Kogge mit einem auf jeder Seite von drei Tauen gestützten Mast mit Flagge und Mastkorb und einem achtstrahligen Stern. Die Umschrift lautet: Sigillum: burgensium: in Dantzike.

14. Jahrhundert

1301 Auf Wunsch Wenzels II. begab sich der Landmeister des Deutschen Ordens nach Danzig und ergriff im Auftrag des Königs von Burg und Stadt Besitz. Nach kurzer Zeit aber hat der Orden die Stadt wieder verlassen.

1305 21. Juni König Wenzel II. stirbt 34jährig. Sein Sohn übernimmt als Wenzel III. die väterlichen Rechte auf Polen. Inzwischen hatte Wladyslaw Lokietek im Süden Polens wieder, von Kaiser Albrecht gestützt, Ansehen erwerben können.

1305 5. August Von Kaiser Albrecht bedrängt, verpflichtete sich Wenzel III., Pomerellen an den Markgrafen von Brandenburg abzutreten.

1306 25. Januar Landmeister Konrad Sack vermittelt zwischen Wenzel und Wladyslaw einen Waffenstillstand in Thorn. Am 4. August wird Wenzel III. in Olmütz ermordet, 17jährig, als der letzte seines Hauses. Wladyslaw Lokietek wird sein Nachfolger.

1306 1. September Wladyslaw wird in Krakau feierlich zum Erben des polnischen Reiches erklärt. In Pomerellen waren in den letzten Jahren die einflußreichen Swenzas zu den eigentlichen Herrschern geworden. Der pomerellische Adel huldigte Wladyslaw, der anschließend in Danzig einzog, wo ihn in Prozession die Bürgerschaft, vereint mit dem Konvent des Dominikanerklosters und den Rittern vom Land empfing. Landrichter Bogussa wird das Palatinat übertragen.

1308 Im Frühjahr 1308 fielen die Brandenburger in Pomerellen ein. Statthalter Bogussa wandte sich vergeblich an Wladyslaw. Ende August erschienen die Markgrafen Otto und Waldemar vor den Toren Danzigs, die ihnen von der Bürgerschaft bereitwillig geöffnet wurden. Die Burg dagegen blieb von polnischen und pomerellischen Truppen besetzt und leistete der Belagerung Widerstand. Der Prior der Dominikaner, dem Polenherzog treu ergeben, rät den polnischen Verteidigern der Burg, den Orden zu Hilfe zu rufen. Landmeister und Landkomtur von Kulm, Günther von Schwarzburg, besetzte mit einer Anzahl von Rittern den mittleren Teil der Burg und zwang die Brandenburger im September zur Aufgabe der Belagerung und zum Rückzug aus Danzig. Nach dem Abzug der Brandenburger verlangten die Polen vom Orden, die Burg zu räumen, ohne jedoch die dem Orden durch die Verteidigung entstandenen Kosten zu erstatten. Landmeister Heinrich von Plotzke schloß mit 4000 Mann Danzig ein.

1308 14. November Die Danziger öffneten die Tore der Stadt dem belagernden Landmeister des Ordens und lieferten ihm 15 oder 16 pomerellische Ritter aus, die er wegen ihrer Angriffe auf Anhänger des Ordens und seine Besitzungen hinrichten ließ. Die Stadtbewohner, die mit der Eroberung der Stadt durch den Orden nicht einverstanden waren, wurden vertrieben. Bald danach wurde die befestigte Stadt Dirschau vom Ritterorden in der ähnlichen Weise wie Danzig eingenommen. Herzog Wladyslaw begab sich nach Danzig, fand aber in der Burg selbst keinen Einlaß. Bei einer Verhandlung in Kujawien legte der Orden eine so hohe Rechnung vor, daß Wladyslaw, selbst wenn er zahlungswillig gewesen wäre, Pomerellen selbst hätte verkaufen müssen, um den Preis zu bezahlen.

1309 im September Schwetz fällt nach zweimonatiger Belagerung in die Hand der Ordensritter. Damit war das Land Pomerellen endgültig unter die Herrschaft des Ordens gelangt.

1309 13. September Waldemar von Brandenburg tritt gegen 10000 Mark Silbers den größten Teil Pomerellens mit den Städten Danzig, Dirschau und Schwetz an den Ritterorden ab. Im Juli bestätigte der deutsche König Heinrich VII. den Verkauf, und ein Jahr darauf war die gesamte Kaufsumme hinterlegt und von Markgraf Waldemar nochmals beurkundet.

1310 »Die erste bauliche Maßnahme, die der Deutsche Orden in Danzig ergriff, war die Umsiedlung der Bewohner des früheren von Pomoranen und Prussen bewohnten Burgfleckens auf das Gelände unmittelbar vor der Burg. Hochmeister Friedrich von Feuchtwangen, der zur Zeit der Besetzung Danzigs bis 1310 regierte, ordnete den Abbruch der Häuser des Burgfleckens und die Umsiedlung seiner Bewohner um etwa 250 m entfernt vom Burggelände an. Diese neue Siedlung der Bevölkerung, die aus Fischern und Bernsteinsuchern sich zusammensetzte, wurde Hakelwerk genannt. Ihre alten Rechte wurden bestätigt. Die neue Ansiedlung wurde durch ein Buschwerk umgrenzt. Ein Umfassungsgraben verlief von der späteren Schneidemühle zur Schloßgasse, Kleinen Bäckergasse und Spendhaus und zu der erst in neuerer Zeit ›Hakelwerk‹ genannten Gasse. Das Hakelwerk hatte eine eigene Verwaltung der Gemeinde, die in einem Rathaus in der späteren Schulzengasse residierte (›polnisches Rathaus‹ genannt), unter einem Bürgermeister, Ratmannen, Richtern und Schöffen.« (Im Jahr 1348 erwähnte der Danziger Komtur, die »Polenen gemeynlich us deme hachilwerk von Danczk«. Nach 1454 wurde das »Hakelwerk« der Rechtstadt zugeteilt.)

1319 im Februar In Danzig steht an der Spitze des Ritterkonvents der Komtur Heinrich in der Ausübung landesherrlicher Rechte. Der Konvent residierte die folgenden 30 Jahre in der alten Burg der pomerellischen Herzöge.

1312 10. Februar Hochmeister Karl von Trier bestätigt den Danziger Fischern das Recht zum Fischfang und Bernstein zu sammeln, zugleich mit der Verpflichtung, dem Orden dieselben Dienste zu leisten wie früher den pomerellischen Herzögen. Die Fischer dieses alten slawischen Gemeinwesens werden als »Hakelwerker vor dem Hause« (der Burg) bezeichnet. Der Name hat sich in der Straße »Am Hakelwerk« und in der Volksschule »Hakelwerk« bis 1945 erhalten (seit 1945 »Osiek«). Die Herzogin von Kujawien, Salome, und ihre Söhne Przemyslaw und Kasimir verkauften im gleichen Jahr dem Orden ihre Besitzungen im Weichselwerder.

1312 Herzog Wladyslaw von Polen verklagte den Orden vor der päpstlichen Kurie in Avignon, ihn als den rechtmäßigen Besitzer Pomerellens anzuerkennen. Seine Klage wurde abgewiesen.

1320 Als er im Jahr 1320 den Prozeß erneuerte, wies der Deutsche Orden, als Rechtsnachfolger der Markgrafen von Brandenburg, auf seine Besitzrechte hin.

Um 1320 Südlich der Altstadt entstanden an beiden Ufern der Mottlau neue Ansiedlungen, die anfangs als junge Stadt bezeichnet wurden, in der Tat aber die ersten Anfänge der späteren Rechtstadt, der urbs principalis, bedeuten.

1326 Die Katharinenkirche, die von den Verwüstungen ebenso wie die Nikolaikirche und das Dominikanerkloster verschont blieb, wurde vergrößert und der hintere Chor neu angelegt.

1328 Die Rechtstadt wird zum erstenmal in einer mecklenburgischen Zollrolle erwähnt, in welcher ihr mit einer Reihe anderer Städte Zollfreiheit zugestanden wurde.

Um 1330 Die Rechtstadt besteht aus vier Hauptstraßen, die von Westen aus nach Osten zum Mottlauhafen verliefen. Die Hauptstraße ist die Langgasse, deren breiterer Teil an der Mottlau erst später Langer Markt genannt wird.

Um 1330 In der Zeit um 1330 setzt die weitere schriftliche Überlieferung über die Rechtstadt ein. Die Zollfreiheit ihrer Bürger im Hafen von Wismar wurde 1328 durch Herzog Heinrich von Mecklenburg anerkannt. Sie wurde in deutscher Sprache als »staat« und in lateinischer Sprache als »civitas« bezeichnet. Zur gleichen Zeit werden auch in den städtischen Amtsbüchern – das älteste ist zu 1330 bezeugt, aber nicht mehr erhalten – die Namen der Straßen und ihre Besetzung mit Grundstücken bezeugt.

1330 An der Katharinenkirche war ein Pfarrer Heinrich im Amt. Wahrscheinlich hat zur Deckung der Baukosten der damalige Ordenskomtur Walpot von Bassenheim (1329–1331) angeordnet, daß die zum Pfarrsprengel der Katharinenkirche gehörenden Einwohner des Dorfes Schönwiese von jeder Hufe je einen Scheffel Roggen und Hafer jährlich als Zehnten an den Pfarrer abzuliefern hatten. (1345 mußte der Pfarrer auf das Dorf Langfuhr, damals Wrest genannt, zugunsten des Klosters Oliva verzichten.)

1331 Auf der späteren Speicherinsel, dem jenseitigen Ufer der Mottlau, entstanden für die Bedürfnisse der zahlreichen Kaufleute Speicherbauten, und die Fleischer erhielten 1331 hier, gegenüber dem späteren Ankerschmiedeturm gelegen, durch den Komtur von Danzig einen Schlachthof zugewiesen, der damals Kuttelhof genannt wurde. Die Anlage des Kuttelhofes im Jahre 1331 weist auf eine erste

Begrenzung der Speicherbauten hin. Ein zweiter Bauabschnitt begann anscheinend 1385, als die wachsende Anzahl der Speicher und Gärten außerhalb der Stadtmauern die Einrichtung eines besonderen Erbbuches für die Vorstädte erforderlich machte.

1332 Drei Ratsherren werden als Zeugen bei der Ausstellung einer Urkunde für das Dorf Rambeltsch genannt. Sie vertraten die Gemeinschaft »der borger von Dantzik« und verhandelten 1344 mit den Äbten des Dominikanerordens.

1333 Die Rechtstadt wird zum erstenmal in einer vom Orden ausgestellten Urkunde als »civitas« bezeichnet. Ein Jahr zuvor ist von einem Rat die Rede, von dem drei Mitglieder überliefert sind: Gotfried, Gotschalk vom Steine und Hinczko von Ruden. Die Rechtstadt führte als Nachfolgerin der pomerellischen Stadt Danzig auch deren Siegel.

1333 Hochmeister Luther von Braunschweig schenkt dem in der Heiligengeistgasse gelegenen Hospital zum Heiligen Geist das auf der Danziger Höhe gelegene Dorf Schedirwicz (Schüddelkau). Drei Jahre später fügt der reiche Bürger Nikolaus von Horden die Hälfte des Dorfes Moderstranz (Nassenhuben) hinzu.

1334 Der Gebrauch des Siegels der Gemeinde (»communitas«) wird zum Jahre 1334 bezeugt. Danach bestand die bereits im 13. Jh. ausgebildete Verfassung, die selbständige Verwaltung der Gemeinde durch Rat und Bürgerschaft, auch unter der Herrschaft des Deutschen Ordens weiter fort.

1336 Lübeck erklärt auf Ersuchen der Danziger Kaufleute seinen Verzicht auf das mit seinem Kaufhaus in Danzig verbundene Asylrecht.

1336 Die Brauergasse (die einige Jahrzehnte später in Hundegasse umbenannt wird) und die Heiligengeistgasse werden urkundlich erwähnt.

1337 Der Name der Bäckergasse taucht auf. Die Gasse wird später zur Wasserseite Brotbänken- und zur Wallseite Jopengasse genannt. Die Hauptgassen verbinden Quergäßchen wie die Röper-, Gerber-,

Wollweber-, die Bremer- (später Portechaisengasse) und die Paternostergasse (später Große Krämergasse).

1338 Seit dem 3. Jahrzehnt des 14. Jh. entstand auf dem bisher unbebauten Gelände nördlich des Hakelwerks und der Katharinenkirche eine neue Siedlung, deren Anlage durch den Radaunekanal bedingt wurde, die Altstadt. Der Radaunekanal war schon seit 1338 vorhanden. Da sein Gefälle aber nicht ausreichend die angelegten Mühlen in Gang hielt, wurde ein zweiter Kanal angelegt. Beide Kanäle ermöglichten die wirtschaftliche Blüte der Altstadt. Es entstanden eine Öl-, Polier- und Grützmühle am alten Kanal. Am neuen wirkte sich die Anlage von Mühlen noch weit fruchtbarer aus, denn an seinen Ufern wuchsen in schneller Folge zwei Schleifmühlen, ein Kupferhammer, eine Loh- und Walkmühle für die Gerber und Wollweber und die »Große Mühle« (vor 1364), die als Kornmühle die Bevölkerung mit dem wichtigen Nahrungsmittel Mehl versorgte.

1338 Mit der Anlage des »Mühlgrabens«, Radaunekanal, 1338, scheint die Umbildung der älteren Burganlage als Ordensburg eingeleitet worden zu sein. (Planmäßige Ausgrabungen Erich Keysers in den Jahren 1925–1926 haben die Gestalt der Hauptburg an ihrer Südostecke exakt wiedererkennen lassen. Seit 1948 haben auch Ausgrabungen polnischer Wissenschaftler Mauerteile und Gräben der Ordensburg freigelegt.) Das Hochschloß, »das Haus«, wie es einst genannt wurde, lag unmittelbar an der Mottlau auf dem Gelände der späteren Burgstraße und reichte bis zur Zapfengasse. Es war von einem Parcham mit Mauer umgeben. Längs der Mottlau sind Fragmente dieser Mauer noch heute erkennbar.

1339 Die neue Anlage der Danziger Ordensburg, die als Sitz einer Komturei über einen Konvent von 12 Rittern und etwa 150 Mann Besatzung verfügte, übernahm von der älteren Burganlage die Einteilung in Hauptburg und Vorburg. Im Unterschied zur hölzernen pomoranischen Burganlage wurde sie aus Backsteinen als Ziegelbau errichtet, umgeben von einem dreifachen Ring von Wassergräben. Da das Burggelände bis zu 4 m über dem Wasserspiegel der benachbarten Mottlau lag, mußte das für die Bewässerung der Gräben erforderliche Wasser von der »Höhe« durch den von den Rittern angelegten Radaunekanal herangeführt werden. Dieser sog. Mühlgraben speiste mehrere Mühlen auf dem Gebiet der Altstadt, von denen die

Große und die Kleine Mühle an der Katharinenkirche erhalten geblieben sind. Das »Schloß« wurde ca. 30 m vom Mottlauufer erbaut, mit vier Flügeln, von denen drei mit einem Graben umgeben waren, über den zwei Brücken führten. Eine Vorburg war in Verlängerung der beiden Brücken durch einen Graben und zur Stadt und zum Hakelwerk durch einen Vorgraben geschützt als Grenze des gesamten Burggeländes. Die Lage des Schlosses entsprach in etwa dem Quadrat, das die Gassen Am Rähm, Große Knüppelgasse, Rittergasse und am Mottlauufer entlang die Burgstraße bilden. Hier finden sich in einem der zum Fluß stehenden Häuser deutlich sichtbare Mauerreste mit Zinnen. Die Vorburg nahm das Gelände zwischen dem Heveliusplatz, der Gasse »An der Schneidemühle« (mit dem Haustor) und den zum Fischmarkt führenden Teil der Gasse »Altstädtischer Graben« ein.

1341 Hochmeister Dietrich von Altenburg ordnete an, daß die Hafengebühren, die als »Pfahlgeld« bezeichnet wurden, soweit sie den Weichselhandel betrafen, an die Stadt Danzig fallen sollten.

1342 13. Januar Die Edelleute Bartholomäus und Peter von Russenczin, Peter von der Kazze und Lekaute und Woytech von Swinch verkaufen ihre im städtischen Gebiet gelegenen Wiesen an die Danziger.

1343 26. März Hochmeister Ludolf König veranlaßte den Umbau der Marienkapelle zur Pfarrkirche der Rechtstadt. Dem ersten Plan nach sollten sie der von Justinian I. erbauten Hagia Sophia in Konstantinopel gleichen. Doch fand man später die Kreuzesform einer christlichen Kirche angemessener. Sie sollte nach dem Vorbild der Peterskirche in Rom, der St.-Pauls-Kathedrale in London und Notre-Dame in Paris unter den ausgebauten Kirchen die größte sein.

1343 26. März Der erste Stein zur Stadtmauer wurde unter dem Eckturm am Stadthof gelegt. Die Stadt machte von ihrem Befestigungsrecht Gebrauch. Die Bürgerhäuser blieben von der Stadtmauer in Breite einer Rute getrennt. An der Mottlau bildeten die Mauertore und Stadthäuser eine geschlossene Reihe.

1343 28. März Mit der Handfeste verlieh der Orden als Landesherr der Rechtstadt eine bürgerliche Selbstverwaltung nach kulmischem

Recht und Gericht. Danach konnte die Stadt ihre Ratmannen und Bürgermeister selbst wählen. Die Gerichtsbarkeit wurde von den dem Rat angehörenden Richter oder Schulzen und den Schöffen wahrgenommen. (Die Ausfertigung der Handfeste fiel in die Regierungsära des Hochmeisters Ludolf König, der seit dem 6. Januar 1342 amtierte.)

1344 Die Prioren der fünf preußischen Dominikanerklöster verhandelten mit der Danziger Bürgerschaft über die von der Stadt verlangte Beschränkung der Dominikaner auf den Raum des Klosters und der Kirche. Hochmeister Heinrich Dusemer bestätigte am 25. Mai 1348 diese Vereinbarungen, worin die Dominikaner auf ihre gesamten, innerhalb der Stadt befindlichen Grundstücke verzichteten. Die Mönche waren dadurch auf das Betteln angewiesen, und der Grund für das gespannte Verhältnis zwischen dem Kloster und der Stadt war für die kommenden Jahrhunderte vorherbestimmt. Allein das Kloster Oliva wurde priviligiert, denn es behielt seine aus der pomerellischen Zeit stammenden Besitzungen innerhalb der Stadt ausnahmslos, u. a. ein Grundstück in der Frauengasse.

1346 Hochmeister Heinrich Dusemer entschied Streitigkeiten dahin, daß von den alten Speichern ebenso wie von den neuen die Abgaben nach ihrer Größe, Breite und Länge berechnet werden sollten. Die Besiedlung war inzwischen von der Milchkannengasse über die Schleifengasse und die Turmgasse bis zur Leitergasse ausgedehnt. Auch waren die Juden-, die München-, die Adebar- und die Brandgasse bebaut worden. Die Speicher in den Quergassen, die von der Hopfengasse zu den Wasserflächen im Osten führten, hatten nur eine Grundfläche von 10 × 22 Metern und reichten nicht bis zur nächsten Gasse, so daß je zwei Speicher Rücken an Rücken standen. Zur Ordenszeit waren 120 bis 130 Speicher und Scheunen vorhanden. Mehr als die Hälfte des Geländes war mit Holzfeldern bedeckt. Die meisten Speicher waren ursprünglich aus Fachwerk erbaut und brannten daher leicht ab; erst später wurden gemauerte Speicher errichtet.

1346 Erste Türme der Befestigung waren: der Bischofsturm, der Milchkannenturm, die beiden Pulvertürme nahe dem Leege Tor, die 1346 erbauten unteren Geschosse des Stockturms, der das Haupttor, das Hohe Tor, beschützen sollten.

1346 31. Juli In einer ersten Auslegung der Handfeste, anläßlich eines Streits zwischen Bürgerschaft und Rat, entschied Hochmeister Heinrich Dusemer, daß die Besitzer der Speicher der Stadt Abgaben zu entrichten hätten. Ein wichtiger Förderer entstand der Stadt in dem Hochmeister Winrich von Kniprode (1351 bis 1382), der vorher drei Jahre lang (1338 bis 1341) die Danziger Komturei innehatte.

1347 In der Marienkirche wurde der erste Gottesdienst gehalten.

1348 Hochmeister Heinrich Dusemer gestattet den Dominikanern, »das vlys Schedeliz genant« (Schidlitzbach) in ihr Kloster zu leiten.

1348 In der Ummauerung der Stadt standen acht Tore: das Ankerschmiedetor, das Kettenhagentor zur Vorstadt, das Hohe Tor am Ausgang der Langgasse zur »Höhe«, das ältere Heiligengeisttor am Ausgang der Heiligengeistgasse zum Holzmarkt, ebenso das »Breite Tor« und das »Neue Heiligengeisttor«, das Koggentor als Abschluß des Langen Marktes zur Mottlau (später als das Grüne Tor bekannt) und schließlich das Viehtor an der Brücke zum Kuttelhof ausgangs der Hundegasse (später als »Kuhtor« geläufiger). Vor der Mauer waren Wassergräben angelegt. Nach den Zerstörungen von 1945 wurden weite Fragmente der Mauer und Turmfundamente freigelegt. Die Hakelwerker wurden zur Abtretung von Grundstücken aufgefordert, wogegen sie sich z. T. auch tätlich widersetzten.

1348 19. Juli Unter Vermittlung des Komturs von Danzig, Heinrich von Rechtir, kam es zu Verhandlungen, durch die am 19. Juli 1348 die Hakelwerker auf die geforderten Grundstücke verzichteten und dafür von der Stadt eine Entschädigung von 50 Mark erhielten.

1350 25. März Abtei und Kirche des Klosters Oliva brannten aus. Das Feuer wurde durch ein Strohfeuer entfacht, durch welches der verrußte Küchenkamin – es geschah an einem Karfreitag, an dem nicht gekocht wurde – gesäubert werden sollte. Funkenflug entfachte die strohgedeckten Klostergebäude zu einem Brand, der nicht mehr eingedämmt werden konnte.

1350 Bei der Marienkirche wird eine Marienschule erwähnt. Um die Kirche wurde der Kirchhof mit den Begräbnisstätten angelegt sowie das Wohnhaus des Pfarrers und des Glöckners.

1350 Die Große Krämergasse gehört zu den ältesten Straßen der Stadt. 1350 wurde sie zuerst nach den Paternostermachern (Bernsteindreher) und 1356 als »Krämergasse« bezeichnet. Ein weltliches Gebäude entstand in den vierziger Jahren am Langen Markt in dem ältesten, 1350 zuerst erwähnten Artushof als Versammlungsstätte der Georgenbrüderschaft sowie der Schiffer und Kaufmannschaft.

1350 Durch Sümpfe zur Mottlau führt die Frauengasse. Der Artushof wird als »curia sancti Georgii« erstmals genannt.

1351 Der »Neue Damm« ist die Verbindungsstraße von der Marienkirche zum Haustor des Ordensschlosses (später I. bis IV. Damm.)

1351 Mehr als 60 Schiffe erlitten im Danziger Hafen durch einen schweren Orkan Schiffbruch.

1352 Pestjahr mit 13000 Toten.

1352 7. Dezember Komtur und Hauskomtur entschieden, daß die Bewohner der neuen Ansiedlung zwischen dem »Damm« und der Mottlau als Hausbesitzer einen jährlichen Zins an den Rat zu entrichten hätten.

1353 Johannisgasse und Große Fischer- oder Kampnergasse, die heutige Häkergasse, werden erwähnt, ebenso der Fischmarkt (1354 die Breite Gasse und die Tobiasgasse, damals Neue Heiligengeistgasse oder Kleine Fischergasse) genannt. Damit war der Raum der Rechtstadt nach Osten erweitert worden.

1353 Erwähnung des Fischmarkts an der Mottlau nahe des Ordensschlosses. (Bevor die Fische zum Markt gebracht wurden, mußten sie auf dem Schloß zum Kauf angeboten werden.)

1353 Die Beutlergasse, als Zugang von der Langgasse zur Marienkirche, wird als »Neue Gasse« bezeichnet.

1355 Durch einen aus der Mottlau abgeleiteten Graben, der weiter nördlich, unterhalb des Krantors wieder in sie hineingeführt wurde, entstand die Speicherinsel mit dem Neuen Graben (Neue Mottlau).

1355 Die ältesten Gebäude der Altstadt sind die Katharinenkirche und das Aussätzigen-Hospital St. Georg (1355). Es lag an der Georgengasse und war mit einer Kirche verbunden.

1355 Der Orden erteilt ein Privileg für einen Kupferhammer am Mühlgraben (Radaunekanal). Zur gleichen Zeit wurde die Große Mühle als Kornmühle angelegt und von der Wasserkraft des Radaunekanals betrieben. Der Orden betrieb auch eine Säge- oder Schneidemühle. Im Namen der Gasse »An der Schneidemühle« hat sich ihr Standort in der Nähe des Altstädtischen Grabens und des Spendhauses bis heute erhalten.

1356 11. November Auch den Bischof von Leslau bewog Hochmeister Winrich von Kniprode, auf seine innerhalb der Stadt gelegenen Grundstücke zu verzichten.

1357 Das Hospital zum Heiligen Geist wird von der Heiligengeistgasse in die Tobiasgasse, nahe dem Haustor verlegt (Neue Heiligengeistgasse). Daneben entstand die heute als Schulgebäude genutzte kleine Hospitalkirche. Das Hospitalgebäude mit den zwei Bettlerfiguren über dem Portal hat alle Zeitenstürme bis heute glücklich überstanden.

1357 Der Name der Goldschmiedegasse findet sich in den Amtsbüchern.

1357 Die Koggenbrücke wird erwähnt, aber erst 1368 mit Namen genannt (Grüne Brücke).

1357 Im ältesten Erbbuch der Rechtstadt werden genannt das »hospitale sancti Georgii«, die »ecclesia sancti Georgii« und die »curia sancti Georgii«. Hospital, Kirche und Hof bildeten eine einheitliche bauliche Anlage. Sie waren schon vor 1355 vorhanden und lagen an dem Mühlgraben (Radaunekanal). (Seit 1390 lag gegenüber der Kirche das Hospital St. Elisabeth. Auf ihrer Rückseite wurde das Rathaus der Altstadt erbaut. Das Gelände von St. Georg wurde 1464 den Karmelitern übergeben.) Die Ausdehnung der Stadt und der Bevölkerung führte zum Bau der Johanniskirche (1358) in der Johannisgasse.

1361 Danzig ist zum erstenmal durch den Ratmann Gottschalk Nase in Greifswald auf einem Hansetag vertreten.

1361 Ein Teil des Handels von Wisby auf Gotland, das die Dänen erobert hatten, ging auf Danzig über.

1361 Die Besiedlung der Danziger Vorstadt im Süden der Rechtstadt begann am Mottlauufer an der Lastadie, dem Mastenfeld und dem Feld der Bordingsfahrer, das bis zum Thornschen Weg an der Aschbrücke reichte. Die »Lastadie« bezeichnete einen Platz, auf dem Schiffe beladen, gebaut und ausgerüstet wurden.

1363 Am Mühlendamm werden zwei Schleifmühlen angelegt, für die jährlich 6 Mark Zins zu entrichten waren. Unterhalb der Kupfermühle wurde eine Ölmühle in Betrieb genommen, deren Privileg 1367 erneuert wurde.

1363 Danzig beteiligte sich am ersten preußischen Städtetag, der sich mit dem Handel und der Hanse befaßte. Auf einen schnellen Aufschwung des Danziger Seehandels lassen die seit 1361 zahlreich auf der Speicherinsel entstehenden Lagerhäuser schließen, die reichlich mit Hypotheken beliehen wurden. Schon 1363 gab es in der Marienkirche von Brüderschaften gestiftete Altäre. 1364 stiften die Schopenbrauer den Altar der 10000 Märtyrer der Marienkirche.

1364–1399 Neubürger erwerben das Bürgerrecht. Nach den Bürgerlisten der Rechtstadt sind zwischen 1364 und 1399 2900 Einwanderer eingetragen. (Nach den Danziger Bürgerbüchern stammten aus dem Gebiet westlich der Elbe in der zweiten Hälfte des 14. Jh. nur etwa ein Drittel der Einwanderer, mehr als 50 v. H. dagegen aus den Gebieten östlich der Elbe und 11 v. H. aus anderen deutschen Landschaften. Aus deutschem Sprachgebiet wanderten in dieser Zeit 94 v. H. Personen in Danzig ein. Andere kamen aus England, Skandinavien, Böhmen und Polen.)

1367 Zum Aufziehen der Schiffsgüter war am Ende der Breite Gasse in dem dort errichteten Mauertor an der Mottlau ein Kran angebracht worden, nach dem das ursprünglich als Breites Tor bezeichnete Festungstor jetzt Krantor genannt wurde.

1367 Beginn des Kriegs Danzigs und Dänemarks (mit den preußischen Städten Kulm, Thorn, Elbing, Braunsberg und Königsberg im Bunde).

1368 Träger der Verwaltung und Regierung waren die reichen Großkaufleute, aber auch Gewandschneider (Tuchhändler) und Schiffsreeder. Einige Familien stellten verschiedene Angehörige als Ratsmitglieder: Peter Czan von 1346–1355, Paul Czan von 1363–1381, Hildebrand Munzer von 1346–1366 (nach Curicke war er auch Bürgermeister). Paul Tiergart seit 1363 als Schöffe, Claus Tiergart 1382–1385 als Ratmann (nach Curicke). In einen Eheskandal aus diesen Kreisen waren verwickelt Angehörige bekannter Danziger Geschlechter: Maczkow, Godesknecht, Pape, Zag, Grolle, vom Stein, teils selbst Ratsmitglieder. Diese Affäre beschäftigte selbst die päpstliche Curie.

1369 Der Dorotheenaltar der Notare wurde mit zahlreichen Reliquien ausgestattet.

1370 Der Stralsunder Frieden begründete die Vormachtstellung der Hanse in der Ostsee. Im Verlauf des Krieges hatten die preußischen Städte mit Danzig den wichtigen Platz der Heringsfischerei, Falsterbo auf Schonen, erworben, eine sogenannte »Vitte« mit Niederlassungsrechten. König Waldemar von Dänemark bestätigte dieses Abkommen und erweiterte dazu noch den Raum der »Vitte«.

1373 Wahrscheinlich wurde die Katharinenkirche in den Jahren 1373–1377 zu einer Hallenkirche umgebaut, als die Altstadt zu einer Stadtgemeinde zusammengefaßt und ein selbständiger Rat gebildet wurde.

1374 In unmittelbarer Nähe der Großen Mühle wurde eine Loh- und Walkmühle angelegt, für einen Zins von 23 Mark jährlich (noch heute die Kleine Mühle genannt).

1374 Nonnen aus dem schwedischen Kloster Wadstena setzen die Leiche der schwedischen Heiligen Birgitta in der Kapelle Marienbrunn, neben der Katharinenkirche, bei.

1374 Komtur Siegfried Walpot erteilt den Schuhmachern in der Altstadt eine Ordnung.

1374 Die Schuhmacher erhalten vom Orden ihr Privileg (1376 folgen darin die Fleischer, die in einer Zunft organisiert sind. 1377 bezogen die Leineweber ihre Zunftrolle).

1376 Nach Süden entwickelte sich bald jenseits der Mauer und Tore und dem »Vorstädtischen Graben« die alte Vorstadt mit der Schiffswerft Lastadie und den zwei Hauptstraßen, »Wolfshagen« (später Fleischergasse), 1362, und die Gasse Poggenpfuhl mit der Verlängerung »Gruttenhagen« nach Süden. Am Beginn der Wolfshagen, später Fleischergasse, lagen zwei Brauhäuser des Jakob Brothagen.

1377 Der Altstadt wird das Stadtrecht verliehen. Damals bestand bereits ein Rat mit einem Bürgermeister Walter Olsleger nebst seinem Vertreter. Der Rat setzte sich aus acht Ratmannen zusammen.

Seit 1377 Danziger Ratmannen fehlten auf keiner der hansischen Zusammenkünfte mehr. Die Handfeste bestimmte auch, daß zwischen der Stadtmauer und den an sie heranreichenden Grundstükken, beziehungsweise Häusern der Rechtstadt, ein eine Rute breiter Gang (4,26 m) frei bleiben mußte. Vor der völligen Zerstörung von 1945 führten diese Gänge an Resten der alten Stadtmauer (die teilweise von Wohnhäusern überbaut waren) vorbei, entlang der Diener- und Hintergasse, der Kleinen Wollweber- und Kleinen Scharmachergasse, der Laternengasse am Holzmarkt, dem Mauer- und Büttelgang bis zum Lazarettgang am Fischmarkt, und markierten so den alten Mauerring der Rechtstadt. Nach 1945 traten dann nach der Zerstörung der anliegenden Häuser die übriggebliebenen Mauern und Mauerreste wieder hervor.

1378 Über die neue Mottlau hinaus führt in Verlängerung der Milchkannenbrücke ein Damm ins Werder, an dem Grundstücke als Gärten genutzt werden, das spätere Langgarten, an dem seit 1385 bereits die Reeperbahnen und -scheunen der Seiler erwähnt werden. Zugleich entsteht die Straße Mattenbuden, das Hospital St. Barbara mit der Hospitalkirche. Mit Gärten, Buden und Holzhäusern entlang Langgarten bilden sich die ersten Ansiedlungen der sog. Niederstadt.

1379 Ein Schiffer von St. Jacob zog aus dem nordspanischen Galizien zurück, wobei Geschäft und Wallfahrt nach dem berühmten Wallfahrtsort Compostella verbunden gewesen sein mochten.

1379 Die in Verlängerung der Hundegasse über die Mottlau führende Kuhbrücke wurde nach Aufzeichnungen im älteren Kämmereibuch erbaut.

1379 Neben dem Breiten Tor lag der Schießgarten der Erasmusbrüderschaft.

1378 Die erste Stadtmauer hatte in ihrem unteren Teil eine Stärke von 1,50 bis 1,75 Meter und eine Höhe von ca. 6 Meter.

1378 im Mai Aufruhr der Gewerke (Fleischer, Brauer, Böttcher) gegen Import von Wismarer Bier.

1378 Baubeginn des Rechtstädtischen Rathauses.

1378 Die Mauer war durch zahlreiche Türme gesichert, von denen der bekannteste der Stockturm ist, oder der Eckturm am Stadthof und der Strohturm am Kohlenmarkt.

1378 Die »Hundegasse« (platea canum) und die Verbindungsgassen zur Langgasse und zum Langen Markt werden erwähnt. Die Postgasse wurde 1415 als »Kevelergasse« bezeichnet, später aber »Plautzengasse« genannt. Die Matzkauschegasse wurde seit 1415 nach einer bürgerlichen Familie benannt, die dort ihren Besitz hatte.

1378 5. Juli Der Hochmeister Winrich von Kniprode bestätigte die Handfeste aus dem Jahr 1343. Die Oberaufsicht in den Rechtsangelegenheiten der Stadt üben Komtur bzw. Hauskomtur aus, die auch ein Einspruchsrecht bei der Wahl der Bürgervertretung beanspruchten. Aus einer Urkunde von 1346 geht hervor, daß es damals bereits zwei Bürgermeister und elf Ratmannen gegeben hat. Die Handfeste bestätigte der Stadt auch das Marktrecht, an bestimmten Tagen auf bestimmten Plätzen Brot und Fleisch zu verkaufen.

1380 Nach Unterlagen im Danziger Stadtarchiv haben folgende Handwerker den »Schoß« bezahlt: Alle Fleischer, 23 Schmiede,

16 Wollweber, 77 Schuhmacher, 5 Schneider, 25 Kistenmacher, 12 Gerber, 96 Höker, 42 Gürtler, 63 Bäcker, 46 Böttcher, 30 Kürschner, 49 Gewandschneider. 1385: 38 Krämer, 46 Beutler, 25 Kürschner, 17 Hosenmacher, 5 Gerber, 46 Gewandschneider. In ihrem Kalkofen und ihren Ziegelöfen beschäftigte die Stadt auch Arbeiter.

1380 Als Abschluß der »Dämme« und als Eingang zur Burg des Ordens wird das Haustor errichtet. Es unterbrach hier die zur Mottlau verlaufende Stadtmauer. Vor der Büttelgasse lag ein weiterer Wehrturm. Den Abschluß der Mauer bildete der Rundturm »Schwan« am »Brausenden Wasser«.

1380 Bischof Sbilutus von Kujawien baute die Kurie auf dem Bischofsberg als ein massives Haus. (Schon in der ersten Hälfte des 13. Jahrhunderts gab es einen besonderen Archidiakon, dem bischöfliche Rechtsprechung und Kirchenvisitation zustanden. 1347 im Winter und 1348 weilte der Titularerzbischof Stephanus Armenus von Nicaea in Danzig und ordinierte einige Olivaer Mönche.)

1380 Als die erste Welle der Neueinwanderer abebbte und ein Besiedlungspegel erreicht war, zählte die Stadt Danzig innerhalb ihrer Befestigung etwa 10000 Einwohner.

1380 18. Januar Der Orden gründete die Jungstadt und erteilt der Jungstadt (juvenile oppidum) die Handfeste. Sie wurde mit Kulmischem Recht und Gericht bewidmet, Marktrecht und Befestigungsrecht eingeschlossen. Für die Handelseinrichtungen, Kaufhaus, Brot-, Schuh- und Fleischbänke, Krämer und Badstuben, übernahm der Orden die halben Kosten des Baues und der Unterhaltung, verlangte dafür aber den halben Ertrag für sich selbst. Die gleichen Vorschriften galten für das zukünftige Rathaus. Zur Ausstattung eines beträchtlichen Landbesitzes zählten das Dorf Zigankenberg und andere. Unmittelbar am Weichselufer gelegen, war sie von vornherein als Handelsstadt bestimmt.

1381 Bei »Neugarten« entstanden die Gärten auf dem Weg nach Schidlitz und die Sandgruben (1392 die Gärten am Hagelsberg).

1382 Nach der Erteilung des Stadtrechts der Altstadt wurde ein Rathaus gebaut, für das der Orden 1382 zur Deckung der Baukosten ein Darlehen von 757 Mark zubilligte. Im Keller des als Fachwerkbau errichteten Rathauses war ein Ausschank für Wein, Bier und andere Getränke vorhanden. Hauptdurchgangsstraßen waren vom Kaschubischen Markt zum Holzmarkt die Pfeffer- und die Schmiedegasse. Parallel dazu die Georgs- (später Elisabethkirchengasse) und die Töpfergasse. Die Altstadt führte ein eigenes Siegel, das von 1414 erhalten ist und die hl. Katharina als Namenspatronin der alten Pfarrkirche mit Schwert und Rad in ihren Händen darstellt. Die Figur selbst steht auf einem am Boden sich krümmenden gekrönten Mann.

1382 Die Pfaffengasse erfährt ihren Namen von den dort wohnhaften Priestern der Marienkirche. Seit 1415 ist der Name der Seifengasse (nach den Seifensiedern) bekannt.

1382 In dem Erbbuch für die Rechtstadt sind 1367 Häuser verzeichnet, die meisten aus Holz oder Fachwerk, nur wenige aus Stein. Im gleichen Jahr war ein größeres öffentliches Gebäude im Entstehen begriffen, das Rathaus, unter der Bauleitung von Heinrich Ungeradin.

1383 An der Marienschule wird ein Rektor, Johann Trutenow, angestellt.

1383 Pestjahr.

1385 Auf Langgarten werden die Reeperbahnen erwähnt. Sie lagen auf der linken Seite des Langgarter Dammes.

1385 Am Vorstädtischen Graben befand sich zwischen der Fleischergasse und der Holzgasse der städtische Kalkhof. Ein Teil dieses Geländes wurde dem Gewerk der Schuhmacher zu einem Gerbhof verliehen, dem später so bezeichneten »Schusterhof«. Die Holzgasse entstand neben einer Ziegelscheune.

1385/90–1443 »Heinrich Vorrath, ein bedeutender Danziger. Die Familie ist seit Ende des 14. Jahrhunderts in Danzig ansässig. Der Vater ist seit 1410 Bürgermeister. Sein Sohn Heinrich folgt ihm in öffentlichen Ämtern als Schöffe, Ratsherr, seit 1427 Mitglied des engeren (sitzenden) Rates und von 1433 bis zu seinem Tod als Bürgermeister. Seine Bedeutung liegt vor allem in der Vertiefung der Beziehungen seiner Heimatstadt zur deutschen Hanse. Als hansischer Diplomat hat er Danzigs Einfluß auf die Hanse verstärkt. Auf den Hansetagen und in Verhandlungen mit auswärtigen Mächten spielt er eine führende Rolle. Im Namen der Hanse verhandelt er mit Flandern und England und erwirkt Bestätigung der hansischen Privilegien und Anerkennung preußischer Schuldforderungen England gegenüber. Einer seiner diplomatischen Erfolge ist der Abschluß des holländisch-hansischen Kaperkrieges durch die unter dänischer Vermittlung zustandegekommenen Verhandlungen 1440 in Kopenhagen. Seine Bemühungen, den Deutschen Orden für die hansische Politik zu gewinnen, bringt ihn in einen Konflikt mit Konrad Letzkau. Die hansefeindliche Politik des Ordens ist einer der Gründe des Widerstandes der preußischen Stände gegen die Ordensherrschaft und für den schließlichen Zerfall des Ordensstaates. Vorrath scheiterte damit in seinem Bestreben, eine politische Gemeinschaft von Orden, Preußenland und Hanse zu verwirklichen.« (Pressezitat)

1387 Erstmalig wird das letzte Tor zur Mottlau, das Viehtor, genannt, später als »Kuhtor« geläufig.

1387 Der Rat der Jungstadt bedient sich eines eigenen Siegels, das den hl. Bartholomäus mit Marterwerkzeug, von zwei Adlern bewacht unter einem Baldachin, zeigt. (Ein Rathaus war 1408 bereits vorhanden, aber noch unfertig. Der Rat bestand aus sechs bis acht Ratmannen. Die Jungstadt stand in völliger Abhängigkeit zum Orden.

1388/89 Nach dem Frieden zwischen England und dem Ordensstaat nahm der Danziger Handel einen großen Aufschwung. Es entwickelte sich besonders zwischen Danzig und England ein lebhafter Handelsverkehr. Ausgeführt wurden aus Danzig vor allem Getreide und Holz, besonders auch Bogenholz für Armbrüste, während aus England vor allem Tuch eingeführt wurde. Seit 1390 war Danzig Sitz der Gesellschaft der die Ostsee befahrenden englischen Kaufleute. (1392 sollen 300 englische Schiffe im Danziger Hafen zur gleichen Zeit Getreide geladen haben.)

1389 Christian Roze amtiert bis 1398 als Pfarrer an der Marienkirche.

1390 Hochmeister Konrad Zöllner von Rotenstein schenkte den schwedischen Nonnen den Platz neben der Katharinenkirche, auf dem später das Kloster und die Brigittenkirche standen.

1391/92 Heinrich von Derby, der spätere König Heinrich IV., besucht Danzig auf seinen Reisen im Ordensland, um die Litauer zu bekämpfen und die Kenntnis englischen Ritterwesens in Preußen zu verbreiten. Der Artushof wird in seinen Rechnungen hof-hous genannt. Derby beschenkte reichlich Kirchen, Klöster und Hospitäler.

1392 In den Danziger Hafen liefen 300 Schiffe aus Frankreich, Holland und England ein, um Getreide zu laden. Weiter wurden damals ausgeführt: Asche, Pech und Teer, Flachs und Hanf, womit 40 Kaufleute in Danzig handelten.

1393 Hochmeister Konrad von Jungingen entschloß sich, infolge der gestiegenen Einwohnerzahl Danzigs, die sogenannte Vorstadt in der weiteren Umgebung der Schiffswerft Lastadie anzulegen.

1394 15. März Hochmeister Konrad von Jungingen übernahm den Elendshof, das Elisabethhospital; über dem benachbarten Radaunekanal entstand die Elisabethkirche als Hospitalkirche. (1399 schenkte der Hochmeister dem Hospital das Dorf Zankenzin, dessen Bauern verpflichtet wurden, an der jährlichen Reinigung des Radaunekanals mitzuarbeiten.)

1394 24. Juli Hochmeister Konrad von Jungingen wandelte die Niederlassung der schwedischen Nonnen im Einverständnis mit Bischof Heinrich von Leslau in ein Hospital der Büßerinnen um und nahm dieses in den Schutz des Ordens. 1396 wurde das Hospital als Birgittinerinnenkloster gegründet. Die Birgittinerkirche brannte Ende des 16. Jh. ab und wurde durch den erst 1945 kriegszerstörten Barockbau ersetzt. In der Nachkriegszeit wurde die Kirche als Brigittenkirche in der barocken Bauweise wiederaufgebaut.

1395 Zum erstenmal wird das auf der Altstadt gelegene zweite Hospital Heilig Leichnam genannt. Eine dazugehörige Hospitalkirche soll die 1394 verstorbene hl. Dorothea besucht haben. Der Name des Hospitals hat sich in einem am Olivaer Tor gelegenen Stift bis heute dort erhalten.

1397 Die Beutler erhalten auf der Altstadt eine Lohmühle neben dem Gertruden-Hospital.

1398 Bei den Kämpfen, die der Deutsche Orden auf der Ostsee gegen die Seeräuber führte, zeichneten auch die Danziger Schiffer sich hervorragend aus. Einer Flotte, die im März 1398 mit 84 Schiffen von Danzig auslief, gelang es, die Stadt Wisby zu erobern und die Seeräuber von der Insel Gotland zu vertreiben. Für ihre auf Gotland schwerverwundeten Schiffsleute baten sie den Hochmeister des Deutschen Ordens zunächst vergeblich um Hilfe für den Bau eines Hospitals.

1398 Großfürst Witowd von Litauen schloß mit dem Deutschen Orden einen Friedensvertrag, in dem er dessen Untertanen in seinem Lande freien Handel erlaubte. Daraufhin entstand in Kowno eine Handelsniederlassung, in der die Danziger Kaufleute dominierten. Sie war nach dem Vorbild der Hansekontore in Brügge, London, Bergen und Nowgorod ausgerichtet.

1399 Erste Erwähnung der Kirchenschulen von Marien, Johann, Petri und Pauli, Barbara, Katharinen und Bartholomäi.

1399 Der Rat legte am Nordende der Stadt einen Kalkofen an, dessen Standort sich im Gassennamen Kalkortbrücke erhalten hat.

Um 1400 Danzig gehört mit einer Stadtmauer, 8 Toren und 23 Wehrtürmen zu den wehrhaftesten unter den deutschen Städten.

15. Jahrhundert

1400 Um 1400 wurde mit den Erweiterungsbauten an der Marienkirche begonnen. Durch das Hinzuziehen der Strebepfeiler in den Kircheninnenraum entstanden zahlreiche Kapellen, die an Familien, Brüderschaften und Gewerke gegen Bezahlung überlassen wurden. 1406 wird als erste die Dorotheenkapelle genannt. 1408 werden die Antoniuskapelle an die Zunft der Träger und die Ferberkapelle verkauft. Die Kapelleninhaber übernahmen auch die Kosten für die Glasfenster.

1401 An den damals erblühenden Universitäten wurden von den Danzigern Prag, Wien und Krakau bevorzugt. In Wien sind von 1401 bis 1430 15, in Krakau elf Danziger Studenten sicher nachweisbar. Im gleichen Zeitraum finden sich in Bologna drei, in Heidelberg zwei und Erfurt acht Studenten aus Danzig, in Leipzig waren von 1409 bis 1430 75 Danziger Studierende.

1402 Der Danziger Komtur Albrecht von Schwarzburg legt eine neue schnurgerade Straße zwischen dem Hakelwerk und der Jungstadt an, den Neuen Damm, der später die Gassenbezeichnung Schüsseldamm führte. Bald entstanden zwischen diesem und der Gasse Pfefferstadt neue Gassen. Die wichtigste war die Kalkgasse, später Paradiesgasse, die von der Großen Mühle zum Stadtgraben verlief, der damals Fauler Graben und später Faulgraben hieß. Den Hakelwerkern verlieh der Orden als Entschädigung für den verlorenen Grund am Schüsseldamm den Schild zwischen der Mottlaumündung und der des Radaunekanals.

1404 Der Orden unterhielt und baute auch eigene Schiffe. Er besaß Schiffsanteile und beteiligte sich mit Kapital an der Reederei. 1404 unterhielt der Marienburger Großschäffer einen Holk (und vier im Bau begriffene), zwei Schuten und Anteile an sieben Holken und zwei Kreyern in Danzig. Schließlich machten die Großschäffer Geldgeschäfte und solche in Immobilien. Viele Danziger Kaufleute partizipierten am Handel mit dem Orden, auch Mitglieder des Rats standen zu ihm in geschäftlichen Beziehungen, z. B. indem sie ihm Holz verkauften. An gewerblichen Unternehmungen unterhielt er in der Stadt selbst die Große Mühle, eine Schneidemühle und den Gerbhof in unmittelbarer Nähe des Schlosses. 1404 lagerten in den Danziger Speichern und Gewandkellern des Ordens außer Roggen, Weizen und Hafer flämisches Salz, Anker, Mühlsteine, ungarisches Eisen, Stahl, Laken verschiedener Art, Ingwer, Safran, Krude, Pfeffer, Feigen, Zucker, Reis, Mandeln, Kaneel, Öl und Seife.

1404 In den Spannungen wegen des Handels mit England verbot der Orden 1404 die Einfuhr von englischem Gewand und die Ausfuhr von Bogenholz, Pech und Teer aus dem Danziger Hafen, wodurch Englands Handel schwer geschädigt wurde. Auf eine Intervention Heinrichs IV. kam es mit dem Orden, nachdem alle Engländer ausgewiesen werden sollten, 1405 zu Verhandlungen, und der preußisch-englische Handelsverkehr konnte wieder aufgenommen werden.

1407 Am rechten Mottlauufer, dem Schloß gegenüber, wurde ein neuer Speicher errichtet. Der Scharpauesche Speicher befand sich in der Nähe des Englischen Dammes. Ein weiterer wurde der weiße Speicher, ein anderer Boymspeicher genannt. Noch heute heißt diese Uferstraße nach ihrer einstigen Bestimmung Schäfferei (Szafarnia).

1409 Mit dem Handelsvertrag von 1409 zwischen England und Preußen begann eine neue umfangreiche Niederlassung englischer Kaufleute in Danzig. Auch mit Brügge und Flandern entwickelte sich ein lebhafter Handel, war doch Brügge der Stapel aller Handelswaren der damaligen Welt. Von Danzig wurden ausgeführt: Getreide, Korn, Asche, Pech, Teer und Pelze. Eingeführt wurden: Laken, Wolle, Weine, Südfrüchte. Wegen des in Danzig knapp vorhandenen Schiffsmaterials spielte die holländische Frachtschiffahrt für Danzig eine wichtige Rolle.

1409 Es wird von einer Willkür, eine das Gewohnheitsrecht kodifizierende Rechtsordnung der Stadt berichtet. Dem Hauskomtur, der sich als ein oberster Richter in Danzig bezeichnete, fiel ein nicht unbedeutender Einfluß in der Handhabung der Gerichtsbarkeit zu. Konrads Nachfolger als Hochmeister, Ulrich von Jungingen (1407 erwählt), erklärt dem polnischen König Jagiello und dem ihm verbundenen Herzog Vitold von Litauen den Krieg.

1410 In der Schlacht von Tannenberg und Grunwald, nahe der Stadt Gilgenburg in Ostpreußen, erlitt der Orden eine folgenschwere Niederlage. Mit dem Hochmeister starben auf dem Schlachtfeld 40000 aus seinem Heer. Von den 1200 Danzigern, die unter dem Befehl von Albrecht Mantell auf der Seite des Ordens kämpften, kehrten nur 300 zum Teil schwer verwundet zurück. 1410, im Jahr der Niederlage des Ordens bei Tannenberg, war der führende Mann in Danzig Bürgermeister Konrad Letzkau, der schon seit 1399 Ratsmitglied war und sich als Schiffshauptmann im Kampf gegen die Seeräuber bewährt hatte und von den Hochmeistern Konrad und Ulrich von Jungingen mehrfach mit diplomatischen Aufgaben betreut worden war. Mit dem Bischof Johann von Leslau begab sich Bürgermeister Konrad von Letzkau in das Lager des Polenkönigs vor der Marienburg und erklärte dort die Unterwerfung der Stadt Danzig. Dafür erlangte er am 5. August ein weitgehendes Privileg für die Selbständigkeit der Stadt und Landzuwachs mehrerer Dörfer sowie das im Umkreis von einer Meile die Stadt umgebende Gebiet. Am 10. August auf einem Städtetag in Marienburg verschaffte Danzig sich noch weitere Rechte, besonders das Münzrecht und Handelsprivilegien. Am 7. August bereits war als Bevollmächtigter des Königs Kastellan Januß von Tulißkowo in Danzig zur Huldigung der Stadt erschienen. Ein Versuch Letzkaus, den Komtur des Ordens zum Abzug aus Danzig zu bewegen, scheiterte. Schließlich befreite die Stadt sich von den eigenen Anhängern des Ordens und ließ deren Führer, Christoph Lobeschicz, und andere hinrichten. Am 22. September gab Wladyslaw die Belagerung der Marienburg auf. Gegen Mitte Oktober hat sich Danzig, nachdem der Polenkönig in den ersten Oktobertagen auf seinem Rückzug die Grenze nach Polen überschritten hatte, dem Orden wieder unterworfen.

1410 9. November Heinrich von Plauen, bisher Komtur von Danzig, wird Hochmeister des Deutschen Ritterordens. Am 16. Dezember sandte der Hochmeister Letzkau an Herzog Wartislaw von Pommern-Wolgast, den Herzog von Braunschweig und andere Fürsten zwecks Werbung von Söldnern für den Orden.

1411 Am 1. Januar 1411 war Letzkau in Wolgast und entrichtete an Herzog Wartislaw 1000 Mark für die Anwerbung von Truppen für den Orden. Am 1. Februar 1411 kam es zum Frieden von Thorn zwischen dem Orden und Polen, mit der Verpflichtung, für die Freilassung der Gefangenen 100000 Schock böhmische Groschen zu zahlen und auf das Dobrzyner Land und Samaiten vorläufig zu verzichten.

1411 6. April Bürgermeister Konrad Letzkau, Bürgermeister Hecht und der Ratsherr Gross auf der Ordensburg ermordet.

1411 13. April Erst jetzt wurden die Leichen ausgeliefert und die Einziehung des Vermögens der Ermordeten angeordnet. Die Danziger Bürgerschaft empfand das Vorgehen des Komturs als ein schweres Verbrechen und die Opfer als Märtyrer, die in der Marienkirche feierlich beigesetzt wurden. Die Grabplatte in der Hedwigskapelle erinnert an dieses für die Stadt unvergeßliche historische Ereignis bis heute. Ihre heute kaum noch lesbare Inschrift lautet: »Hic iacent honorabiles viri, Conradus Leczkow et Arnoldus Heket, praeconsules civitatis Danzke, qui obierunt feria secunda post festum palmarum, anno Domini 1411. Orate pro eis.« (Hier ruhen die achtbaren Männer Konrad Letzkau und Arnold Hecht, Bürgermeister der Stadt Danzig, welche am Montag nach dem Palmsonntag im Jahre 1411 verschieden sind.) In der Kunst und Literatur ist jenes Geschehen und das Andenken lebendig geblieben. Rat und Bürgerschaft mußten dem Hochmeister huldigen und die Strafe von 14000 Schock böhmische Groschen entrichten (eine halbe Million Goldmark).

1413 Der Pfarrer der Marienkirche, Andreas Slommow, stiftet eine Bibliothek. Um ihren Bestand zu schützen, ordnet der Hochmeister an, daß keines ihrer Bücher je entfremdet werden dürfe. Nach der Stätte ihrer späteren Aufstellung wurde sie auch Allerheiligenbibliothek genannt.

1415 18. März Durch den Generalvikar des Bischofs von Leslau wird die St. Jakobskirche der Schiffer geweiht. Hochmeister Heinrich von Plauen hatte den »Schiffskindern« für ihre Verdienste bei der Verteidigung der Marienburg ausdrücklich zugestanden, auch ein Krankenhaus für ihre Berufsgenossen zu erbauen.

1415 Der Altstadt wurde das Gebiet zwischen dem Schüsseldamm und der Weichsel geschenkt. Aber erst nach 1500 wurde es stärker besiedelt. Die Gasse längs des Radaunekanals, der noch im 18. Jh. Mühlgraben genannt wurde und 1495 noch »By dem nyen Fischmarkte«, 1523 »An dem Molgrafen« hieß, war »Hohe Seigen«.

1416 An der Spitze der in der Rechtstadt lebenden Handwerker stehen die Brauer mit 378, gefolgt von den Schneidern mit 112, sodann 96 Höker, 69 Schuhmacher, 68 Bäcker, 56 Schmiede, 52 Krämer, 49 Fleischer, 41 Beutler, 28 Kürschner, 27 Böttcher, 24 Goldschmiede, 22 Tischler, 20 Gürtler, je 17 Zinngießer und Töpfer, 13 Barbiere, die auch als Chirurgen bezeichnet werden, und neun Wollweber. Aus dem gleichen Register, dem diese Angaben entnommen sind, läßt sich ein Schluß auf die Höhe der Bevölkerungszahl in der Rechtstadt im Jahr 1416 ziehen: Als steuerpflichtige Personen sind 2355 verzeichnet. Bei einer Familie mit durchschnittlich fünf Angehörigen wären das etwa 11500 Einwohner in der Rechtstadt, für die Vorstadt werden unter diesen Voraussetzungen 2000 Einwohner und für die Niederstadt ca. 1000 Einwohner anzunehmen sein. Altstadt, Jungstadt und Hakelwerk werden zusammen mit einigen wenigen tausend Bürgern hinzugerechnet werden dürfen, insgesamt etwas weniger als 20000 Einwohner.

1416 18. Juni Aufstand der Gewerke gegen die unerträgliche Bevormundung des Patriziats. Angriffe der Aufrührer auf das Rechtstädtische Rathaus und den Münzhof des Ordens in der Hundegasse. Die Häuser des Bürgermeisters Gert von der Beke und des Schöffen Lucas Mekelfelt werden geplündert und zerstört. Der Rat wird für abgesetzt erklärt.

1416 26. Juli Der Aufstand wurde niedergeschlagen und die Anführer vor ein aus dem Ordensmarschall, einigen Ordensgebietern, Rittern und Knechten bestehendes Gericht gestellt. 18 wurden hingerichtet und weitere 40 unter Verlust ihres Besitzes mit ihren Familien der Stadt verwiesen. Der Stadt wurde eine Strafe von 24000 Mark auferlegt, die zu einer allgemeinen und direkten Steuererhebung führte.

1416 Gert von der Beke und Hildebrand Tannenberg werden zahlreiche Ehrungen durch den Orden zuteil. Nach der Verleihung des Dorfes Langfuhr durch den Hochmeister Heinrich von Plauen im Jahr 1412, dessen im Aufruhr verlorene Handfeste 1419 erneuert wurde, fügte der Hochmeister Michael Küchenmeister jetzt das Dorf Glaseberg mit der Glashütte zu Meisterswalde auf der Höhe und Teile des Mariensees hinzu.

1416 »Reinhold Niederhoff, eine Danziger Karriere (1401–1480). N. kam 15jährig nach Danzig, wo er bei dem Kaufmann und Schöffen Heinrich Schlechter (Schlichter, † 1426) in die kaufmännische Lehre trat und 16. 1. 1434 dessen Tochter Margarethe heiratete. 1439 trat er in die Danziger Regierung, wurde Schöffe und gelangte bald in führende Stellung. 1443 wurde er Ratsherr, 1447 Bürgermeister. In den folgenden Zeiten des 13jährigen Krieges gehörte N. zu den Leitern der Danziger Politik, die in den Jahren 1452–53 einen friedlichen Ausgleich der Gegensätze zwischen Danzig und dem Orden für möglich hielten und z. B. gegen die Gesandtschaft des Bundes an den deutschen Kaiser waren. Nachdem einmal der Krieg erklärt war, stand er gleich seinen Amtsgenossen seinen Mann. 1454 war er mit Jakob Falcke, Hauptmann der Danziger Truppen, vor Marienburg. In der Folge war er weniger mit der eigentlichen Kriegführung als mit politischen Aufgaben beschäftigt, so 1456 zugleich mit Wilh. Jordan mit der Niederschlagung des Koggeschen Aufstandes und mit hansischen Angelegenheiten, die mit der ordensfreundlichen Haltung König Christians I. von Dänemark zusammenhingen. Auch bei den häufigen Verhandlungen mit den Söldnern und bei den Friedensvorverhandlungen mit dem Orden war er beteiligt. Für seine energische Haltung im Koggeschen Aufruhr belehnte ihn König Kasimir 1457 bei seiner Anwesenheit in Danzig mit den Gütern Saalan, Reinfeld und Nestempol. Von seiner Frau her war er wohl auch in den Besitz von Bobau (Kr. Pr. Stargard) gelangt. Auch war er seit 1456 Pfandbesitzer der Scharpau. Auch als Großkaufmann und Reeder trat N. hervor. Er besaß Parte an fünf Schiffen. Sein Sohn Heinrich, Eltermann des hansischen Kontors in London († 1499), war einer der drei Kaufleute, die 1473 das ›große Kraweel‹, den Peter von Danzig, von der Stadt erwarben, das dann unter Paul Benekes Führung das ›Jüngste Gericht‹ eroberte. Als Mitreeder des Schiffes und zugleich als Mitglied der Georgenbrüderschaft stiftete er gemeinsam mit seinen Teilhabern das Bild der Kapelle der Brüderschaft in St. Marien.« (Pressezitat)

1417 25. November In einer Handwerkerordnung werden die Handwerkerversammlungen und Morgensprachen abgeschafft. Harnische und Waffen müssen die Handwerker dem Rat in Gewahrsam geben. Änderungen der Satzungen der Gewerke dürfen nur mit Wissen und Willen des Rats vorgenommen werden. Das patrizische Regiment war damit wiederhergestellt.

1417 Die älteste Karte (der Vorstadt) fertigte Peter Krüger mit dem Kahnführerfeld, dem Mastenfeld und der Lastadie. An der Ostseite des späteren »Winterplatzes« (vorher als Buttermarkt geläufig) befand sich der Markt.

1419 9. Oktober Auf Fürbitte des Erzbischofs Theodorich von Köln genehmigte Papst Martin V. die Gründung einer Ansiedlung des Franziskanerordens in Danzig. (1422 begann der Bau des Franziskanerklosters. 1424 wurde das Kloster an der Gasse bei den grauen Mönchen bereits bezogen und der heiligen Dreifaltigkeit geweiht.)

1421 Der Artushof erhält eine neue Hofordnung. Der Kreis der Besucher wird dadurch erweitert, daß nicht mehr als dessen Voraussetzung der Besitz eines bestimmten Vermögens verlangt wird. Dennoch blieben Handwerker und niedrigere Soziale vom Beschluß des Hofes ausgeschlossen. Die Georgsbrüder zogen sich in ein neuerbautes Seitengemach zurück, wo sie sich mit den Schöffen trafen und somit die neue Hofordnung unterliefen. Zum Musizieren wurden Spielleute bestellt.

1421 Im Verlauf der Stadterweiterung auf der Niederstadt wird der Englische Damm als eine nördlich der Barbarakirche an der Grenze zum Gebiet des Ordens verlaufende Straße genannt. An der Südseite des vorstädtischen Festungsgrabens entstand jetzt eine einseitig erbaute Straße.

1422 Der Komtur verlieh dem Besitzer der vor dem Schloß gelegenen Schneidemühle, Gerhard Lange, das Grundstück in der Burggasse, auf dem einst die Badestube des Ordens gestanden hatte.

1423 In einem ungewöhnlich kalten Winter war die Ostsee so weit zugefroren, daß man auf dem Eis bis nach Lübeck gelangen konnte.

1424 7. Mai Auf der Speicherinsel fielen einem Feuer eine große Anzahl von Speichern zum Opfer.

1424 29. Mai Ein Brand in der Vorstadt zerstörte auf der Lastadie die Petri- und Paulkirche, die gerade an diesem Tag das Peter und Paul-Fest feierte.

1424 im Oktober In diesem Brandjahr brannte auch die Drehergasse und teilweise auch das benachbarte hölzerne Krantor nieder.

1425 Bürgermeister Gert von der Beke stiftet die »Elftausend Jungfrauenkapelle«. Im selben Jahr setzt auch der Wiederaufbau der abgebrannten Petrikirche auf der Vorstadt ein, der ebenso wie der Ausbau der Marienkirche in den nächsten Jahren mit Ablaßbriefen gefördert wurde.

1427 Papst Martin V. gestattete in einer besonderen Bulle dem Rat, sich im Rathaus eine eigene Kapelle einzurichten, wahrscheinlich in einem der beiden als »Großer« und »Kleiner Christopher« bezeichneten gewölbten Räume.

1427/1428 In beiden Jahren starben durch Überschwemmung nach einer ununterbrochenen Regenzeit und einer verheerenden Pest in Danzig und Umgebung Tausende von Menschen.

1428 Im Krieg, den die Hanse mit Dänemark führte und in dem Danzig mit anderen preußischen Städten eine bewaffnete Neutralität zu wahren suchte, gingen mehrere Danziger Handelsschiffe verloren. 1428 wurden in der Schloßkapelle registriert, außer silbernen Geräten und Meßgewändern, drei angeschmiedete Predigtbücher, 23 lateinische und neun deutsche Bücher, ein silbernes Bild der Jungfrau Maria und zwei Holzstatuen der hl. Elisabeth und der hl. Barbara.

1432 24. Juni Der Deutsche Orden wies den »Schiffskindern«, die sich bei der Verteidigung der Marienburg ausgezeichnet hatten, einen Bauplatz am »Neuen Damm«, dem Schüsseldamm, für ihr erbetenes Hospital zu. Die Schenkungsurkunde Heinrichs von Plauen ist nur noch in einer späteren Ausfertigung durch dessen Nachfolger, Paul von Rußdorf, vom 24. Juni 1432 erhalten. Die Gründung des Jakobs-Hospitals wird nach dem Jahr 1410 in zeitlich geringem Abstand anzusetzen sein.

1433 Das Jakobs-Hospital wird bei einem Überfall von den Hussiten angezündet. Papst Eugen IV. gewährte 1435 einen Ablaß zur Wiederherstellung des Hospitals und der Kapelle. (1636 brannte das Hospital wieder ab. Diesmal durch einen Blitzeinschlag. 1815 wurde es durch die Explosion eines benachbarten Pulverturms zerstört.

1817 wurde in der beschädigten Jakobskirche eine Navigationsschule und von 1821 bis 1905 die Stadtbibliothek aufgenommen. Seit 1915 diente das Kirchengebäude der Handwerkskammer als »Gewerbehalle«. Nach 1945 wurde die Jakobskirche wieder Gottesdiensten zugeführt.)

1435 9. Juli Der Rat zieht zum erstenmal bei Verhandlungen mit dem Hochmeister vier Schöffen, vier Bürger und die Älterleute der Fleischer, Schmiede, Schneider, Beutler, Hosennäher und Bäcker hinzu. Auch Kaufleute treten zeitweilig mitberatend auf.

1435–1448 Die älteste Willkür wurde in diesem Zeitraum abgefaßt. Sie enthält in 68 Artikeln die mannigfachsten Bestimmungen über das bürgerliche Leben ohne Einhaltung einer systematischen Ordnung, über Kauf und Verkauf, über Erbrecht, Bürgerrecht, Ausübung des Brauens, über Bauten, Körperverletzungen, falsches Spiel, Schiffahrt usw., eine Art Gesamtkodifikation des Danziger Gewohnheitsrechts.

1435 9. August Danzig entschied sich gegen einen neuen Krieg mit dem Orden. Damit kam es am 31. Dezember 1435 zu dem »ewigen Frieden« von Brzesc.

1436 18. März Der Hochmeister stellt über den Frieden von Brzesc die auch von Danzig mitbesiegelte Ratifikationsurkunde aus.

1436 Als der Hochmeister von dem Gewinn der von Danzig betriebenen Münze ein Drittel verlangte, verzichtete die Stadt wieder auf die Münze. (»Es regten sich auch wieder Klagen über Handelsbefugnisse des Ordens, sowohl ungerechtfertigter Handelsabgaben als auch Begünstigung des Handels mit Fremden, besonders mit den Engländern. Dabei fühlte sich Danzig besonders durch das willkürliche Verfahren des Mündemeisters des Ordens in Weichselmünde bedrückt und verlangte wieder die Abschaffung des Pfundzolls.«)

1436 Der dem Orden stets wohlgesonnene Ratsmann Hildebrand Tannenberg wurde aus dem Rat entlassen.

1436 Neben den Kirchenschulen entstehen besondere »deutsche Schreibschulen«.

1438/1439 An die Stelle des Pfarrers der Marienkirche, Andreas Slommow, der hochbetagt starb, trat, vom Hochmeister berufen, der aus Praust stammende Gelehrte Andreas Ruperti, der in Bologna studiert hatte. (1443 handelte er im Sinne der Ordensregierung und setzte am kaiserlichen Hof zwei Mandate durch, in denen dem Danziger Rat verboten wurde, sich in die Verwaltung der kirchlichen Angelegenheiten einzumischen. Diese Neuerung widersprach eklatant dem im Ordensland geltenden Recht und den bisherigen Zuständen. Durch diese Mandate erwirkte Ruperti u. a. auch, daß der Ausbau des nördlichen Querschiffes der Marienkirche nicht auf das Grundstück des von ihm bewohnten Pfarrhauses ausgedehnt wurde, so daß der Nordflügel eine noch heute erkennbare unvollkommene Gestalt erhielt.)

1440 Die Kürschner stiften den heiligen Dreikönigsaltar der Marienkirche.

1440 14. März Der »Preußische Bund« wird gegründet mit dem Ziel, die Herrschaft des Deutschen Ritterordens abzuschütteln. Der polnische König Kasimir erblickte darin eine willkommene Chance für seine Politik und versprach den verbündeten Städten große Vorteile und dem Adel Privilegien.

1443 Der Rat der Jungstadt vereinbarte mit deren Gemeinde eine Brunnenordnung und bestellte als Hauptleute für die Brunnen je einen Ratmann und Schöffen sowie vier Mitglieder der Gemeinde. Nach der neuen Feuerordnung waren auch die freien Weiber (Dirnen) zum Löschen bei Bränden verpflichtet. Sie wohnten damals in bestimmten Gegenden in der Nähe der Stadtmauer, in der Ketterhagener- und Rosengasse.

1443 Eine außerordentliche Steuer zur Wiedererrichtung des im Jahr zuvor abgebrannten Krantors und zu Wasserbauten an der Weichsel wird erhoben: Sie setzte sich aus einer Kopfsteuer und einer Vermögenssteuer zusammen. Auch floß jetzt wieder ein Teil des Pfundzolls in die Stadtkasse.

1444 Langgarten hatte häufig unter verheerenden Bränden zu leiden. 1444 brannten mehr als 40 Häuser ab. Eine größere Ansiedlung fand hier statt, als 1454 nach der Zerstörung der Jungstadt viele Bürger hierherkamen, besonders viele »Geissler« (Viehhändler).

1445 »Bernd Pawest, * um 1410, † 1474, Ratsherr und Hauptmann auf Kaperfahrt. P. wurde 1455 Schöffe und machte unter dem Ratsherrn Hermann Gehrmann die Kriegsfahrt über das Haff zum Entsatze des Kneiphofs Königsberg mit, die aber erfolglos blieb. 1456 wurde er Ratsherr und vertrat die Stadt bei verschiedenen Beratungen mit den Bündnern. 1458 war er mit dem Bürgermeister Reinhold Niederhoff Gesandter bei König Christian von Dänemark. Sie traten sehr energisch auf und verhinderten den offenen Kriegsausbruch, obwohl sie schließlich die Verhandlungen abgebrochen hatten. 1464 war P. bei der Einnahme von Mewe beteiligt. In demselben Jahre beschlagnahmten die Danziger den ›Peter von La Rochelle‹, einen französischen Dreimaster. Er wurde zu einem Kaperschiff umgebaut, faßte 350 Mann Besatzung und 17 Kanonen. Im Krieg der Hanse gegen England 1471–73 wurde P. als Hauptmann dieses ›Grooten Kraweels‹ auf Kaperfahrt in die Nordsee gesandt. Das mächtige Schiff erregte große Furcht und Zurückhaltung bei den Feinden, war aber seiner Massigkeit halber nicht besonders manövrierfähig und mußte häufig überholt werden. P. war auch wohl schon zu alt und körperlich nicht mehr leistungsfähig genug, um es mit der nötigen Rücksichtslosigkeit zu führen. Der Danziger Rat verkaufte daher das Schiff an eine Reedergesellschaft, zu der auch Paul Beneke gehörte. Er übernahm die Führung und erzielte große Erfolge, bis es 1474 zum Frieden von Utrecht kam. P. kehrte nicht sofort nach Danzig zurück, sondern war noch bis März 1474 für seine Stadt in Utrecht und Lübeck diplomatisch tätig. Seine zahlreichen Briefe an den Rat sind als Beilage zu Kaspar Weinreichs Chronik gedruckt und bilden eine wertvolle Quelle für die Geschichte jener Jahre.« (Pressezitat)

1445 An der Johanniskirche hatten der Schiffer Hanke Thomas und seine Frau eine Erasmuskapelle gestiftet und sie mit Zustimmung des Pfarrers Ruperti an das Gewerk der Schmiede übergeben. Zu dieser Zeit wurde die Johanniskirche gewölbt und erhielt einen Glockenturm. Über ihm kam es zu einem Streit mit dem Orden – aus dem gleichen Grund wie über das Krantor –, weil der Orden von der hohen Ausführung des Turms eine militärische Gefahr für sein nahegelegenes Schloß befürchtete. Aber wie beim Bau des Krantors ließen sich die Danziger nicht von den einmal gefaßten Plänen abbringen.

1447 Die Rechtsprechung in Seesachen lag – im Gegensatz zu der richterlichen Tätigkeit der Schöffen auf allen anderen Rechtsgebieten – wie früher auch und auch später in der folgenden polnischen Zeit in der Hand des Rats. Die Sammlung der ihr zugrundeliegenden Rechtsbestimmungen wurde seit 1447 als das Wisbysche oder das Gotländische Wasserrecht bezeichnet.

1449 2000 Danziger sollen zum Jubelfest gen Rom gezogen sein. Der religiöse Sinn veranlaßte viele zu Wallfahrten, so auch nach Einsiedeln in der Schweiz, nach St. Jacob di Compostella in Spanien.

1451 30. Juni Rat, Schöffen und Gemeinde erließen nach einem großen Speicherbrand eine Feuerordnung. Über die vier Quartiere der Stadt, das Koggen-, Hohe-, Breite- und Fischerquartier, wurden je zwei Ratmannen und ein Schöffe als Quartiersherren eingesetzt, denen die Bekämpfung der Brände oblag. Die Bewohner von je zehn Häusern wurden ihnen als Rotte unter einem Rottmeister unterstellt, die zu Löscharbeiten verpflichtet wurden.

1454 Anfang Januar Die Danziger bauen Bollwerke gegen die Ordensburg, zu denen Belagerungswerkzeuge, Geschütze und 200 geladene Büchsen gebracht wurden. Auf dem in unmittelbarer Nachbarschaft der Burg liegenden Fischmarkt wurden Sturmleitern aufgestellt. (Bereits seit 1452 wurde mit Polen über eine Verbindung des »Preußischen Bundes« und eine Einverleibung Preußens in das polnische Reich verhandelt. Vom »Bund« wurden die Verhandlungen vorwiegend durch kulmische Landritter und Mitglieder des Thorner Rats geführt. Danzig hatte sich diesen Bestrebungen gegenüber als zurückhaltend erwiesen.)

1454 19. Januar Die Abgesandten des »Bundes« trugen unter dem Widerspruch seiner Danziger Mitglieder König Kasimir von Polen vor, Preußen werde sich unterwerfen.

1454 11. Februar Der Komtur des Danziger Ordensschlosses, Pfersfelder, räumte freiwillig mit seiner schwachen Besatzung die Burg, wofür ihm eine Entschädigung gezahlt und freier Abzug garantiert wurde. Die Verpflegung der zurückgelassenen Kranken und Alten übernahm die Stadt. Die Trümmer des niedergerissenen Schlosses haben in den zu jener Zeit errichteten Profan- oder auch Sakralbauten Verwendung gefunden, z. B. Fundamente des Frauen- und Krantors, des Artushofs und Gebälk des Daches der Trinitatiskirche.

Erst 1646 wurden die Grundmauern abgebrochen. Dabei fand man die Grabsteine mit Kreuzen bezeichnet und darunter Särge von starkem Eichenholz. (Als Denkmäler ihrer Herrschaft und Urbanität hinterließen die Ordensritter der Stadt Danzig 16 kostbar ausgestattete gotische Kirchengebäude, in den Zeitenstürmen oft beschädigt, teils zerstört, aber immer wieder aufgebaut, die die unverwechselbare Gestalt dieser Stadt bis in das 20. Jahrhundert charakterisieren. Schon mit dem Einzug des Ordens, 1309, wurden die Hospitäler St. Elisabeth und das Heiligengeist-Hospital, 1410 das Lazarett oder Pockenhaus begründet, das zur Verpflegung der aus der Tannenbergschlacht zurückgekehrten Verwundeten diente.)

1454 12. Februar Die Danziger begannen unverzüglich mit den Abbrucharbeiten an der Ordensburg, die bis zum Mai vollendet waren, so daß nur noch Fundamente und einige Umfassungsmauern stehenblieben. Die Steine wurden in vielen Bauten der Stadt eingemauert. Der Platz der Ordensburg blieb bis zur Mitte des 17. Jahrhunderts unbebaut.

1454 Das Wettgericht wird konstituiert. Es setzte sich aus zwei Ratsherren und vier Bürgern zusammen und entschied über alles, was das bürgerliche Gewerbe betraf.

1454 6. März König Kasimir erließ die Inkorporationsurkunde, durch die er Preußen Polen einverleibte, seine Privilegien bestätigte und eine Reihe von neuen ausstellte. Am gleichen Tag leisteten die Gesandten dem König im Namen der preußischen Stände den Huldigungseid. Das bedeutet die Personalunion Danzigs mit der Krone Polens.

1454 23. Mai Beginn des 13jährigen Krieges des Ordens mit Polen. Danzig beteiligt sich an der Belagerung der Marienburg. Nach einer Niederlage wurde am 21. September die Belagerung aufgehoben.

1454 18. September Bei Konitz wurden Polen und Bündener von einem Ordensheer vernichtend geschlagen. Ein großer Teil Preußens mit vielen kleinen Städten fiel wieder dem Orden zu.

1455 13. Januar Ein Ordensheer belagert Danzig, wurde aber blutig abgeschlagen. Die überwiegenden Kosten, die den Krieg schließlich entschieden, trug die reiche Stadt Danzig. Allein für 1454 leistet Danzig zu den Kriegskosten 282700 Mark.

1455 7. März Danzig wurde die Aufsicht über die Fischerei in Putzig und Hela und das Gebiet der Scharpau im Werder übergeben.

1455 16. Juni Danzig huldigte nach anfänglichem Widerstreben König Kasimir in Elbing gegen die Erteilung des »Privilegiums Casimirianum«. Das Hakelwerk wurde der Stadt einverleibt und vertauschte das polnische Recht mit dem kulmischen. Danzig erhielt neben anderen Gebietserwerbungen das stüblauische Werder und zwölf Dörfer auf der Höhe, darunter Schidlitz, Praust, Ohra und Petershagen. Danzig verpflichtete sich dem König gegenüber zur Zahlung von jährlich 2000 ung. Fl., ihn mit seinem Gefolge für drei Tage im Jahr als Gast zu empfangen sowie für ihn einen Hof, Stall und Speicher zu errichten.

1455 9. Juli Danzig erhält das Recht zur selbständigen Erhebung und Abschaffung von Steuern. Für die Zeit der Zugehörigkeit der Stadt zu Polen ist dieses Privileg einer der Angelpunkte der finanziellen Selbständigkeit und Unabhängigkeit der Stadt geblieben. Auch das Gesetzgebungsrecht der Stadt wurde vom König anerkannt. Die Stadt setzte weiter durch, daß der König ihr außer dem Gebiet um Putzig auch noch das Gebiet der ehemaligen Danziger Komturei und die Stadt Leba verpfändete.

1455 27. September Aufstand in Danzig gegen die Zugehörigkeit zum polnischen Reich. Der wohlhabende Kaufmann Merten Kogge zieht mit Handwerksmeistern und einer großen Volksmenge auf den Langen Markt, um den Rat abzusetzen. Einer der Verschwörer verriet dem Bürgermeister Reinhold Niederhoff das Vorhaben Kogges, das Rathaus zu besetzen, den Rat gefangenzunehmen und die städtische Kasse unters Volk zu verteilen, möglicherweise aber auch in Erwägung zu ziehen, dem Orden die Stadt wieder zu übergeben. Kogge hatte dabei den Volkswillen unterschätzt, der dem Orden und seiner Herrschaft völlig abgeneigt war.

1456 17. Februar Kogge wird enthauptet, nachdem drei Tage zuvor die fünf vorher Verhafteten das gleiche Schicksal erfahren hatten. Zwei Delinquenten werden Wochen später hingerichtet. 22 andere

Bürger wurden der Stadt verwiesen, darunter der Bruder Kogges, und in die Acht getan. Ihre Namen wurden einigen Hansestädten bekanntgegeben mit dem Ersuchen, sie nicht aufzunehmen. Dennoch fanden einige von ihnen bereitwillig in Stolp und Lübeck Asyl. Wenige Tage nach Kogges Enthauptung nahmen die Unruhen ein Ende. Die Ratsherren kehrten in den Rat zurück, und die alte Ratsordnung wurde wieder in Kraft gesetzt.

1456 König Alfons von Portugal erteilte hansischen Schiffen und Kaufleuten ein neues Privileg, das zu einer Verbesserung der Handelsbeziehungen führte.

1456 im August Durch Verhandlungen mit den Söldnern des Ordens, denen schon im ersten Kriegsjahr vom Hochmeister auf ausstehenden Sold die von ihnen besetzten Schlösser verpfändet worden waren, werden die drei Ordensburgen Marienburg, Dirschau und Deutsch-Eylau ausgelöst. Von dem dazu aufzubringenden Gesamtbetrag übernahm die Stadt Danzig den Löwenanteil mit 144400 Mark. Danzig legte neue Steuern auf, da diese aber ihren Zweck verfehlten, suchte die Stadt Hilfe bei Zwangsanleihen ihrer Bürger.

1457 Ein Kaufmann aus Lissabon läßt sich in Danzig nieder. Neuerbaut wurden das Brotbänken-, Frauen- und Häkertor.

1457 23. April Mit Einforderung der Zwangsanleihen in Höhe von 5 und 10% vom jeweiligen Vermögen wird begonnen. Von über 300 Personen wurden 60208 Mark in bar, zum Teil in Wertgegenständen aufgebracht. Eine weitere Zwangsanleihe erbrachte 31731 Mark. Gleichzeitig wurde eine Akzise auf Bier, Met und Salz gelegt.

1457 Der Rat überträgt die bisher von ihm selbst geführte Verwaltung des Vorsteheramts an der Marienkirche vier angesehenen Bürgern unter der Aufsicht des ersten Bürgermeisters.

1457 Die erste »Willkür« von 1455 wird kodifiziert. Charakteristisch für die Moral jener Zeit sind aus diesem frühesten Danziger Gesetzbuch zum Beispiel folgende Bestimmungen: »Keiner soll Messer tragen, die über eine Elle lang sind, oder mit verbundenem Angesichte gehen, im Sommer nach der zweiten, im Winter nach der ersten Glocke.« – »Wer einen andern totschlägt, soll auf ein Jahr geächtet sein; kömmt er während dieser Zeit in die Stadt, so wird er ohne weiteren Prozeß enthauptet.« – »Wer falsch schwört, verliert seine Ehre und den Finger, womit er geschworen; in peinlichen Fällen auch das Leben.« – »Wer mit Lotterie und Riemenziehen die Leute um das Ihrige bringt, soll das erste Mal gebrandmarkt, das andere Mal gesäkket und ersäufet werden.«

1457 1. Mai Für seine Hilfeleistungen erwartete Danzig den Besuch des Königs Kasimir, der am 1. Mai in Danzig eintraf. Jubel des Volks empfing den mit stattlichem Gefolge in Danzig einziehenden Herrscher, für den im Rathaus Gemächer bereitgestellt waren. Ein Festgottesdienst wurde in der Marienkirche zelebriert. Die Stadt veranstaltete zu Ehren des Königs Schauspiele, darunter das Stechen von Danziger Bürgern und Schwerterkämpfe polnischer Ritter auf dem Langen Markt vor dem Artushof.

1457 9. Mai Die Stadt Danzig, die Gebiete um die Stadt sowie Putzig und Lauenburg huldigten dem König. Eine Festzeit waren die fünf Wochen, die König Kasimir in Danzig zubrachte, für die Stadt, deren Glanz auch noch durch die Anwesenheit eines anderen Monarchen, des aus seinem Reich vertriebenen Königs Karl VIII., Knutson von Schweden, der kurz vorher hier eine Zuflucht gefunden hatte, erhöht wurde.

1457 15. Mai Kasimir erteilt Danzig ein Hauptprivileg mit zahlreichen Rechten. Der Stadt wurde zunächst Reichsunmittelbarkeit zugesichert. Sie erhielt das Gericht in Handels- und Strandsachen, die Schiffahrtsaufsicht und das Münzrecht. Die von ihr geprägten Münzen sollten das Bild des Königs aufweisen. Vertreter des Königs in der Stadt sollte der Stadthauptmann sein, der aus acht vom Rat repräsentierten Ratsherren auszuwählen sei. Im Umkreis von fünf Meilen sollte weder ein Schloß noch eine Stadt erbaut werden dürfen. Das Wappen der Stadt, die beiden weißen Kreuze in rotem Feld, wurde durch Einfügung einer Krone in den oberen Teil des Schildes vervollständigt. Sie erhielt das Recht, mit rotem Wachs zu siegeln. Der Stadthauptmann und die Bürgermeister erhielten das Ehrenrecht, Goldschmuck an ihren Gewändern zu zeigen. Für die vorgeschossenen Geldsummen ließ die Stadt sich vom König als auch vom Land Sicherheitsurkunden ausfertigen. Das Land verpfändete der Stadt nochmals das Putziger Gebiet.

1457 30. Mai Kasimir verleiht Danzig die wertvolle Vogtei Dirschau. Heinrich Niederhoff und andere Ratsmitglieder werden vom König mit Landgütern beschenkt.

1457 8. Juni Kasimir zieht, von zwei Danziger Ratsherren und Danziger Truppen geleitet, in die Marienburg ein, die tags zuvor vom Hochmeister geräumt worden war. Die von den Söldnern geraubten hochheiligen Reliquien der ehemaligen Schloßkirche der Danziger Ordensburg wurden den Ratsherren zurückerstattet, besonders Stücke vom heiligen Kreuz und das silberne Bild der heiligen Barbara, die sogleich Aufstellung in der Danziger Marienkirche fanden. Gleichzeitig mit der feierlichen Übergabe dieser Reliquien im August überließ der König sieben Danziger Bürgern für ein beträchtliches Darlehen die sog. Scharpau, ein fruchtbares Gebiet südlich der Elbinger Weichsel.

1457 14./15. August Im Seekrieg gegen Dänemark errangen drei Danziger Schiffe bei Bornholm den Sieg über eine fünffach überlegene dänisch-livländische Flotte.

1458 Ein Waffenstillstand wird zwischen Danzig und Dänemark und im Jahr 1459 ein vorläufiger Friede bis zum Jahr 1463 abgeschlossen.

1458 In Danzig wurden zwei Seeräuberanführer mit 75 Gefährten gefangengesetzt.

1458 Die Vorsteher erließen Satzungen für das Jakobs-Hospital. Danach sollten nur 13 Personen, alte oder kranke Schiffer, die sich gut geführt hatten, auf Kosten des Hospitals aufgenommen werden.

1459 Wehrtürme, hinter dem Elisabethtor und am Gertrudentor, werden errichtet.

1460 Eine öffentliche Bibliothek wurde von einer reichen und gegenüber der Geistlichkeit freigebigen Frau, Katharina Meidenburg, der Marienkirche geschenkt. Die älteste Stadtansicht: »Die Belagerung der Marienburg im Jahre 1460«. (Die Türme der Marienkirche und des Rathauses sind zu erkennen, doch zeigen sie nicht ihre Formen aus der Zeit der Belagerung (1460) noch aus dem Jahr der Fertigung (1488), sondern aus der Zeit nach 1559, als das Rathaus eine neue Turmspitze erhielt. Die ältere Darstellung ist also übermalt worden, dabei wurden auch die Titel für die Namen Danzig und Dirschau vertauscht.)

1460 Infolge der Einverleibung des Hakelwerks bildete sich die Zunft der Fischer oder Seuner. Im gleichen Jahr werden von der Kämmerei drei Mark verausgabt, um den »Seger« (Zeiger) an der Uhr des Rathausturms zu stellen. 1465 konnte der Turm vollendet werden. 1466 wurde das Altstädtische Rathaus gedeckt. Dem rechtstädtischen Rat war mit dem Ordensbesitz auch die Schneidemühle zugefallen. Ein Um- und Ausbau der Mühle war 1460 fertiggestellt worden, deren Kosten vom Pächter Heinrich Czerneholt verauslagt wurden. Seit 1460 zahlt er eine jährliche Pacht von 60 Mark, die 1471 auf 100 Mark erhöht wurde.

1460 An Ostern laufen 319 Schiffe aus dem Danziger Hafen aus; 245 laufen Danzig an.

1461 Vor dem Jakobstor wurde eine Bastion errichtet.

1462 Ein französisches Schiff, die »Peter von La Rochelle«, wurde im Hafen, nachdem es bereits Holz als Rückfracht übernommen hatte, durch Blitzschlag schwer beschädigt. Wegen erheblicher Reparaturkosten wurde das Schiff dem Rat verpfändet. Da der Eigentümer des Schiffes inzwischen ohne Erben verstorben war, fiel das Schiff König Ludwig XI. von Frankreich zu. Dieser verlangte außer der Herausgabe von Schiff und Ladung hohen Schadenersatz. Da die Danziger sich weigerten, ließ der König Danziger und andere hansische Schiffe kapern, und die Folge davon war, daß der Handel mit Frankreich jahrelang unterbrochen wurde.

1462 17. September Die mit den Danzigern verbündeten Polen waren siegreich in der Schlacht gegen den Orden bei Sarnowitz. Der Orden verlor eintausend Mann. Danach setzte die Belagerung der Ordensfestungen Mewe, Putzig, Neuenburg, Stargard und Konitz ein.

1463–1465 Der Weichselstrom als Handelsstraße war für Danzig von besonderer Bedeutung, da er die Zufuhren des polnischen Hinterlandes ermöglichte. Für die Jahre 1463 bis 1465 geben die Einnahmeregister Auskunft über die Zahl der beförderten Lasten und die Höhe der geleisteten Zahlungen sowie der Kaufleute und Schiffer an: Von Danzig nach Thorn fuhren 1463 40, 1464 96, 1465 93 Schiffe, während in denselben Jahren stromab 28, 160 und 163 Schiffe liefen. Hinzu kamen die mit Holz, Pech und Teer beladenen Flöße, deren Holz in Danzig verkauft wurde. Das Getreidegeld schwankte zwischen 1 und 2 Mark für die Last und betrug für die stromauf fahrenden Schiffe 1463 gegen 1000 Mark, für die stromab fahrenden im selben Jahr ca. 550, 1464 4400 und 1465 3357 Mark. Stromauf wurden an Waren verschifft hauptsächlich Salz, besonders Heringe und Dorsche, Bier, Gewand und Laken, aber auch Wein, Feigen, Rosinen, Öl, Tran, Äpfel, Nüsse, Kramwaren, Wolle und Eisen. Stromab gelangten aus dem Hinterland nach Danzig vor allem Getreide wie Weizen, Roggen, Gerste in beträchtlichen Mengen, aber auch Mehl, Hirse, Erbsen, Fleisch, lebende Ochsen, Schweine und Schafe, Talg, Speck, Eisen, Blei, Blech, Kupferwaren, Pflugscharen, Leder, Flachs, Honig, Ungarwein und Waldwaren auf Flößen.

1463 13. Juli An der Spitze einer Verschwörung, die die Stadt Danzig für den Orden zurückgewinnen sollte, standen ein Seifensieder, Gregor Koch, und ein Gelehrter, Mathias Schunemann, der erst im Jahr vorher von der Universität Bologna zurückgekehrt war. Zwei Stunden vor der geplanten Erhebung setzte einer der Verschwörer den Rat davon in Kenntnis, der den Verrat niederschlagen konnte und 23 Rädelsführer hinrichten ließ.

1463 Danzig hielt zur Bewachung des Hafens einige Galeeren, an deren Ruderbänke ein Teil der Mitverschworenen des Seifensieders Koch geschmiedet wurden. Zur Absperrung der Weichsel benutzten die Danziger eine Art schwimmende Batterie, die in der Festungskunst unter dem Namen des schwimmenden Cavaliers geführt wurde, ein mit Verschanzungen und Geschütz bestückter Pram, den sie quer über den Strom legten. In einem Haus der Scheibenrittergasse wurden Panzerstücke, Schwerter, Hellebarden, Musketen und Bogen aufgehoben. In einem zum Stadthof gehörenden Speicher bewahrte man Geschütze und Kugeln auf.

1463 Am Karren- und am Ankerschmiedetor wurde gebaut. Am Ostausgang Langgartens stand das Werdertor und am westlichen

Eingang seit älterer Zeit ein kleiner Turm, an Stelle des späteren Milchkannentores.

1464–1470 Von dem Nürnberger Hans Düringer wurde die astronomische Uhr für die Marienkirche gebaut. Der Meister erhielt von den Vorstehern der Kirche für das bedeutende Kunstwerk 390 Mark, freie Wohnung und eine lebenslängliche Pension von 24 Mark jährlich.

1464 Die Pest rafft in Danzig 5800 Menschen dahin.

1464 Der Rat überträgt den Karmelitermönchen die St. Georgskirche in der Altstadt, nachdem das Karmeliterkloster in der Jungstadt niedergelegt worden war. Dazu erhielten sie ein Hospitalsgebäude.

1465 16. November Ein Unwetter verwüstete den Hafen, und Überschwemmungen richteten großen Schaden an. (Desgleichen kam es 1466 zu schweren Überschwemmungen im Land.)

1466 Von den altstädtischen Kämmerern werden lebende Fische gekauft und in den Stadtgraben gesetzt.

1466 Die städtischen Schulden, die der Krieg verursacht hatte, wurden auf 900000 Fl., das sind mehr als 20 Millionen Goldmark, berechnet. Zu ihrer Tilgung verpfändete der Rat einen erheblichen Teil der städtischen Grundstücke, Dörfer, Mühlen, Einnahmen aus gewerblichen Nutzungen, wie den Bänken der Bäcker, den Teerhof und das Fenstergeld. 1478 wurde mit 372 Gläubigern ein entsprechendes Abkommen getroffen.

1466 19. Oktober Der Zweite Thorner Friede wurde geschlossen, der den Orden auf Ostpreußen beschränkte, während Westpreußen und das Bistum Ermland an Polen kamen. Den östlichen Teil der Frischen Nehrung verlor Danzig an den Orden und wurde dafür durch die Halbinsel Hela entschädigt. Damit war Danzig zur ersten Macht unter den Städten Nordosteuropas, wie ein selbständiger Staat, aufgestiegen. 2000 Bürger waren gefallen, und das flache Land um Danzig durch den Krieg und die ununterbrochenen Raubzüge verwüstet. Die Befestigungen der Stadt wurden dennoch weiter ausgebaut. Auf dem Grund des abgebrochenen, zum Ordensschloß gehörenden Fischerturms, »Schwan« genannt, wurde ein gleichnamiger Turm errichtet, um von hier aus die Mottlau und den Hafen zu sichern. Außerdem wurde das Hohe Tor dadurch verstärkt, daß vor dem Stockturm, anstelle der heutigen Peinkammer, ein äußeres befestigtes Tor errichtet wurde. In der Linie der Verschanzungen mit hölzernen Palisaden finden sich in der Altstadt die später zum Teil in Stein ausgebauten Tore, das Gertruden-, das Elisabeth-, das Heilige Leichnams- und das Jakobstor, genannt nach den ihnen benachbarten Kirchen bzw. Hospitälern.

1466 Zu Eberhard Ferbers Zeit entstand der letzte Teil der Weinreichschen Chronik. Die Chronik gewährt Einblick in die politischen und gesellschaftlichen Verhältnisse von 1466–1496, unmittelbar nach Beendigung des 13jährigen Städtekrieges und mit dem Beginn der Personalunion mit der Krone Polens. Über das gesellige Leben enthält die Chronik zwar nur spärliche Mitteilungen, die ausschließlich die Kaufmannschaft betreffen. Der Artushof, am Werktage der Mittelpunkt des Geschäftsverkehrs der Reeder, Großhändler und Seeschiffer, zu welchem auch die fremden Großhändler befreundeter Nationen sich gesellten, ist am Abend und zu den Festzeiten gesellschaftlichen Vereinigungen und dem Genuß geselliger Freuden gewidmet. Die Chronik ist über 300 Jahre unbeachtet geblieben. Sie ist wahrscheinlich nach den Kriegsjahren von 1806–1813, als viele literarische Seltenheiten in die Hände der Trödler gerieten, in den Nachlaß des in Genua verstorbenen russischen Generalkonsuls von Heydecken geraten, der früher seinen Aufenthalt in Danzig hatte und als Sammler seltener Münzen und Handschriften galt. Auf einer Reise von Italien nach Petersburg erhielt der Herausgeber F. A. Vossberg von dem russischen Staatsrat Herrn von Reichel, unter mehreren anderen Chroniken aus seinem Besitz, auch die Weinreichsche 1845. Die Chronik wurde in der Abschrift, die der Danziger Chronist Stenzel Bornbach gegen Ende des 16. Jahrhunderts anfertigte, überliefert. Die Weinreichsche Chronik wurde fortgesetzt von der Chronik Christoph Beyers, die von nicht zu unterschätzender Bedeutung für die Geschichte der Stadt Danzig ist. Beyer stammte aus Konitz und gelangte als Kaufmann in Danzig zu Wohlstand. 1497 wurde er Schöffe und 1502 Ratmann. Er starb 1518. Seine Aufzeichnungen reichen bis zum Jahr 1497 zurück, vor allem über die städtischen Bauten, da Beyer längere Zeit zu den Bauherren gehörte, unter deren Leitung die wichtigsten Festungsbauten jener Jahre entstanden.

1467 Preußen wurde auf dem Petrikauer Reichstag nach polnischer Gepflogenheit in drei Verwaltungsbezirke = Woiwodschaften, Marienburg, Kulm und Pomerellen, eingeteilt, die je ein Woiwode verwaltete. Als zweiter Beamter trat ihm zur Seite ein Kastellan, der vor allem militärische Funktionen übernahm.

1467 Mit dem Bau der neuen Karmeliter-Kirche wurde begonnen. Der Chor lehnte sich auf der Nordseite an einen älteren Bau an, wahrscheinlich an Fragmente der früheren Georgenkirche. Das Langhaus ist nie vollendet worden. Von dem Kloster wurden nur zwei Refektorien und Teile des Kreuzganges errichtet. Die Kirchengebäude sind seit 1690 erneuert worden. Die Bauarbeiten führte Bartel Ranisch aus, der auch den Kreuzgang des Klosters vervollständigte. Nach dem in der Beichtkapelle befindlichen Altar des hl. Joseph wird die Kirche seit dem 16. Jh. Josephskirche genannt. Nach Aufhebung des Klosters wurden die Gebäude 1830 von der preußischen Militärverwaltung als Gefängnis benutzt.

1468 König Kasimir verlangte das Pfahlgeld oder den Pfundzoll, der schon seit 1341 in Höhe von 2 Pfennigen von der Mark erhoben wurde, ganz für sich, da es keine städtische, sondern eine Landesabgabe sei. Der Rat stützte sich auf einen Beschluß der im Artushof versammelten Gemeinde und widersprach. Als Entschädigung gab die Stadt dem König die ihr verpfändeten Gebiete Dirschau und Putzig heraus. Der damals in der Stadt weilende König gab sich damit zufrieden. Die Verpflichtung, den König drei Tage lang mit seinem Gefolge zu beherbergen und zu bewirten, hat Danzig nur 1468 zu erfüllen brauchen, da Kasimir nur in diesem Jahr die Stadt noch besuchte. Seit 1478 aber stellte er den Anspruch, das dadurch ersparte Geld an ihn auszuzahlen. Danzig zahlte zuerst für die Zeit von 1466 bis 1478 2100 Mark, dann 1482 für vier Jahre 1000 Mark an sog. Stationsgeldern, die sich später auf jährlich 500 Fl. oder 750 Fl. steigerten. Dagegen hat Danzig den König wiederholt mit Darlehen unterstützt, insgesamt mit 53000 Mark = 800000 Goldmark, die niemals zurückgezahlt worden sind. Auch bei einzelnen Danziger Bürgern hat Kasimir sein Geldbedürfnis zu befriedigen gewußt.

1468 Das gespannte Verhältnis zwischen der Hanse und England hatte sich verschärft.

1469 im Herbst Der Seekrieg der Hanse gegen England begann, nachdem dieses, wegen Aufbringung englischer Schiffe im Sund, den Stallhof geschlossen und mindestens 60 hansische Kaufleute, darunter eine Anzahl Danziger, gefangengesetzt hatte. Die Kriegshandlungen eröffnete das Brügger Kontor mit der Aussendung von Kaperschiffen, davon zwei unter dem Befehl der Danziger Kapitäne Paul Beneke und Martin Bardewiek. Bei den Schiffen handelte es sich um zum Kampf umgerüstete Handelsschiffe, die meist von Geschäftsleuten zur Kaperei benutzt wurden.

1469 »Jakob Lubbe (1430–1500), ein Eltermann der Zunft. V.: Bauer in Gr. Lichtenau. Lubbe wurde in der Dorfschule unterrichtet, kam 1440 nach Danzig zu seinem Oheim Andreas Lumpe, bes. bis 1446 die Stadtschule, kam zu dem Kaufherrn Hincze Sanau in die Lehre und wurde bei ihm Kaufgesell. 1465 erkrankte er schwer, gelobte eine Pilgerfahrt nach Aachen und wollte Mönch werden. Jedoch von seinen Verwandten umgestimmt, verlobte er sich mit der wohlhabenden Krämerwitwe Barbara, wurde Bürger in Danzig und Mitglied der Krämerzunft und heiratete 16.6.1465. Die Wallfahrt nach Aachen holte er 1468 nach. Er brachte es zu Wohlstand und Ansehen, war 1469 und 1473 Eltermann der Zunft. Lubbe hat von 1465–1489 eine Hauschronik geführt, die sich in der Hauptsache mit privaten Familienangelegenheiten und Zunftsachen befaßt und infolgedessen einen wichtigen Einblick in das Leben des Danziger Kleinbürgertums in der 2. Hälfte des 15. Jahrhunderts gewährt. Überliefert ist diese Chronik in einer Abschrift des aus Danzig gebürtigen Dominikanermönches Martin Grüneweg um 1600. Grüneweg ergänzt den familiengeschichtlichen Teil der Lubbeschen Chronik noch durch verschiedene Angaben.« (Pressezitat)

1470 1. Januar Beneke und Bardewiek eroberten als erste größere Kriegsbeute den »Joen« von Newcastle, das sofort in ein Kaperschiff umgerüstet wurde. Danzig verlangte schließlich ein Einfuhrverbot für englische Tuche, das von 50 Städten beschlossen wurde. König Kasimir schloß sich mit anderen Fürsten diesem Tucheinfuhrverbot an.

1470 Das Gewerk der vorstädtischen Fleischer, die 30 Fleischbänke unterhielten, verpflichtete sich, für jede Bank zwei Mark jährlich, nach Ablauf von drei Jahren acht Mark jährlich an den Rat zu entrichten. Sie erklärten sich gleichzeitig damit einverstanden, sonnabends das Fleisch nicht an den Bänken, sondern auf dem Markt zu verkaufen.

1471 im August Danzig schickte zwei Kriegsschiffe gegen England, darunter die ehemalige »Peter von La Rochelle«, das »Große Kraweel«, die umgetauft als »Peter von Danzig« unter dem Kommando des Ratsherrn Bernd Pawest operierte. Unter den hansischen Auslegern nahm Paul Beneke mehrere Schiffe mit reicher Beute, darunter die »Madeleine« von Dieppe und den »Schwan« von Caen, auf dem der Lordmayor von London gefangengenommen wurde. Abgesehen von den freien Kapern bestritt 1471 Danzig allein den Seekrieg gegen England.

1472 im Frühjahr Auch Lübeck, Hamburg und Bremen sandten ihrerseits Kriegsschiffe aus. Anfang 1473 übernahm Paul Beneke den Befehl über das Orlog-Schiff »Peter von Danzig«.

1473 27. April Eine Galeide unter burgundischer Flagge verläßt den Hafen von Sluys. Paul Beneke kapert das auf die Küste von England zusteuernde kriegerisch gerüstete Schiff. Ein Teil der Beute wurde an die Söldner verteilt, den anderen schaffte Beneke nach Danzig. Der Wert der Beute wurde mit 30000 bis 40000 Dukaten oder 315000 Mark damaliger Währung = 4725000 Goldmark geschätzt. In der hansischen Überlieferung wurde Paul Beneke als »en hart sevogel« gerühmt. Die größte Beute aber war ein Kunstschatz von unermeßlichem Wert: das von dem berühmten Brügger Maler Hans Memling 1467 gemalte »Jüngste Gericht«, das bedeutendste Werk der bildenden Kunst in Danziger Besitz. (Die Befrachter der gekaperten Galeide waren die Florentiner Kaufleute der Handelsgesellschaft der Medici, Tommaso Portinari und Angelo Tani, der mit seiner Frau Catarina geborener Tanagli auf der Außenseite der Altarflügel dargestellt ist.)

1473 Der Dominiksmarkt wird von der Innenstadt auf die sog. Stadtfreiheit verlegt, zwischen der Stadtmauer und dem Getrudenhospital, dem späteren Kohlenmarkt. Seitdem wurde dieser Platz Dominiksplan genannt.

1474 28. Februar Mit dem Utrechter Frieden zwischen England und der Hanse werden deren Privilegien erneuert. Die Urteile über die hansischen Kaufleute wurden aufgehoben. Sie erhielten eine Entschädigung von 10000 Pfund Sterling. Die Hanse übernahm die Stalhöfe in London, Boston und Lynn als dauerndes Eigentum. (Erst 1476 bequemte sich Danzig zur Annahme des Friedensvertrags, unter dem ausdrücklichen Vorbehalt, daß die Engländer in der Stadt keine größeren Rechte genießen sollten als andere nichtpreußische Kaufleute.)

1474–1476 Den nach dem englischen Krieg aufblühenden Danziger Seehandel bezeugen zwei Hafenregister, in welche die in den Jahren 1474 bis 1476 einlaufenden und in den Jahren 1490 bis 1492 auslaufenden Schiffe eingetragen wurden. Danzig liefen im Jahr 1474 403, 1475 525 und 1476 634 Schiffe an. Den Hafen verließen 1490 720, 1491 607 und 1492 562 Schiffe. Der Hauptverkehr fand zu zwei Dritteln mit anderen Ostseehäfen statt, an erster Stelle mit Lübeck. Aber auch mit den Niederlanden und Frankreich nahm der Seehandel einen spürbaren Aufschwung. Eingeführt wurden hauptsächlich Tuch aus England und Holland, Salz aus Frankreich und Schottland, Heringe aus Schonen und Holland, schwedisches Eisen, aber auch Wein, Öl, Südfrüchte, Fleisch, Butter, Obst, Pelze, Felle und Wachs. Ausgeführt wurde besonders Getreide und Holz.

1475 Danzigs Handelsverkehr mit Frankreich verstärkte sich 1475, als eine Flotte von 28 Danziger Schiffen in die Baie ging, um Salz und andere Waren zu übernehmen. Unter ihnen befand sich auch das Kraweel »Peter von Danzig« unter Paul Beneke. Es erlitt an der französischen Küste Schiffbruch und wurde in dem darauffolgenden Winter im Hafen von La Rochelle, an der Stätte seiner Erbauung, abgewrackt. Es war dies wahrscheinlich auch die letzte Fahrt Paul Benekes; danach erscheint er nur noch als Hausbesitzer in Danzig und ist dort im Jahr 1480 verstorben.

1476–1481 Neubau des Artushofes. Die Georgenbrüder sind ausgezogen und haben sich ein eigenes Klubhaus auf dem Gelände ihres Schießgartens am Langgasser Tor erbaut. (Im 16. Jh. ging das Gebäude in den Besitz der Stadt über, die es zu verschiedenen Zwekken verpachtete. Im Jahr 1554 wurde ein Türmchen aufgesetzt, im Jahr 1591 die Halle ausgebessert. Sie wurde im Jahr 1617 an die

Georgenbrüderschaft zurückgegeben, aber bereits seit 1647 wieder für öffentliche Zwecke, dieses Mal zur Siegelung der Tuche verwendet.)

1477 Der polnische König bestätigt die Privilegien Danzigs. Als der um diese Zeit neugewählte Hochmeister Martin Truchseß von Wetzhausen Danzig erklärte, daß er gesonnen sei, den Krieg in Polen nach seinem Bündnis mit Ungarn zu beginnen, schickte Danzig dieses Schreiben an den polnischen König, da es seine Selbständigkeit aufgrund der Bestrebungen des Ordens als gefährdet erkannte.

1477 31. März Zu den Gewerken trat das der Bernsteindreher hinzu. Der Rat verlieh dem neuen Gewerk eine Ordnung mit Vorschriften über das Seelgeräte, geselliges Verhalten, die Behandlung von Lehrlingen und Gesellen, Lehrzeit sowie Pflichten gegenüber dem Rat.

1478 Die Georgshalle neben dem Langgasser Tor war der Schießgarten der Georgenbrüderschaft. 1478 finanzierte ein reicher Edelmann, Meinert von Stein, das in gotischer Ziegelarchitektur errichtete Gebäude, darin wurde nach Hasentödters Versen: »gezecht, mit der Armbrust geschossen, auf der Pilchentafel und dem Brettspiel (und zwar ›Langefeld oder Tricktrack‹) gespielt.«

1480 Von einem angesehenen Buchhändler in der Langgasse, Heinrich Eggert, wurden viele der alten Inkunabeln bezogen, die sich später im Besitz der Allerheiligenbibliothek finden. (Einzelne Bürger verfügen über größere Bücher- und Handschriftensammlungen, wie Petrus Neue, der seit dem Jahr 1483 das Amt eines obersten Stadtschreibers ausübte.)

1480 Die erste Apotheke wird von einem gewissen Zimmermann auf öffentliche Kosten angelegt.

1480 Tiedemann Giese (1480–1550), ein Bischof aus Danzig. In Danzig als Sohn des Bürgermeisters Albert Giese geboren. Studiert mit zwölf Jahren an der Universität Leipzig Theologie und scholastische Philosophie. Tritt 1504 in das Frauenburger Domkapitel ein. Begibt sich im Dreizehnjährigen Krieg nach Thorn zu König Sigismund. Verteidigte mit seinem Freund Coppernicus mit Erfolg die

Burg Allenstein gegen Ordenstruppen. Sein Onkel Moritz Ferber, Nachfolger Fabians vom Ermland als Bischof, ernennt seinen gelehrten und gewandten Neffen zum Generaloffizial. 1515–1521 ist Tiedemann Giese Pfarrer an St. Peter und Paul in Danzig. Durch Protektion von König Sigismund I. wird er 1538 Bischof von Culm und bezieht die bischöfliche Residenz auf Schloß Löbau. Sein Hauptwerk »De regno Christi« wird 1536 Erasmus und Melanchthon vorgelegt. Der Gedanke des Reichs Gottes auf Erden ist eine dem coppernikanischen Weltgemälde parallele Beschreibung des übernatürlichen Kosmos. Die Arbeit wurde nicht abgeschlossen und ist verschollen. Angeblich gelangte sie in den Schwedenkriegen mit anderen Archivalien aus Frauenburg nach Schweden. An Coppernicus' Werk »Über die Sternläufe« (De revolutionibus orbium coelestium libri) soll Giese hohen Anteil haben. (»Fast hätte ich«, erklärt Coppernicus in der Widmung seines erwähnten Werkes an Papst Paul III., »durch die Verachtung, die ich wegen der Neuheit und wegen des Scheins der Widersinnigkeit meiner Meinung zu fürchten hatte, das unternommene Werk ganz aufgegeben, allein meine Freunde stimmten mich nach langem Zögern und Widerstreben wieder um, zunächst der in allen Wissenschaften berühmte Cardinal Schönberg, dann der mir innig befreundete, in der Theologie und allen edlen Wissenschaftszweigen wohlbewanderte Bischof Tiedemann Giese von Culm. Denn dieser hat mich oft ermahnt und zuweilen selbst mit Ungestüm aufgefordert, diese Schrift, die nicht neun, sondern viermal neun Jahre bei mir geruht, ans Tageslicht treten zu lassen.«) Am 25. Januar 1549, nach Dantiscus Tod, wird Giese Bischof vom Ermland. Er ruht neben Coppernicus in der Kathedrale zu Frauenburg. (Zitat ADB IX, 151)

1481 2. Dezember Eröffnung des Artushofes. Die vornehmste und angesehenste der Bänke des Artushofes war die Reinholdsbank. Von ihr stammt die älteste Nachricht von 1481, in der es heißt: »In dem 1481 Jore, do quamen wier uf König Artushofe to drinken den irsten Sondag in deme Advent, do wort in St. Reinholdusbank czu Voite gekoren Austen Tiergart und Hans Schenk czu seinem Stadtholder; czu seinem Schreiber worden gekoren Klaus Drageheim und Baltzer Greibe sein Gesell.«

1481 Der Hauptexport an Getreide ging nach Holland, mit insgesamt 1100 Kornseglern, aber auch nach Frankreich, Schottland,

Johann Ferber und seine Familie.

Skandinavien und die Hansestädte an der Ost- und Nordseeküste. Holz wurde hauptsächlich nach England exportiert, sodann nach Holland, Schottland, Dänemark und den Hansestädten. Weitere Ausfuhrartikel waren Pech, Teer, Asche, Flachs, Garn, Hanf. Danzig entwickelte sich in diesem Jahrzehnt zu einem der ersten Handelshäfen Europas.

1481 Die Franziskaner begannen mit dem Bau einer großen Gemeindekirche in Hallenform, der Dreifaltigkeits- oder Trinitatiskirche. Gegen Westen wurde eine kleinere, die Annenkirche, angegliedert, die 1484 bereits fertiggestellt wurde.

1481–1484 Ein Kunstwerk der Schule von Kalkar, woher die einflußreiche Ferberfamilie stammte, enthält der 1481 bis 1484 geschaffene Altar der Ferberkapelle: im Innern in vergoldeter Schnitzerei die Leidensgeschichte Christi, außen die Verkündigung Mariä. Die Malereien auf den Innenseiten der Flügel stellen den Stifter mit seiner Familie in vortrefflichen Porträts dar.

1482–1490 In diesen Jahren wurde die Befestigung der Altstadt erneuert, mit dem Kandelersturm und einer Mauer vom Gertrudentor zum Heiligengeisttor. (1484 begann der Ausbau der Mauer vom Jakobs- bis zum Gertrudentor mit mehreren Türmen. Die Mauer endete südlich vom Jakobstor am Turm Finsterstern.)

1482 Die Festung Weichselmünde, Blockhaus und Bastei, wurden mit einem Turm versehen, zum Schutz der Hafeneinfahrt, der zugleich als Leuchtturm diente (im Volksmund »Laterne« genannt).

1482 Ein Sukzentor wird an der Petrischule erwähnt, an der Johannisschule ein Kantor. Außer den Kirchenschulen wurde Schulunterricht in Danzig auch von den Franziskanern erteilt, unter denen zeitweise bedeutende Lehrer wirkten, die der Schule einen guten Ruf verliehen.

1483 Der Hochmeister verlangte von Danzig die Auflösung des Bernsteindrehergewerks. (Auch 1489 kam es noch zu weiteren Klagen über gestohlenen und nach Danzig gebrachten samländischen Bernstein.)

Hl. Georg. Schnitzwerk im Artushof.

1483 Erzbischof Stephan von Riga bewilligte dem Bürgermeister Johann Ferber einen Ablaß für seine Kapelle, die damals ausgebaut wurde. Mit dem Ausbau der Kirche mehrte sich auch die Zahl der sie im Innern umgebenden Kapellen.

1483 Im Verlauf von Rechtsstreitigkeiten zwischen einem Thomas Jodeck aus Frauenburg, dem 1483 von Danzig und Elbing Schiffe und Getreide mit Beschlag belegt wurden, lud das angerufene Reichskammergericht Danzig und Elbing vor. Damit wurde wieder die Frage der Hoheit des Deutschen Reiches über Danzig aufgeworfen. (Als Danzig und Elbing die deutsche Gerichtshoheit verweigerten, verhängte Kaiser Maximilian am 5. Juni 1497 über beide Städte die Reichsacht.)

1484 Die Seitenschiffe der Marienkirche wurden erweitert. Bauleiter war Meister Michael, seit 1485 Meister Hans Brand. Die Südseite konnte wegen Geldmangels erst Jahre später verbreitert werden.

1486 Heinrich VII., der 1485 als erster Tudor die Regierung angetreten hatte, bestätigt den Utrechter Vertrag und sämtliche Rechte der Hansen.

1486 Der gotische Turm der Katharinenkirche wurde als Walmdach fertiggestellt.

1486 Der Turm des Rechtstädtischen Rathauses wurde erhöht und weiter ausgebaut. 1489 wurden die Maurerarbeiten abgeschlossen. 1492 wurde der Uhrenturm mit Kupfer eingedeckt. Gleichzeitig mit dem Turm wurde ein neuer Giebel an der Ostseite des Rathauses angebaut, der zum Langen Markt hin mit dem Neubau des 1476 abgebrannten alten Artushofs harmonierte.

1487 Der Altar der altstädtischen Fleischer in der Katharinenkirche wird erwähnt. Er ist den 10000 Rittern und dem heiligen Erasmus geweiht. Im Innern zeigt er in bemalter Holzschnitzerei die Krönung der Maria, Anna selbdritt und den heiligen Erasmus, auf den Flügeln vier auf Goldgrund gemalte Heilige.

1487 Von 1487 an entstand die Mauerlinie vom Karrentor nach Süden über den Mittelturm zum 1475 errichteten »Neuen Turm«. Ne-

Danziger Maigrafenfest um 1500 im Stadtverordneten-Saal.

ben dem »Weißen Turm« am Abschluß der Fleischergasse erhob sich ein kleineres Tor, das »Neue Tor«. Im selben Jahr wurde schließlich zur Mottlau hin der Trumpfturm erbaut.

Die »Matternschen Händel« im Jahr 1488–1516

1488 geriet der als Faktor eines Danziger Kaufmanns tätige Gregor Mattern in London mit einem Danziger Schiffer in einen geschäftlichen Streit, der zu Tätlichkeiten führte, die sich bei einem zufälligen Zusammentreffen in einem niederländischen Hafen wiederholten.

1492 fiel der jähzornige und rachsüchtige Mattern seinen Gegner in Danzig vor dem Artushof an und mißhandelte ihn schwer. Die Schöffen verhängten darauf gegen ihn als Friedensbrecher die Acht.

Am 20. Mai 1495 verübte er einen Raubüberfall auf die von einer Thorner Tagfahrt heimkehrenden Ratsendboten, Bürgermeister Georg Buck und Ratmann Georg Mandt, bei Subkau, setzte sie gefangen und tötete einen ihrer Diener.

Am 22. Mai 1499 überfiel Mattern bei Marienwerder im Ordensland den aus Krakau zurückkehrenden Danziger Ratmann Martin Rabenwald und forderte von Danzig ein Lösegeld von 50000 ung. Fl. Brände, die er in Danzig legen ließ, vernichteten fast den ganzen Stadtteil Langgarten mit der Barbarakirche und dem Hospital. Auch Häuser in der Breitgasse wurden angezündet. Am 14. September fiel er in die Hand des Woiwoden von Posen, Andreas von Zantor, der ihn aufhängen ließ. Der jüngere Bruder Matterns, Simon, entschloß sich nach vergeblichen Versuchen, zu seinem vorgeblichem Recht zu gelangen, das Räuberunwesen seines Bruders fortzusetzen und seine Heimatstadt zu drangsalieren.

1503 zog er im Putziger Winkel eine ansehnliche Streitmacht aus Adligen und Leibeigenen zusammen, überfiel Dörfer und kleinere Städte in Preußen und in der Mark, lauerte Kaufmannszügen auf, sengte und plünderte und scheute vor Mord und grausamen Mißhandlungen nicht zurück.

1504 ersuchte er König Alexander von Polen, ein Gericht für seine Klagen gegen Danzig einzusetzen. Als er erklärte, die preußischen Stände, die mit Danzig im Streit lagen, sollten die Klage entscheiden, kündigte ihm der König 1504 das Geleit und verhängte über ihn die Acht. Mattern setzte seine Überfälle fort und ließ auch in Danzig Brände legen, die sämtliche Häuser der Dreher- und Petersiliengasse zerstörten. 1508 versuchte Danzig, auf Anregung der Stände, Mattern durch eine Geldzahlung zufrieden zu stellen.

1514 überfiel er bei Graudenz zwei Danziger Kaufleute, nachdem er Verbindungen mit Adligen geknüpft und eine Art Feldzug gegen Danzig vorbereitete.

1515 wurden zwei Danziger Fleischergesellen bei Neuenburg verstümmelt. Auf der Speicherinsel, in der Danziger Altstadt und in Langfuhr wurden wieder Brände gelegt. Der Danziger Bürgermeister Eberhard Ferber erwirkte schließlich ein königliches Edikt mit der Befugnis, nach Mattern und seinen Mitschuldigen in ganz Preußen und Polen zu fahnden und sie vor Gericht zu ziehen.

1516 im Januar begann das Strafgericht mit der Festnahme, Folterung und Enthauptung Hans von Krokows, eines Mitschuldigen Mat-

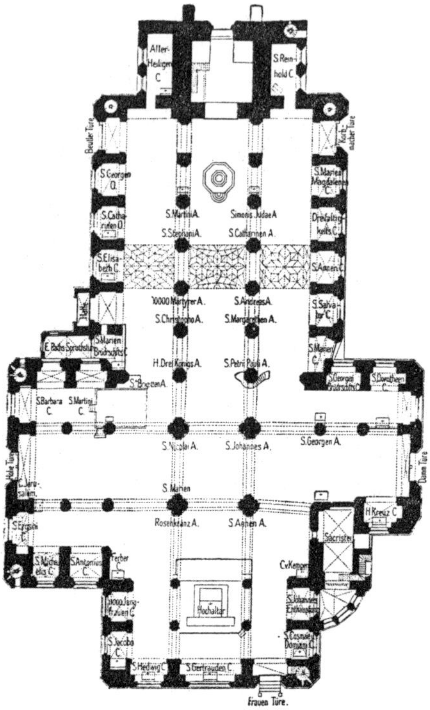

Aufriß der Marienkirche.

terns, der einer der angesehendsten Familien Pomerellens entstammte. Sein Kopf wurde auf einer Stange beim Heiligleichnamstor aufgesteckt. Simon Mattern war am 24. Februar 1516 in die Hand des Starosten von Posen, Lucas von Gorke, gefallen, der ihn an Danzig auslieferte. Die mit ihm festgenommenen Mitschuldigen wurden sofort gehängt oder enthauptet, während Mattern im Ankerschmiedeturm in Danzig gefangengehalten wurde, um ein ausführliches Bekenntnis von ihm zu erlangen. Am 1. April erhängte er sich an den Eisenstäben seines Gefängnisses. So wurde an seiner Leiche das Strafgericht vollzogen: Sie wurde aufs Rad geflochten und daneben ein Galgen und ein Holzstoß errichtet. Auf eine Klage von Krokows Bruder setzte König Sigismund zwar eine Kommission zur Untersuchung von Danzigs Verfahren und seiner Rechtmäßigkeit gegen Krokow ein, äußerte aber den Danziger Vertretern gegenüber seine Zufriedenheit mit dem energischen Vorgehen der Stadt. Im Mai versuchten der ermländische Bischof und andere Stände den Streit zwischen Danzig und dem entrüsteten Adel gütlich auszugleichen.

Die Sache beschäftigte noch einen Gerichtstag in Dirschau und wurde im November durch den König beigelegt.

1489 Tod des ermländischen Bischofs Tüngen. Das Domkapitel wählte als Nachfolger den Thorner Lucas Watzelrode. König Kasimir verlangte den bischöflichen Stuhl des Ermlandes für einen seiner Söhne. Dieses lehnte das Domkapitel mit dem Hinweis ab, der polnische Prinz sei kein gebürtiger Preuße.

1490 Der Rat beruft einen Gelehrten als Rektor an die Marienschule, den Magister Hermann Melberch, ein Dozent der Universität Rostock. An der Marienschule wirkten damals mehrere Lehrer, ein Kantor und Sukzentor.

1490 Die Getreideausfuhr, hauptsächlich an Roggen, betrug 24106 und stieg 1492 auf 25637 Registertonnen an.

1490 im Oktober Die Stände bewilligten dem König seine Geldforderungen, die er wegen des Krieges gegen die Türken an die Preußen stellte, ohne jedoch Watzelrode als Bischof anzuerkennen. Daraufhin ließ er das polnische Heer in Westpreußen einfallen, scheiterte aber an der Festung Konitz, die von Danzig mit Munition versorgt worden war. Nach dem Tod Kasimirs verblieb Watzelrode Fürstbischof vom Ermland.

1490 Als sich Riga gegen den Orden auflehnte, wurde es von Danzig mit Truppen und Geld unterstützt. Lange Zeit beklagte sich der Hochmeister seit 1475 über die Entwendung samländischen Bernsteins, das in Säcken unter die Schiffe gebunden und so nach Danzig geschmuggelt wurde.

1491 Der römische König Maximilian unternahm den Versuch, Danzig zum Reich zu ziehen, indem er dem Hochmeister erklärte, daß er auf Klagen von Danzig über polnische Bedrückungen dieses dem Reich wieder unterwerfen wolle. Danzig wandte sich an Kasimir, der dieses Ansinnen verwarf. Maximilian führte dennoch seine Drohung nicht aus, Danzig in die Reichsacht zu erklären.

1492 In Marienburg wurde das erste Buch in Preußen gedruckt. (In Danzig ließ sich ein Buchdrucker Konrad Baumgarten nieder, der 1499 eine lateinische Agende druckte. In der Druckerei des Martin Tretter erschienen wenige Jahre später mehrere kleinere Flugschriften.)

1492 Tod des Königs Kasimir von Polen. Ein Danziger Chronist widmete dem verstorbenen König einen aufschlußreichen Nachruf: »Mit ihm starb fast das beste Glück und Heil seiner Lande. Er war ungelehrt der Schrift und war klug und weise in der Vernunft. Rein Wasser war sein Getränk. So jemand vor ihn kam, der da wollte aufbringen neue Beschwerungen auf seine Untertanen oder andere treue Freunde, so war seine Antwort: Lasset es bleiben aufs Alte. Er hielt Friede, wo er konnte und mochte, er tat niemandem Gewalt.« Kasimirs zweiter Sohn, Johann Albert, folgte ihm auf den Thron.

1492 Der materielle Wohlstand jener Epoche drückte sich auch in einer prunkvollen Lebenshaltung aus. Die Wohlhabenden legten Wert auf ein schönes Silbergeschirr für ihre Tafel. Nicht nur schmückten sich die Frauen gern, sondern auch die Tracht der Männer gab viel Gelegenheit, Schmuck aus Edelmetall anzubringen. Die vornehmen Danziger Herren taten es im äußeren Auftreten gern den Rittern gleich, und sie konnten es auch, da ein solider Reichtum sie dazu befähigte, und auch die mittleren Schichten hatten ihre Freude an bunten Gewändern und modischer, zierlicher Tracht, so daß auch jetzt schon die hohe Obrigkeit sich bemühte, übertriebenen Luxus zu steuern, natürlich wie stets in solchen Fällen ohne oder nur mit geringem Erfolg.

1493–1494 An der Marienkirche wurden die Wände des Mittelschiffs in Pfeiler aufgelöst, um den drei Schiffen die gleiche Höhe zu vermitteln. (1495 wurde das nördliche Seitenschiff vollendet.)

1494 4. Februar Mit dem Teer- und Aschhof gegenüber dem Krantor brannten fünf benachbarte Speicher ab. (1515 vernichtete eine Feuersbrunst die meisten Speicher zwischen der Brand-, der Mause-, der Stützen- und der Kiebitzgasse. 1536 sollen nach der Chronik von Spatt sogar über 300 Speicher abgebrannt sein.)

1494 König Johann Albert hat Danzig nicht aufgesucht. 1494 erschien er in Thorn, um dort die Huldigung des Landes Preußen entgegenzunehmen. Wegen der in Danzig herrschenden Pest beauftragte Johann Albert zwei Gesandte, Bischof Pampowski und den Marienburger Woiwoden Niclas van Baisen, den Eid für ihn entgegenzunehmen.

1495 26. Januar Die Bürgerschaft versammelte sich auf dem Langen Markt vor dem Rechtstädtischen Rathaus und leistete den beiden Abgesandten den Treueid. Dies mit dem Vorbehalt, daß er nur bindend sein solle, falls der König die Privilegien Danzigs bestätige und einhalte.

1495 15. Februar Der König bestätigte in Thorn die Privilegien Danzigs und nahm auf Wunsch der Stadt davon Abstand, Putzig und Hela wieder einzulösen.

1495 Als erster Speichername wurde 1495 der »Blinde Esel« genannt. Seit 1688 wurden alle Speicher mit Namen benannt, die sich auf biblische wie Salvator, Marienbild, St. Reinhold, David, Noah, Bethlehem und Babel, auf Tiernamen wie Adler, Schwan, Bollenstall, auf Bäume wie Palmbaum und Kirschenbaum, auf Berufe wie Sackträger, Milchmagd oder auf Städte bezogen, wie Danzig, Elbing, Thorn, Lübeck, Graudenz und Marienburg. Viele waren auch mit Wappen und Hausmarken versehen.

1495 Auf der anderen Seite des Mühlgrabens liegt die Gasse mit dem Namen Rammbau, 1495 und 1511 noch als Rammbauwenkirchhof bezeichnet. Zu ihm zählte der Bezirk, der eingerahmt wird durch die Gassen Niedere Seigen, Am Stein, Hakelwerk und Spendhausneugasse.

1496 Die Karmeliter arbeiten an dem Bau des Chors ihrer Kirche. Außer diesem sind keine weiteren Bauarbeiten an der Vollendung der Kirche ausgeführt worden. Die heutige wiederaufgebaute Josephskirche besteht eigentlich nur aus diesem Chor.

1496 6. März Einige Kardinäle verliehen einen Ablaß von 100 Tagen für den Ausbau der Marienkirche. Am gleichen Tag, als diese Urkunde in Rom ausgefertigt wurde, begannen an der Marienkirche die Abbrucharbeiten der alten Südseite. Bis zum Frühjahr 1498 wurde unter Stadtmaurermeister Hetzel das südliche Seitenschiff vollendet.

1496 26. Juli Für den Bau schlossen die Kirchenväter einen Vertrag auf Lieferung von drei Schock Baumstämmen ab. (Archiv der Marienkirche.) Im Frühjahr begann Hetzel mit der Wölbung der Kirchendecke, um so das gewaltige Bauwerk abzuschließen. Zu den Kosten trugen einzelne Bürger bei, wie der wohlbekannte Krämeraltmann Jakob Lubbe oder Bürgermeister Johann Ferber. Einige Gewölbefelder stellte Meister Hetzel auf eigene Kosten fertig.

1496 Der Handelsverkehr Danzigs mit der französischen Westküste, von wo man das Salz holte, bestand nach wie vor, litt aber unter der französischen Seeräuberei. 1496 fing ein Danziger Schiffer ein französisches Raubschiff ab und brachte es nach Danzig ein. Die 16 Mann starke Besatzung wurde auf dem Dominiksplan enthauptet, ihre Köpfe bei Weichselmünde zur Warnung aufgesteckt.

1497 Der Danziger Seehandel blüht um die Jahrhundertwende vom 15. zum 16. Jahrhundert wieder auf und begründete den Reichtum der Stadt zu einem bedeutenden Teil. 1497 passierten 113 Danziger Schiffe den Sund. Abgesehen von den holländischen 567 waren es nur 115 andere Schiffe verschiedener Ostseestädte und Nationen.

1497 Die Reinholdsbank kaufte für 62 Mark einen silbernen Willkommen, einen großen Humpen, der bei feierlichen Anlässen die Tafel zierte und vornehmen Gästen für einen Ehrentrunk gereicht wurde. 1505 ließ sich die Christopherbank einen zweiten Willkommen, einen sog. Stutz, machen.

1498 1. Dezember Gegen die Absicht des Bischofs von Leslau, die altgewohnte, noch aus der Ordenszeit stammende deutsche Liturgie durch die polnische zu ersetzen, wandte sich der Rat an den Papst und setzte bei diesem eine vom 1. Dezember 1498 datierte Bulle durch, die ausdrücklich die Beibehaltung der alten Liturgie genehmigte und damit die Bestrebungen der Polonisierung der Danziger Kirche durch den Bischof vereitelte.

1498 Als der neue Hochmeister des Deutschen Ordens, Herzog Friedrich von Sachsen, auf seiner Reise nach dem Ordensland Danzig besuchen wollte, ließ der Rat die Mauern mit Kanonen und die Straßen mit Wachen besetzen und traf Vorsorge, um die Gassen mit Ketten abzusperren.

1499 Der Reinholdsbank unter der Marienburg wurden die silbernen Statuen der Jungfrau Maria und eines Engels von einem Bankenbruder geschenkt, mit welchem sie ihren Altar des Heiligen Kreuzes in der Marienkirche ausschmückte.

16. Jahrhundert

Vor 1500–1537 Zu Beginn des 16. Jahrhunderts bildet sich in Danzig ein durch wenige Familien gestütztes Patriziat heraus, deren Mitglieder fast ausschließlich die Bürgermeister, Ratsherren und Schöffen stellen. Zu diesen gehörten die Familien Angermünde, Bischof Feldstete, Ferber, Giese, von Suchten und Zimmermann.

Die Ferberfamilie

Das Geschlecht der Ferber war aus der Stadt Calcar im Rheinland um die Wende zum 15. Jahrhundert in Danzig eingewandert. In Besitz des Stammvaters der Ferber, Ewert Ferber, gelangte die Trinitatiskapelle der Marienkirche zu Danzig 1448. Für diese mit Kostbarkeiten versehene Kapelle, später Ferberkapelle genannt, bewilligte Erzbischof Stephan von Riga dem Sohn des Ewert Ferber, Johann, einen Ablaß. Während der Rat von Danzig das Patronat über die Danziger Kirchen ausübte, ernannte der König von Polen die Pfarrer an der Marienkirche. Der erstgeborene Sohn des Bürgermeisters, nach seinem Vater auf den Namen Johann getauft, wurde mit erst zwanzig Jahren vom polnischen König zum Pfarrer von St. Marien ordiniert. Dieser Johann Ferber war zugleich Doktor der Rechte und Domherr von Kulm. Da er sich gegen seine Untergeistlichkeit nicht durchzusetzen vermochte, ging er nach Rom, wo er im Frühjahr 1493, angeblich durch Gift, einen frühen Tod fand. Eberhard Ferber wurde als zweiter Sohn des Bürgermeisters Johann Ferber geboren. 1481 erlernte er am Hof des Herzogs von Mecklenburg als Page ritterliche Lebensart. Nach einem Kriegszug der Hanse zur See nach Flandern nimmt er 1490 an einem siegreichen Stechen in Lübeck teil. 1491 kehrt er als Achtzehnjähriger nach Danzig zurück. 1494 wird ihm das Schöffenamt übertragen. Von 1496 bis 1498 beteiligt er sich auf eine Einladung Herzog Bogislaws X. von Pommern an einem Kreuzzug ins Heilige Land. Unterwegs zeichnet er sich bei einem Seegefecht mit türkischen Seeräubern aus. In Jerusalem wird er in der Kirche des Heiligen Grabes zum Ritter geschlagen. 1504 erteilt ihm König Alexander nach der Huldigung Danzigs den Ritterschlag. 1506 wird er Ratmann und zugleich mit wichtigen diplomatischen Aufgaben betraut. 1510 steigt er zur bürgermeisterlichen Würde auf und wurde erster Bürgermeister, als in den nächsten Jahren seine drei älteren Kollegen nacheinander starben. Den Gipfel auswärtiger Erfolge und Ehrungen erreichte er auf dem Fürstenkongreß in Preßburg und Wien, wo ihn König Sigismund seiner diplomatischen Fähigkeiten wegen in den Adelsstand erhob. In glückhaften Handelsgeschäften und drei Ehen konnte er seinen Reichtum beträchtlich erhöhen. Als Grundbesitz gehörten ihm einige Dörfer auf der pomerellischen Höhe. 1512 verwaltete er die dem ermländischen Bischof gehörenden Landgüter der Scharpau, südlich der Elbinger Weichsel. 1514 pachtete er für 1400 Mark das ganze Danziger Werder, wo er das alte Herrenhaus des Deutschen Ordens in Herrengrebin bewohnte. 1515 übertrug der König ihm gegen die Summe von 3500 ung. Fl. die Starostei Dirschau als Pfandbesitz. In seinem inmitten der Langgasse gelegenen reich ausgestatteten Haus residierte er wie ein Fürst. Einen Namen auf geistigem Gebiet machte er sich als Freund der Künste und Wissenschaften und in der Geschichtsforschung mit der Chronik »Eberhard Ferbers Buch«.

Der dritte Ferbersohn war Moritz, auch Mauritius. Moritz Ferber gelangte zu recht zweifelhafter Berühmtheit durch eine unglückselige, verschmähte Liebe zu einer Danziger Bürgerstochter. Er soll sich angeblich ohne die Einwilligung des Brautvaters mit der gleichen Unbekümmertheit, die auch seinen Bruder Eberhard auszeichnete, um die schöne Tochter Anna des reichen Kaufmanns Pilemann beworben haben. Obwohl Anna zuerst eingewilligt habe, widerrief sie später die Verlobung und gab damit den Ferber der Blamage eines verschmähten Liebhabers preis. Der Streit wirbelte in der Stadt viel Staub auf, weil Moritz Ferber der Stadtregierung und, als geistlicher Instanz, dem Bischof von Leslau den Rechtsweg nicht ersparte und das Eheversprechen einklagte. Als diese Bemühungen keinen Erfolg hatten, rief er gegen das Recht der Stadt die höchste, päpstliche Instanz in Rom an. In Rom selbst, wohin er eigens wegen dieses Prozesses gereist war, erwirkte er einen Bannfluch gegen Danzig und seine Widersacher. Rom hatte zwar gesprochen, aber den Streit nicht beendet. Dies geschah vielmehr durch das entschlossene Handeln des Rates der Stadt Danzig, der in eigener Machtfülle die Geistlichkeit anwies, ihres Amtes zu walten. Danzig hatte sich wieder einmal mit seiner sprichwörtlichen Ruhe und Entschlossenheit, den ersten Tugenden des aufblühenden Gemeinwesens, die zu seinem Wappenspruch wurden, gegen den Papst behauptet, so wie es sich in seiner weiteren Geschichte gegen die Könige von Polen, soweit sie die Danziger Privilegien und sein Deutschtum zu beeinträchtigen versuchten, mit wechselnden Erfolgen verteidigte.

Aufenthalt in Italien

Die Brautaffäre geriet in Vergessenheit, und Moritz Ferber wandte sich höheren Idealen zu. Er begab sich, nach einem Aufenthalt in England, nach Rom, wo er in den Dienst eines Kardinals trat und sich die Weihen erteilen ließ. Seit 1508 hatte er ein ermländisches Kanonikat inne und wirkte als Scriptor nach dreijährigem Jurastudium in Rom und, nach der juristischen Doktorpromotion in Siena, als Notarius der päpstlichen Kurie. Er war Domherr von Lübeck, Reval, Dorpat und vom Ermland und Pfarrer von Mühlbanz, St. Petri und St. Marien in Danzig. »Die Aufenthalte und Studien in Italien veredeln seine Liebe zu Wissenschaften und Künsten, die sich namentlich in den einzigartigen Architekturen und Bildwerken offenbaren, welche auf seine Anregung und zum Teil auf seine Kosten in und bei der Marienkirche aufgerichtet wurden!« (Zitiert nach einem seiner Geschichtsschreiber.) Das Pfarrhaus von St. Marien in Danzig, Pfarrhof Nr. 7, trägt das Ferberwappen und die Jahreszahl 1518, der Renovierung durch Moritz Ferber, mit der Hausinschrift: »Es möge werden ein Schmuck der Freigebigkeit der Ferber.« Der geschichtlichen Wahrheit zuliebe darf jedoch nicht unerwähnt bleiben, daß sich die Freigebigkeit der Ferber nicht immer so schmückend auszeichnete und Moritz Ferber später, als Bischof vom Ermland, an die Stadt mit Ersatzforderungen herangetreten ist. Das geschah jedoch nach dem Streit der Stadt mit ihrem tyrannischen Bürgermeister Eberhard Ferber und darf nur im Licht dieser schwerwiegenden persönlichen Auseinandersetzung gesehen werden. Aus einer alten Urkunde der Stadt vom 16. August 1530 geht hervor, daß Bischof Moritz Ferber der Stadt Danzig die Scharpau, eine Landschaft in der Danziger Niederung, um die es ebenfalls zum Streit mit Eberhard Ferber gekommen war, für 15000 Mark verkauft hat. Im Januar 1523 nominierte ihn der König für das Bistum Ermland, und am 6. 12. 1523 wurde er in Petrikau zum Bischof geweiht. Die Verwaltung übernahm er noch im gleichen Jahr und führte sie in den ersten acht Jahren bis zu einem Schlaganfall mit Eifer und Erfolg. Bei Verhandlungen in Krakau im Jahre 1525 behauptete er seine Diözese gegen Gelüste des Herzogs von Preußen nach einer Säkularisation ihres Grundbesitzes und gegen den übrigen Bestand. Schon im Reiterkrieg zwischen dem Orden und Polen hatte er zusammen mit seinem Freund und Confrater Nicolaus Coppernicus das domkapitularische Schloß Allenstein gegen die Truppen des damaligen Hochmeisters Albrecht verteidigt. Mit derselben Entschiedenheit vertrat er die Interessen seines Bistums gegen Übergriffe des polnischen Königs. Nach längerem Leidenszustand ist er am 1. Juli 1537 in Heilsberg gestorben.

Vor 1500 Der Dominiksplan wurde durch Mauer und Graben in die Befestigung der Rechtstadt einbezogen. Innerhalb dieser Festungsmauer wurde im Jahr 1516 der runde Turm, auch Halbmond genannt, errichtet.

1502 Auch mit König Alexander verstand sich Danzig gut. 1502 lieh es ihm 1000 ung. Fl., die er auf Schloß und Stadt Putzig verschrieb. Anfang April 1504 kam Alexander nach Preußen, um gehuldigt zu werden. Am 25. Mai traf er mit Gemahlin und Gefolge in der Stadt an der Weichselmündung ein. An der Stadtmauer wurde er von Rat und Schöffen, sodann von ihren Frauen und Töchtern und zehn Ehrenjungfrauen begrüßt. Am Karrentor erwartete ihn die Geistlichkeit mit den heiligsten Reliquien der Stadt. In einer Art Prozession führte der festliche Aufmarsch durch die Langgasse zum Rathaus und der Marienkirche. Dem König wurde seine Wohnung im Rathaus, die der Königin bei Bürgermeister Zimmermann bestellt. Das königliche Gefolge wurde in den Häusern der reichsten Patrizier einquartiert. Die nächsten Tage waren mit Festen und Lustbarkeiten ausgefüllt. In Weichselmünde blickte Alexander eine dreiviertel Stunde vom Leuchtturm auf die See, vom Schauspiel des Meeres fasziniert. Am 2. Juni wurde vor dem Artushof eine Tribüne errichtet, von wo aus der König in seinem Thronsessel, umgeben von seinen Räten, die Huldigung des rechtstädtischen Rats und anschließend der altstädtischen Ratsherrn entgegennahm. Einige auserwählte Honoratioren wurden vom König zum Ritter geschlagen, darunter Bürgermeister Zimmermann und der Schöffe Ferber. Anschließend schwor die Gemeinde dem König die Treue, nachdem ihr der Eid in lateinischer und deutscher Sprache vorgelesen worden war. An den weiteren Tagen fanden vor dem Artushof Lanzenstechen statt. Am 3. Juni bestätigte Alexander Danzigs Privilegien. Am 7. Juni erhielt er ein Darlehn von 2000 Gulden und verpfändete dafür das Putziger Gebiet auf neue, für Schulden auch aus früheren Zeiten, mit dem Gelöbnis, das Gebiet nicht auszulösen bis alle Geldforderungen befriedigt worden seien. Ein Münzstreit zwischen Danzig und Alexander wurde durch dessen Tod am 19. August 1506 erledigt.

1502 28. Juli Der letzte Gewölbestein der Marienkirche wurde eingefügt und der Bau vollendet.

1503 Die Trinitatiskirche wurde vollendet, doch infolge eines Baufehlers stürzte die Nordwand mit einem Teil des Deckengewölbes ein, nach mühseligem Wiederaufbau war der Bau 1514 fertiggestellt. Die Trinitatiskirche zeichnet sich durch das schöne Gestühl ihrer Abendmahlskirche und eine überaus zierliche Giebelarchitektur der Westseite aus, die in Danzig als einmalig zu bezeichnen ist. Bis 1503 wurden das Jakobs-, Gertruden- und Heiligengeisttor fertiggestellt, am letzteren wurde 1508 eine neue Brücke gebaut.

1503 Träger der humanistischen Anschauung in Danzig waren auch die Stadtsekretäre Ambrosius Storm, der seit 1499 in Krakau studierte, und Georg Zimmermann, der in Tübingen studierte und 1503 an der neuen Universität Wittenberg der erste promovierte Magister wurde. Aber auch die nichtstudierten Angehörigen des Patriziats fanden Freude an Kunst und Wissenschaft, unter ihnen ein Freund der Gelehrten, Eberhard Ferber. Unter Benutzung älterer Literatur entstand in seinem Kreise die »Ferberchronik«, auch »Eberhard Ferbers Buch« genannt, das die Ordensgeschichte und historische Entwicklung Danzigs zu Beginn des 16. Jahrhunderts beschreibt. Diese Chronik stützt sich nicht nur auf zeitgenössische Überlieferung, sondern verwendet vielfach auch Urkunden und Aktenstücke als geschichtliche Quellen. Die Chronik unternimmt den Versuch, in humanistischer Art die lokale Geschichte mit dem klassischen Altertum zu verquicken.

1506 28. August In den Jahren 1506 bis 1509 wurde der Stockturm vom Stadtmaurermeister Heinrich Hetzel um zwei Stockwerke erhöht und durch Meister Enkinger gedeckt. Am 28. August 1506 verlangt der Rat von seinem Mitglied Lucas Ketink Kalk zum Bau des Turmes.

1507 Meister Heinrich Hetzel erscheint in der Stellung eines Spittlers am Heiliggeisthospital, zuletzt 1517.

1507 Unter König Alexanders Nachfolger, Sigismund, beginnt sehr bald der nationale Gegensatz zwischen Polen und Preußen sich zuzuspitzen. 1507 forderte König Sigismund die Entsendung von preußischen Räten zum polnischen Reichstag, das wäre einer vorweggenommenen Verschmelzung Preußens mit Polen gleichzusetzen gewesen und wurde daher abgelehnt. 1508 forderte er die Einsetzung eines an Königs Stelle richtenden obersten Richters für Preußen. Dem Richter sollte in dem Bischof vom Ermland, Ambrosius Pampowski, ein Landeshauptmann als Exekutor zur Seite stehen. Die Weigerung sowohl der Stadt Danzig als auch des Bischofs Pampowski brachten diese Pläne zu Fall.

1508 In Danzig entstand ein neues industrielles Unternehmen in einer durch Pferde betriebenen Ölmühle am Radaunekanal, über deren Errichtung die Witwe eines Dr. Stephanus, als ihrem Privilegium widersprechend, Beschwerde erhob.

1508 Als Pfarrer der Marienkirche amtiert Johann Scultetius, der aber in Rom lebte. Im gleichen Jahr bittet der Rat ihn dringend, aus Rom zu seiner Gemeinde zurückzukehren, und führt ihm zum Bewußtsein, daß er »seyne schoffe, als die ihm die wolle vortragen, zcu lyben schuldigk yst«. Eine weitere Bitte des Rates an Scultetius im Jahr 1511 bleibt ebenso wirkungslos. (Unter diesen Voraussetzungen wiederholte Bischof Vincentius Przerebski noch einmal 1508 den Versuch seines Vorgängers, die polnische Liturgie in Danzig einzuführen.) Bis 1516 hatte Scultetius seine Pfarre an der Marienkirche in Abwesenheit inne, ohne für einen würdigen Vertreter zu sorgen, wie es der Rat wünschte. In diesem Jahr wurde Moritz Ferber zu seinem Nachfolger als Pfarrer an der Marienkirche bestellt, der bis dahin Pfarrer an der Petrikirche war, zugleich aber auch Domherr in Lübeck und Frauenburg.

1509 Der König befahl dem gesamten Landesrat, auf dem polnischen Reichstag zu erscheinen. Auch die Stände entsandten eine Gesandtschaft unter Einschluß von zwei Danzigern, dies aber nur, um ihren Widerstand gegen die geplanten Anschläge auf ihre Unabhängigkeit vor dem Reichstag zu demonstrieren.

1510 Die Lübecker ließen trotz ihres gespannten Verhältnisses zu Danzig sieben Kriegsschiffe dort bauen. 1514 wurden auf

Lastadie, der Danziger Werft, 18 große Schiffe gebaut und ausgerüstet.

1510 Die Koggenbrücke wurde neu gebaut.

1511 Die Böttchergasse (1436 Bodelgasse, 1462 Neue Gasse genannt) nahm ihren Namen erst um 1511 an, wo sie als »Neue Gasse« alias Böttchergasse bezeichnet wurde. (Noch die Erbbücher von 1581 und 1624 rechnen zu ihr auch die Ufergasse »Pferdetränke«. Der Name »Schlüsseldamm« begegnet erst nach 1511, der Name Tischlergasse für den »Neuen Damm diesseits der Radaune« zuerst 1565).

1511 Eine städtische Müllabfuhr wurde eingesetzt, deren Kosten die Hausbesitzer zu tragen hatten.

1511 Der Augsburger Meister Michael wird beauftragt, einen neuen Hochaltar mit entschieden süddeutschen Einflüssen auszumalen, der 1516 fertiggestellt wurde. Dem Bautzener Meister Blasius Blymann wurde bereits 1508 der Bau einer großen Orgel in Auftrag gegeben, die nach zwei Jahren aufgestellt werden konnte.

1511 Einen Einblick in die Eßgewohnheiten der reichen Patrizier gewährt ein Speisezettel einer festlichen Mahlzeit, die Herr Reinhold Feldstete und seine Gattin 1511 der Priesterbrüderschaft gaben: Fünf verschiedene Sorten gebratenen Fleisches wurden als Hauptgericht serviert, dazu noch Wildbret, ein Gemüsegericht, Pasteten, Pökelfleisch und Merrettich, Käse und Buttermilch. An Getränken wurden aufgeboten ein gutes Danziger Bier und zwei Sorten Wein. Besonders reich wurden vom Rat hohe Gäste bewirtet, wie Fürsten und Bischöfe.

1512 König Sigismund fordert von Danzig die Annahme geringwertiger polnischer Münzen sowie die Appellation an ihn. Danzig bangte um seine Selbständigkeit und wies beide Anliegen des Königs zurück, zumal zu befürchten war, daß zur gleichen Zeit von privater Seite ein Vorstoß in die gleiche Richtung zu unternehmen beabsichtigt war: Johann Flachsbinder, ein königlicher Notar aus Danzig, der sich später Dantiscus nannte, appellierte in einem Erbschaftsprozeß an den König, in dessen Gunst er stand. Auf eine scharfe Abwehrreaktion der Stadt erklärte Flachsbinder, er habe »weder der Stadt noch dem Rat noch den Schöffen schaden wollen, sondern sich vielmehr so benommen, wie es einem rechten Danziger Kinde zukomme«.

1513 Mit dem Gewölbe der Petrikirche wurde begonnen, das im nächsten Jahr abgeschlossen werden konnte.

1513 Als Markgraf Kasimir von Brandenburg in Danzig weilte, der bei Bürgermeister Zimmermann einquartiert wurde, hielt der Rat sein großes Gefolge in der Herberge frei. (Ebenfalls bezahlte der Rat alles, was 1517 Herzog Erich von Braunschweig in seiner Herberge verzehrte.)

1516 Der Rat erließ ein Gebot, mit dem er bei allem Verständnis, in der Fastnachtzeit ausgelassen zu sein, dazu ermahnte, jeder solle sich so verhalten, daß niemanden zu nahe getreten werde.

1516 Zwei Brücken wurden gebaut, die eine zum Gelände des einstigen Ordensschlosses, die andere vom Fischertor über den Graben zum Poggenpfuhl auf der Vorstadt.

1516 Sechs lose Weiber wurden mit Strohkränzen umwunden, herumgeführt, an den Pranger gestellt und mit kahlgeschorenem Kopf aus der Stadt gejagt, weil sie in öffentliche Weinkeller gekommen waren.

1516 An der Ostseite der Speicherinsel wurde der Milchkannenturm erbaut. 1517 wurde die Speicherinsel durch einen Wall geschützt und der Festungsgraben der Vorstadt erweitert und vertieft.

1516 Der 1516 vollendete Hochaltar, wie auch der schöne Altar in der Reinholdskapelle, sind Kunstwerke von der Hand Meister Michaels aus Augsburg. Der Innenschrein des Hochaltars enthält in geschnitzten vergoldeten Figuren eine Verherrlichung der Jungfrau Maria, auf der Außenseite Reliefs mit Szenen aus dem Leben Marias. Der Schrein des Altars wurde aus Antwerpen bezogen. In der Jakobskapelle befanden sich zwei Altarflügel holländischer Art mit einer Anbetung und einer Kreuzabnahme von der Wende des 15. und 16. Jh. Sie zeigten das durch ein Wappen kenntliche Porträt des Stifters, eines Mitglieds der Familie Winterfeld, der die Jakobskapelle gehörte. Der Flügelaltar wurde später im Stadtmuseum aufgestellt.

1517 Johann Flachsbinder (Dantiscus), erhält eine Domherrenstelle im Ermland, nachdem er schon 1505 königlicher Notar war und seit 1509 vielfach als königlicher Gesandter auf den preußischen Ständetagen in Erscheinung trat. Als königlicher Sekretär begleitete er den König 1515 zum Fürstenkongreß nach Preßburg. Seit 1519 wurde er mit wichtigen diplomatischen Aufgaben beauftragt, die ihn durch ganz Europa führten und mit den einflußreichsten Persönlichkeiten in Politik, Kunst und Wissenschaften in Verbindung brachte. 1530 wurde er Bischof von Kulm und 1537 übernahm er den ermländischen Bischofssitz. Als Dichter trat er mit in lateinischer Sprache verfaßten Gedichten hervor. (Wie Dantiscus und Tiedemann Giese, zählte auch Christoph von Suchten zu den ersten Humanisten in Preußen. 1504 und 1505 hielt er in Leipzig humanistische Vorlesungen und veröffentlichte 1505 einen Band lateinischer Epigramme. Er trat später als Dichter auf und wird 1510 rühmend als solcher von Ulrich von Hutten genannt. In Danzig amtierte er als Pfarrer an der Johanniskirche.)

1517 24. April Vom Rat und 60 »von den obersten Bürgern« wurde eine Brausteuer für die kostspieligen Festungsbauten beschlossen, da die Stadtkasse keine Zahlungen mehr leisten konnte. Die freigewordene Pfarre an der Marienkirche erhält nach der Wahl Moritz Ferbers zum Fürstbischof vom Ermland dessen Freund, der Diplomat und Humanist Dantiscus, mit königlichem Dekret vom 1. Mai 1524. Die Ernennung Dantiscus' wird am 14. September vollzogen.

1517 Hans Hasentödter (1517–1586) in Süddeutschland geboren. 1562 Bassist in Königsberg in der Kapelle des Herzogs Albrecht von Preußen. Seit 1571 in Danzig. Wegen seiner Angriffe auf den polenfreundlichen Michael Friedwald wurde er wiederholt zur persönlichen Verantwortung vor den Reichstag nach Warschau geladen. 1572 in der Danziger Ratskanzlei tätig, seit 1578 Ratssekretär. H. wurde bekannt durch seine umfangreiche gereimte Chronik über alle wichtigen Zeitereignisse seit der Erschaffung der Welt bis zum Jahr 1569. Zur Belehrung der Einfältigen geschrieben. 30 seiner Gedichte aus der Zeit von 1563 bis 1577 sind überliefert. Übersetzte vier Chorlieder aus dem Hecatus des Marcopedius. Weltliche Gedichte politischen Inhalts spiegeln Zeitereignisse wider. Grundton seines lyrischen Schaffens und Wurzel seiner Kraft ist Danzig. 1577, aus Anlaß der Belagerung durch König Stephan Bathory von Polen, entstand das

»Danziger Trutzlied«:

O Dantzig halt dich feste,
du weitberümbte Statt,
Betracht itzund dein Beste
und geh nicht lang zu Rath.
Mit vielem Contrahieren
Wird es nicht werden gut.
Der Feind will dich vexieren.
Drumb thu nicht mehr tactieren
und fass eines Mannes Muth.

Dem Feind thu widerstreben
laß dich nicht weiter ein.
Thustu dich ihm ergeben,
so wirds dir bringen Pein.
Das wirstu wohl erfahren,
Wann du halb Türkisch bist,
dafür wöl dich bewahren
zu vielen tausend Jahren
der lieb Herr Jesu Christ.

Finstu beim Feind kein Gnade,
So such dieselb bei Gott.
Das wird dir seyn ohn Schade,
Ruff ihn an in der Not,
Das er dir bald beschere
Ein christlich Obrigkeit,
Die dir dein Freiheit mehre,
Und allen Feinden wehre,
Wers auch dem Türken leidt.

1517–1542 Meister Pauls Werke. Drei Werke der Holzbildhauerei in der Marienkirche zu Danzig sind als Frühwerke Meister Pauls zu bezeichnen. Hoch über den Kirchenraum erhebt sich, auf einem geschnitzten Balken, der mit Minuskeln beschriftet ist, zwischen den östlichen Vierungspfeilern, die Triumphkreuzgruppe, mit dem an das Kreuz geschlagenen Christus und den überlebensgroßen Figuren der Maria und des Johannes zu beiden Seiten. Im Jahr 1517 stiftete der Ratsherr Lucas Ketink das Kunstwerk der Hauptkirche der Rechtstadt. Meister Paul schuf für das große Gotteshaus noch eine trauernde Maria und die Figur des Christus als Salvator mundi und 1525 für die Katharinenkirche in der Altstadt den Dreikönigsaltar. In seinen Werken finden sich deutliche Einflüsse des Nürnberger berühmteren Bildhauers Veit Stoß und auch des Bambergers Tilman Riemenschneider, wenn auch Meister Paul einer eigenen Formensprache mächtig ist und eine für Danzig typische Ausdrucksform entwickelte. Den Auftrag für eine neue Christophorusfigur der Christopherbank im Artushof erhielt Meister Paul 1542. Eine Notiz aus dem Rechnungsbuch der Lübischen Bank berichtet darüber im Danziger Stadtarchiv. Es ist die drei Meter hohe Gestalt eines bärtigen, gepanzerten Riesen, der in seiner Rechten einen langen, die Figur überragenden Wanderstab und auf seiner rechten Schulter das Christuskind trägt, das in seiner linken Hand die Weltkugel hält.

Im Artushof, dem Prunksaal der Stadt, bildeten die Patrizier eigene Artusbrüderschaften und richteten für den geselligen Zweck ihres Zusammenschlusses, zu Zechgelagen, Tanz und Turnieren innerhalb ihrer Banken, auch die Ausstattung des Raumes aus. Die Wände des dreischiffigen, von vier schlanken Granitsäulen getragenen, einzigartigen Raumes des Danziger Artushofes wurden mit Holzvertäfelungen versehen und darüber Halbrundbilder oder Rondelle mit reichgeschnitzten Rahmen angebracht.

Zuerst begann damit die Reinholdsbank um 1531. Die Christopher- oder Lübecker Bank schloß sich 1534 an. Während Meister Karffycz zuerst die Schnitzarbeiten aufnahm und die Kapitelle an den Pilastern des Wandpaneels der Reinholdsbank verzierte, übernahm Meister Paul die Arbeiten an der Lübischen Bank. Erhalten geblieben sind nur die Schnitzereien der Rondelle, während die Verzierungen der Kapitelle an den Pilastern der Wandverkleidung, reizvolle Füllungen mit Vogelmotiven, die Figuren von vier Königen, ein römischer Triumphzug und die Wappen von Lübeck und Danzig, in der Franzosenzeit von 1806 bis 1813 untergegangen sind. Meister Paul verlieh der Holztäfelung mit charakteristischen Porträts eine erstaunliche Ausdruckskraft in der Mimik der Gesichter beider Geschlechter der verschiedensten Lebensalter. Individuelle Porträts, welche die Charaktereigenschaften der abgebildeten Person hervorhoben, karikierten und persiflierten: Stolz und Narrheit, Klugheit und Einfalt, Schalk und Verwunderung, Zärtlichkeit oder Strenge. Im ganzen sind es bei der Reinholds- und Christopherbank 37 Köpfe, umgeben von Rankenwerk, das in phantastischen Tierdarstellungen ausläuft. Diese Schnitzereien gehören zu den schönsten Kunstwerken der Zeit.

1518 24. Juni Im Sommer verschlechterte sich das Verhältnis zwischen dem Hochmeister des Deutschen Ritterordens und Polen. König Sigismund verbot jeden Handelsverkehr mit dem Ordensland, was auf beiden Seiten eifrige Kriegsrüstungen zur Folge hatte.

1519 In Danzig bereitete man sich schon im Lauf des Jahres auf einen Krieg vor, auf der Westseite wurden drei große Türme und eine Bastei errichtet, das Hohe Tor wurde geschlossen, die Befestigungen der Vorstadt wurden verstärkt und mit Blockhäusern versehen. Größere Geschütze wurden in Böhmen bestellt, kleinere in der Stadt selbst gegossen. Gleichzeitig nahm die Stadt 300 Söldner in Dienst und versicherte sich eines Büchsenmeisters aus Deutschland.

1519 Der Wall hinter dem Kloster wurde verstärkt. 1515 wurde die Mauer zwischen Karren- und Hohen Tor ausgebessert bzw. neu aufgemauert. Die neuen Befestigungen der Vorstadt nach Westen und Süden hin machten die alten Befestigungen der Rechtstadt zur Vorstadt zwischen Ankerschmiede- und Stadthofturm entbehrlich.

1520 26. Januar Danzig warnte durch eine gedruckte Bekanntmachung eine große Anzahl von Städten vor dem Handelsverkehr mit den Ordenshäfen.

1520 Buchdrucker Hans Weinrich druckt in Danzig zum erstenmal eine Schrift Luthers.

1520 14. März Danzig sendet einige Schiffe in See, die das alte Balgaer Tief durch Versenkung von mit Steinen beladenen Schiffen unpassierbar machten.

1520 27. Mai Danziger Schiffe greifen den zweiten Ordenshafen, Memel, an, kapern dort liegende Handelsschiffe und legen Feuer in der Stadt.

1520 6. November Danzig wird von einem knapp 10000 Mann starken Ordensheer belagert. Die nach Westen gelegenen Vorstädte und Dörfer Petershagen, Hoppenbruch, Schottland, Ohra, Stolzenberg, der Bischofsberg, die Sandgrube, Neugarten und Schidlitz wurden abgebrannt (dazu das Heilige Leichnamshospital, das Gertrudenhospital, das Hospital zu aller Gottes Engeln sowie die Landhäuser der wohlhabenden Bürger längs der Radaune).*

1520 8. November Die Belagerung der Stadt beginnt mit der Beschießung. Sie wird von der überlegenen Danziger Artillerie erwidert, so daß die Feinde große Verluste hinnehmen müssen. Vom Werder aus kommen 1200 polnische Söldner zur Verstärkung der Verteidiger in die Stadt.

1520 10. November Das Ordensheer gibt die Belagerung auf und zieht ab.

1521 Im Januar verbindet sich Danzig mit Elbing zu einem Marsch auf Pr. Holland, von wo aus man dem Hochmeister in den Rücken fallen wollte. Ende März verstärkt der Rat seine Flotte durch sechs Schiffe, die das stark gerüstete Ordensschiff »Kneiphof« nahm und als Prise nach Danzig brachte.

1521 5. April Nach langen Verhandlungen kam endlich ein Waffenstillstand zustande. Mit Hochmeister Albrecht blieb das Verhältnis weiter angespannt. (1522 erließ der polnische König ein Ausfuhrverbot gegen das Ordensland. Als 1523 der Hochmeister neueingeführte Zölle wieder abschaffte, boykottierte Danzig weiter die Einfuhr von Waren aus dem Ordensland. Aber als Hochmeister Albrecht 1525

* Die Danziger praktizierten die Strategie der verbrannten Erde vor ihren Mauern unter selbst gewählten Opfern, aber mit einem nicht zu gering zu veranschlagenden Erfolg: dem Fehlschlag einer feindlichen Belagerung und der Sicherung ihrer Unabhängigkeit und freien Selbstbestimmung.

öffentlich zum Luthertum übertrat und die Umwandlung seines Landes in ein weltliches, von Polen abhängiges Herzogtum vornahm, sprach Danzig ihm seine Achtung aus.)

1522 24. Mai Im Verfassungsstreit um die Demokratisierung der Regierung Danzigs stellte König Sigismund einen Schutzbrief für Eberhard Ferber aus.

1522 13. Juli Der Reformationsprediger Jakob Hegge hielt seine erste öffentliche Predigt in Danzig. Bereits 1520 hatte Hegge begonnen, in Bürgerhäusern Luthers Lehre zu verbreiten. Aber erst nach diesem Jahr bildete sich eine lutherische Gemeinde, die eine eigene Kirche forderte. Dieses Gesuch wurde mit der Begründung, neue Kirchenlehren zu verbreiten könne nicht gestattet werden, abgelehnt. Schließlich wurde der neuen Gemeinde am Fuße des Hagelberges in dem Schatten einer Linde erlaubt, Zusammenkünfte der Protestanten an der dort liegenden Hl.-Leichnamskirche abzuhalten.

1522 20. November Ferber verläßt mit einigen Kriegs- und Schiffsknechten, die ihm als Admiral im Kampf gegen Dänemark zur Seite standen, die Stadt, um sich auf seiner Starostei in Dirschau in Sicherheit zu bringen. Einen Tag später wird Ferber vom Rat der Stadt Danzig in die Acht erklärt.

1523 Die Reformation wird mit einem »Bildersturm« durch den rhetorisch versierten Prediger Jakob Hegge ausgelöst.

1524 Von dem ehemaligen Franziskanermönch Dr. Alexander Svenichen wird eine gemäßigte Reformation eingeführt.

1524 Die erste Versammlung der Protestanten fand auf dem St. Elisabeth-Kirchhof statt.

1524 Im 16. Jh. wurden mehrere Chroniken über Danzig verfaßt, so von Simon Grunau, der 1524 im Dominikanerkloster lebte. Eine von dem Schöffen Mehlmann verfaßte Chronik reichte bis 1548. Der Stadtsekretär Schütz schrieb eine in Königsberg begonnene Historia rerum prussicarum in Danzig bis zum Jahr 1525, die Syndicus Lengnich 1769 als Manuskript im Ratsarchiv auffand und veröffentlichte.

Stenzel (Stanislaus) Bornbach aus Warschau, der in Danzig das Amt eines Mühlenschreibers erlangte, sammelte Dokumente zur Geschichte Danzigs und schrieb u. a. seine »Historie vom Aufruhr zu Danzig von 1522–26«. Er starb 1597. Wohl am bekanntesten ist die gereimte Chronik und Beschreibung der Stadt Danzig durch den Stadtsekretär Johann Hasentödter (s. unter 1517).

1525 In der Armenordnung von 1525 war dem Rat die oberste Aufsicht zugewiesen worden, während die eigentliche Verwaltung Bürger als Vorsteher des »Gotteskastens« ehrenamtlich übernahmen. 1528 wird der »Gotteskasten« in der Marienkirche erwähnt, in die die Kirchenbesucher ihre Almosen legten, die Haupteinnahmequelle der städtischen Armenpflege. Bettelvögte hatten die Aufgabe, fremde Bettler von der Stadt fernzuhalten. (1548 werden sie zum erstenmal erwähnt.)

1525 22. Januar Unter Anführung des Bootsmanns Hans Schulz bricht offener Aufruhr in der Marienkirche aus. Die vom Rat bewilligten Forderungen der Aufrührer wurden in einem sogenannten Artikelbrief zusammengefaßt, einem Dokument, das in den gleichzeitigen deutschen Bauernkriegen so bezeichnet wurde. Der Artikelbrief zieht einen Schlußstrich unter die aufrührerischen vergangenen Tage. Die Bürger werden gemahnt, bei dem Evangelium und Gottes Wort zu stehen und dem König, der Stadt und dem Rat die Treue zu halten. Die Verfassung wurde umgestaltet, fortan solle die Gemeinde den Rat, die Schöffen und alle Beamten der Stadt wählen. Zwölf Rentmeister wurden anstelle der 48 Gemeindevertreter eingesetzt, als die jetzt eigentlichen Gewalthaber des Stadtregiments. Die Tore zwischen der Altstadt, Rechtstadt und Vorstadt werden beseitigt. Am Mittag des 25. Januar wurde vom Rat die Besiegelung des Artikelbriefs vorgenommen. Der Rat wurde dennoch von der aufgeregten Menge abgesetzt und ein neuer Rat gewählt. Am 27. Januar legten alle Gewählten und nach ihnen sämtliche Bürger den Eid ab, dem Wort Gottes, dem König und der Stadt getreu zu sein.

1526 17. April König Sigismund zieht mit polnischen Truppen in Danzig ein, um den Aufruhr zu untersuchen und die Schuldigen zu bestrafen.

1526 17. April Die Unterdrückung der Reformation erreichte in Danzig einen Höhepunkt in der Flucht des Pfarrers Jakob Hegge, der ein unerschrockener Verfechter des Reformationsgedankens war.

1526 13. Juni Der erste Prozeß gegen sechs des Aufruhrs Angeklagte wird abgeschlossen; auf dem Hauptplatz der Stadt, dem Langen Markt, werden sie mit dem Schwert gerichtet, darunter zwei Ratsmannen.

1526 8. Juli Der Priester Jakob Knade wurde gefangengesetzt, nachdem er gegen das Verbot, seine Vaterstadt zu betreten, verstoßen hatte. Knade war aus Danzig verbannt worden, weil er, Prediger an der St. Petrikirche, geheiratet hatte.

1526 19. Juli Bürgermeister Hans Wendland und einer der Anführer des Aufruhrs, Hans Schulz, werden mit fünf weiteren Bürgern auf dem Langen Markt geköpft. (Die Neuordnung der Verwaltung begann am 18. 6., nachdem schon am 1. Mai die von den Revolutionären entfernten inneren Stadttore zum Zeichen der Wiederherstellung der früheren Verhältnisse wieder eingehängt worden waren.) Die gesamte Bürgerschaft mußte dem König den Treueid schwören.

1526 20. Juli Der König erläßt ein neues Grundgesetz für die Stadt, die STATUTA SIGISMUNDI, die fortan für Jahrhunderte als Hauptrichtschnur für Regierung und Verwaltung dienen sollte. Die Gemeindevertretung wurde auf 100 Mitglieder beschränkt, die sogenannte »Dritte Ordnung« oder die »Hundertmänner«, während der Rat die erste und die Schöffen die zweite Ordnung bildeten. Über alle für die Stadt bedeutenden Angelegenheiten sollten die drei Ordnungen gemeinsam beschließen.

1527 Seit 1527 bis 1539 ist als Stadtphysikus Ambrosius Hoffmann aus Marienburg tätig. 1530 ist in diesem Amt Johannes Sommerfeld erwähnt, der dann noch lange Jahre darin wirkte. 1531 veröffentlichte er eine Schrift über die Pest.

1529 Aus England kam über Lübeck die Epidemie der »englische Schweiß« nach Danzig und richtete dort in kurzer Zeit furchtbare Verwüstungen an. Es wird berichtet, daß innerhalb dreier Tage 3000 Menschen gestorben sein sollen.

Bildnis des Danziger Kaufmanns Georg Gisze von Hans Holbein d. J.

1530 Den Juden wurde der Zuzug ins Land durch den Landtag verboten. Danzig verbot damals sogar seinen Bürgern jeden Handel mit Juden. In Danzig durfte kein Jude wohnen, nur zu den Markttagen durften Juden in die Stadt kommen. 1532 verwandte sich König Sigismund zugleich im Namen des polnischen Reichstags für den Zugang der Juden zu den Danziger Märkten, der ihnen jetzt von der Stadt verweigert wurde. (1551 faßte der Landtag den Beschluß, daß Juden außerhalb der Jahrmärkte nicht zu dulden seien. 1552 bestätigte der König diesen Beschluß.)

1531 Die Innenwände des Artushofs wurden mit Täfeleien, Schnitzereien und Gemälden ausgestattet.

1533 Meister Adrian Karffycz schuf die Skulptur des hl. Reinhold.

1533 In den Jahren 1533 und 1566 war die Getreidezufuhr so stark, daß die Speicher nicht alle Vorräte aufnehmen konnten und Bürgerhäuser wie auch Klöster zum Aufschütten gebraucht wurden. Der Handel mit Portugal wuchs, nachdem König Johann III. die von Emanuel dem Großen erteilten Privilegien bestätigte. Danzigs Schiffe brachten aus Portugal Gold, Silber, Edelsteine und kostbare indische Stoffe, die in Polen begehrt waren.

1536 Durch eine Feuersbrunst wurden 100 Speicher zerstört; das Feuer soll über ein halbes Jahr weiter geschwelt haben.

1536 bis 1542 wurde Wilhelm Helmsen aus Lüneburg mit Arbeiten der Befestigung und anderen Bauten beauftragt. Dirk Daniels errichtete den neuen Rathausturm. Hans Kramer aus Dresden (1565 bis 1577) erbaute das Grüne Tor und das Englische Haus.

1537 Die Südfassade des Rathauses wurde rot angestrichen und 1552 mit Wandmalereien ausgeschmückt. Gleiches geschah auf der Ostseite, die 1562 eine Galerie bekam. Der Wall zwischen Karrentor und Neuem Turm wurde aufgeschüttet.

1538 In diesem Jahr setzte eine neue Epidemie ein; eine weitere im Jahr 1549, die Pest. Zum Zeichen, daß eine Pestleiche im Haus sei, wurde angeordnet, Laken auszuhängen. Der Chronist Wartzmann berichtete, er habe an einem Tage 63 Laken aus den Häusern hängen sehen.

1538 Bei der Epidemie von 1538 wurden von den Glöcknern der Pfarrkirchen Zeichen gegeben, die an den Häusern, in denen Pestkranke gestorben waren, vier Wochen lang aushängen mußten. Pesthäuser durften nicht betreten werden. Auch verbot der Rat, an der Seuche erkranktes Gesinde aus den Häusern zu jagen.

1538 Der aus Flandern stammende gelehrte Drucker Franz Rhode, der vorher in Marseille und Hamburg gedruckt hatte, ließ sich in

Karte von Preußen aus Sebastian Münster, Cosmographia Universalis, Basel 154

Bug fl.
Camenetz
Ortelspurg
Prüßen
Gyxel fl.
Lieb stat
Hockerläd
Triebnitz fl.
Straßburg
Marieburg
Thorn
Leßlaw
Polen
Stargart

Danzig nieder. Seine Druckerei ist bis ins 20. Jahrhundert erhalten geblieben. Die Buchdrucker befaßten sich gleichzeitig mit dem Verkauf von Büchern. Außerdem gab es zu jener Zeit zahlreiche Buchhändler in Danzig.

1539 Seit 1539 bezogen die Mitglieder des Rats anstelle der bisher üblichen Naturalien feste Gehälter. Das Gehalt des präsidierenden Bürgermeisters betrug 376 Mark, der drei anderen Bürgermeister 176 Mark, der Kämmerer 88 Mark, der übrigen Ratmannen 70 Mark, der altstädtischen Ratmannen zusammen 70 Mark.

1540 Eine Kleiderordnung beklagt den zunehmenden Luxus damaliger Zeit. Schon 1534 war eine entsprechende Anordnung erteilt worden, wonach »die Frauen ihre Mäntel und Flöre nicht mehr auf dem Haupte, sondern auf den Achseln tragen sollten«. 1590 erschien auf den Ländereien ein Befehl, der es den Frauen der Höfe versagte, »vergoldete Gürtel und sammetene Koller« zu tragen.

1541 Der Orgelmacher Bartholomäus Bardun baute in Danzig eine Orgel. 1547 wurde die große Orgel in der Marienkirche von dem Sohn ihres Erbauers, Antonius Blymann aus Bautzen, umgestimmt und 1549 umgebaut.

1543 Anthony van Obbergen (1543–1611) in Mecheln geboren. Baumeister, Festungsingenieur. Hauptmeister der nordischen Renaissance und ihrer aus der flandrischen entwickelten Danziger Art. Vollendet Schloß Kronborg bei Helsingör. Schöpfer der 1895 niedergelegten Bastionsbefestigungen. Innenausstattung des Rechtstädtischen Rathauses. Erbauer des Altstädtischen Rathauses auf der Pfefferstadt. Erbauer des Großen Zeughauses (1602 bis 1605).

1546 Meister Georg Stetzener vollendete den Kachelofen, ein Prunkstück des Artushofes. Die Wände schmückten großflächige Gemälde als Wandbilder, Diana und Aktäon (1589) von Vredeman de Vries, »Orpheus zähmt die Tiere« (1594) und das »Jüngste Gericht« (1602) von Anton Möller.

1546 Die Haupthandelsware der Danziger Kaufmannschaft war das polnische Getreide. Kriegerische Unruhen im südlichen Europa waren Anlaß, den Getreidepreis in unglaublicher Weise zu steigern.

So erbrachte 1546 die Last Weizen in Lissabon 100 Gold-Dukaten, die aber bald wieder auf 16 Dukaten zurückgeführt wurden, als die Nachfrage nachließ.

1547 Am Hl. Leichnamstor wurde ein großes Rondell erbaut und der Wall vom Jakobstor bis nach St. Elisabeth aufgeschüttet. Häuser wurden abgetragen und Gärten eingeebnet.

1548 10. Dezember König Sigismund August bestätigte die Privilegien der Stadt, die jedoch die Huldigung verweigerte, weil der König dem preußischen Land selbst keinen Eid leisten wollte.

1549 Vor dem Artushof wurde ein hölzerner Springbrunnen aufgebaut, den ein Neptun als Symbol des fließenden Wassers zierte.

1551 Verordnung über die Klöster in Danzig: »De (der Vorsteher) vom hilligen Geist, item de von sunthe Gertruth, item de von allen Gades Engelen, düse sollen innemen olde gesunde Lüde. Item von sunthe Elisabeth söllen innemen alle natürlike Kranken. Item dat Pockenhuß sal innemen alle französische schadhaftige Armen, und de mit de schwere Krankheit beladen sind, wie ock de Unsynnigen, aber mit Pestilenz beladen sind. Item de von sunthe Barbaren söllen in dat Hospital innemen alle Polen, de up den Dreffften krank sind, und kranke Lüde, so unfedich sind mit Schaden. Item de von sunthe Jakob söllen innemen in eren Hospitalen alle kranke sehefahrende Lüde, sowohl ock de krank uth der Sehe kamen.« Ausdrücklich wird dabei bemerkt: »Niemand von den Armen und sunderlick von den dörftigsten Hußarmen, so by der Stadt verarmet syn, soll in kein Hospital umb Gunst effte Gelth willen ingenamen werden.« Für die Hausarmen und Bettler, die in diesen Anstalten keine Aufnahme finden konnten, wurde seit 1525 an den Kirchentüren gesammelt. Der Ertrag dieser Sammlung füllte den »Gotteskasten«, der halbjährlich von dessen Vorstehern unter die Bedürftigen verteilt wurde. Die Vorsteher wurden in ihr Amt für drei Jahre verpflichtet, wer das Amt nicht verwalten wollte, war verpflichtet, 150 Mark in die Armenkasse zu zahlen. Die Bedürftigen wurden von den Rottmeistern alljährlich dem Vorsteher gemeldet. Diese verwiesen die Armen entweder an ein bestimmtes Hospital oder unterstützten sie finanziell mit vierteljährlich höchstens 2 Mark. Die bedürftigen Kranken erhielten sogenannte »Erlaubnisscheine«, womit sie zu den dafür bezahlten Barbie ren gehen durften. Bettelvögte hatten darüber zu wachen, daß kein Bettler ohne ein bestimmtes Zeichen Almosen erbetteln durfte. Wer dagegen verstieß, wurde »mit der Tonne« herumgeführt oder der Stadt verwiesen. Die Armenordnung befaßte sich auch mit dem Seelenheil der Bedürftigen und Bettler, indem es heißt: »Alle Fridage, de Glocke achte des Morgens sellen alle Bedelers tom hilligen Geiste erschienen und alldar durch de Bedlervogte vermanet werden, dat se ein gottseligen Wandel föhren.« Deutsche sollen sich montags in der Gertrudenkirche, Polen zu St. Jakob und St. Katharinen einfinden, um die Predigt mitanzuhören. So auch »sullen de Bedelers alle halve Jahre verhöret werden, eren Gloven, Vaderunser und Gebade Godes, welcke de dat nicht kan, de sal dat Theken entberen, bet das he edt kan«. Seit 1551 wurde an hohen Festtagen mit Schalen in den Bürgerhäusern um einen Betrag gebeten, da das vor den Kirchentüren gesammelte Geld nicht mehr ausreichte. Seit dieser Zeit wurden die Vorsteher des »Gotteskastens« auch Schaalherren genannt. Das Amt wurde als »Schaal«- oder »Spendamt« bezeichnet. (1541 war das Waisenhaus zur Aufnahme elternloser Kinder gestiftet worden. Nach einem Brand im Jahr 1547 wurde es vom Ratsherrn Connert im darauffolgenden Jahr wiederaufgebaut).

1551 König Sigismund August bewies dieser Anstalt seine Gunst, indem er allen hier erzogenen Kindern die Rechte der ehelichen Geburt zugestand.

1552 Der Artushof erhielt einen Renaissancegiebel.

1552 25. Mai Im Jahr 1552 entschloß sich der König, Danzig zu besuchen. Vor Antritt der Reise beauftragte er den ermländischen Bischof Stanislaus Hosius und den Kulmer Kastellan Georg von Konopat, der Danziger Bürgerschaft den Huldigungseid abzunehmen. Die Bürgerschaft versammelte sich auf Gebot des Rates auf dem Langen Markt und leistet dem König den Treueid vor seinen Bevollmächtigten, Bischof Stanislaus Hosius vom Ermland und dem Kulmer Kastellan, Georg von Konopat.

1552 8. Juli Der König traf in Danzig ein und weilte fast zwei Monate in der Stadt. »Die wehrfähige Bürgerschaft zog ihm in Stärke von etwa 3000 Mann gewaffnet bis zum Vorort Ohra entgegen, darunter der Stolz der Stadt, 300 gepanzerte Reiter mit roten Seidengewändern über den Harnischen unter der Führung des Burggrafen Johann Stutte. Der Syndicus Georg Klefeld begrüßt den König mit einer lateinischen Ansprache. Darauf schossen alle ihre Büchsen ab. Tore, Türme und Wälle waren mit Geschützen besetzt. Während der König durch das Hohe Tor ritt, den westlichen Eingang zur Stadt, entboten die Geschütze dem Herrscher einen donnernden Empfang. Vom Hohen Tor löste sich ein Dachstein, fiel dicht neben dem König nieder.« »Eines Tages machte der König einen Ausflug an die See. Vom Blockhaus Weichselmünde wurde er durch Böller und von einem Kriegsschiff, dem ›Eisernen Heinrich‹, mit Kanonenfeuer empfangen. Ebenso bei seiner Rückkehr von vielen auf der Weichsel liegenden Schiffen und von den Festungstürmen. Die Polen konnten nicht genug darüber staunen und meinten, ein ganzes Land könne nicht soviel Geschütz aufbringen, und es wäre kein Wunder, daß das Kind im Mutterleib in Danzig das Schießen lernte.« Den Glanz der festlichen Tage erhöhte die Ankunft der Herzöge Albrecht von Preußen und Barnim X. von Pommern in Danzig. Als nach einer nächtlichen Rauferei mehrere Polen erschlagen wurden, kam es zu einer Verhandlung, in deren Verlauf der einstige Ratmann Hans Fürste dem polnischen Marschall auf eine entsprechende Vorhaltung antwortete: »Gnädiger Herr, der Erdboden im Lande kann es nicht leiden, daß die Polen über die Preußen regieren sollen und Gewalt an ihnen üben.« »Als der König die Privilegien der Stadt in Frage stellte, erwiderte der Bürgermeister Hans von Werden, daß es auch dem König nicht anstehe, Treu und Glauben zu brechen. Er wies drohend darauf hin, daß der König und sein Gefolge bei ihnen zu Gaste seien und nicht sie bei ihm. Worte, über deren Kühnheit sich seine anwesenden Kollegen entsetzt zeigten. Daraufhin lenkte der Großkanzler ein und sicherte die Privilegien zu, wenn die Danziger sich als treue Untertanen des Königs verhalten würden.« (Simson, Geschichte der Stadt Danzig, Bd. 2).

1552 An der St. Annenkirche wurde ein polnischer Prediger angestellt, um den polnischen Gottesdienst abzuhalten, für das von auswärts zugezogene einfache Volk, Mägde, Ammen oder Dienstboten. Polnische Predigten wurden auch an der Katharinen-, Bartholomäi-, Jakobs- und an der Petrikirche gehalten, also in Kirchen der Altstadt oder Vorstadt, nicht dagegen der Rechtstadt.

1553 Die drittälteste Ansicht der Stadt ist in der Chronik des Heinrich von Rheden abgebildet (1553), mit der Unterschrift: »Danczk wird belagert 1307«. (Die angegebene Jahreszahl ist nicht identisch mit dem Zeitpunkt der Gestaltung.)

1555 30. September Das Franziskanerkloster wird an die Stadt aufgelassen.

1556 3. Oktober Der Glockenturm des Rechtstädtischen Rathauses brannte bis auf die feuerfesten Gewölbe ab, die zur Aufbewahrung wichtiger Dokumente dienten. Nach dem Neubau 1559 bis 1561 erhielt die Haube das Glockenspiel und den »Güldenen Kerl« als Figur auf der äußersten Spitze. (Sigismund August als Fahnenträger.)

1557 5. Juli Nach langen Verhandlungen über das Zugeständnis der Religionsfreiheit durch Sigismund August kam schließlich der Stadt Danzig das Geldbedürfnis des Königs für den livländischen Krieg entgegen. Statt der 200000 Fl., die Achatius von Zehmen je zur Hälfte als Geschenk und als Darlehen für den König verlangte, wurde schließlich ein Geschenk von 30000 und ein Darlehen von 70000 Fl. bewilligt. Unmittelbar darauf stellte der König das Religionsprivileg aus, das den Gebrauch des Abendmahls in beiderlei Gestalt bis zum nächsten Reichstag auszuüben gestattete.

1557 31. Oktober Am vierzigsten Gedenktag der Reformation wurde in allen Kirchen der Stadt das Abendmahl in beiderlei Gestalt gereicht. In der Marienkirche, über die der König das Patronat besaß, wurde dem katholischen Pfarrer der Hochaltar überlassen, an dem er zu bestimmten Stunden die Messe lesen konnte, während an dem der Kanzel gegenüberliegenden Hochaltar evangelischer Gottesdienst gehalten wurde. Katholischer und evangelischer Gottesdienst in derselben Kirche dauerte noch 15 Jahre an, der katholische Pfarrer an der Marienkirche verblieb dort jedoch noch über ein Jahrhundert im Amt.

1557 Das Rondell bei St. Elisabeth wurde nach dreijähriger Bauzeit vollendet.

1557 16. November Die Taufe in der Marienkirche wird eingeweiht. Das Becken war in den Jahren 1554/1555 in Utrecht gegossen und über See nach Danzig transportiert worden. Der Entwurf stammt von Heinrich Willems Oert. Das Schiff, das den Taufdeckel übernommen hatte, ging unter, so daß diese Ergänzung des Taufbekkens bis heute fehlt.

1558 13. Juni Das Akademische Gymnasium im ehemaligen Franziskanerkloster wird eröffnet. Die letzten drei Franziskanermönche hatten einige Jahre zuvor Kloster und Kirche der Stadt übergeben. Bürgermeister Constantin Ferber hatte großen Anteil an der Errichtung der neuen Lehranstalt und trug auch viel zu ihrer Erneuerung bei, als nach dem Krieg gegen den polnischen König Stephan Bathory ein vorübergehender Verfall eintrat.

1558 Zar Ivan IV. ist in Livland eingefallen. Weder die Hanse noch Sigismund August von Polen oder König Friedrich II. von Dänemark kamen dem Orden und den livländischen Städten zu Hilfe. Zu den wenigen Städten, die Riga und Reval mit Kriegsmaterial untersützten, gehört Danzig. In Geldnot wandte sich Sigismund August an das reiche Danzig mit der Bitte um ein Darlehen von 100000 Talern. Als Bürgen für das Kapital traten die Klöster Oliva, Sarnowitz, Zuckau und Karthaus 1561 ein. 1566 mußte sich Danzig zu einer Verlängerung des Darlehens entschließen. Die Stadt ist bis zum Tod Sigismund Augusts dessen Gläubiger geblieben. Im Vertrag von Wilna am 28. Oktober 1561 trat der Ordensmeister Kettler Livland an Polen ab, während er Kurland als erbliches Lehen erhielt.

1560 Der Rat lehnt zwei Bewerber um eine Predigerstelle ab, weil sie nur der niedersächsischen Sprache (Plattdeutsch) mächtig waren, das Volk aber von der Kanzel die oberländische und meißnische Sprache seit Jahren gewohnt sei.

1561 Eine Fremdenherberge in der Langgasse wird nach einer vor der Tür stehenden Steinfigur »Zum großen Christopher« genannt. In der Stadt fanden sich zahlreiche Badestuben, »die nicht immer nur der Reinlichkeit und Körperpflege, sondern zuweilen auch Ausschweifungen dienten«. Wohlhabende Bürger ließen Badestuben in ihren Häusern einrichten.

1563 Die baufällige Brücke und das Koggentor werden abgetragen. Dirk Daniels baute eine neue Brücke, während der Baumeister Hans Kramer das Grüne Tor mit drei Durchgängen als Gebäude mit weiträumigen Sälen über den Tordurchgängen im Renaissancestil 1568 vollendete. Zuerst wurde städtisches Rüstzeug in den Räumen aufgenommen. Später wurden sie für gesellige Veranstaltungen als Festsäle genutzt. Das Grüne Tor leitete seinen Namen von dem grünen Anstrich der Brückengeländer und der Sandsteingliederungen am Gebäude selbst ab. Ebenso die Grüne Brücke.

1563 Das Patrizierhaus in der Langgasse Nr. 37 und das Löwenschloß wurde mit einer klaren Fassengliederung ausgestattet. Das Schumannhaus, Langgasse Nr. 45, war 1560 als Eckhaus zur Matzkauschengasse gebaut worden.

1563 Die plattdeutsche Sprache lebte weiter im mündlichen Gebrauch der Bevölkerung, während sie als Schriftsprache nach 1550 zugrunde ging. Bemerkenswert ist auch die Entwicklung im sog. Ratsdenkebuch (Danziger Stadtarchiv 59,10). Die erste hochdeutsche Eintragung findet sich hier am 12. Juni 1562. Vom 5. Juni 1564 an wird hier nur noch die hochdeutsche Sprache angewandt.

1563 im November Bischof von Zante Francesco Commendone traf als päpstlicher Nuntius in Polen ein, um gemeinsam mit dem zum Kardinal aufgestiegenen Hosius Einfluß auf den König zu gewinnen und die Gegenreformation einzuleiten. Bald darauf kam Commendone nach Danzig und bemerkte mit Mißfallen, daß hier wie in ganz Preußen nur noch die polnischsprechenden Volksklassen der alten Kirche anhingen, diese also bei der geringen Anzahl der in Danzig lebenden Polen hier kaum noch Gläubige zählte.

1563 Das 1520 abgebrannte Gertruden-Hospital wird in Petershagen wiederaufgebaut. Die Mittel dazu kamen durch eine Kollekte und die sog. »Barbarossengelder« zusammen, die zum Freikauf der in türkische Gefangenschaft geratenen Matrosen gesammelt worden waren, aber inzwischen keine Verwendung mehr finden konnten, da die Gefangenen verstorben waren oder die Freiheit auf andere Weise erlangt hatten.

1564 In Preußen und Danzig brach eine Pestepedemie aus. Viele der wohlhabenden Bürger flüchteten, darunter auch zahlreiche Mitglieder des Rats und der Ordnungen. Die Angaben der Chronisten über die Pestopfer schwanken zwischen 24000 und 30000.

1565 im Mai Als der verdienstvolle Vorkämpfer für die Landesrechte Preußens gegenüber Polen, Achatius von Zehmen, hochbetagt starb, ging die Führung der preußischen Patrioten ganz auf die Vertreter der großen Städte und namentlich den Danziger Bürgermeister Georg Klefeld über, den der Rat 1558 zum Bürgermeister gewählt hatte. In zahlreichen Gesandtschaften nach Polen, England, den Niederlanden und Dänemark bewährte er sich vorbildlich. Von den preußischen Ständen beauftragt, übernahm er eine Neubearbeitung des kulmischen Rechts 1559, eine Arbeit, die er 1566 abschloß. In dem schweren Kampf gegen die polnischen Übergriffe im Rahmen der »Unions- und Exekutionsbestrebungen« wurde er Führer des Stadtregiments und der preußischen Landesvertretung (Executio legum).

1567 Die Danziger Münze prägte trotz der Versagung des Königs zum erstenmal Taler. Die Raritäten zeigen auf der einen Seite innerhalb des Lorbeerreises das gekrönte und geharnischte Brustbild König Sigismund Augusts, auf der anderen das von Löwen gehaltene Wappen Danzigs, bei dem die Krone über das Wappenschild gesetzt ist.

1567 Friedrich von Harlem wird als Stadtbaumeister angestellt.

1567 Mit der Wiederbesetzung des Dominikanerklosters durch die Katholiken 1567 war die erste Aktivität des neuen Bischofs von Leslau, Stanislaus Karnkowski, gelungen und die kirchliche Reaktion eingeleitet.

1568 29. Oktober Die Einsetzung einer polnischen Kommission (Gericht) mit ihrem Haupt, Karnkowski, und dem als Ankläger fungierenden Renegaten Friedwald als Instigator zur Untersuchung einer angeblich eingerissenen Mißwirtschaft in Danzig, stellte einen unerhörten Gewaltakt gegen die verbrieften Rechte der Stadt dar. Als die fünf Mitglieder der Kommission vor dem Werderschen Tor am 29. Oktober 1568 erschienen, blieb dies geschlossen. Die Ordnungen versagten ihnen auch weiter den Eintritt, als sie auf dem bischöflichen Stolzenberg erschienen.

1568 Elf polnische Freibeuter, die ausländische Schiffe vor Danzig kaperten und ausraubten, wurden öffentlich hingerichtet. Die Bestrafung der Polen ist der Danziger Regierung als Beleidigung der Person des polnischen Königs ausgelegt worden.

1568 Im Nordischen Krieg wurden die Geldforderungen König Sigismund Augusts immer drängender und häufiger, so daß der Rat im Juli 1568 ein Darlehen von 200000 Talern ablehnte, dann aber doch ein Zehntel der Summe zahlte, nachdem er bereits im März eine Darlehensforderung des Königs über 45000 Taler versagt hatte.

1569 2. Januar Auf dem Lubliner Reichstag, der am 2. Januar 1569 begann, war beabsichtigt, Polen zu einem Einheitsstaat zu machen, Litauen seiner Sonderrechte zu berauben und Preußen zur Union zu zwingen, also zu polonisieren.

1569 18. März Mit dem Lubliner Dekret vom 18. März erklärt König Sigismund August aus eigener Machtvollkommenheit Preußen für ein Glied des polnischen Reiches. Die Bürgermeister Klefeld und Ferber und Johann Proite sowie der Ratmann Albrecht Giese wurden wegen angeblicher Majestätsbeleidigung und anderer vorgeschützter Vergehen monatelang in Polen festgehalten. Eine neue Kommission wurde nach Danzig entsandt, die aber nur die Erbitterung der einigen Bürgerschaft auslöste und schließlich nichts als ein für die Krone lukratives Handelsgeschäft erreichte, wonach das Pfahlgeld erhöht und der königlichen Kasse zufließen, außerdem der König innerhalb von zehn Jahren 100000 Fl. erhalten sollte. Weiterhin forderten die Kommissarien von der Stadt die Erbauung eines Hauses, eines Stalles und Speichers für die königlichen Besuche. Mit Stall und Speicher erklärten sich die Ordnungen einverstanden und gestanden dem König als Quartier das vor kurzer Zeit prächtig erbaute Koggentor zu, das heutige Grüne Tor an der Ostseite des Langen Marktes. Die von den Ordnungen abgelehnte Änderung der Verfassung, die sog. STATUTA KARNKOVIANA, verfolgte vor allem den Zweck, die königliche Macht auszubreiten und die Privilegien der Stadt einzuschränken.

1570 24. Juli Am 24. Juli leistete eine Danziger Delegation auf dem Reichstag in Warschau unter den Augen des Königs Abbitte. Es war die tiefste Erniedrigung, die Danzig in seiner langen Geschichte erlitt, hervorgerufen durch die Schwäche der Abgesandten und die unentschiedene Einstellung des Rats, der die Ordnungen nicht von der beabsichtigten Demütigung unterrichtete. Am 2. Dezember wurden die gefangenen Bürgermeister Klefeld, Ferber und die anderen befreit. Am Tag nach ihrem Einzug in ihre Vaterstadt wurde Zimmermann wegen Unterschlagung entlassen, indem sein Sitzkissen aus der Ratsstube nach Hause geschickt wurde. Er starb am 15. April 1572 »als reuiger Sünder«.

1570 700 Familien wurden durch einen Brand in der Altstadt obdachlos.

1571 Mit dem Bau eines Rondells am Karrentor wurde begonnen.

1572 7. Juli Nach dem Tod König Sigismund Augusts, des letzten Jagiellonen auf dem polnischen Thron, trat ein Interregnum ein. Während dieses Zeitraums stand an der Spitze des Reiches der Erzbischof Jakob Uchanski von Gnesen.

1573 In den Jahren 1573–1575 ist ein Glockenspiel, das zunächst für das Altstädtische Rathaus bestimmt war, auf dem Turm der Katharinenkirche gesetzt worden. Es wurde abgenommen, als im Jahr 1634 das ältere Walmdach des Turmes durch den barocken Turmhelm mit vier Ecktürmchen ersetzt wurde.

1573 Ein Verzeichnis der auf den Wällen aufgestellten Geschütze im Jahr 1573 zählt 65 Stück auf. Im nächsten Jahr kaufte die Stadt neue Geschütze und bezog von auswärts Munition dafür. Die Stadt selbst war mit Büchsengießern reichlich versehen. Unter diesen war es besonders Gert Benning und dessen Sohn Hermann.

1574 Mit dem Wallbau wurde das Hohe Tor errichtet. (1588 wurde an seine Stelle von Wilhelm von dem Block ein prächtiges Renaissancetor erbaut, das dem Repräsentationsbedürfnis der reichen und wehrhaften Stadtrepublik entsprach.) Wie das Langgasser Tor war auch für das neue Hohe Tor der römische Triumphbogen zum Vorbild erwählt worden.

1576 2. März Bürgermeister Georg Klefeld in Danzig gestorben.

1576 22. April Neubau der Johannisschule eingeweiht. Unterrichtsfächer waren damals Lesen, Schreiben, Katechismuslehre, Kirchengesang, Rhetorik sowie griechische und lateinische Sprache.

1576 1. Mai Stephan Bathory in Krakau durch den Bischof von Leslau, Stanislaus Karnkowski, gekrönt.

1576 Im Sommer wurden Kriegsleute in Sold genommen und ein Kriegsrat eingesetzt. Die Bürgerschaft wurde militärisch in 77 rechtstädtische, 42 altstädtische und 30 vorstädtische Rotten organisiert, die auf 30 Stände, Verteidigungsplätze, verteilt wurden.

1576 26. August König Stephan trifft in Thorn ein. Er wurde von den gesamten preußischen Ständen, mit Ausnahme von Danzig, feierlich begrüßt. Im Auftrag des Königs trafen als königliche Kommissarien der Bischof Peter Kostka von Kulm und der Woiwode Johann von der Schleuse in Danzig ein, mit dem Befehl des Königs, vor ihnen die Huldigung abzulegen. Diese wurde von den Danzigern verweigert, da sie nur dem König selbst huldigen wollten. Daraufhin lud Stephan Bathory alle Mitglieder der städtischen Körperschaften für den 20. September in die Marienburg ein, um sich wegen Majestätsverbrechens und Rebellion, Verleitung der Bürger dazu, Befestigung der Stadt und Annahme von Soldaten zu verantworten.

1576 12./13. September Als die Stadt es ablehnte, dieser Ladung nachzukommen, schien eine bewaffnete Auseinandersetzung unvermeidbar. Ein Vorspiel darauf hatte Danzig schon erlebt. In der Nacht vom 12. auf 13. September waren polnische Truppen in das zur Stadt gehörende Dorf Praust eingedrungen, hatten geplündert und Einwohner mißhandelt. Flüchtende Bauern brachten am nächsten Morgen die Schreckenskunde nach Danzig: der Krieg ist ausgebrochen.

1576 24. September Der König, dessen Geduld nach nochmaliger Ladung, die wiederum unbeantwortet blieb, erschöpft war, sprach über die halsstarrige Stadt die Acht aus. Weitere Verhandlungen, die bis in das Jahr 1577 hinein andauerten, verliefen ergebnislos, nachdem die Danziger erklärten, den Eid erst zu leisten, nachdem der König ihre Privilegien bestätigt habe, nicht umgekehrt.

Hans Weigel, Sponsa Dantiscana in Prussia. Eine Braut zu Danzig in Preußen.

1576 November Bereits im November 1576 hatte der Rat den Stadtsekretär Kaspar Schütz mit der Abfassung einer Rechtfertigungsschrift beauftragt. Er stellte eine große Anzahl von Schrift- und Aktenstücken in der Zeit von 1576 (7. Juni) bis 7. März 1577 mit Kommentar zusammen, lateinisch und deutsch, die bei Rhode gedruckt wurde. Um die gerechte Sache der Stadt zu beweisen, wurde die Schrift nach allen Seiten versandt.

1577 15. Februar Als Antwort auf die Gefangensetzung Constantin Ferbers wurde das Kloster Oliva von Danzigern geplündert und abgebrannt. Danzig rüstete nun mit aller Kraft weiter zum Krieg. Es nahm Söldner in Dienst, die zahlreich zuströmten, und brachte dadurch Geld auf, daß es sich von Einzelnen, Kirchen, Stiftungen und Brüderschaften ihre Gold- und Silbersachen ausliefern ließ. Unschätzbare Kunstwerke sind auf diese Weise vernichtet worden, so u. a. die Reliquien der hl. Barbara und des hl. Kreuzes und silberne Statuen der zwölf Apostel in der Marienkirche. Alles Silber wanderte in die Münze. Anders als der abwartende und zur Besonnenheit mahnende Rat verlangte die aufgebrachte Bürgerschaft im Verein mit den Söldnern Rache und Vergeltung für die Plünderungen der Polen auf den Besitzungen der Stadt.

1577 7. April Am Ostersonntag wurde gegen den Willen des Rats auf allen Plätzen eine Art Mobilmachung verkündet und jeder Bürger aufgefordert, das bei Dirschau stehende polnische Heer anzugreifen und zu besiegen. Die Menge stürmte sogar die Läden, um gelben und roten Stoff für Feldbinden zu erstehen, selbst Schüler zogen mit den Söldnern. Abends um 10 Uhr begann der Ausfall, endete aber kläglich in baldiger Umkehr, als das Wetter umschlug und die Kriegslust abkühlte.

1577 16. April Obgleich die militärischen Berater von einer Wiederholung abrieten, mußte der Rat schließlich der zum Kampf entschlossenen Bürgerschaft nachgeben. Bei dem Ausfall am 16. April zogen mit den Söldnern in Stärke von ca. 3000 Mann etwa 7000 Bürger mit aus, von denen aber nur 1200 als gefechtsfähig vom Obersten in drei Fähnlein eingeteilt und 500 andere den Wagen und Geschützen zugewiesen wurden. Inzwischen hatten die Polen unter ihrem Führer Zborowski Dirschau verlassen und eine feste Stellung zwischen Sümpfen und Höhen am Liebschauer See eingenommen. Er beherrschte von hier aus einen schmalen Damm, auf dem der Danziger Oberst Hans Winkelburg seine Truppen vorrücken ließ. Als eine größere Anzahl der Danziger auf dem Damm eingepreßt war, ließ Zborowski seine Scharen vorrücken. »Unter dem Angriff staute sich die Menge, die im Zuge des Dammes über den See führende Brücke brach zusammen und ein großer Teil der Gruppen wurde in den See abgedrängt, unter ihnen Winkelburg, der nach dem Verlust seines Pferdes von seinem Reitknecht gerettet wurde.« Ehe die Schlacht begonnen hatte, ergriff die Danziger ein panischer Schrecken und in zügelloser Unordnung rannten besonders die ungeübten Scharen in wilder Flucht davon. Die Verluste der Danziger beliefen sich auf ca. 2500 Gefallene und ca. 1000 Gefangene. Unter den Toten war ein großer Teil der Offiziere, auch Klaus Wetstedt, der Hauptmann von Weichselmünde. Alle Geschütze, sechs Fahnen, 150 Wagen und ca. 3500 weggeworfene Harnische erbeuteten die siegreichen Truppen Zborowskis, die mit 56 Toten und 125 Verwundeten nur ganz geringfügige Verluste erlitten. Bei den Polen war die Siegesfreude groß. Literarisch äußerte sie sich in Gedichten und in einer Clades Dantiscana betitelten Darstellung der Schlacht von Liebschau von Johann Lasicki, die auch in Deutsch 1579 erschien.

1577 12. Juni König Stephan Bathory rückte mit einem Heer von 7000 Reitern und 4000 Mann zu Fuß bis Praust, einem Dorf südlich von Danzig, vor. Die Danziger brechen die Stranddörfer Brösen und Glettkau ab, die Vororte von Schidlitz, Neugarten, Sandgrube, Hoppenbruch und Schottland wurden niedergebrannt. Am 14. Juni traf das gleiche Schicksal die Hospitäler Heilig Leichnam und Zu aller Gottes Engeln, nachdem König Bathory am 13. Juni vor der Stadt erschienen war und sie beschießen ließ.

1577 2. Juli In Weichselmünde befehligte Hauptmann Georg Kranig von Schweidnitz knapp 600 Mann. Ihm gegenüber lagerte der polnische Oberst Weiher und beschoß Weichselmünde mit gutem Erfolg. Am Abend des 2. Juli ließ Oberst Weiher adligen Besuchern aus der Umgebung ein Fest geben und für seine Truppen ein Trinkgelage veranstalten. Ohne Wissen des Rates beschlossen die Danziger Befehlshaber für diese Nacht einen Überfall des polnischen Lagers Weichselmünde gegenüber. Mit mehr als 1000 Mann fuhr Ungern gegen Abend in aller Stille auf Kähnen die Weichsel abwärts und griff das polnische Lager gegen 1 Uhr nachts von der Weichsel und von See her an. Die zum großen Teil betrunkenen Polen leisteten kaum Widerstand, Weiher rettet sich durch eilige Flucht, nur notdürftig bekleidet. Das Lager wurde erobert. Alle 14 Geschütze fielen in die Hände der Angreifer, unter ihnen vier den Danzigern in Liebschau abgenommene. Der König gab die Belagerung von Weichselmünde auf und ließ die Stadt weiter beschießen. Die runden Kanonenkugeln ließen die Bürger später in ihren Häusern und am Großen Zeughaus einmauern.

1577 1. September Einem holländischen Schiffer gelang unter vollen Segeln bei einem kräftigen Südwestwind, die Brücke bei Weichselmünde zu rammen und zu sprengen. Die Danziger setzten ihm eine lebenslange Rente aus und befreiten ihn von allen Zöllen für sein Schiff. 600 deutsche Söldner, die für die Polen kämpften, blieben auf dem rechten Ufer vor der Festung zurück und wurden niedergemetzelt, so daß kaum 20 von ihnen entkamen.

1577 3. September König Stephan Bathory zog seine Truppen ab und hob die Belagerung Danzigs auf.

1577 6. September Die Polen brachen ihr Lager am Strand ab und zogen über Praust in die Dörfer der Höhe und des Werders, die sie plünderten und verbrannten, nach Dirschau.

1577 12. Dezember Im Friedensvertrag verpflichtete sich die Stadt zur förmlichen Abbitte (ohne Kniefall), zur Zahlung von 200000 Fl. an den König und 20000 Fl. an das Kloster Oliva, zur Leistung des Huldigungseides, der Entlassung ihrer Söldner und der herkömmlichen Zahlungen an den König. Der König versprach die Aufhebung der Acht, Bestätigung der Privilegien, der freien Ausübung der evangelischen Konfession und anderer Forderungen. Die Kriegskosten und Schäden betrugen 1500000 Fl. oder umgerechnet 22500000 Goldmark. Die letzten Söldnertruppen verließen Danzig im Juni 1578. Die von den Polen abgeleitete Radaune wurde in ihr altes Bett zurückgeführt, und am 16. Februar 1579 konnte auch die Große Mühle ihren Betrieb wieder aufnehmen.

1577 Kramer Hans, Steinmetz, Baumeister, bei der Belagerung der Stadt Danzig durch König Stephan Bathory gefallen, erhielt 1544 seine Bestallung als kurfürstlich-sächsischer Hofsteinmetz u. Werkmeister in Dresden. Am Bau der Schlösser von Wittenberg und Dresden beteiligt. Kramer gilt als Bildhauer und Urheber einer Anzahl von bedeutenden Renaissance-Denkmälern. Anfang 1565 geht er nach Danzig als Stadtbaumeister für alle Kunst-, Nutz- und Befestigungsbauten. Unter Mitwirkung von Baukünstlern und Bildhauern von Amsterdam, Haarlem und Dresden fertigt er als Haupt des städtischen Bauwesens das palastähnliche »Grüne Tor« als Abschluß des Langen Marktes zur Mottlau, das Haus des Kaufherrn Friedrich Lilie und das Patrizierhaus »Löwenschloß«, Langgasse. K. bereichert die nordostdeutsche Renaissance durch den Flächenschmuck des Sgraffito (Englisches Haus). Beherrscht die Formensprache edler flandrischer Hochrenaissance in seinen Danziger Bauwerken.

Danziger Kleider in zeitgenössischen »Trachtenbüchern«.

1577 In der zweiten Hälfte des 16. Jahrhunderts entstanden die heute zu den größten Seltenheiten gehörenden, aus Holzschnitten und Kupferstichen bestehenden berühmten Trachtenbücher. Das älteste erscheint im Jahr 1562 in jener Stadt, die auch im 20. Jahrhundert noch entscheidend die sich ständig wandelnde Mode mitbestimmt – in Paris. Ein Jahr danach erschien zu Venedig das zweite dieser kulturhistorisch aufschlußreichen Werke, von Ferdinando Bertelli, Kupferstecher und Kunsthändler, gestochen und verlegt. Zwei weitere Trachtenbücher, die auch schon die um jene Zeit in Danzig herrschende Kleidermode zeigen, entstanden 1577. Das eine ist das des Hans Weigel, das andere das des Abraham Bruyns, die damals eine größere Verbreitung gefunden haben. Einen großen Teil der von ihm abgebildeten Trachten wird er selbst gesehen haben, besonders die vielen belgischen, holländischen und niederdeutschen Trachten kann der in Antwerpen geborene, später in Köln ansässige Künstler nach dem Leben gezeichnet haben. Daneben weist das Werk über 40 türkisch-orientalische Trachtenbilder auf.
Während die früheren Trachtenbücher sich im wesentlichen mit Abbildungen der damaligen Mode aus Deutschland und Italien begnügten, tritt – wie bei Hans Weigel – auch bei Bruyns, eine ungewöhnliche Fülle von städtischen Trachten von Nürnberg, Augsburg, Köln, Frankfurt am Main, Straßburg, Meißen, Leipzig, Breslau, Danzig und Venedig, Vicenza, Parma, Florenz, Siena, Rom und Neapel auf.

Der Urheber des im Abstand von drei Jahren nach den Werken von Weigel und Bruyns erscheinenden Trachtenbuches mit dem Titel »Trachten mancherley Völcker des Erdskreysz 1581« ist, nach Doege, Jean Jacques Boissard, Gelehrter und Dichter, »dessen fleißiger und geschickter Hand wir die Abbildungen von so vielen antiken Kunstwerken und anderem verdanken, was seitdem spurlos verschwunden ist«. Boissard hat den größten Teil der Länder, deren Trachten er so meisterhaft mit dem Zeichenstift festgehalten hat, selbst bereist. In Italien, vor allem in Venedig und Rom, hat er lange geweilt und auch Griechenland und die Inseln besucht. In dem 1585 aufgelegten Trachtenbuch von Grassi Romano nehmen die Danziger Trachtenabbildungen eine bedeutende Stellung ein, die neben einheimischen italienischen, besonders viele selbständige Arbeiten nordischer Trachtenbilder aufweisen (Livland, Tartarei, Moskau). Die engen Beziehungen, in denen Danzig damals zu Italien, besonders Venedig stand, meint Doege, mögen das Interesse des Italieners an diesen einigermaßen zu erklären. Als großer Künstler zeigt sich Jost Amman in seinem im selben Jahr gedruckten »Geistlichen Trachtenbuch« und seinem ein Jahr später folgenden »Frauenzimmer« betitelten Buch. Das letzte bedeutende, bekannt gewordene große Trachtenbuch des 16. Jh. ist das 1590 in Venedig erschienene des Cesare Vecellio, eines Vetters des berühmten Tizian (Vecellio), mit dem Originaltitel: »Degli habiti antichi et moderni di diverse parti del mondo«. Dieses Trachtenbuch des Vecellio ist umfangreicher als alle seine genannten Vorgänger: es enthält in der ersten Auflage 418, in der zweiten sogar 506 gut gezeichnete Trachtenbilder in kräftigem Holzschnitt. Die ihnen beigefügten Begleittexte sind überaus reich mit kulturgeschichtlich wertvollen Angaben versehen. Vielleicht ist es – in Anbetracht der guten Beziehungen zwischen Danzig und Venedig in der damaligen Epoche – interessant, aus diesem berühmten Trachtenkatalog Venedigs »Sponsa Dantiscana« die Danziger Braut aus Vecellios Werk Revue passieren zu lassen. Dem Bild von der Danziger Braut in der alten Tracht (um 1600 dann von der spanisch orientierten Kleidungsweise abgelöst) ist eine in italienischer Sprache verfaßte Beschreibung der damaligen Verhältnisse Danzigs hinzugefügt, die vor allem auf Handel und Politik eingeht, die einst Wohlstand und Wachstum bestimmten. Den Reigen dieser zwölf Trachtenwerke, die mit dem Beginn des 17. Jahrhunderts wieder aus der Mode kommen, beschließen die drei kleinen Bändchen des Trachtenbuchs des Pietro Bertelli, die als eine Art Vorläufer der Reiseführer wohl die vielen ausländischen Besucher Italiens ansprechen sollten, »denen sie die Erinnerung, namentlich an Venedig, seine denkwürdigen Bauten und Plätze, sein Leben und Treiben, besonders zur Zeit des Karnevals, erhalten sollten. Daneben nehmen die Trachten einen breiten Raum ein, dem allgemeinen Interesse der Zeit und der zahlreichen deutschen Besucher im besonderen entsprechend.« So hat die Italiensehnsucht des Deutschen, des nordischen Menschen an sich, wenn auch damals nur für die oberen Schichten, vor 400 Jahren ebenso Gültigkeit besessen wie zu unserer Zeit. Zum Abschluß des Jahrhunderts der blühenden Trachtenbuchauflagen brachte Georg Straub zu St. Gallen im Jahre 1600 noch ein Trachten- oder »Stammbuch« heraus. Der Maler von Danzig, Anton Möller, legt 1601 sein Trachtenbuch »Der Danziger Frawen und Jungfrawen gebreuchliche Zierheit und Tracht« vor. So war es einem Danziger Künstler vorbehalten, mit einer Huldigung an die Frauen diese Kunstgattung zu krönen.

1578 Die nach den Kämpfen 1577 erschöpften Geldvorräte zwangen die Stadt zu neuen Steuern und Abgaben: So wurde zweimal der hundertste Pfennig genommen und sodann eine Kopfsteuer auferlegt, die für den Erwachsenen zwei, das Kind einen Taler betrug. Auch wurde das Kirchensilber gemünzt, um die Danziger Rot-Schillinge, -Groschen und -Taler schlagen zu lassen. Die Vorderseite des Talers zeigt das Stadtwappen mit der Umschrift: Moneta nova civitatis gedanensis (die neue Münze des Danziger Freistaats), die Rückseite das Bild des Heilands mit der Weltkugel und ringsum: Defende nos, Christe, Salvator (Beschütze uns Heiland Christus). Die Schillinge und Groschen hatten ein ähnliches Gepräge. Auch gab es Not-Dukaten. Die Marienkirche lieferte 1440 Mark, und zu den kostbarsten Stücken, die sich in ihrem Schatz vorfanden, gehörten die zwölf Apostel, deren jeder etwa 33 Mark schwer war, ein Marienbild zu 169 und eine heilige Barbara zu 188 Mark. Die Anekdote überliefert, daß Bischof Zamoyski späterhin auf seine Frage nach diesen Aposteln die Antwort erhielt, sie seien »ihrer Bestimmung gemäß in alle Welt gegangen«.

1580 20. Oktober Peter Crüger in Königsberg geboren. Lehrte seit 1607 am Danziger Akademischen Gymnasium Mathematik und Poesie. Zu seinen Schülern zählten Hevelius und Gryphius.

1580 Philipp Cluverius in Danzig als Sohn eines gebildeten und sehr vermögenden Münzmeisters geboren. Begründer der historischen Länderkunde. Beschrieb Italien, Sizilien, Korsika und Sardinien. »Einleitung in die gesamte alte und neue Geographie«.

1582 15. Oktober Einführung des Gregorianischen Kalenders in Danzig.

1582 Die ältesten Danziger Münzen sind, an Goldstücken: 1582 zu zehn und 1585 zu fünf Dukaten geschlagene, sodann einzelne Dukaten, die seit 1540 fast in jedem Jahr geprägt worden sind. Silbermünzen: Pfennige, die in den Jahren 1547 bis 1599 geschlagen wurden; Schillinge (Solidi) seit 1525, Groschen seit 1530 und Drei-Groschen-Stücke (Düttchen) seit 1535 fast in jedem Jahr. Sodann Sechs-Groschen-Stücke (Sechser), die aus den Jahren 1535–39, dann aber aus sehr langer Zeit (bis 1760) nicht vorkommen, und endlich Taler, die seit 1567 geschlagen wurden.

1584 Der Stein- und Bildhauer Wilhelm von dem Block wirkte seit 1584 in Danzig. Unter anderem erbaute der das Hohe Tor. Er starb 1628. Sein Sohn Abraham, 1576 in Königsberg geboren, ist Schöpfer des berühmten Neptunbrunnens. Isaak von dem Block schuf die Deckengemälde in der Sommerratsstube des Rechtstädtischen Rathauses, die dem Senatorensaal des Dogenpalastes nachempfunden sind.

1584 10. April Der kgl. polnische Referendarius Tarnowski nahm in Danzig die Vereidigung der drei dem Rat angehörenden Pfahlherren und der beiden Pfahlschreiber in Gegenwart sämtlicher Ordnungen vor, worauf die Pfahlkammer eröffnet und das Pfahlgeld fortan in doppelter Höhe erhoben wurde. Danzig konnte mit dem in zähen Verhandlungen und mit Hilfe des Großkanzlers Zamojski erstrittenen Vertrag zufrieden sein und belohnte Zamojski schließlich mit einer in Raten gezahlten Summe von 10000 Fl.

1585 26. Februar Inhalt des Pfahlgeldvertrages (tractatus portorii) war die Erhöhung des Pfahlgeldes auf vier Pfennige von der Mark und die dem König zukünftig zufließende Hälfte. Das Recht der Stadt in allen Seestreitfragen, die Strandaufsicht und die Befugnis, den Hafen zu öffnen und zu schließen, wurden bestätigt. Das gegen den Handel von Fremden erlassene Verbot wurde in seinem wesentlichen Inhalt in den Pfahlgeldvertrag aufgenommen und der Stadt ihr gesamter Landbesitz, einschließlich der von König Kasimir geschenkten Güter und der später erworbenen, bestätigt und damit gegen das polnische Exekutionsgesetz geschützt.

1586 12. Dezember König Stephan starb kinderlos. Danzig war darauf bedacht, den Thronwechsel nicht vorübergehen zu lassen, ohne die Rechte des preußischen Landes und der Stadt Danzig zu sichern. So fühlte es sich auch nicht verpflichtet, während des Interregnums das nur dem König zustehende Pfandgeld zu zahlen und schlug folgerichtig auch den Wunsch des Kronschatzmeisters Dulski ab, aus Beständen des Pfahlgelds 500 Fl. für einen in Danzig angefertigten Zinnsarg für den verstorbenen König zu hinterlegen.

1586 Der holländische Künstler Anthony van Obbergen, der 1543 in Mecheln geboren wurde, folgte der Künstlerfamilie von dem Block nach und baute die Festung Weichselmünde und das Altstädtische Rathaus (1587–1595). 1594 arbeitete er als Stadtbaumeister an den Wällen, erbaut die Peinkammer und entwarf das Große Zeughaus, das 1600 bis 1605 entstand. Das große Gebäude am Frauentor (Archäologisches Museum) und die Predigerhäuser der Katharinenkirche sind Werke seiner Hand. 1611 starb er in Danzig.

1586 Anton Möller (1563–1611). Um 1586 siedelte der Maler von Königsberg nach Danzig über. Seine erste gesicherte Porträtschöpfung ist das Bildnis des Bischofs Moritz Ferber, eine von Möller mit der Jahreszahl 1590 versehene Kopie. In seinem Holzschnittwerk der Frauentrachten erweist sich der Meister als ein hervorragender Figurenmaler, der über die topographische Absicht der Darstellung hinaus eine wirklichkeitsgetreue Schilderung des Volkslebens vor den Toren Danzigs gibt, wo er sich als Stadtmaler niedergelassen hatte. Das graphische Werk, von dem Stücke in den Museen und Kupferstichkabinetten von Wien, Berlin, Dresden und Frankfurt am Main erhalten geblieben sind, umfaßt Stiche, Feder- und Tuschzeichnungen. Die Darstellungen zeigen viel Allegorisches, Motive zeitgenössischen Volkslebens, darunter als eines der reizvollsten der am 14. Mai 1587 bei Marienburg entstandene Kupferstich einer Bauernkirmes. Das erste seiner mit Tusche lavierten Blätter ist das 1596 datierte »Venusfest«, eine allegorisch-genrehafte Darstellung, deren bacchantisch-lebenspraller Gehalt von dem Maler in einem »ausdrucksvollen Reim gesetzt« wurde. In der Tuschzeichnung »Lustiger Abend in Osterwick« hat sich der Meister selbst dargestellt. Auch gelangt die menschliche Komödie in seinem graphischen Werk zu beachtlicher Geltung. So zum Beispiel in der Satire auf den Weltbeherrscher Mammon, der »Allegorie auf die Macht des Geldes« oder in der Handzeichnung »Die Verehrung des Esels«, die die Wahl eines seiner geistigen Fähigkeiten ermangelnden Mannes zum Ratsherrn mit beißendem Spott persifliert. Das Hauptwerk des Künstlers, das 1602 gemalte »Weltgericht«, zählte neben Memlings »Jüngsten Gericht« zum wertvollsten Kunstbesitz der Stadt Danzig. Es ist eine geistige Neudeutung der Idee des Weltgerichts. Die Scheidung der Gerichteten in Verdammte und Selige wird umgedeutet in den »Kampf des guten Prinzips mit dem Bösen um die Herrschaft des Menschen«, der symbolhaft in der Brust des einzelnen ausgetragen wird. Diese Neudeutung entsprach dem Geisteswandel, der die freie Selbstbestimmung des Menschen im Rahmen der göttlichen Schöpfung, wie den kategorischen Imperativ, voraussetzte. In diesem Werk trat auch eine geistige und formale Verwandtschaft zu dem bedeutenderen Rubens hervor. Das »Weltgericht« ist als Wandbild des Artushofes, in den letzten Märztagen des Jahres 1945 in der Feuersbrunst, die Danzig vernichtete, untergegangen. Nicht unerwähnt bleiben möge das schöne Tafelbild »Werke der Barmherzigkeit« aus der Danziger Marienkirche (1607), das Altarbild »Kreuzigung Christi« in der Katharinenkirche mit der Vedute von Danzig im Bildhintergrund und das für den Dogen von Venedig 1600 gemalte »Conterfey der Stadt Danzig«, das in Italien verschollen ist.

1587 19. August Sigismund III. wird zum König proklamiert.

1587 8. Oktober Der König trifft zu Schiff in Danzig ein. Von der Bürgerschaft wurde er in Waffenrüstung und mit Feldzeichen in den Farben der Stadt, Rot-Weiß, zu Pferde und zu Fuß eingeholt und in sein an der Ecke des Langen Marktes und der Kürschnergasse gelegenes Quartier geleitet. Am 11. Oktober wurde ihm in der Dominikanerkirche das Wahldekret feierlich überreicht. Der Rat blieb diesem Vorgang fern. Bischof Rozrazewski protestierte dabei wegen der Verweigerung der Marienkirche. Die Stadt verweigerte dem König, seinen Anteil am Pfahlgeld auszubezahlen mit der Begründung, daß er noch nicht gekrönt sei, gewährte ihm dagegen zu den fehlenden

Reisekosten nach Krakau einen Vorschuß von 10000 Fl. anstelle eines beantragten Darlehens von 30000 Talern auf das zu erwartende Pfahlgeld. Die Bewirtung des Königs kostete der Stadt 1600 Fl. Bei seiner Abreise am 20. Oktober beschenkte sie ihn mit einem mit 1000 Dukaten gefüllten Silberbecher und seine Schwester Anna, die als Protestantin ihren Bruder begleitete, ebenfalls mit einem kostbaren Becher. Die bewaffnete Bürgerschaft bildete Spalier, und 300 Reiter unter Führung eines Bürgermeisters und eines Ratmanns gaben ihm bis Praust das Geleit.

1587 27. Dezember Sigismund wird in Krakau zum König von Polen gekrönt. Nach längeren Verhandlungen über die Zahlung des ausstehenden Pfahlgeldes und anderer Rechte bestätigte der König am 28. März Danzigs Privilegien.

1587 Stenzel Bornbach vollendete seine Geschichte des Danziger Aufruhrs von 1525.

1587 Das neue Fort in Weichselmünde wurde errichtet.

1588 Strakofski (Strackwitz) Hans, 1588 zuerst erwähnt. Seit 1595 Stadtbaumeister in Danzig. Dort 1640 gestorben. 1595 Ausbau der zweiten Färberei auf dem alten Schloß, 1601 bis 1605 Arbeiten am Zeughaus unter Anthony van Obbergen. Reisen nach Ober- und Niederdeutschland und Holland im Auftrag des Rates. 1616 bis 1619 Restaurierungsarbeiten am Stockturm, Peinkammer und Königsspeicher. 1626 erbaut er das Leege Tor, ab 1628 das Langgarter Tor auf der Niederstadt. Sohn: Georg Strakofski (Strackwitz) in Danzig am 30.01.1614 geboren. Erbaut das Kleine Zeughaus am Wallplatz in unmittelbarer Nähe des Leege Tores. Entwürfe zur Befestigung des Hagels- und Bischofsberges. (1641 Heirat mit Barbara von Neri, Tochter eines seit langem in Danzig ansässigen Italieners aus Lucca.)

1589 Auf dem Gelände der abgetragenen Ordensburg wurden Tuchmacher ansässig, die dort ihre »Rähmen« aufstellten. Danach wurde eine an der Seite der Burg verlaufende Gasse »Rähm« genannt. Eine Hauptstätte für Volksbelustigungen war der nur zum geringen Teil bebaute Platz, auf dem einst das Ordensschloß gestanden hatte. Einen alljährlich wiederkehrenden Höhepunkt fand das

Volksleben im Dominiksmarkt, eine Zeit, die recht eigentlich als Festzeit gefeiert wurde. Gerade an solchen Zeiten sind Gewalttätigkeiten, Messerstechereien, Mord und Totschlag, die wie früher und später geradezu Sondervergehen in Danzig waren, besonders häufig gewesen.

1589 An der Petrischule begann der griechische Unterricht in der zweiten, an der Marienschule in der ersten Klasse. Im gleichen Jahr wird in der Petrischule eine unterste Klasse eingeführt, in der die Knaben lesen, schreiben, rechnen, die Psalmen und den Katechismus lernten. Andere niedere Schulen waren die Johannis-, Katharinen-, Bartholomäi- und Barbaraschule. 1590 und 1595 wurden Hochzeitsordnungen erlassen, um den bei ansteigendem Wohlstand sich ausbreitenden Luxus in Grenzen zu halten.

1590 Der Rat suchte auch den Kleiderluxus durch eine entsprechende Kleiderordnung einzuschränken, indem er allen Frauen das Tragen von Perlen und Gold untersagte und nur Bräuten an ihrem Hochzeitstage eine Ausnahme zuließ. Übertretungen dieser sog. Ordnungen aber gab der Rat selbst zu.

1591 Den in den Jahren 1591–1593 andauernden schweren Hungersnöten im Kirchenstaat konnte Danzig durch wiederholte Getreidezufuhr abhelfen. In dankbarer Anerkennung für diese wichtige Hilfe gewährte Papst Clemens VIII. der Stadt einige Privilegien und verlieh ihr zudem wertvolle Handelsvorrechte (s. 1593). »So ergab sich die für Danzig sehr erfreuliche Folge, daß der Ring seiner Gegner gesprengt wurde und es freier aufatmen konnte. Erleichterten Herzens richtete der Rat am 14. Juli ein Dankschreiben an den Nuntius.«

1591 30. September Bonifazio Marchese d'Oria übereignet seine Bibliothek dem Akademischen Gymnasium als Grundstock der Ratsbibliothek.

1592 1592 bis 1593 wurde der dem Hohen Tor nächste Tordurchgang durch Aufstockung zur sogenannten Peinkammer ausgebaut, die unter anderm den Sitzungssaal des »Peinlichen Gerichts«, eine Strafkammer, aufnahm, woher sich der Name des Torgebäudes ableitet. Die Giebel weisen reichverzierte Renaissanceformen auf, mit

Figuren von Stadtsoldaten, die an die Kämpfe gegen den die Stadt belagernden polnischen König Stephan Bathory gemahnen.

1592 Die neue Schulordnung für die von Rektor Schreck geleitete Marienschule wurde gedruckt. Die niederen Schulen waren ausschließlich den Kirchengemeinden überlassen. Der Unterricht wurde neben der Religion fast allein dem Lateinischen gewidmet.

1592 Mißstände in den Apotheken und zu hohe Preise der Heilmittel führten auf Wunsch der Schöffen 1592 zur Einsetzung von zwei Ratsherren als Apothekerherren zur Inspektion und der Beaufsichtigung der Apotheken. In ihrer Gegenwart wurden die Apotheken von den Stadtphysicii geprüft.

1592 Bei der Petrikirche befand sich ein weiteres Zeughaus, das der Aufnahme von Feuerlöschgeräten diente. Ein anderes wurde 1593 am Fischertor von Hans Strackwitz erbaut. In der neben dem Großen Zeughaus, dem eigentlichen Arsenal, befindlichen »Apotheke« lagerten die als »Pillen« bezeichneten Granaten. In einigen Festungstürmen wurde das Pulver aufbewahrt, daher die Bezeichnung »Pulverturm«.

1593 Im Mai verlieh Papst Clemens VIII. der Stadt Danzig ein Handelsprivileg. Dieser Papst ist u. a. durch die nach ihm benannte Bibelausgabe »Clementina« bekannt, die die kurz zuvor vom Papst Sixtus V. edierte Ausgabe ersetzte.

1594 Der 1594 in den Dienst der Stadt tretende Wasserbaumeister Walter Clemens entwarf außer Denkschriften über die Reinigung von Flußläufen einen Bagger, der 1595 mit Erfolg in Gebrauch genommen wurde. Zugleich bekämpfte er das Voranschreiten der Weichselmünder Wanderdünen.

1594 In gewissen Abständen machte das Deutsche Reich immer wieder seine Ansprüche an Danzig geltend. So lud Kaiser Rudolf II. es 1594, 1597, 1602, 1606, 1607, Kaiser Matthias 1612 und 1615 zum Reichstag ein und 1599 wurde von Danzig die Bezahlung der von den Reichstagen bewilligten Türkensteuer verlangt. Überdies wurden am Reichskammergericht Danziger ausgebildet, die später als Sekretäre und Sindicii der Stadt ihre Dienste leisteten.

Die Rechtstadt nach einer Radierung aus dem Jahr 1593, wohl von Anton Möller.

1595 Der rechtstädtische Rat klagte über den altstädtischen, daß dieser in seinem Bezirk Bierschenkerinnen dulde, die nebenher ein ehrloses Gewerbe trieben. Aus einer gerichtlichen Verhandlung des Jahres 1595 ist zu ersehen, daß Frauenzimmer, die sich eines verbotenen Umgangs schuldig gemacht hatten, gezwungen wurden, eine diskriminierende Kopfbedeckung zu tragen, und daß die Frau des Dienerhauptmanns hierüber Aufsicht führte und die Strafwürdigen zwang, diese sogenannte »Hawe« auch aufzusetzen.

Seit 1595 schickte der Rat die meisten seiner Stipendiaten zum Studium nach Padua, mit Ausnahme der Theologen. Hauptsächlich waren es Juristen, die später als Stadtsekretäre in den Dienst der Stadt traten, aber auch Philologen, Mediziner und Architekten.

1596 Im Kreuzgang des Franziskanerklosters fand die erste öffentliche Bibliothek Aufnahme als Gymnasiums- und Ratsbibliothek, noch zu Lebzeiten ihres Begründers Bonifazio d'Oria im Jahre 1596. Sie wurde rasch durch Ankäufe und Schenkungen wie auch Legate vermehrt: 1597 durch die Büchernachlässe dreier 1594 verstorbener Gelehrter, des Syndikus Heinrich Lemke, des Predigers an der Barbarakirche, Alexander Glaser, und Stadtsekretärs und Geschichtsschreibers Kaspar Schütz. Wertvolle Neuerwerbungen mit Schenkungen Danziger Bürger wie auch von Fremden.

1596 Ein Bücherzeichen mit dem Stadtwappen wurde in Kupferstich ausgegeben. Die neue Bibliothek hatte bald die alte Marienbibliothek überflügelt.

1596 veröffentlichte Nikolaus Volkmar, polnischer Lehrer am Gymnasium und Prediger an der Annenkirche, ein polnisch-lateinisch-deutsches Wörterbuch.

1597 Die »Willkür« brachte Veränderungen in den Ordnungen der Schiffszimmerleute, Zimmerleute, Kornträger, Maurer, Fuhrleute und Kohlenträger.

1598 Ambrosius Vermöllen aus Lier in Holland gründete eine Likörfabrik, die später unter dem Namen »Lachs« weltberühmt wurde. Das Rezeptbuch der Firma war geheim.

1598 Anthony van Obbergen baute eines der größten neuen Bürgerhäuser neben dem Frauentor in der Frauengasse. Seit 1845 residierte in diesem Gebäude die berühmte Naturforschende Gesellschaft, der auch zahlreiche ausländische Gelehrte angehörten. Sie ließ 1887 die im Renaissancestil errichtete Turmspitze abtragen und dafür die Kuppel eines Observatoriums aufsetzen. Seitdem wurde das Haus »Die Sternwarte« genannt. Nach 1945 wurde dann das Gebäude nach Kriegsschäden restauriert und die ursprüngliche Turmspitze wieder aufgesetzt. Seitdem dient es als Archäologisches Museum.

17. Jahrhundert

1600 Am 15. April 1599 war durch öffentlichen Anschlag eine Verordnung in Danzig bekanntgemacht worden, wonach König Sigismund III. den Handelsverkehr mit Schweden verbot und die Beschlagnahme aller schwedischen Güter befahl. Als die preußischen Stände die Kriegshilfe für den König ablehnten, hob Danzig am 20. April das Schiffahrtsverbot nach Schweden auf, dessen Kaufleute und Schiffer sollten freundlich behandelt werden.

1600 Am Anfang des 17. Jh. besaß die Stadt 150 Kanonen mit eisernen Rohren und 177 metallene Geschütze verschiedenen Kalibers. Als Zeughaus diente zunächst noch das Grüne Tor. Im Berliner Zeughaus sollen bronzene Danziger Kanonen Zeugnis von dem hohen Rang der Geschützgießerei in Danzig ablegen.

1600 In der Stadt bestanden Privatschulen, deren es 30 gab, darunter auch Mädchenschulen. Ein Bedürfnis war auch die Erlernung der polnischen Sprache. Dazu gab es Gelegenheit am akademischen Gymnasium. 1588 hatte der aus Brüssel stammende Paul Franco vom Rat die Erlaubnis erhalten, Französisch zu unterrichten, neben anderen Französischlehrern.

1600 Der Glockenturm der Bartholomäuskirche vollendet.

1601 In der Stadt Danzig werden 49000 Einwohner registriert.

1601 Das Jahr 1601 wurde auch Zwillingsjahr genannt, weil in diesem Jahr auffallend viele Zwillinge geboren wurden.

1601 Die dritte Ordnung empfiehlt dem Rat, eine besondere Waage für die Asche-Ausfuhr einzurichten, da dieser Handel »von Jahr zu Jahr« immer mehr zunehme.

1601 In der Rhodeschen Druckerei erscheint das bekannte Frauentrachtenbuch von Anton Möller.

Ancillæ ſuburbanæ.

Sive recens cupias, agitatum ſive juvat te
Lac, & Hamadriadum munera quæq; damus.

Langgartiſche Mägde.
Die Milchmägd/ Kirſchbern vnd Kohlmetzn/
Gehn hin an Schnüffelmarckt ſich ſetzn.
Von Kraut vnd Rüben bringen viel/
Stets rauſchn vnd knarrn/ ſind nimmer ſtill.

1601 Der dritte Kämmerer trägt fortan den Titel »Steinbrückerherr«, weil der die Aufsicht über die Straßenpflaster führte. Da die Hausbesitzer nach Belieben vor ihren Häusern das Pflaster veränderten, wurde der Verkehr behindert und das Straßenbild entstellt.

1601 Besondere Fürsorge wurde dem Fischhandel zugewandt. In den Fastenzeiten wurde täglich Fischmarkt abgehalten. Die Fischverkäuferinnen fielen schon damals durch ihre Grobheit auf. Sie wurden vom Rat angehalten, »die Käufer nicht mit unzüchtigen, höhnischen und spitzen Worten anzufahren«.

1601 Englische Schauspieler traten in Danzig mit englischen Stükken auf. (1607 spielte die Truppe des englischen Komödianten John Green in Danzig, die 1615/16 wiederkehrte. Ein anderer Engländer, John Spencer, führte geistliche Stücke und Komödien auf. Die Aufführungen fanden meistens im August während des Dominikmarktes statt.

1601 Hondius, Willem, Kupferstecher, im Haag geboren (1601–1653). Er trat 1629 in die Malergilde im Haag ein. Seit 1636 in Danzig ansässig (Karte der Belagerung von Smolensk). Erhält vom Rat der Stadt und auch vom polnischen Hof zahlreiche Aufträge. Als Porträtstecher ist Hondius einer der tüchtigsten Meister seiner Zeit. Schloß sich dem Stil van Dycks an. Stach eine beträchtliche Anzahl geographischer, historischer und militärwissenschaftlicher Karten. Buchillustration aus der holländischen wie auch der polnischen Zeit. Silberstiftporträts und getuschte Darstellungen des polnischen Volkslebens. Das Bildnis König Johann Kasimirs wurde von Hondius 1649 nach eigener Zeichnung und 1650 nach Daniel Schultz gestochen. (Dieses und andere Bildnisse befinden sich im Besitz der Danziger Stadtbibliothek.) Weitere Werke im Kupferstichkabinett des Danziger Stadtmuseums. Hondius war Lehrer von Jeremias Falck.

1602 Eine Fabrik des Starosten Sczepanski in Mirchau stellt nach italienischer Art geschliffene Gläser her.

1602 Der »Maler von Danzig«, Anton Möller, entwirft im Auftrag der Schöffen das Wandbild des »Jüngsten Gerichts«, das die Würde des Platzes als Stätte der peinlichen Gerichtsbarkeit hervorheben soll. In einer Allegorie werden die Tugenden und Laster in einer an Rubens erinnernden Weise von meist weiblichen Gestalten dargestellt. (Im Raum des Artushofes hing von der Decke ein großer Käfig herab, in dem fremde Singvögel gehalten wurden.)

1602 Das neue Zeughaus wird am Dominiksplan errichtet, ein Verdienst der Ratsmitglieder Bartholomäus Schachmann, Johann Speimann und Johann Proite.

1602 An der Pest starben in diesem Jahr 18700 Menschen.

1603 Die Katharinenkirche erhält eine neue Orgel.

1603 Die Lübecker und Stralsunder Gesandten stiegen in der vornehmsten Herberge in Danzig, »Zum großen Christopher« in der Langgasse ab. Auch die dem Kloster Oliva gehörende Herberge am Holzmarkt erfreute sich lebhaften Zuspruchs.

1603 Joachim Ölhaf wird Stadtphysicus, der als Stipendiat des Rates lange in Padua und Montpellier studiert hatte.

1604 8. August Eine schwedische Flotte erscheint auf der Danziger Reede. Sie blockierte mehrere Tage den Danziger Hafen. Drei von Danzig abgehende, mit Weizen beladene Schiffe und ein mit Danziger Waren nach Spanien bestimmtes Lübecker Schiff wurden eine Beute der feindlichen Flotte.

1604 Wolf Sporer malte die neue Kanzel und den Musikchor in der Marienkirche und 1606 den Hochaltar in Oliva.

1604 Ein Teil des Gymnasialgebäudes wird Alumnenanstalt, der sog. Communität oder dem Convictorium eingerichtet. Die Zahl der Schüler am Gymnasium betrug zwischen 300 und 400, in der Mehrzahl waren es Auswärtige aus dem polnischen Preußen, Polen, Pommern, Schlesien, Kurland und Livland. Die unteren Klassen bilden mit ihrem elementaren Unterricht fast eine eigene Schule, während in der Prima die Auswahl von Vorlesungen und Disputationen freistand, ähnlich wie in den Fakultäten der Universität. Vielfach war der Übergang vom Gymnasium in den Dienst der Stadt, in ein Schulamt oder eine Predigerstelle ohne ein anschließendes Studium möglich. (Bis zum Jahr 1601 wurden regelmäßig Schulkomödien aufgeführt.)

1604 König Karl IV. von Schweden bot dem Rat an, alles in seinem Land gewonnene Eisen nur nach Danzig zu exportieren. Die vielen von Bürgern betriebenen Eisenhämmer in der Umgebung der Stadt an den von der Höhe hinabfließenden Bächern, wie in Oliva, bezogen ihr Eisen aus Schweden, um daraus Stangeneisen herzustellen.

1604 Von Danzig aus wurde 1604 eine wöchentliche Postverbindung nach Breslau über Thorn und Posen geschaffen und eine Botenordnung dafür eingesetzt. Breslau und Hamburg unterhielten schon früher regelmäßige Kaufmannsboten, die Briefschaften nach und von Danzig beförderten. Die Post brauchte von Danzig bis Breslau im Sommer neun, im Winter elf Tage. Die Gebühr für einen einfachen Brief betrug drei, für einen doppelten sechs Groschen. Seit 1604 unterhielt die Stadt noch vier besondere Boten, die Briefschaften gegen eine Bezahlung von drei Groschen für eine Meile bestellten.

1605 Es gab 50 Tuchmacher in Danzig, die Tuche für drei Taler die Elle und mehr bezahlten. Groß war auch die Zahl der Bortenwirker und Bandweber.

1605 Die Opferfreudigkeit der Danziger manifestierte sich nicht nur in Sammlungen für die Geschädigten, wie z. B. nach einem großen Brand, der vom 17./18. August 1605 auf der Altstadt gewütet hatte, sondern auch für andere deutsche Städte wurden bei ähnlichen Unglücksfällen bereitwillig Spenden geleistet.

1607 Der Astronom Peter Crüger, Prof. der Mathematik, der über mathemat. Fragen, astronomische Gegenstände, die Drehung der Erde und Zeitrechnung schrieb, seit 1609 regelmäßig Kalender mit astrologischen Vorhersagen herausgab, diente dem Rat auch als Landmesser. (Andere Kalender schrieben Johann Moller, Prof. am Gymnasium und seit 1588 Rektor der Johannisschule, und Georg Lemke.)

1607 Das Gertruden-Hospital weigerte sich, den alten Prediger Leizmann aus Weichselmünde unentgeltlich aufzunehmen, so daß der Rat es daran erinnern mußte, »daß die Hospitäler zum Ende gestiftet worden seien, daß Notleidende darin aufgenommen werden sollen«. Aus den Hospitälern wurden zu Beginn des 17. Jh. nach und nach aus gemeinnützigen Wohltätigkeitsstiftungen förmliche Leibrentenanstalten, die sich Aufnahme und Verpflegung der Hospitanten bezahlen ließen.

1608 Die Deckendekoration der Sommerratsstube, des Roten Saales des Rechtstädtischen Rathauses, wird eingebracht. Der Holzschnitzer Simon Herle teilte die Decke durch vergoldete und bemalte Holzschnitzereien in zahlreiche Felder, aus deren Umrahmungen mit Figuren, Köpfen und Fruchtgewinden geschmückte Knäufe nach unten herauswachsen. Diese kunstvoll geschnitzten Knäufe oder Zapfen begründen den typischen Danziger Zapfenstil, der sich durch eine reiche Phantasie auszeichnete. In die Felder malte Isaak von dem Block eine Reihe symbolischer Gemälde, unter denen das Mittelstück die Apotheose der Stadt mit der Weichsel, dem Artushof und einem Triumphbogen symbolisiert, auf dessen Plattform die Stadt sich erhebt. Der von Telamonen getragene Kamin stammt von dem aus Gent nach Danzig gezogenen Bildhauer Wilhelm Bart. Auch die Kamine der Winterratsstube oder des Blauen Saales und der Kämmerei wurden von dem gleichen Bildhauer gestaltet. (Die Wände der Kämmerei schmückten Gemälde des »Malers von Danzig«, Anton Möller, mit alttestamentarischen Szenen, unter anderem das Zinsgroschenbild mit der Ansicht des Langen Marktes.)

1608 Die Herzogin von Pommern erhielt bei einem Besuch der Stadt als Gastgeschenk vom Rat ein schönes Kästchen in braunem Sammet zu 115 Gulden, zwei Meerkatzen und zwei kleine Papageien.

1608 Die Getreideausfuhr betrug 87000 Last (1618 erreichte sie den höchsten Stand überhaupt mit 116000 Last bei einer Einfuhr von 129000 Last. Sie hatte sich in 35 Jahren etwa verdoppelt. (1583–1618). 1619 wurden 103000 Last ausgeführt und auf dieser Höhe hat sich der Export von Getreide in den nächsten Jahren wohl gehalten.

1609 Der Rat stellt einen »geschworenen Drucker« ein, dessen Aufgabe es war, das Flußbett sauberzuhalten und die versunkenen Gegenstände zu bergen.

1609 Formen der italienischen Renaissance machten sich am schönsten Haus des Langen Marktes geltend, das Hans Speimann von 1609 bis 1617 erbauen ließ (Langer Markt Nr. 41). Den Schmuck der Fassade mit überschwenglichen Reliefs und Skulpturen gestaltete der Bildhauer Hans Voigt aus Rostock aus Sandstein mit echtem Blattgold überzogen. (Das Haus wurde um 1900 nach seinem Besitzer Steffensches Haus genannt. Nach 1945 wird es als das »Goldene Haus« bezeichnet.)

1610 Der Rat sendet an die Gemeinde Augsburgischer Konfession in Wilna nach einem großen Brand 100 ung. Fl. als Beisteuer zum Wiederaufbau der deutschen Kirche und Schule. (1613 an die durch einen Brand in Magdeburg Geschädigten 400 aus einer Sammlung stammende Taler, 1614 ebenso 525 Taler nach Osnabrück und 1624 an Goldap 300 Mark mit einer Summe der Kämmerei. Die Danziger dokumentierten auf diese Weise ihr Zusammengehörigkeitsgefühl und die Verwandtschaft mit anderen deutschen Städten in Preußen oder im Reich.)

1610 Die Stadtansicht auf einer Truhe im Stadtmuseum von 1610 wird dem Maler Johann Krieg zugeschrieben.

1611 Es wird den Kürschnern gestattet »in der Fastenzeit Komödie zu agieren«.

1611 28. Januar Johannes Hevelke (Hevelius) in Danzig geboren. Astronom (1611–1687). Seit 1651 Ratsherr der Altstadt. H. war einer der besten beobachtenden Astronomen seiner Epoche. Der Vater war Bierbrauer und ein reicher und angesehener Bürger. Mit vierzehn Jahren kam H. nach Gondecz bei Bromberg in Pension, um dort die polnische Sprache zu erlernen. Sein Lehrer am akademischen Gymnasium war Peter Crüger, der ihn in Mathematik und Astronomie unterrichtete und ihm auch handwerkliche Fähigkeiten des Zeichnens, Gravierens, Kupferstechens und der Anfertigung von Instrumenten aus Holz und Metall vermittelte. Bis zum Abgang auf der Universität Leyden, 1630, hatte er keine Himmelserscheinung unbeobachtet vorübergehen lassen. Nach dem Jurastudium befaßte er sich auch mit der Optik und Mechanik. Reisen führten ihn durch Europa, nach England und Frankreich. Nach der Rückkehr in seine Vaterstadt wurde er Mitglied der Brauerzunft, später Richter, Ratsherr und Konsul von Danzig. Über den Giebeln seiner drei Wohnhäuser auf der Pfefferstadt errichtete er ein Observatorium. 1659 erkannte er den Stern Alpha im Steinbock und den Stern 61 im Schwan als Doppelsterne. In seinem Danziger Haus hatte er auch König Johann III. Sobieski von Polen empfangen und ihn auf seine Sternwarte geführt. Sein Hauptwerk ist die Mondbeschreibung »Selenographia« (1647). Seine Forschungen bedeuten eine Stufe auf dem Weg vom »Mondgesicht« Plutarchs, der »Sternenbotschaft« Galileis und der Mondkarte Ricciolis – der einen der Mondkrater nach Hevelius benannte.

1612 Wilhelm von dem Block baut eine Anzahl von schönen Renaissancehäusern in den Hauptstraßen der Stadt, unter ihnen wahrscheinlich das 1612 hergestellte prächtige Gebäude in der Elisabethkirchengasse, das »Haus der Pelpliner Äbte«. Möglicherweise war daran auch dessen Sohn, Abraham von dem Block, beteiligt, der die Skulpturen am Zeughaus schuf und den rein italienischen Renaissancestil nach Danzig verpflanzte. Er erhielt 1612 den Auftrag, der Langgasse einen monumentalen Abschluß durch ein Tor zu geben, das keinerlei Befestigungszwecken dienen sollte, das Langgasser Tor mit seinen ionischen Säulen im Erdgeschoß, korinthischen Säulen in dem einen Festsaal enthaltenen Obergeschoß und einer flachen Balustrade, die damals noch nicht mit Figuren geziert wurde. Bemerkenswert ist das gotische Sterngewölbe der Tordurchgänge.

1612 Die Ärzte schlossen sich zu einem »Collegium medicorum« zusammen, zum Schutz gegen Kurpfuscher und der Pflege wissenschaftlicher Berufsfragen. (1615 richteten sämtliche Ärzte eine Eingabe an den Rat, gegen die fremden Quacksalber vorzugehen. An der Spitze der Ärzteschaft standen die drei Stadtphysicii. Sie übten eine Art Aufsicht aus und prüften Chirurgen, Barbiere und Ärzte, die an städtischen Anstalten angestellt werden sollten.)

1612 Der Buchhändler Balthasar Andreae gibt ein Lehr- und Übungsbuch der polnischen Sprache in Gesprächsform heraus, das von Volkmar verfaßt worden war und das bis 1758 der regen Nachfrage wegen in immer neuen Auflagen erschien.

1612 Die Marienkirche erhält eine neue Kirchenordnung mit Bestimmungen über den Organisten, die Vorsinger und die Musikpflege, die Stellung und die Gehälter der Prediger und anderer Kirchenbeamter, die Befugnisse der Kirchenväter, die Stellung der Kapelleninhaber, die Begräbnisse, Trauungen, Gestühle, den Kirchenchor und die Geldverwaltung.

1615 Miltwitz, Bartholomäus (1590–1656). Geschichtsmaler. Seit 1615 in Danzig ansässig (1621 als Meister im Gewerk). Bildete sich während des schwedisch-polnischen Krieges in den Niederlanden. Die Vorzüge seiner von Zeitgenossen gerühmten Malweise zeigen seine Hauptwerke: »Einzug Christi in Jerusalem« (1654), Katharinenkirche zu Danzig. »Auferstehung Christi und Himmelfahrt«, Altar der Pfarrkirche zu Güttland, Danziger Werder. Verschollen ist der einst viel bewunderte »Einzug König Wladyslaw IV. in Danzig«.

1615 Schultz, Daniel d. J., in Danzig geboren (1615–1683). Bildnis- und Tiermaler, Radierer. 1649 bis 1660 Hofmaler in Warschau, wo er zahlreiche, heute meist nur noch durch Stiche von Falck und Hondius bekannte Bildnisse König Johanns III. Kasimir und des polnischen Hochadels malte. Schultz stiftet ein ihm von Johann Kasimir geschenktes Gemälde der Schlacht von Tannenberg dem Rechtstädtischen Rathaus seiner Vaterstadt. 1677 malte er in Danzig zwei Bildnisse des Königs Johann III. Sobieski. Um 1675 malte er für die Kapelle in der Kirche St. Germain des Prés in Paris ein Altarbild des hl. Kasimir. Unter den Danziger Malern des 17. Jahrhunderts war Schultz das stärkste Talent. Datierte Gemälde: 1648 »Entenjagd« (Danziger Stadtmuseum), 1677 »Bildnis des Astronomen Hevelius« (Danziger Stadtbibliothek), Halbfigurenbild König Johanns III. Sobieski (Pfarrhaus der Danziger Königlichen Kapelle). Undatierte Gemälde: Bildnis Constantia von Schumanns geb. von Holten. Zahlreiche Tierbilder.

1615 Nach einer Ratsverordnung sollte das Wrack eines vor dem Hafen gestrandeten Schiffes dem Kommandanten der Festung Weichselmünde zukommen.

1615 Ein Apotheker erhält vom Rat die Erlaubnis, einen Pflanzengarten anzulegen. Auch der Stadtphysicus Ölhaf pflegte auf dem Wall einen kleinen Garten, in dem er offizielle Pflanzen zog, um sie zu Lehrzwecken als Prof. der Medizin am akademischen Gymnasium zu verwenden.

1616 In diesem Jahr gab es eine Apotheke auf der Vorstadt, deren Inhaber von der Prüfung befreit blieb.

1616 Eine Besonderheit des Danziger Kunstgewerbes sind die sog. Blaker, Messingscheiben, die als strahlen-zurückwerfender Hintergrund für Kerzen verwandt wurden und in reichster getriebener Arbeit in Privathäusern, Versammlungsräumen und Kirchen verwendet wurden. Die Gelb- und Rotgießer fertigten außer metallenen Küchengeräten und Türbeschlägen schöne Leuchter, so z. B. der jüngere Gert Benning, der ein paar Leuchter für den neuen Altar der Johanniskirche lieferte, die 1616 eine schön geschnitzte, bemalte Kanzel erhalten hatte. (Seit 1597 ist Gert Benning nachweislich nach dem Tod seines Vaters tätig als der bedeutendste der Danziger Glokkengießer, die ihre Werkstätten am Glockentor hatten.)

1616 Die Beteiligung der Stadt an den Lehrergehältern führte dazu, daß der Rat sich mehr und mehr um die Aufsicht und Anstellung der Lehrer kümmerte. Seit 1616 nahm der Rat die Ernennung der Rektoren für sich in Anspruch.

1616 Der aus Harding am Zuidersee stammende Adam Wiebe wird Mühlenbauer im Dienst der Stadt. Er erfand mehrere nützliche Maschinen, mit den tiefgelegene Ländereien schnell entwässert werden konnten, und wurde schließlich als Wasserkunstmeister eingestellt. (Im Jahr 1636 erschien eine Aufzeichnung des Abts Secondo Lancelotti aus Perugia über die angeblich gegen Ende des 16. Jhs. in Danzig gemachte Erfindung eines Bandwirkstuhls.)

1616 Hahn malt für die Marienkirche das Gemälde »Jesus auf dem Ölberge«. Als Hofmaler hat er viele polnische Edelleute porträtiert, vor allem aber große Bilder für die Klöster Pelplin und Oliva gemalt.

1617 Die Steinmetzarbeiten am Neptunbrunnen übernahm Abraham von dem Block. Nach seinem Tod wurden sie von dem Maurermeister Reinhold de Clerk und dem Bildhauer Wilhelm Richter zu Ende geführt. Die Wasserführung des Brunnens gestaltete Adam Wiebe. (Seit 1634 umgab ein kunstvolles Gitter aus Schmiedeeisen die Fontäne Neptuns.)

1617 Ägidius Dickmann entwirft den Prospekt von Danzig, der mehrfach nachgedruckt worden ist. Im gleichen Jahr schuf er neben verschiedenen Stichen auch eine Sammlung von Danziger Ansichten in 14 Blättern, die als das älteste Zeugnis dieser Art von hohem Wert für die Baugeschichte sind. Der das letzte Blatt füllende Stadtplan ist der älteste erhaltene Plan von Danzig. (Er ist dem 2. Band der »Geschichte der Stadt Danzig« von Paul Simson beigefügt.) Das Titelblatt zeigt, von einem bekränzten Torrahmen und vier Kostümfiguren umgeben, einen Prospekt Danzigs.

1619 Die Steinschleuse wird gebaut. Zu beiden Seiten entstanden die Bastionen Maidloch und Wolf.

1618 Der Rat erlaubt den Brüdern Giesebrecht und David von Bogart die Anlage einer Zuckerraffinerie und gibt ihnen für zehn Jahre ein Monopol darauf.

1619 10. Januar Johann Peter Titz in Liegnitz geboren. Besuchte das akademische Gymnasium in Danzig. Opitz, der im Juni 1639 ein Trauergedicht auf den Tod Peter Crügers schrieb, des Lehrers von Gryphius und Hevelius, war Titz' Vorbild, auf den er als eifrigster und begabtester Schüler ein Loblied schrieb, »Dem Printz der Poesey«. Als Opitz, nur drei Monate nach Crügers Tod, an der Pest stirbt, verfaßt Titz ein Klagelied auf dessen Tod. 1651 Professur in Danzig. Schrieb in Lateinisch und Deutsch »Zwey Bücher von der Kunst hochdeutsche Verse und Lieder zu machen«. Übersetzte in Rostock die Rede Diogenes an Alexander den Großen, schrieb ein Hochzeitsgedicht für Simon Dach und wurde in dem Königsberger Dichterkreis als »Tityrus« aufgenommen. Aus seiner Feder stammt auch das Lied »Willst du in der Stille singen«. Biograph und Editor seines Lehrers Opitz und dessen Poesie.

1619 Die von Italien ausgehenden Neuerungen in der Musik führten u. a. dazu, daß der Chor der Stütze der Orgel bedurfte, während bis dahin die Orgel im wesentlichen abwechselnd mit dem Chor die Figuralmusik abgestimmt hatte. Das hatte zur Folge, eine zweite Orgel zu beschaffen. Für die Marienkirche fertigte der Orgelbauer Ägidius Schubben aus Stralsund die in Auftrag gegebene Orgel, die von seinem Gesellen Martin Friese vollendet wurde. Friese baute auch 1619 eine Orgel für die Heiliggeistkirche.

1619 Die Zahl der Speicher wird für 1620 mit 265 und für 1643 mit 315 Speichern angegeben. 1688 gab es noch 303, 1710 zählte man 297 und im Jahr 1813 noch insgesamt 300 Speicher. Einzelne größere Speicher wurden seit Beginn des 17. Jh. erbaut wie der Speicher mit Namen »Einhorn« in der Mausegasse, der »Goldschmidt« an der Thornschen Brücke, der »Zander« in der Münchengasse und die »Zwillinge« am Hundewall. Der größe davon war 1643 das »Kamel« mit einer Grundfläche von 18 × 59 Meter und einer Höhe von fünf Geschossen.

Um 1620 Ranisch, August, Maler in Danzig (um 1620–1650). Sohn eines Dresdener Künstlers. Seit 1645 in der Werkstatt des Schwiegervaters Adolf Boy tätig. Werke u. a.: »Taufe Christi«, »Predigt Johannes des Täufers«, »Hl. Rosalie«, Nikolaikirche, Danzig.

1620 Es wird erwähnt, daß ein Kürschner aus Augsburg, »Meister des langen Schwertes und Hauptmann der berühmten Brüderschaft

St. Markus«, mit fünfzehn Markusbrüdern vor dem Rat erschienen sei, um einige Gesetze, die die Gesellschaft sich selbst gegeben hatte, bestätigen zu lassen.

1620 An der Pest starben 11 900 und 1624 mehr als 10 500 Menschen innerhalb der Mauern der Stadt.

1620 Falck, Jeremias, Zeichner, Kupferstecher (1620–1709). Falck nennt sich »Polonus« und »Gedanensis«. 1643 Paris als Schüler Chaveaus sticht er das Porträt Louis XIII. Bewegtes Leben. Viele Aufträge von verschiedenen Seiten ließen ihn oft den Aufenthalt wechseln: Stockholm, Kopenhagen, Amsterdam, Hamburg. In Holland stach er mehrere historische Darstellungen nach Bildern des Cabinet de Reinst, und zwar nach Guercino, Caravaggio, Robusti, Giorgone, I. van Lys. 1661–1663 – »und wird besonders das Bordell nach dem letztgen. Künstler geschätzt« (Johann Liss). Steht besten franz. und holl. Stechern ebenbürtig zur Seite. Blatt mit Bildnis Johanns III. von Polen und dessen Biographie. Von den historischen Blättern, die er geschaffen hat, sind die bekannteren »Maria mit dem Kinde und die heilige Anna« nach Andrea del Sarto, »Christus trägt das Kreuz« nach Schiavoni, »Die Zyklopen in der Schmiede« nach Caravaggio, »Die Kreuztragung« nach van Dyck und »Esau verkauft die Erstgeburt« nach Tintoretto. Von Danziger Persönlichkeiten sind Pastor Dilger, Bürgermeister Constantin Ferber, Pro-Consul, Gabriel Schumann, Consul und Camerarius, Johann Mochinger, Pastor zu St. Katharinen und die beiden Bildnisse der Ratsherren Stüve und Nathanael Schmieden anzuführen.

1622 Das Pfahlgeld brachte 1622 99 000 Mark an Einnahmen. Die Zahl der vom Danziger Hafen aus durch den Sund fahrenden Schiffe schwankt in den Jahren 1586 bis 1621 zwischen 699 im Jahr 1604 und 1762 im Jahr 1597 und beträgt im Durchschnitt 1104. Die Zahl der im Danziger Hafen jährlich verkehrenden Schiffe wird in diesem Zeitabschnitt im Durchschnitt 3000, höchstens 5000 pro Jahr betragen haben.

1622 Goldschmiede dürfen das Danziger Wappen auf ihre Silberarbeiten schlagen.

1622 Der Wert des in Danzig eingeführten Getreides wird auf 18 Millionen Taler veranschlagt.

Barth. Keckermann, Philosoph und Theologe.

1623 König Sigismund III. besucht die Stadt Danzig und bezieht als Wohnung die »Königshäuser« am Langen Markt Nr. 1–3.

1623 finden zur Belustigung des Königs Bärenhetzen statt.

1623 König Sigismund III. erteilt Privileg zur Ausübung des Posamentiergewerbes und den Verkauf ihrer Erzeugnisse.

1623 Jedes Mitglied der königlichen Familie erhält einen mit Dukaten gefüllten Pokal.

1623 Die Schiffer und Schiffszimmerleute unterhalten den in Danzig anwesenden König mit Stangenklettern, die Kürschner mit Tänzen und die Fleischer mit Ringelstechen und »Aufwerfen eines Kindes mit der Hand«.

1623 Die Steinschleuse wurde fertiggestellt, neue Bastionen wurden errichtet und ältere, wie die Heilig-Leichnamsbastion, der Finsterstern, das Rondell am Neuen Tor, der Wall am Jakobstor u. a. verstärkt. (Die Befestigung der Ost- und Südseite der Stadt erübrigte eine Trennung der Rechtstadt von der Altstadt und Vorstadt. So wurden die Wassergräben zugeschüttet und an ihre Stelle Straßen, als Vorstädtischer und Altstädtischer Graben, gebaut, die bis dahin nur einseitig mit Häusern bebaut werden konnten.)

1623 Im Verlauf der neuen Bastionen wurde das äußere Werdertor erbaut. (1626 das Leege Tor und im Jahr 1628 das innere Werdertor, Langgarter Tor, durch Hans Strackwitz.)

1623 Der junge Danziger Musiker Paul Siefert wird Organist an der Marienkirche. In der langen Zeit seiner Amtsführung als ausübender Musiker und Komponist leistete er Hervorragendes, erregte aber auch durch sein ungezügeltes Künstlertemperament viel Ärgernis.

1623 30. Juni Gustav Adolf erschien mit 20 Kriegsschiffen auf der Danziger Reede, einen Tag vor der Ankunft Sigismunds III. in Danzig, und nahm Danziger Schiffe in Gewahrsam. Nach längeren Verhandlungen über Bedingungen des Waffenstillstandes trat Gustav Adolf am 7. Juli die Rückreise nach Schweden an.

1624 1624 und 1637 häuften sich im Danziger Hafen ungeheuere Eismassen an, die beinahe die »Schiffe zerdrückten« und über die man zu Fuß und zu Schlitten im freien Fahrwasser über das Eis gelangen konnte. 1624 wurde mit nahender Kriegsgefahr eine Behörde für das Kriegswesen, der sog. Kriegsrat aus vier Ratsmitgliedern, zwei Schöffen und vier Hundertmännern gebildet. Vorsitzender war ein Bürgermeister als Kriegspräsident. Am 19. April wurde die Bürgerschaft militärisch organisiert und in vier Regimenter zu je zwölf Kompanien (Fahnen) eingeteilt. Nach den Farben ihrer Fahnen hießen sie rotes, weißes, blaues und orangefarbenes Regiment, von Obersten, jüngsten Ratmannen, kommandiert.

1625 In der Johanniskirche wurde eine gewaltige und künstlerisch hervorragende Orgel begonnen, an der bis zu ihrer Vollendung drei Jahrzehnte lang gearbeitet wurde.

1626 Die Stadt hielt zu ihrer Verteidigung ein Heer von 5000 Söldnern mit einem jährlichen Aufwand von einer Million Gulden. Man ließ sie teils in Deutschland, teils in der Stadt selbst werben, wo erstmals 1624 eine öffentliche Werbung durch Trommelschlag angekündigt worden war. Doch dem Bürger oblag immer noch die Verpflichtung, zur Verteidigung der Vaterstadt die Waffe zu führen und sich in ihrem Gebrauch zu üben.

1626 In Danzig gab es 83 Bäcker, die insgesamt 4150 Last Getreide verbrauchten.

1626 Der Schwedenkönig Gustav Adolf erklärte die Danziger für seine Feinde. Schwedische Soldaten zogen brandschatzend durch das Danziger Werder und erpreßten die Bauern um Geld und Getreide.

1626 5. Juli Als König Sigismund III. von Polen, Sohn des schwedischen Königs Johann und der polnischen Königstochter Katharina, 1592 seinem Vater in Schweden nachfolgen wollte, war der Streit zwischen Polen und Schweden um die nordische Krone ausgebrochen. 1604 wurde sein Oheim, Herzog Karl von Södermannland, evangelischen Bekenntnisses, König Karl IX. von Schweden. Karls Sohn, Gustav Adolf, der während der ersten Jahre seiner Herrschaft sich gegen Dänemark und Rußland wandte, war im Herbst 1621 in Livland eingerückt, um Krieg gegen seinen polnischen Vetter zu führen. Am 5. Juli 1626 landete er an der ostpreußischen Küste, nahm Pillau, Elbing und Marienburg und errichtet Schanzen bei Dirschau und am Danziger Haupt, um den Weichselhandel zu blockieren. Am 14. August 1626 begann er seine Feindseligkeiten gegen die stark befestigte Stadt Danzig, sah jedoch von einer Belagerung ab. Dafür ließ er durch Kaperschiffe vor der Küste Danzigs von allen Schiffen, die dessen Hafen verließen, überhöhte Zölle erheben.

1626 Die wichtigste Verbesserung der Danziger Befestigungen war 1626 die Einbeziehung der Niederstadt und eines großen Teiles von Langgarten, wobei man die hölzernen Brustwehren von beiden Seiten des Milchkannentores entfernte, Wall und Graben um die bisherigen Vorstädte herumführte und ihnen das Langgartener Tor zum Ausgang erbaute. Der dadurch abgeschnittene, außerhalb der Befestigung verbleibende Teil von Langgarten wurde seitdem »Kneipab« genannt.

1626 26. Dezember Die Ordnungen beschlossen, die »Neue Schanze bei den Mattenbuden« mit Geschützen zu versehen, nachdem im gleichen Jahr das Leege Tor errichtet worden war. Das neue Langgarter Tor wurde 1628 vollendet und die gesamte Ansiedlung mit einem Kranz von Bastionen und Wällen umgeben.

1627 28. November Sieg der polnischen Flotte unter Danziger Oberbefehl über Gustav Adolf in der Seeschlacht vor Glettkau.

1627 Die Preise für eine Last Roggen stiegen in Amsterdam auf 90 Goldgulden. (1630 stiegen die Preise auf 300 bis 462 Goldgulden, als Folge der schweren Behinderungen des Seehandels auf der Ostsee.)

1629 Niederlage Gustavs II. Adolf vor Marienwerder. Frankreich, England und den Generalstaaten gelingt es, die kriegführenden Mächte zu einem Waffenstillstand auf sechs Jahre zu bewegen, der am 26. September 1629 in Altmark bei Stuhm unterzeichnet wurde.

1629 Die Danziger Kaufmannschaft richtet auf eigene Kosten eine berittene Briefpost nach Hamburg ein, deren Leitung ein verarmter Getreidehändler übernimmt. Als dieser 1640 ein beträchtliches Vermögen hinterließ, übernahm der Rat dieses einträgliche Geschäft auf eigene Rechnung.

1630 Danzig verstärkt seine Stadtbefestigung. Die Bastion Roggen, nach dem Ratsherrn Michael Rogge benannt, wird erbaut, 1632 die Bastion Kaninchen und 1633 die Bastionen Bär und Aussprung.

1630 An der Stelle des zugeschütteten inneren Grabens der Vorburg wird das Zuchthaus erbaut. In diesem Gebäude wurden Bettler aufgenommen. (An der gleichen Stelle wurde im 19. Jh. das »Garnisonlazarett« errichtet. Seit 1894 wird die Verbindungsstraße zwischen der Rittergasse und der Spendhausneugasse »Heveliusplatz« genannt. 1926/27 fand hier die »Polnische Post« ihr Domizil, das am 1. September 1939 hart umkämpft wurde.) Nach 1945 wurde das Gebäude als Studentenheim genutzt und die Straße umbenannt in »Platz der Verteidiger der Polnischen Post«. Davor wurde ein Denkmal für die Gefallenen und erschossenen Postler aufgestellt.

1630 28. Februar Danzig schließt in Tiegenhof einen Neutralitätsvertrag mit Schweden sowie einen Vertrag über die Aufteilung der

Hafenzölle. Von den Danziger Hafengebühren sollten 3,5% vom Warenwert für Schweden, 2% für Danzig erhoben werden.

1630 Der Rat der Stadt schenkt dem durchreisenden Kanzler Oxenstierna zwölf Kannen Wein, einen halben Ochsen, ein Kalb und einiges Wildbret.

1630 Die Witwe des Predigers Thanner wird wegen gegen das sechste Gebot begangener Sünden enthauptet.

1632 Ein Garkoch bittet den Rat um Erlaubnis, auf der Fechtschule mit einem Bären zu kämpfen, was ihm der Rat, »da er den Bären vermeint zu bezwingen«, auch gestattet, jedoch unter der Bedingung, »er möge auf seine eigene Gefahr dabei ausstehen«.

1632 Ein Ungenannter tritt an den Rat mit der Bitte heran, eine Lotterie während der Dominikszeit zu veranstalten. Er versprach sich davon einen so reichen Gewinn, daß er sich zu einer Abgabe von 6000 Gulden verpflichtete. Der Rat ging allerdings auf sein Anerbieten nicht ein und so wurde die Lotterie im bischöflichen Stadtteil Altschottland gegeben.

1633 Der Pädagoge Comenius läßt sein »Vestibulum januae« in Danzig drucken.

1633 Der Neptunbrunnen wird von Abraham von dem Block und Adriaen de Vries erbaut, mit dem Gott des Meeres als dem Schutzheiligen der Stadt. Im gleichen Jahr baut Bartel Ranisch auf Petershagen die Salvatorkirche.

1634 In diesem Jahr und in den beiden folgenden besucht König Wladyslaw IV. von Polen die Stadt Danzig und nimmt mit seinem Gefolge in den sogenannten »Königshäusern« am Langen Markt Nr. 1–3 gegenüber dem Artushof sein Quartier.

1634 Der schlesische Dichter Martin Opitz begibt sich wegen des andauernden Dreißigjährigen Krieges nach Danzig, wo er sein Singspiel »Judith«, eine Übersetzung der »Antigone« des Sophokles schrieb und seine Übersetzung der Psalmen vollendete. Auch ließ er hier seine »Sammlung geistiger Poesien« erscheinen.

1634 Die Einnahmen aus Seezöllen betrugen etwa die Hälfte des schwedischen Staatsbudgets. Bei einem Gesamtbetrag der Zölle von 800000 Reichstalern entfielen auf die Einkünfte aus den vor Danzig kassierten Seezöllen die stattliche Summe von 570000 Reichstalern.

1634 Ein Siebmacher erhält das Privileg für eine neue, zur Reinhaltung des Weizens sehr nützliche Art von Sieben, die er erfunden hat.

1634 Der Glockenturm der altstädtischen Katharinenkirche erhält eine türmchenbewehrte Barockspitze.

1634 Ein Pockenjahr, in dem mehr als zweitausend Menschen in Danzig an der Pockenkrankheit starben.

1635 Der Rat gestattet, in der Fechtschule Kammern (Logen) anzulegen, um die »Spectacula« besser anzuschauen. Das Abonnement auf Lebenszeit für einen Platz in solch einer Loge beträgt zwei Taler.

1635 Ein neues Jakobstor wird zwischen dem bisherigen und dem Hl.-Leichnams-Tor angelegt.

1635 Der französische Gesandtschaftssekretär Ogier – und in anderen Reiseberichten ein gewisser Georg Douza – beschreiben den Grad der Kultur in den gebildeten Schichten Danzigs. Namentlich rühmt Douza unter mehreren anderen Danziger Patriziern den Bürgermeister Bartholomäus Schachmann, der nicht nur fast ganz Europa, sondern auch Ägypten und fast den ganzen vorderen Orient durchreist hatte, und der ein Antiquitäten-Kabinett und eine reiche Münzsammlung besaß. Ebenso den Ratsherrn Walther von Holten, der Bildungsreisen durch mehrere Länder unternahm und fast alle europäischen Sprachen beherrscht haben soll.

1635 9. September Zu Stuhmsdorf wurde ein Waffenstillstand abgeschlossen, in dem die Schweden sich verpflichteten, Preußen zu räumen und auf die einträglichen Seezölle zu verzichten. Die Kriegsausgaben beliefen sich für die Stadt Danzig auf zehn Millionen Gulden.

Aus Matthaeus Merians Theatrum Europaeum aus dem Jahre 1635.

1635 Aufgrund eines Ratsbescheides ist überliefert, daß im Aufenthaltsjahr von Andreas Gryphius die Bürger ihre Fechtschule modernisieren ließen, die hier, ähnlich wie in anderen Städten, bis gegen Ende des 17. Jh. als Theater diente. (Aus dem Jahr 1648 ist bezeugt, daß der Lehrer des Gymnasiums, Johannes Raue, die Aufführung eines Dramas über die Ursprünge des römischen Volkes mit großem theatralischen Aufwand veranstaltete.) Der Schüler des Danziger Gymnasiums Andreas Gryphius war 1635 in seinen Dichtungen von der lateinischen zur deutschen Sprache übergegangen. In Danzig schrieb er seine ersten Sonette in Deutsch. Wie rege damals das geistige Leben Danzigs war, bezeugen nicht nur sein Gymnasium, dessen Schüler und der Dichterkreis um Opitz, sondern auch mehr noch acht deutsche Buchhandlungen und zwei Verlage sowie mehrere Druckereien. Seit 1630 gab es in Danzig bereits drei verschiedene Zeitungen.

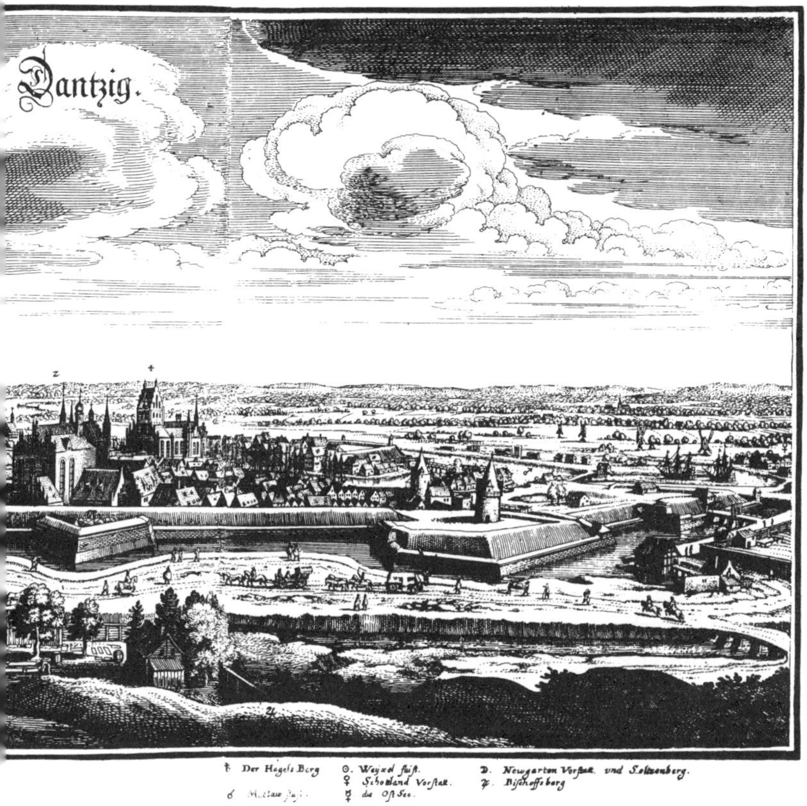

1635 Die Stadt erbaute eigene Stadtspeicher, 1635 in der München- und 1636 in der Hopfengasse. Das »Packhaus«, An der neuen Mottlau Nr. 5, ist der seiner charakteristischen Bauformen wegen bekannteste der Danziger Stadtspeicher.

1635 Stech, Andreas, Maler, Stolp (1635–1697). Danzig. 1653 Eintritt in das Danziger Malergewerk. In seiner Malweise schließt er sich eng an Daniel Schultz an. Mit ihm verleiht er der Danziger Malkunst des ausgehenden 17. Jhs. ihr charakteristisches Gepräge. Vorbilder: Rubens, Rembrandt, Mignard. Datierte Werke u. a.: Vignetten im Stammbuch Salomon Möllers (1662), Bildnis Joh. Simon (1663) in der Katharinenkirche. Vignetten für das Buch des Hevelius »Machina Coelestis« (1663 u. 1679), Doppelepitaph Sambor und Mestwin im Dom zu Pelplin (1676), Bildnis des Astronomen Hevelius (1677), Oxford Bodleian Library, Bildnis des Bürgermeisters

Heinrich von Schwarzwald (1682), Danziger Stadtmuseum, Entwurf für Curickes »Beschreibung der Stadt Dantzig« (1686), Hochaltargemälde »Fürbitte Mariä«, Oliva, Kathedrale (1688). »Jüngstes Gericht« und »Aufweckung Lazarus'«, Marienkirche zu Danzig, Goldschmiedekapelle, »Kreuzigung Magdalena«, Heilig-Leichnam-Kirche zu Danzig (1696). Undatiert: Zahlreiche Porträts, Stilleben, »Spaziergang vor Danzig«, Braunschweig, Herzog-Anton-Ulrich-Museum.

1636 Zum Danziger Dichterkreis um Opitz gehörten auch der in Liegnitz 1619 geborene Johann Peter Titz, der in Danzig das Erbe Opitz' antrat, Hofmann von Hofmanswaldau, Johannes Plavius aus Plauen und der Danziger Michael Albinus, seit 1633 Prediger in Wossitz, später Pfarrer an St. Katharinen zu Danzig, der 1636 schon zehn größere poetische Werke geschrieben hatte. Im Musikleben der Stadt spielten die Kapellmeister Kaspar Förster und Paul Siefert, dieser zugleich als Komponist, eine führende Rolle. Schon zu Lebzeiten von Opitz war Georg Greflinger nach Danzig gekommen, der als Lyriker, Epiker, Historiker und Übersetzer hervortrat und wegen seiner Verdienste um die Poesie mit der Lorbeerkrone geehrt und unter dem Namen Celadon in den »Elbschwan-Orden« aufgenommen wurde. Zu seinen bedeutenden Werken gehört die Laudation »Blühendes Danzig«, ein Lobgesang in unzähligen Versen, und eine Huldigung an König Wladyslaw IV. und an die Königin.

1636 Durch Ratsbeschluß wird befohlen: »Es solle niemand auf der Fechtschule fechten, wenn er nicht beweisen könne, daß er es von einem Meister gelernt habe.«

1637 Wegen eines begangenen Ehebruchs wurde ein Krüger aus Reichenberg enthauptet. (Seit 1650 wurde ein Ehebruch nur noch mit »Verweisung« geahndet.)

1637 Den Schiffern wird ihr Schwerttanz, den sie bisher auch auf den Straßen veranstaltet haben, hier zwar untersagt, jedoch auf ihrem Schiffergildenhause freigestellt. Den Speicherburschen aber war das Ringelstechen während der Fastenzeit verboten.

1637 Die zweitälteste Ansicht der Stadt Danzig stellt die Inschrifttafel über der Tür zur Sakristei der Marienkirche dar: aus den Jahren

1537 bis 1556 (Rathaus, Marienkirche von Süden). Diese Tafel erinnert an die Grundsteinlegung der Kirche und der Stadtmauer im Jahr 1343. Wahrscheinlich wurde sie zum 200. Jahrestag dieses historischen Ereignisses in Auftrag gegeben.

1638 Das Gewerbe der Bortenwirker zählte vierundzwanzig Älteste. Im selben Jahr starb ein Mennonit Jakobsen, der durch Bortenwirken so reich geworden war, daß er Starosteien pachten, sechs Pferde vor seinen Wagen spannen und das Weißen der Marienkirche auf seine Kosten übernehmen konnte, um dafür bei Leichenpredigten im Vorsteherstuhl Platz zu nehmen.

1638 Zwischen dem altstädtischen und dem rechtstädtischen Rat gab es Anlaß zu Streitigkeiten, weil der altstädtische Rat die Aufführung polnischer Komödien gestattete, die der rechtstädtische Rat aufzuführen untersagt hatte.

1639 20. August Der deutsche Dichter Martin Opitz stirbt in Danzig an der Pest. Seit 1635 war er in Danzig als königlicher Hof-Historiograph ansässig. Sein »Buch von der Teutschen Poeterey« war grundlegend für die deutsche Barockdichtung. In der Marienkirche wurde er vor der Dreifaltigkeits- und Schumacherkapelle begraben. Eine Grabplatte kennzeichnet seine letzte Ruhestätte. (Prediger Nikklassius von der Petrikirche gab einen lateinischen Bericht über den Tod des Dichters, bei dem er zugegen gewesen war, in Form eines Briefes heraus.)

1640 In Danzig erscheint die erste Wochenzeitschrift, seit 1660 wöchentlich zweimal.

1641 Das Gewerk der Maurer beschwerte sich beim Rat darüber, daß das Gewerk der Maler ihnen verboten habe, »die von uns verfertigten und ausgeführten Giebel und Mauern mit Ölfarbe rot und weiß, item an dem Fachwerke die Hölzer, Pfosten, Fensterläden, Türen und Tore von außen schwarz oder grau anzustreichen«. (Das gehauene Steinwerk und Mauerwerk wurde grau, schwarz, weiß und dunkelbraun angestrichen. Die Giebel trugen eine rote Farbe mit weißen Linien. Im Jahr 1643 hatte ein Maurer einen Giebel weiß und die bleiernen Rinnen rot und weiß gestrichen.

1641 Die Vocation des Musikers Förster findet sich für den vom Rat bestellten Kapellmeister, dem ein Gehalt von 600 Gulden, ein Holzgeld von 100 Gulden und freie Wohnung angeboten wurden.

1641 In dieser Zeit finden wir vier Lobgedichte auf die Stadt Danzig. Das erste erschien 1641 von Georg Bernhardi als Buch im Halboktavformat. In der Vorrede die Huldigung: »O selig und aberselig bistu, Dantzig, die du bei diesen beschwerlichen Zeiten nicht allein viel Elende und Vertriebene aufnimmest, so auch dieselben erhältest und beschützest. Warlich, ich sage dir, dein Lob ist bis an den Himmel erhoben.« Diese Laudation diente Salicetos »Vergöttertes Danzig« und Greflingers »Blühendes Danzig« zum Vorbild. Das vierte überlieferte Lob- und Dankgedicht auf die Stadt Danzig in jener Zeit schrieb der aus Ungarn stammende Johann Klein. Er wirkte als Konrektor an der Katharinenschule. Ein Loblied sang er auch auf die »Allgegenwart der Liebe«.

1642 In einer Kleiderordnung werden heute nicht mehr bekannte Stoffe erlaubt beziehungsweise verboten: »Zum Beispiel Leidensch Bombasien, Zoy, Barchent, Pletting, Harsch, Rasch, Perpetuan, Meselan, Hundskott zu Röcken und Beinkleidern, Samischfelle und Corduan zu Mannskoletten zu gebrauchen«. Verboten wird weiter *»Kammer- und Schiertuch«. »Und weil bei den unteren Ständen ein großer Exzeß an den Strümpfen bishero ist gespüret worden, als soll den Weibspersonen fortan verboten sein, leib- und granafarbige Strümpfe zu tragen.«* Lehnleute tragen »geblühmten Zoy, Leinen, Triep und türkischen Macheyer; jedoch von Seide nur Schnüre«. Handwerker, Mäkler und Schiffer: »Herrenzoy, Kronenrasch, Borat, türkisch Grobgrün, Florettriep und schlechten Kaff. Ihre Frauen und Töchter auch Karteck zu Schürzen, Knippchen zu zwei Gulden und Brautringe zu 50 Gulden.« Krämer, Weinschenker, Brauer und dergleich »nehmen zu ihrer Kleidung: Schamlott, Terzenel, seiden Grobgrün, Tasset, Armasin, Damst. Plüsch und rauhen Sammet, auch Zobel zu Mützen und Brautringe zu 80 Gulden«. Großhändler: Atlas, Brokat, dabei goldene Halsketten und Ringe mit Edelsteinen; jedoch keine Perlen und Kostorhüte. »Wer das Verbotene trägt wird mit Gottes *›Zorn und Rache‹* bedroht und zahlt zum erstenmal ein Viertel, zum zweiten die Hälfte und zum dritten das Ganze des Wertes.« Auch wird bemerkt, daß man sich insonderheit *»der vielen und* *öfteren Veränderungen und Annahme neuer Moden und Arten* enthalten« solle.*

1642 Stadtansicht der Stadt Danzig in Matthäus Merian »Topographia Prussiae et Pomerelliae« (Frankfurt 1642–1676).

1642 Der Stadtsekretär Reinhold Curicke wollte sein Geschichtswerk »Der Stadt Dantzig historische Beschreibung« herausgeben, erhielt aber vom Rat keine Genehmigung dazu. Er mußte vielmehr das gesamte umfangreiche Manuskript an das Archiv abliefern und erhielt als Honorar 200 Taler aus der Ratskasse.

1643 Einem Fechter, der beweisen konnte, daß er sein Handwerk beherrsche, wird erlaubt »offene Schule zu halten und sich in allen rittermäßigen Gewehren sehen zu lassen«.

1644 Einem Bernsteindreher wird außer der Haltung einer Fechtschule »das Fahnenspiel« gestattet.

1644 Ein gewisser Beneke bot dem Rat seine Künste an, Gold zu machen. Der Rat meinte, er solle erst selbst reich werden und dann wiederkommen.

1644 Zum Dominiksmarkt kamen fremde Buchhändler nach Danzig, denen es der Rat erlaubte, ihre hier nicht verkauften Bücher zollfrei über das Haff nach Königsberg zu bringen.

1644 Der Prediger Nigrinus von der Petrikirche überließ seine umfangreichen Bücherschätze der dadurch sehr vergrößerten Ratsbibliothek und erhielt dafür eine jährliche Leibrente von 100 Talern.

1644 Die in Vergessenheit geratene Marienbibliothek fand in Bürgermeister Ernst Schmieden einen tätigen Fürsorger, der sie vom Staub reinigen und neu ordnen ließ.

* Wie lästig diese Moden damals zuweilen gewesen sein müssen, sieht man aus dem Umstand, daß die hier 1614 anwesende Herzogin Radzewill wegen ihres großen Biegelrockes in der Marienkirche das ihr angebotene Vorsteher-Gestühl nicht betreten konnte und sich deshalb einen Hausprediger nehmen mußte.

1645 12. Februar gab der Rat zu Ehren der durch Danzig nach Warschau reisenden Gemahlin Wladyslaws IV., Marie Louise Gonzaga, in den Sälen des Grünen Tores ein Festmahl. (Polnische Könige haben die Räumlichkeiten des Grünen Tores am Langen Markt nie bewohnt, obschon eine polnische Kommission im Jahr 1570 das Torgebäude nebst vier benachbarten Häusern für den König und sein Gefolge beanspruchte. In den Jahren 1746 bis 1830 übernahm die oberen Räume die Naturforschende Gesellschaft für ihre Sammlungen und Vorträge. Später wurde im Grünen Tor das Naturkundemuseum untergebracht.)

1646 Die Danziger Postwege wurden nach Königsberg und Riga ausgedehnt. Später ging die Direktion des Postwesens an den Kurfürsten über, der sie im Frieden von Oliva (1660) an den polnischen König abtrat.

1646 Georg Greflinger schildert in seinem Lobgedicht auf Danzig den guten Ruf des Danziger Jopenbiers (nach dem sogar eine Gasse der Rechtstadt ihren Namen herleitet) mit den Worten:
»Das Brauwerk dieser Stadt ist weit und breit beschrien,
Man mag nach Holland hin und weitre Plätze ziehen,
so findet man dort Danzger Bier.«

1646 Der Rektor der Johannisschule, Scheppius, der allein von seinem Gehalt (wie die meisten der Lehrer) nicht leben konnte, führte hier das bisher unbekannte Zoymachen ein, das zahlreiche Nachahmer fand.

1646 Durch eine von dem Ingenieur Adam Wiebe erbaute Seilbahn wurden die für den hohen Wall einer neuen Bastion auf der Westseite der Stadt erforderlichen Erdmassen vom Bischofsberg über die Radaune und den Stadtgraben transportiert. Diese neue Bastion wurde zuerst »Bastion Berge« und später nach ihrem Erbauer »Bastion Wiebe« genannt. Dieser Name setzte sich zu Beginn des 20. Jahrhunderts (nach Abtragung der Wälle und Bastionen gegen Ende des 19. Jhs.) in der Straßenbezeichnung »Am Wiebenwall« und in der »Wiebenkaserne« in der Fleischergasse fort.

1647 Der Danziger Astronom Johannes Hevelke (1611–1687) gen. Hevelius veröffentlicht seine »Selenographia« und 1679 sein astronomisches Werk »Machina coelestis«. Die Royal Society London ernannte ihn zu ihrem Ehrenmitglied.

1647 Die Einführung der Schußwaffen ließ schließlich das kunstvolle Fechten und Schwertführen entbehrlich erscheinen. Der Rat ordnete deshalb in einer entsprechenden Rechtsverordnung u. a. an: »Weil die Exercitia auf der Fechtschule keinen Nutzen haben, sollen sie nach und nach ganz eingehen. Dagegen soll den Bürgern und jungen Gesellen ein anderes Exercitium wöchentlich angewiesen werden: Mit Musketen und Piken.«

1648 Das brachliegende Gelände der im 15. Jh. niedergelegten Burg des Deutschen Ritterordens an der Mündung des Radaunekanals in die Mottlau wird neu besiedelt.

1648 Ranisch, Bartel (1648–1701) Ratsmaurermeister und Architekturschriftsteller. Bauten: Jesuitenkirche in Altschottland (1676 bis 79), Königliche Kapelle, Heiligengeistgasse (1678–81), St. Salvatorkirche, Petershagen (1695–97), Spend- und Waisenhaus am Hakelwerk (1698–99). »Grund-Risse und Auff-Züge aller Kirchengebeude in der Stadt Dantzig.« Gezeichnet und ausgegeben von Bartel Ranisch. Maurermeister daselbst. 1695.

1648 Auf der Balustrade des Daches des Langgasser Tores wurden von dem Bildhauer Peter Ringering gefertigte Statuen aufgestellt. (Ein Jahr später wurden sie von Jeremias Falck in Kupfer gestochen, 1849 von Rudolf Freitag ausgebessert, 1880 endlich durch Nachbildungen ersetzt, desgleichen nach 1945 nach ihrer Kriegszerstörung.) Die vier Figuren auf der Stockturmseite symbolisieren: Pax, Libertas, Ubertas und Fama. Die vier zur Stadtseite stehenden: Prudentia, Pietas, Justitia und Concordia, die ihre Erläuterung in der darunter angebrachten Inschrift finden: Concordia res publicae parvae crescunt, discordia Magnae concidunt. (Eintracht läßt die kleinen Saaten blühen, Zwietracht zerstört die großen.) Zur Stockturmseite befindet sich unter der Balustrade des Tores die Inschrift des Psalms: Es müsse wol gehen denen die dich lieben, es müsse Friede sein in deinen mauern und Glück in deinen Palästen.

1649 Das Pockenhaus wurde mit der Erbauung eines großen Krankenhauses den modernen medizinischen und therapeutischen Entwicklungen angepaßt.

1649 6. August Zum Danziger Dichterkreis um Opitz und Titz gehörte auch der Rektor der Marienschule, Jakob Zetzkius. Ein Bild vom Leben und Treiben in Danzig zu der Zeit des größten Volksfestes, des »Dominiks« vermittelt der Dichter Johann Moresius, Rektor der Petrischule, in seinem Lied auf Katharina Kregen:

»Obschon eitel Freuden Lieder
Danzig singt und sich musziert,
weil der Dominik iezt wieder
Einkehrt und empfangen wird
Durch der großen Glocken
  Klingen
Und der Musikanten Singen

Obschon iezt und sich gezieret
Alle Laden mit der Wahr
Die von Ost und West geführet
Wird auff Dantzig alle Jahr,
Welche ihren Schein
  ausbreitet
Und der Menschen Augen
  weitet.«

1650 Durch einen Ratsbeschluß wird befohlen, daß »jeder im ersten Jahr seines Bürgerrechts sich zum Exercieren einfinde«, nachdem schon 1608 zu diesen Exercitien auch noch das »Schießen mit Falconetten« angeordnet und 1609 für das »im Dominic übliche Schießen mit langen Röhren« ein Becher im Werte von 30 Gulden als Preis ausgesetzt worden war. Eine Gelegenheit zu solchen kriegerischen Übungen gaben die Fechtschulen, wo die Lehrlinge unter Anleitung ihres Meisters Kampfspiele aufführten, wozu Schaulustige sich zahlreich einfanden. Die neuen Bastionen erhielten von Süden nach Norden die Namen Gertrud, Maidloch (Medeloch), Wolf, Aussprung, Bär, Kaninchen, Roggen, Ochs, Löwe, Einhorn, Braunroß, und jenseits der Mottlau Luchs, Fuchs und Jakob bis zur alten Hl. Leichnamsbastion.

1650 Der niederländische Generalquartiermeister Perceval entwarf Pläne für die neuen Festungsbauten, die er bist 1655 ausführte. Für die Verteidigung der Stadt und zugleich ihre Ausweitung wurde seit 1655 die Anlage von Wällen, Kronwerken, Hornwerken, Laufgängen, Reduits und Kasematten auf den der Stadt westlich vorgelagerten Hügeln, Hagels- und Bischofsberg, ausgeführt.

1650 Die »Aufführung erbaulicher christlicher Comödien« wurde vorgeschlagen, um Mittel für die Linderung der Armut zu erlangen.

1651 König Johann Kasimir besucht die Stadt Danzig und residiert in den Königshäusern am Langen Markt.

1651 Unter dem Artushof wird ein »Ratskeller« eröffnet, wofür auf Rechnung der Kämmerei, die ein Kapitel von 30000 Gulden dazu beisteuert, Rheinwein geschenkt wird.

1652 Ein förmliches Dekret befiehlt, daß von diesen Weinen alljährlich jedem Herrn des Rates »ein paar gute Flaschen von der besten Art« geschickt werden sollen. Der Handel mit französischen und spanischen Weinen hatte abgenommen, seitdem die Polen sich an die ungarischen gewöhnten. Der mit Spezereien und Gewürzen (sonst mit einem Jahresumsatz von vier Millionen Gulden) wurde durch die hohen Zölle erschwert und nahm jetzt seinen Handelsweg nach Wien. Den Flachs hingegen hatten Königsberg und Riga, den Handel mit Garn und Leinwand Elbing und Braunsberg an sich gezogen. Der Absatz der Tuche, wovon England sonst jährlich 15000 Stück des feinen und 40 bis 50000 des groben nach Danzig lieferte, war durch die vielen Tuchmacher, die sich während des Dreißigjährigen Krieges aus Schlesien und Sachsen nach Polen geflüchtet hatten, wesentlich verringert worden.

1652 In Danzig bestanden 72 verschiedene Zünfte und Innungen, davon einige, die es schon im 19. Jahrhundert nicht mehr gab, wie zum Beispiel Filzhosenstricker, Trippenmacher, Triepmacher, Golddrahtzieher, Gold- und Silberplätter. Selbst die Kesselflicker (Ketelböter genannt) bildeten eine solche Innung, die noch 1607 ihren eigenen Altar in der Johnniskirche besaß und dafür pro rata 15 Groschen für Kirchenreparaturen entrichten mußte.

1653 Die Pest forderte mehr als 11600 Opfer unter den Bürgern der Stadt.

1653 Die festtäglichen Versammlungen wurden durch das Schalamt zur Bekämpfung der immer mehr um sich greifenden Armut durch neue, anfangs halbjährliche, dann vierteljährliche und schließlich wöchentliche vermehrt, doch sank ihr Ertrag, der 1653 33721 und 1654 37353 Gulden erbracht, schon 1660 auf 16772 Gulden.

1655 Als König Johann Kasimir von Polen dem schwedischen König Karl X. Gustav die Anerkennung versagte, griff dieser 1655, von Pommern aus, Großpolen an, um Schweden die Herrschaft über die Weichsel und Düna zu sichern.

1655 Der Rat verspricht einem Zimmermann eine Belohnung, der vorgibt, auf stillem Wasser eine Mühle zu bauen.

1656 29. Oktober Die Danziger erbeuten im schwedisch-polnischen Krieg ein schwedisches Kriegsschiff vor der Weichselmündung.

1656 Auch in Danzig erscheint eine polnische Zeitung, die ein gewisser Jakob Weiß redigierte.

1656 1. April Nach dem »Wunder von Tschenstochau«, dem Abbruch der schwedischen Belagerung, erklärt Johann Kasimir von Polen die Jungfrau Maria zur Königin der Krone Polens.

1658 Der Rat gibt für seine eigenen Frauen und Töchter eine Kleiderordnung.

Um 1659 Andreas Schlüter, Bildhauer und Baumeister (um 1659–1714), ging in Danzig bei dem Bildhauer David Sapovius in die Lehre. In Danzig soll der junge Schlüter als Bildhauer am Bau der Königlichen Kapelle und mit Reliefs, die den Kriegermasken am Berliner Zeughaus korrespondieren, an der Ausschmückung von Bürgerhäusern in der Jopengasse Nr. 1 und an der Brotbänkengasse Nr. 28 hervorgetreten sein.

1659 litt es der selbstbewußte Rat eines machtvollen Freistaates auch in der Gegenwart des Königs nicht, daß ihm der Großkanzler den Titel *Senatus* streitig machen durfte.

1660 3. Mai Der schwedisch-polnische Krieg wird unter Teilnahme der Gesandten von Schweden, Österreich, Polen, Frankreich und Brandenburg in Oliva bei Danzig beendet. Polen erhält Westpreußen zurück, doch mußte es auf Livland zugunsten Schwedens und auf die Lehnshoheit über das Herzogtum Preußen zugunsten des Großen Kurfürsten endgültig verzichten. (Für die Stadt Danzig hatte der Krieg Ausgaben von fünf Millionen Gulden verursacht, die für Rüstungen aufgewandt worden waren.)

1660 Im Verlauf der alten Landstraße nach Nordwesten wurde das Olivaer Tor erbaut. Im Schidlitztal wurde das Neugartener- oder Majorentor angelegt.

1660 Die vier Quartiere beklagten sich darüber, daß die Mitglieder der Ratsfamilien sich bei der Vermögensverteilung eines zahlungsunfähig gewordenen Bürgers Vorteile zu verschaffen wußten, während sie sich der lästigen, aber dem allgemeinen Wohl dienenden Verwaltung der Vorsteherämter bei Wohltätigkeitsanstalten und andern ständig entzögen. Gleiches galt für die zunehmende Verschuldung der Stadt und die Zerrüttung der städtischen Finanzen.

1660 Ein gewisser Köster veröffentlichte eine Ausarbeitung über die seinerzeitigen Danziger Handelsverhältnisse. Er berechnet den Umfang der Ausfuhr aus dem Danziger Hafen auf jährlich sieben Millionen Gulden. Die Ausfuhr der Waldasche berechnet er mit einer Million Gulden jährlich.

1661 Eine Deputation der Gewerke wurde nach Warschau zum König geschickt, »die für die ansehnlichen Geschenke, womit man sie ausgerüstet hatte, eine erneuerte Bestätigung der Privilegien ... mitbrachte«. Nach dem Frieden von 1660 hatten sich innere Unruhen und Mißhelligkeiten eingestellt, denen der Rat nur mit Schwierigkeiten zu begegnen wußte, wobei auch gegen den König Widerstand geleistet werden mußte; dieser verlangte, den an die Danziger verpfändeten Pfahlgeldanteil zur Befriedigung seiner durch den Krieg erschöpften Kassen auszuzahlen und die den Danzigern verpfändete Starostei Putzig ohne Auslösung zurückzugeben. »Neue Stromzölle sollten den gänzlich zerrütteten königlichen Finanzen wieder aufhelfen und wurden zur großen Störung des Danziger Handels«, allen Widerspruchs ungeachtet, bei Fürstenwerder und Schöneberg bald nach dem Friedensschlusse erhoben.

1661 Als erster Quäker traf in Danzig der Engländer William Ames ein. Er mußte jedoch sogleich die Stadt wieder verlassen.

1661 Der Rektor der Johannisschule bittet, daß es ihm erlaubt sein möge, wegen der geringen Besoldung auf einer Handmühle Grütze zu mahlen, da ja auch sein Vorgänger Bier gebraut habe und mancher anderer Lehrer neben der Schule noch eine Hökerei und dergleichen besitze.

1661 In Danzig gibt es achtundzwanzig Tuchbereiter-Meister.

1661 Peter Willer, Baumeister, Landmesser, Maler, seit 1651 für König Kasimir tätig. Erbaut Lusthaus für die Königin Ludowika in Warschau. 1655 am Rathaus in Amsterdam beschäftigt. 1661 Stadtbaumeister in Danzig. 1669 Neubau des Danziger Hofes in Warschau nach Willers Plänen. 1671 baut er sein eigenes Wohnhaus in Danzig-Petershagen. 1673 entwirft er die Turmspitze für St. Brigitten und 1686 Illustrationen und Plan für Curickes Werk »Der Stadt Dantzig historische Beschreibung«.

1661 Seemann, Enoch d. Ä., in Elbing geboren. Bildnis- und Landschaftsmaler. Seemann siedelte 1673 nach Danzig um und wurde Stadtmaler. 1698 gab er dieses Amt auf und trat in die Dienste Augusts II. von Sachsen-Polen ein. Ging 1704 nach London. Sein Sohn, Enoch d. J., wurde 1694 in Danzig geboren. 1744 in London gestorben. Die Familie war flämischer Herkunft.

1662 Vom Rat wird ein Schwertdiener abgesetzt, der bei seiner Hochzeit gegen die geltende Kleiderordnung verstoßen und einen brokatenen Rock und einen Biberhut mit silbernen Schnüren getragen hatte.

1662 Ein Schneider wird wegen Gotteslästerung durch Enthauptung bestraft.

1663 In Danzig gab es 56 Privat- oder »Winkelschulen«, über die die Lehrer der Marienschule sich beschweren. In einer daraufhin erlassenen Ratsverordnung heißt es, daß schon »Holzhauer, Bierfidler, Soldaten und Schneider« u. a. Schule halten.

1664 Der Prediger Cramer von der Trinitatiskirche ließ unter dem Titel »Der verstockte Jude« eine Predigt drucken, worin er darüber eiferte, daß ein zum Tod verurteilter Israelit sich durchaus nicht zum Christentum bekehren lassen wollte.

1664 In Oliva wird an drei Frauen wegen angeblicher Hexerei die sogenannte Wasserprobe gemacht. Sie werden auf dem Scheiterhaufen verbrannt.

1664 Mit Bewilligung des Rats trennte sich der damalige »Kleiderjunker« Hecker, einer der vier Vorsteher des Spendenamtes, der die Pauperschüler beaufsichtigte, von den übrigen Vorstehern und übernahm als »Provisor pauper« die Fürsorge der Pauperschulen.

1665 Der Ratsherr Valentin von der Linde flüchtete aus Furcht vor Verhaftung nach Marienburg, nachdem er als Kämmereiverwalter und Bauamtsadministrator mehr als 24700 Gulden unterschlagen hatte. Von dort aus prozessierte er gegen den Rat, indem er vortrug, die übrigen Mitglieder des Rates hätten es nicht besser, sondern um vieles ärger getrieben. Der Rat entsetzte ihn seines Amtes und ließ sein Vermögen konfiszieren.

1665 Der Rat war ungehalten, daß Elias Schröder ein »jus publicum gedanense« herausgegeben und es dem König gewidmet hatte, weil ein solches Unterfangen »der Stadt juribus und privilegiis zum Nachteil gereichen« könne. Diesem Zensurzwang unterlag auch die bekannte Chronik Curickes.

1665 Die Hinrichtung eines zum Tod verurteilten Diebes verzögerte sich vom Morgen bis zum Nachmittag, weil der katholische Offizial mit dem lutherischen Lazarettsprediger um die Seele des Unglücklichen stritt, und jeder sie auf seine Weise vom Verderben retten wollte.

1665 An einem Fachwerkhaus wurden die Flächen rot, die Ständer und die Fensterläden weiß bemalt.

1665 Die dem Erdgeschoß des Wohnhauses in den Gassen der Danziger Innenstadt vorgesetzten terrassenähnlichen Vorbauten wurden in Danzig »Beischläge« genannt. Die ältesten stammten aus dem

15. Jh., als der Aufgang zu den größeren Häusern durch steinerne Pfosten, die sogenannten »Wangelsteine«, in der Gassenflucht bezeichnet wurde. Aus Vorsorge gegen drohende Überschwemmungen und zugleich um die Neigung der Gassen zur Mottlau hin zu kaschieren, wurden die in der Nähe des Flusses gelegenen Häuser mit Beischlägen versehen, zu denen mehrere Stufen (drei bis zehn) führten. Die Ebene der gesamten Beischläge einer zur Mottlau führenden Gasse verlief dadurch gleich. Die Sandsteinbrüstungen der Beischläge waren mit bilderreichen Reliefs geschmückt, teils mit kunstvoll geflochtenen schmiedeeisernen Geländern versehen. Handläufe und Wasserspeier vervollständigten das künstlerische Ambiente des repräsentativ gestalteten Hauseinganges. Um 1700 trat eine Vereinfachung der überbordenden Haus- und Giebelformungen ein. Der Aufbau wurde schlichter und strenger. Seit 1760 etwa brachte das Rokoko dann wieder eine größere Belebung der Linien und Formen. Das 1776 erbaute Uphagenhaus in der Langgasse Nr. 12 veranschaulichte Form und Gestalt des zeitgenössischen Bürgerhauses auch im Interieur bis zum Jahre 1945, seiner Zerstörung.

1666 In der Marienkirche und bald auch in allen übrigen Kirchen wurde das Umhertragen des Klingelbeutels als Neuerung eingeführt.

1667 Nach Curickes Tod erhielt sein Sohn Georg die Erlaubnis, die Chronik, von der sich schon eine Anzahl von Abschriften verbreitet hatte, in Holland drucken zu lassen (1687). Von der Zensur wurden 80 Seiten, auf denen die Geschichte der Danziger Kirchenstreitigkeiten abgehandelt worden war, gestrichen. Doch finden sich noch einige sehr selten gewordene Exemplare, nach Löschin, in denen auch diese Kapitel abgedruckt sind.

1668 Durch das »Collegium scholarchale« wurde angeordnet, daß künftig in jedem Kirchensprengel nur vier Winkelschulen – jedoch mit Ausnahme der polnischen, der Musik- und Mädchenschulen – gestattet seien und unter Aufsicht des Rektors der Kirchenschule stehen sollten.

1668 In Zoppot wird eine Frau öffentlich hingerichtet, weil sie durch Hexerei den Ertrinkungstod ihres Mannes herbeigeführt haben soll.

1668 Hofmann, Johann Benedikt I., in Sorau (Lausitz) geb. um 1668. Bildnis- und Deckenmaler in Danzig, gest. 1745. Bildnisse der beiden Danziger Pro-Consuln Constantin Ferber und des Arztes Johann Wilhelm Schmieden. Eine weitere Reihe von Bildnissen Danziger Persönlichkeiten. Farbiges Wappen der Familie Engelcke (Danziger Stadtbibliothek). Johann Benedikt II. Hofmann, Sohn von Joh. Benedikt I. Maler in Danzig. Bildnis des Ratsherrn Johann Sigismund Ferber (Stadtbibliothek) und anderer Bürgermeister, Pro-Consuln und Consuln von Danzig. Familienwappen, Epitaphe.

1669 Als Neuerung wurde das Schnarren der Nachtwächter eingeführt.

1669 Ein Leinweber namens Nitz gab auf dem Stolzenberg ein Buch heraus, worin er berichtet, wie ihn der Teufel zur Schließung eines Paktes verleitet habe.

1669 Dr. Ägidius Strauch wurde zum Rektor des akademischen Gymnasium und zum Prediger an der Trinitatiskirche berufen. Schon früher, als Professor in Wittenberg, hatte er sich als ein hartnäckiger Verteidiger und Kampfprediger eines strengen Luthertums erwiesen. Seine Angriffe auf Papsttum und Polentum fanden in der Bürgerschaft geteilte Aufnahme, Zulauf, aber auch Klagen, die schließlich den Rat veranlaßten, im Jahre 1673 die Absetzung Strauchs zu verfügen.

1669 Gock, M., Kupferstecher des 17. Jh., vermutlich in Danzig. Von ihm ist eine ungewöhnliche Radierung: »Feuerwerk zu Ehren des Königs Michael von Polen in Danzig« (1669) und eine Radierung nach Nathanael Schröder: »Allegorie zum Ehrengedächtnis der Huldigung der Stadt Danzig für König Michael von Polen« (1670) gefertigt worden.

1670 Klein, Daniel (1670–1744) in Danzig geboren, Vater des Daniel II., Porträtmaler, Schüler des Enoch Seemann, bildete sich in Paris weiter. Malte seit 1705 zahlreiche Danziger Bürgermeister, Geistliche und Gelehrte (Pastor Weickhmann, 1732, Ratsherr Ferber, 1732). Klein wurde Hofmaler des Königs Stanislaus Leszczynski von Polen.

1670 Der Arzt und Physikus Israel Conradi unternahm einen ersten Versuch zur Gründung einer Naturforschenden Gesellschaft mit der Zusammenkunft »mehrerer kenntnisreicher Männer, denen er Abhandlungen z. B. über die Wirkung der Wärme und Kälte u. dgl. vorlas. Doch geriet nach seinem Tod die ganze Sache bald wieder in Vergessenheit, aus der sie erst nach einem halben Jahrhundert wieder hervorgerufen wurde.«

1670 Der Danziger Maler August Ranisch, der nach van Dyck einige sehr gelungene Altarblätter für die Dominikanerkirche lieferte, starb.

1670 In Preußen lebten 40000 Mennoniten, davon 28000 in Danzig und Umgebung.

1670 In der Helaschen Kirchenordnung wird dem Schulmeister aufgetragen, die in der Kirche Fehlenden wegen Vernachlässigung des Kirchenbesuchs zu notieren und ihnen ein Strafgeld von fünf Groschen abzufordern.

1671 Es wird zur Pflicht gemacht, dem Rektor vierteljährlich ein Bericht über ihre Lehrmethode abzustatten und sich von ihm Anweisungen darüber geben zu lassen. Studenten sollen nach dieser Verordnung nicht mehr als vier Kinder gemeinschaftlich unterrichten und keine lateinischen Schulen eröffnen.

1671 Der Stadtphysikus Scheffler schmückte die Dominikanerkirche mit drei neuen Altären.

1671 Der in Danzig gestorbene Erzbischof Olczowski hinterließ zum Bau der Königl. Kapelle auf dem Grundstück der Marienkirche ein Kapital von 80000 Gulden, das König Johann III. noch um 20000 Gulden erhöhte, so daß die Kirche 1677 in der Heiligengeistgasse begonnen und 1681 vollendet werden konnte.

1672 Der Rat spricht die Warnung aus vor »neuen Moden der Kleider und Haarlocken«.

1672 In einer Wachordnung und in einigen Ratsverordnungen wird das damals erst in Gebrauch kommende Tabakrauchen als »Tabaktrinken« und in einer Verfügung des Nehrungschen Amtes von 1683 als »liederliches Tabakschmecken« bezeichnet, und so wie auch das übermäßige Spielen, das Geschrei, das Schlafen, Schnarchen und Zanken in der Kirche gänzlich untersagt wird.

1672 Eine verbesserte »Wachordnung« verpflichtet die Bürger zur Abwehr feindlicher Angriffe oder auch zur Wiederherstellung der inneren Ruhe auf dem ihnen angewiesenen Sammelplatz zu erscheinen. Witwen mußten einen, Mennoniten zwei Stellvertreter schikken. Wer zu arm war, sich selbst zu bewaffnen, wurde vom Zeughaus mit Waffen versorgt. Bei nächtlichem Lärm wurden in den an den Straßenecken angebrachten Feuerpfannen Pechkränze angezündet. Jeder Bürger war außerdem verpflichtet, vor seiner Haustür eine größere Laterne anzubringen. (Umherziehende Patrouillen führten den merkwürdigen Namen »Schnarchwachen«.) Ein dringendes Bedürfnis bestand, arbeitsfähige Straßenbettler in eine für sie bestimmte Anstalt aufzunehmen. Auch für erziehungslos aufwachsende Kinder konnte nur mit den Spenden der Bürger ein Waisenhaus errichtet werden, das den Verwalter des bisherigen Spendamtes zum Vorsteher erhielt und danach »Spendhaus« genannt wurde. Es erhielt ein Gebäude auf dem Platz nahe des Hakelwerks, wo einst ein Vorwerk des Ordensschlosses gestanden hatte, das seit 1454 als Pesthospital genutzt worden war. Als es 1592 abbrannte, wurde an seiner Statt 1601 ein neues Gebäude für Pestkranke gebaut, das während des Schwedenkrieges auch verwundete Soldaten aufnahm. 1698 wurde anstelle des langsam verfallenden Gebäudes das neue Spendhaus errichtet, zu dessen Finanzierung eine Klassenlotterie 9930 Gulden und eine Haussammlung 23000 Gulden beisteuerten. Die Hilfe durch den Rat beschränkte sich auf Bewilligung von Abgabenfreiheit, auf jährliche Zuteilung von zwei Ruten Holz und auf die Einräumung der verfallenen Schanzen am Wunderberg und Notzkenberg.

1673 Der 1616 erbaute Glockenturm von St. Brigitten wurde mit einer zierlichen Haube geschmückt.

1674 5. Januar Handwerker forderten vor dem Rathaus drohend die sofortige Wiedereinsetzung Strauchs in seine früheren Ämter, die der Rat aus Furcht vor weiteren Unruhen befürwortete. Im Juli 1675 wurde Strauch als Professor an die damals schwedische Universität Greifswald berufen. Auf seiner Anreise wurde er von brandenburgischen Truppen aufgegriffen und drei Jahre lang in Küstrin festgehalten. Erst im Juli 1678 konnte er auf dringende Bitten seiner Gemeinde nach Danzig zurückkehren, wo er fortan bis zu seinem Tod im Jahr 1682 unbehelligt seinem Predigeramt entsprechen konnte.

1674 und 1686 gab es ungewöhnlich strenge Winter, in welchen die Ostsee zufror, so daß man in Schlitten über die Danziger Bucht bis zur Halbinsel Hela kutschieren konnte.

1675 Im April hatten die Gewerke unter Leitung des Schuhmachers Christian Meyer eine Abordnung an das königliche Hoflager in Jaworow entsandt, um dem polnischen König Beschwerden gegen die patriarchalische Amtsführung des Rats vorzutragen. Ein Jahr darauf wurden diese Forderungen, u. a. der Abschaffung der Bier- und Mehlakzise und gegen das Patronatsrecht des Rats, auf dem Krönungsreichstag zu Krakau in Anwesenheit einer Gesandtschaft des Rats wiederholt. Bürgermeister Schumann und Syndikus Adrian Stoddert ist es zu verdanken, daß die Verhandlungen mit den Beschwerdeführern zu einem für den Rat befriedigenden Ergebnis führten.

1675 Prof. Schelwig schlägt vor, die Benutzung des Bücherschatzes durch einen Katalog zu erleichtern. Nach seiner Berechnung würden etwa 335 Gulden an Kosten für die etwa 400 zu druckenden Exemplare entstehen. Zur Ausführung dieses Vorschlags ist es jedoch nicht gekommen.

1675 Es erregt großes Mißfallen, daß statt eines verstorbenen lutherischen Lehrers ein reformierter an die Petrischule berufen wird, so daß der Rat sich zur Beruhigung der in Furcht gesetzten Gemüter genötigt sieht, noch einen außerordentlichen lutherischen Lehrer zur Erklärung des Katechismus anzustellen und die Diakonen der Trinitatiskirche aufzufordern, ein regelmäßiges Katechismus-Examen mit den Petri-Schülern vorzunehmen.

1675 Zwei italienischen Sängern werden für ein Konzert in der Marienkirche auf Anordnung des Rats zehn Taler aus der Cämmerei-Casse gezahlt.

1676 In der Marienkirche gab es ein großes Ärgernis, als Schüler des Gymnasiums einen von der Kanzel kommenden Kandidaten beleidigten und dabei auf anstößige Weise lärmten und selbst die Kanzel bestiegen.

1676 Der Rat klagte auf dem preußischen Landtag über den hohen Schaden, den 44 Brauereien der bischöflichen Vorstädte Stolzenberg, Bischofsberg und Schottland der Stadt verursachten, da sie zu Billigpreisen produzierten und das kostspielige Brauwesen der Stadt dagegen nicht mehr wettbewerbsfähig sein konnte.

1677 Die Hauptgewerke nehmen mit unter die Forderungen, die sie an den Rat eingehen lassen, eine gegen die Quäker gerichtete auf, deren »verdammte Sekte« aus der Stadt entfernt werden müsse.

1677 1. August König Johann Sobieski traf mit Gemahlin in Danzig zu den Beratungen mit den zerstrittenen Bürgern ein. Die sozialen Streitigkeiten konnten in einer demokratischen Umformung der Verfassung beigelegt und die polnischen Angriffe auf die Selbständigkeit der Stadt und ihrer Verwaltung durch hohe Geldleistungen an den König eliminiert werden. Die Starostei Putzig, die an Danzig während des letzten Krieges verpfändet worden war, wurde unter Verzicht auf die Pfandsumme wieder an den König zurückgegeben, der außerdem ein persönliches Geschenk von 200000 Gulden erhielt. In dem Decretum Johannis III. vom 12. Februar 1678 wurde das Ergebnis der Verhandlungen mit dem Rat zusammengefaßt. Es stellte fortan eines der wichtigsten Grundgesetze der Danziger Verfassung dar. (Ergänzt wurde es durch die sogenannten Konkordate, in denen unter den drei Ordnungen noch offen gebliebene Streitfragen geregelt wurden. Die wichtigsten Bestimmungen wurden über die Ausübung des Patronatsrechts getroffen.)

1678 Die Schulden der Stadt betrugen 2097160 Gulden, von denen während diesen Jahres 282384 Gulden abgezahlt wurden, wogegen aber die Ausgaben und die Zinszahlungen von 107165 Gulden (zu drei bis sieben Prozent) eine Neuverschuldung von insgesamt 403758 Gulden ergaben. Damit betrug die Gesamtschuldenlast zum Jahresende: 2218534 Gulden, während die Cämmereieinnahmen nur 306443 Gulden betrugen. Die dritte Ordnung forderte nunmehr eine genaue Aufzählung der der Cämmerei gehörenden Ländereien. Die Hauptsummen der Einnahmen setzten sich wie folgt zusammen: Einnahmen der Pfahlkammer 57673 Gulden, Zinsen aus dem Werder

46680 Gulden, aus der Nehrung 28821 Gulden, von der Höhe 5033 Gulden, von der Halbinsel Hela 288 Gulden, vom Bauamt 6311 Gulden, aus der Scharpau 2386 Gulden, aus der Stadt 23067 Gulden. Die Große Mühle verzeichnete an Einnahmen 40849 Gulden, die große Waage 59460 Gulden. Das Gehalt eines Bürgermeisters betrug damals 333 Dukaten (zu sechs Gulden), das eines Cämmerers 266 Dukaten, das eines rechtstädtischen Ratsherrn 200 Dukaten, das eines altstädtischen 500 Gulden. Die elf Mitglieder des rechtstädtischen Gerichts erhielten zusammen 5866 Gulden, während die gleiche Anzahl der Mitglieder des altstädtischen 2940 Gulden erhielten. Außerdem genossen die Bürgermeister und Ratsherren noch einige kleinere Zuwendungen, wie zum Beispiel ein Opfergeld, ein Dominiksgeld, ein Sommerhandschuh-Geld, ein Winterhandschuh-Geld, ein Heugeld oder ein Strützelgeld. (Gotthilf Löschin, Geschichte Danzigs, Bd. 2 (1823).

1678 Die Ordnungen beantragten, Übertretungen der Bauverordnung nicht mehr vom Rat, sondern vom Wettgericht zu ahnden. (Nach der Willkür von 1761 hatten an Stelle der Bauherren das »Vizepräsidierende Amt« die Bauten in der Rechtstadt und das »Wortführende Amt« die in der Altstadt zu besichtigen. Für die öffentlichen Bauten stellte der Ratstadtbaumeister bzw. Festungsbaumeister, Baukünstler, Stein- und Bildhauer und Maler ein.)

1678 Der Rat gestattete nicht, daß die Privilegien der Brauerzunft gedruckt werden durften. Insgeheim wurden sie dennoch gedruckt. (Zeitungen oder »Avisen und Novellen«, wie man sie damals nannte, mußten nach der »Buchdrucker-Ordnung« von einem Sekretär zensiert werden.)

1678 Jeder Quäker, der sich innerhalb der Stadtmauern finden läßt, wird durch Streckenknechte hinausgeführt.

1678 Kodifikation der Danziger Verfassung (Willkür) zugunsten der dritten Ordnung. »Decretum Johannis III.«

1680 Ein Ratsdekret erlaubt einem gewissen Maler Bildhauerarbeiten in Bernstein auszuführen, unter der Bedingung, daß er an ganzen Spiegelrahmen nur das Schnitzwerk verfertigen, alles übrige aber den Bernsteindrehern überlassen sollte.

1680 Ein Beispiel für den Wohltätigkeitssinn der Bürger gab, als einer der beachtenswertesten unter ihnen, der Kaufmann Zacharias Zapp, der sich außer anderen guten Werken die Johanniskirche, deren Vorsteher er war, zum Gegenstand seiner Freigebigkeit gewählt hatte, indem er der Kirche eine neue Taufe, einen Kronleuchter und sechs Wandleuchter (Blaker) aus Messing schenkte und eine Bibliothek, zu deren Vermehrung jährlich 300 poln. Gulden aus seinem Nachlaß gezahlt werden sollten. (Der Sage nach soll er ein armer Schneidergeselle gewesen sein. Auf seiner Wanderschaft nach Bremen habe er die Tochter eines reichen Kaufmanns liebgewonnen und, da die Eltern einer Verbindung ihrer Tochter mit ihm widersprachen, sie entführt. Mit Hilfe der kaufmännischen Kenntnisse, die sie im Haus ihres Vaters erworben hatte, eröffneten sie eine Eisenwarenhandlung, die nach und nach einen solchen Gewinn erbrachte, daß seine Schwiegereltern, dadurch gerührt, zur Aussöhnung mit der schon enterbten Tochter bewogen wurden.)

1680 Einem Gotteslästerer wird mit einem glühenden Pfriemen die Zunge durchbohrt. Ehebrecher wurden wiederholt zu mehrjährigen Zuchthausstrafen verurteilt.

1681–1692 Bürgermeister Johann C. Schmieder verschaffte der Ratsbibliothek die ersten feststehenden Einkünfte, da sie bisher nur durch Vermächtnisse oder Geschenke vermehrt worden war, verteilte die nach den vier akademischen Fakultäten geordneten Bücher auf vier Bibliotheksräume, die nach den Farben Rot, Gelb, Grün und Weiß gegliedert waren, und gab viel aus eigenen Mitteln dazu her.

1681 Eine publizierte Hochzeitsordnung befiehlt, daß man den Dienstboten bei Hochzeitsfesten keine Kleidungsstücke schenken solle, die mehr als 20 Gulden wert sind, so auch Freunden keine von Sammet und Seide verfertigen. Ferner, daß die Zahl der Gäste, außer dem Prediger und den obrigkeitlichen Personen, höchstens nur aus 66, die Zahl der aufgetragenen Schüsseln, unter denen von den beiden kostbaren Fischen (Schmerlen und Lachsforellen) nur eine Art verkommen durfte, höchstens aus sieben bestehen und daß auch nur Wein von zwei Arten, und unter diesen kein ungarischer, auf den Tisch kommen durfte. Dienstboten sollen sich bei ihren Hochzeiten »alles Carossenfahrens« enthalten. Der Tanz soll überall um zwölf Uhr aufhören, und dann dürfen noch drei Gerichte und sechs Desserts vorgesetzt werden. Bei manchen Festen wurden, wie aus einem Verzeichnis hervorgeht, beschäftigt: »ein Koch, ein Tischsetzer, Bierzapfer, Weinschenker, Umbitter und Türsteher, eine Schäfferin, Silberwärterin, Schüsselwascherin, Kredenzerin und Linnenwärterin«. Auch eine Begräbnis-Ordnung erscheint in demselben Jahr und verbietet die kostbaren Beschläge an den Särgen, die daraus hängenden silbernen und goldenen Schnüre sowie auch gar zu weitläufige Lebensbeschreibungen in den Leichenpredigten.

1682 Der Rat erhob Beschwerde über ihre Zusammenkünfte in den Weinhäusern und untersagte ihnen das Tragen des Degens. Die Gymnasiasten zogen daraufhin mit ihren Degen auf das Rathaus und klagten dort ihre Professoren an. Die Folge war, daß ihnen und auch den Schülern anderer Lehranstalten (namentlich denen der Petrischule) Degen und Stöcke zu tragen verboten wurde.

1683 Der Rat untersagt alle Gold- und Silberstoffe, Spitzen an Männer- und Frauenkleidern, gold- und silbergestickte Schuhe.

1683 Nach einer Verordnung des Nehrungschen Amts sollen Schulzen und Ratmänner ihre Schulen mit fleißigen und tüchtigen Leuten besetzen. Jedes Kind soll vom siebenten bis zum vierzehnten Lebensjahr die Schule besuchen, und jeder Vater soll verpflichet sein, das Schulgeld zu entrichten, auch wenn er sein Kind an dem Unterricht nicht teilnehmen lasse.

1684 Eine »Buchdrucker-Ordnung« gibt über die damaligen Preise der typographischen Arbeiten nähere Auskünfte. Für einen Bogen grober Schrift zahlte man drei, für einen von den feinsten neun Gulden und erhielt dafür 1000 Exemplare. Für jedes folgende Hundert bis zum sechsten zahlte man 30, vom sechsten bis elften 18 und für jedes weitere 15 Groschen. Bei der großen Anzahl der Schriften, die damals fast jeder Gelehrte herausgab, fehlte es den drei Danziger Buchdruckereien nicht an Aufträgen. So ließ zum Beispiel Prof. Botsack, außer einzelnen Predigten, 83 Schriften drucken. Prof. Möller hatte, als er mit 29 Jahren starb, bereits 37 lateinische Werke herausgegeben.

1684 Auch auf dem flachen Land wurden zahlreiche Kirchenbauten ausgeführt, so in Löblau, dessen Kirche durch eine Feuersbrunst zerstört worden war, außerdem das Pfarrhaus, die Schule und dreizehn Höfe. Im gleichen Jahr erhielt Güttland eine Kirche.

1684 Der Prediger Michael zu Hela wird angeklagt, weil er ein in der Kirche anwesendes Mitglied ausgescholten und einen »Schuft« genannt haben soll.

1685 Der Rat befiehlt den Nehrungern, »das heidnische und abergläubische Segnen und Besprechen und dergleichen Alfanzereien« zu unterlassen.

1685 Das Drucken oder Einführen quäkerischer Schriften wird mit Androhung einer Geldstrafe von 100 Dukaten untersagt.

1685 Auswärtigen Buchhändlern, die zum Dominiksmarkt gekommen waren, wird in einer Verordnung ein fünfwöchiger Aufenthalt gestattet.

1685 15. August Botaniker Jacob Theodor Klein in Königsberg geboren. Mitglied der Akademien der Wissenschaften in London und Petersburg. Mitbegründer der Naturforschenden Gesellschaft in Danzig. Mit Linné verglichen und als bedeutender Naturhistoriker seines Jahrhunderts anerkannt.

1686 14. Mai Daniel Gabriel Fahrenheit in Danzig geboren (1686 bis 1736). Er ging, um Kaufmann zu werden, nach Amsterdam, wandte sich aber bald der Physik und Chemie zu. Zu seinen Erfindungen gehören u. a. das erste brauchbare Gewichtsärometer und Thermobarometer. Das Thermometer verbesserte er durch Füllung mit Quecksilber anstatt mit Weingeist und führte die Fahrenheitskala ein, bei der die Temperaturspanne zwischen dem Schmelzpunkt des Eises und dem Siedepunkt des Wassers in 180 Grade eingeteilt ist.

1686 Die Jahres-Chronik erzählt, ein Dieb habe zum Galgen geführt werden müssen, weil er »auf der Peinbank so gereckt« worden sei, daß er nicht habe gehen können.

1686 Der Senior Dr. Kühn erhält von dem Rat den Befehl, »daß er seine Predigten besser studieren, die in seinem Hause vorgegangenen Privatstreitigkeiten auf der Kanzel nicht erwähnen und sich beim

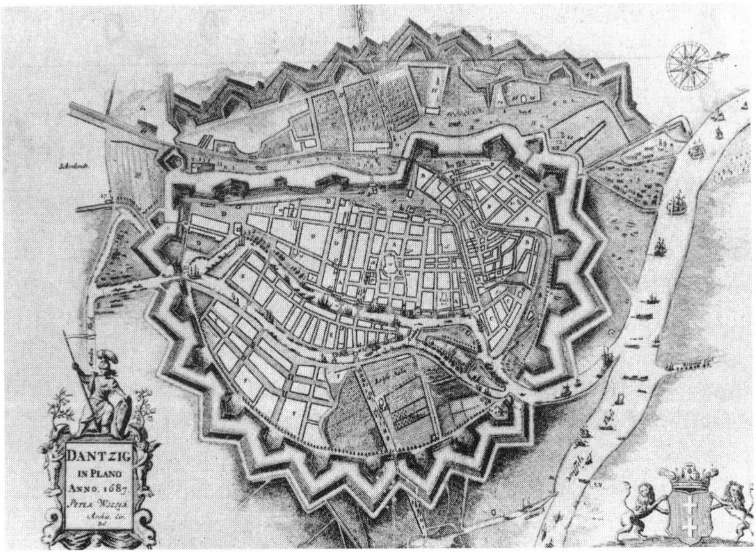

Karte von Danzig 1687.

Vortrage einer deutlichen und vernehmlichen Aussprache bedienen solle«.

1687 Ein Rotgerbergeselle kam nach Danzig, der vorgab, vom Teufel besessen zu sein, sich auf die Erde warf, in Zuckungen geriet und von zehn Menschen kaum gehalten werden konnte. In allen Kirchen soll daraufhin gebetet worden sein, daß der Himmel ihn »aus den Stricken des höllischen Jägers« erretten möge.

1687 Ein Dekret verpflichtet »die jungen Studiosos, welche musikalisch sind«, zunächst die Marien- und die Trinitatis-Kirche »zu bedienen«, und erst wenn für diese gesorgt ist, auch in anderen Kirchen zu spielen. Die, welche zum Chor der Marien-Kirche gehören, sollen dafür die Erlaubnis erhalten, sich wöchentlich zweimal in den Häusern hören zu lassen und freiwillige Geschenke dafür zu nehmen. Auch wird es dem Kapellmeister zur Pflicht gemacht, vier Knaben auf seine Kosten zu Sängern zu bilden und mit der nötigen Unterstützung zu versehen.

1688 Der Prediger Wolters nimmt in der Petri-Kirche in einer Bußtagspredigt zur Luxusgeschichte seiner Zeit Stellung, indem er fragt:

»Kann wohl mehr Pracht in Kleidung getrieben werden, als leider nunmehro bei uns getrieben wird? Man sehe nur einmal unsere allmoden Brüder und Schwestern mit ihren großen und gekräuselten Perücken, mit ihren Locken und Zöpfen, mit ihrem Puschhaar vor der Stirn und Bändern und Stricken auf der Stirn und Regenbogen um das Haupt.«

1689 Der Woiwode von Pomerellen veräußert sein Haus in der Elisabeth-Kirchen-Gasse an den Abt von Pelplin.

1689 In einer Ratsverordnung werden die auf Mattenbuden wohnenden Mattenbinder erwähnt, die es den holländischen Schiffen überläßt, sich zum Einpacken der Waren der einheimischen Produkte oder auch polnisch verfertigter Matten zu bedienen.

1689 Aufstieg und Fall Andreas Schlüters.
Im Jahre 1689 schloß Schlüter mit dem Kronreferendar Jan Dobrogast Graf Krasinski einen Vertrag, der ihn an dessen von Tylman van Gameren erbauten Palast bis 1693 in Warschau festhielt. Für Johann III. Sobieski, den Türkenbesieger, ist er an Bauten in Wilanowo tätig. Seine Grabdenkmäler für die Mutter des Königs, der ihn 1692 nach Lemberg ruft, Teofila, und des königlichen Bruders Marek, wie die dem Andenken des Vaters Jacob Sobieski und des Onkels Stanislaw, verbreiten rasch seinen Ruhm über die Grenzen Polens. Kurfürst Friedrich III., welcher am 18.1.1701 als Friedrich I. in Königsberg zum ersten Preußenkönig gekrönt wird, beruft ihn nach der werdenden Hauptstadt Berlin. Auslandsreisen weiten in den ersten beiden Jahren seines Berliner Aufenthalts seinen Blick. In Italien, Frankreich und den Niederlanden sucht und findet er die großen Vorbilder. Erste Arbeiten in Berlin sind Entwürfe zu Statuen und Zierbildern und das Reiterdenkmal für den Großen Kurfürsten. Das Bronzestandbild Friedrichs III., die Bronzebüste Friedrichs II., Landgraf zu Homburg, und die berühmten Schlußsteinreliefs am Berliner Zeughaus entstehen. Medusenhäupter, Fabelhelme und die zu seinen bekanntesten Bildschöpfungen zählenden Masken sterbender Krieger, »ergreifende Rufe aus dem Reich des Todes«. Der erste steile Gipfel des Ruhms ist erklommen. Als Bauleiter des Zeughauses erleidet er die ersten Schwierigkeiten bei der bautechnischen Ausführung. Er geht aus der Krise gestärkt hervor. Ein Jahr darauf folgt die Berufung als Baumeister des Schlosses. Die Arbeiten für

Herrscher und Krone schließen die Gestaltung kirchlicher und privater Aufträge nicht aus. In den Jahren 1702 und 1703 schuf er die Eingangspforte zur Familiengruft des Hofgoldschmieds Männlich und die von barockem Glanz umgebene Kanzel der Berliner Marienkirche. Die Bauwerke der Alten Post, des Gießhauses, des Marstalls und des Lusthauses zu Freienwalde und anderer märkischer Sommersitze schließen sich an. Schlüter beeinflußt die Berliner Baukunst in allen ihren Zweigen, selbst in der Dekoration und Ornamentik, in welcher einiges der für die Danziger Ornamentik charakteristischen Eigenart fortlebt. Seine organisatorischen Fähigkeiten werden ebenso geschätzt wie die des Künstlers. Als er 1705 den Sarkophag für Königin Charlotte bildet, wird seine Erhebung in den Adelsstand erwogen. Unaufhörlich, sich verströmend, wirken sein Schöpfergeist und eine überquellende Erfindergabe. Schinkel schreibt einmal von dem »nicht hoch genug zu schätzenden Schlüter, auf den das nördliche Deutschland stolzer sein kann als Italien auf Michelangelo«. Mit der Münzturmkatastrophe überschreitet das blendende Gestirn seines Genies den Scheitelpunkt. Die Nemesis kündet sich drohend an. Ein dämonisches Schicksal fordert den Tribut. Der Münzturm, seit 1702 im Bau befindlich, soll in dem ebenen Berlin mit einer Höhe von 96 Metern als ein grandioses Symbol herrscherlicher Machtfülle alle Bauten überragen und höher sein als das Straßburger Münster. Der Turm, welcher auch einen Speicher für die Wasserkünste des Lustgartens und ein Glockenspiel aufnehmen und zu seiner Zierde und Krönung eine vergoldete Fortuna erhalten sollte, stand auf dem unsicheren Grund der Spreeinsel. Nach vier Jahren, etwa 60 Meter hoch gediehen, zeigte das zum Wahrzeichen der Residenz bestimmte Bauwerk Risse in den Wänden. Es neigte und senkte sich. Schlüter wagte nicht, den Bau einzustellen. Verstärkungen für das wankende Fundament werden vergeblich eingezogen. Zwei Jahre ringt Schlüter, wie mit einem Titanen, um die Erhaltung des Turms, der Lieblingsidee seines Herrschers. Aber alles bleibt vergeblich. Am 25. Juni 1706 erteilt er den Befehl zum Abbruch. Vergessen ist, was er für den König, »auf den noch heute von der Sonne Schlüters versöhnende Strahlen fallen«, getan hat. Ein Bergrutsch, der am 21. Juli 1707 das Lustschloß des Königs in Freienwalde heimsucht, just als seine Majestät dort nächtigt, ist ein Grund für den Herrscher, jenem ungastlichen Ort für immer den Rücken zu kehren. Er nennt seinen Hofbaumeister in der Stunde der Demütigung und der Ungnade einen Schelm. In reinster Schönheit und Verklärung entsteht in den beiden letzten

Jahren seines Aufenthalts in Berlin, nachdem es lange Jahre still um Schlüter geworden war, das Kameckesche Haus in der Berliner Dorotheenstraße. Ladendorff meint, daß »sein Genius mit dem Bau der Villa Kamecke einer neuen, feinzügigen Borrominis Ideenreichtum vergleichbaren Architektur noch einmal aufstrahlt«. Und Heuß bezeichnet es als das »entzückend, freundlich bewegte Kamecksche Haus, das in dem Werk Schlüters durch die Beschwingtheit der Fassade einzigartig wirkte«. Des Meisters letztes Werk in Berlin ist der Prunksarkophag für seine Majestät Friedrich I. von Preußen. Eine neue Zeitrechnung beginnt mit der kargen Befehlssprache des Soldatenkönigs, seines Nachfolgers. Über Dresden, dem Zwinger Pöppelmanns seine Reverenz erweisend und Abschied nehmend von seinen Jugendwerken in Warschau und Wilanowo, wendet er sich, dem Schicksal immer noch trotzend, nach Petersburg. Dem Zarenhof errichtet er das Kleine Sommerpalais und die Grotte im Sommergarten. Entwürfe für die Kunstkammer und das Winterpalais sind seine letzten Werke. Dann erlischt sein Leben. Ein neuerdings im Archiv der Stadt Danzig aufgefundener Brief seiner Witwe aus dem Jahre 1717 kennzeichnet erschütternd die Notlage seiner Hinterbliebenen, die den Rat der Stadt um Hilfe ersuchen.

1689 Johann Adam Kulmus wurde am 23. März 1689 in Breslau geboren. Nach dem Tod seiner Eltern war er zu seinem in Danzig als Arzt praktizierenden Bruder gezogen und besuchte hier das Akademische Gymnasium. Er studierte in Halle, Frankfurt an der Oder, Leipzig, Altdorf und Basel und ließ sich wie sein Bruder in Danzig als Arzt nieder. Neben seiner Arztpraxis widmete er sich den Naturwissenschaften, die er als Grundlage der Medizin für notwendig hielt. In seinen Vorlesungen verwendete er einen selbstverfaßten Leitfaden »Elementa philosophiae naturae«. Vor allem der Anatomie galt sein Studium. »Der Mediziner kann ihrer ebensowenig entraten, wie der Seefahrer des Kompasses«, sagte er. 1722 erschienen seine »Anatomischen Tabellen«. Dieser anatomische Atlas erlebte zahlreiche Auflagen und wurde in mehrere Sprachen übersetzt. 1725 wurde er als Prof. der Medizin und Naturwissenschaften an das Akademische Gymnasium berufen. Schließlich wurde ihm das Amt eines Stadtphysikus übertragen. (UNSER DANZIG)

1689 Johann Jakob Mascov wurde am 26. September 1689 in Danzig geboren, wo er die Marienschule und das Akademische Gymnasium besuchte. An der Universität Leipzig studierte er Theologie, Rechtswissenschaft und Geschichte und übernahm, nach Reisen durch West- und Südeuropa, als Hofmeister eine außerordentliche Professur der Rechte in Leipzig. Zugleich war er Ratsherr der Stadt, Hofrat, Stadtrichter, Domherr, Dekan, Leiter der Ratsbibliothek und Pro-Consul. In mehreren Bänden erschien seine auf Quellenforschung der Grundlagen des Reichs- und Staatsrechts beruhende »Geschichte der Deutschen«, ein nach dem damaligen Stand der Geschichtswissenschaft hervorragendes Werk von großer Gelehrsamkeit, lesbarem Stil und kritischer Methode. Weitere historische Werke von überragender Bedeutung aus seiner Feder sind die »Commentarii de rebus imperii romano-germanici« von Konrad I. bis Konrad III. in drei Bänden (1741 bis 1752) und die »Einleitung zur Geschichte des römisch-teutschen Reiches bis 1740« (1747).

1689 Gottfried Lengnich (1689–1772) entstammte einem Danziger Kaufmannsgeschlecht, das nicht zur Rats-Oligarchie gehörte. Nach dem Besuch des Akademischen Gymnasiums und einem Rechtsstudium in Halle a. d. Saale widmete er sich der Erforschung der Geschichte und des Landesrechts der Stadt Danzig. Seit 1729 war er Professor am Danziger Akademischen Gymnasium, zuerst für Beredsamkeit und Poesie, später für Recht und Geschichte. Seit 1750 bekleidete er das Amt des Syndikus der Stadt Danzig. Seine Wissensgebiete erstreckten sich auf Staatsrecht und Geschichte des königlichen Preußens sowie Recht und Geschichte der Stadt Danzig und Polens. Sein Hauptwerk »Die Geschichte der preußischen Lande kgl. preußischen Anteils« erschien in neun Bänden. Sie wurde vom Rat als Fortsetzung der »Preußischen Chronik« des Kaspar Schütz in Auftrag gegeben. Das Werk umfaßt die westpreußische Geschichte von 1526 bis 1733. In der »Altpreußischen Biographie« erfährt er eine Würdigung durch Th. Schieder (»Deutscher Geist und ständische Freiheit im Weichselland«, Königsberg, 1940): »Aus Lengnichs persönlichem politischen Einsatz in der großen Danziger Verfassungskrise um die Mitte des 18. Jh. ist ein weiteres bedeutsames Werk, die Beschreibung des Jus Publicum Civitatis Gedanensis, herausgewachsen, die wohl wegen ihres streng autonomistischen Standpunkts vom Rat zurückgehalten und erst 1900 veröffentlicht wurde. In ihr hat L. das Bild des alten Danzigs ein Menschenalter vor seinem Untergang in allen Einzelzügen festgehalten.« (UNSER DANZIG)

Vier Silberhumpen. Ende des 17. Jahrhunderts.

1690 Heinrich Kühn (1690–1769) wurde am 19. 11. 1690 in Königsberg geboren. An der Universität Halle studierte er Naturwissenschaften und kam im Jahr 1733 als Professor der Mathematik an das Danziger Akademische Gymnasium. Er war einer der Mitbegründer der berühmten Naturforschenden Gesellschaft in Danzig. Als auswärtiges Mitglied gehörte er der Petersburger Akademie an. Er verfaßte fachwissenschaftliche Bücher über Physik und Physikalische Geographie. Seine »Meditationes des orgine fontium« erwarben im Jahr 1741 einen Preis bei der Sozietät von Bordeaux und wurden in die französische und in die lateinische Sprache übersetzt. In der Geschichte der Mathematik lehrte er zuerst die geometrische Darstellung der imaginären Linien.

1691 Der Rat rügt, daß es »am Tage liege, wie die ledige Pracht und übermütige Hoffahrt nunmehr aufs Höchste gestiegen sei«, und verbietet »außer Goldstoffen und Sammet, die von kostbaren Seidenzeugen gemachten und auch wohl mit Petlitzen von Gold und Silber besetzten und mit kostbarem Pelzwerk gefütterten sogenannten ungarischen Manns- und Frauenkleider, alle Diamanten an Knöpfen, Hutbändern und Aufschlägen an den Hüten, besonders aber alle Perlen und Edelsteine an dem Hauptzierrate der Frauenzimmer, den insgemein so benannten Fontangen« (Haaraufsätze). »Kleiden sich nicht fast alle gleich, und Jedermann über seinen Stand? Will auch nicht Jedermann ohne Unterschied geehrt sein? Welche Frau läßt sich nun nicht von ihrem Gesinde ›günstige Frau‹ nennen? Und wie gern will nun Jedermann ›Herr‹, ja ›günstiger Herr‹ von seinen Bedienten heißen?«

1691 Bußprediger Wolters in der Petrikirche: »Unsere Festtage sind unsere offenbarsten Sündentage, das zeigen die vollen und aufgepfropften Häuser, welche solchen Sünden offenstehen. Was findet man nicht Trunkenbolde! Nun in diesem Jahre insonderheit, weil der Tabak und Branntwein Vieler Lust und Zeitvertreib geworden ist. Die meisten lassen predigen, wer predigen will, und bleiben zu Hause. Die Hoffahrt hat so zugenommen, daß nun alles von Gold und Silber muß schimmern, und der Edelsteine die Menge nicht allein das Haupt und die Hände und Arme, sondern auch selbst die Kleider besetzen und die Fontangen mehr in einem Jahr in die Höhe und zugleich in die Krümme gewachsen sind, als vor dem in etzlichen und an Kostbarkeit der Careten und Lieberei der Knechte eine unerhörte Pracht getrieben wird.« Löschin, Geschichte Danzigs (1823), Bd. 2.

1691 Dem Studenten M. Falk wird für zwei Jahre vom Rat ein Stipendium von 100 Talern zuerkannt, damit er »fremde Länder außerhalb Deutschlands« besuchen könne. Reisen gehörten zu den vorzüglichsten Bildungsmitteln der Danziger, wozu der Rat talentvollen Studierenden und Gelehrten mit großer Freigebigkeit die nötigen Mittel bewilligte.

1691 Das geistliche Ministerium fordert den Rat dringend auf, es doch ja nicht zu dulden, daß in Schottland auf dem Gebiet des Bischofs von Cujavien eine neue katholische Kirche eröffnet werde.

1692 Von einem Unternehmer namens Lollhüffel wurde während des Sommers ein Schutenverkehr nach Weichselmünde eingerichtet.

1692 Die Prediger der Höhe halten einen außerordentlichen Convent, weil ein Lutheraner sich mit einer Mennonitin verheiraten will, und beschließen, gegen solche Greuel ernstlich zu predigen.

1692 Ein Weber mit Namen Werner erhielt die Genehmigung auf fünf Jahre, aus inländischen Stoffen allerhand fremde Zeuge verfertigen zu dürfen.

1693 Laut einer Verordnung wird die Musik neben der Kunst des Gesanges an allen Schulen gelehrt und durfte mit Ausnahme der den Kirchen 1699 völlig untersagten Trompeten und Pauken bei keiner religiösen Feier fehlen.

1694 Johann Uphagen ließ eine andere Schute auf der Mottlau vom Krantor zum Blockhaus gehen für einen Fahrpreis von vier Schillingen, die zur ersteren den Anschlußverkehr bediente.

1695 Die Wiederherstellung der St.-Salvator-Kirche wurde nun nicht mehr außerhalb des Petershagener Tors, sondern an der Stelle unterhalb des Bischofsbergs unter tätiger Mithilfe begüterter Bürger unternommen.

1695 Schauspieltruppen erhielten die Erlaubnis, ihre Vorführungen auf dem Grünen Tor und (1691) im »Hundewinkel« zu zeigen. Die Armenhäuser mußten von den Einnahmen mitfinanziert werden.

1695 Bartel Ranisch gibt seine bekannten »Grundrisse und Aufzüge der Danziger Kirchen« heraus und entwirft den Plan zu der neuesten Kirche, der Königlichen Kapelle, der einzigen Barockkirche der Stadt.

1695 Die Zappsche Bibliothek ist in einem Gewölbe der St. Johannis-Kirche aufgestellt und enthält nicht viel mehr als 2000 Bände, größtenteils im Fach der Patristik und Kirchengeschichte. Ihre vorzüglichsten Schätze sind die »Machina coelestis« des Hevelius' (für 500 Gulden gekauft), die Antwerpener und Londoner Polyglotte, Kennicotts Ausgabe des A. T., die Amsterdamer Ausgabe des Talmud, Picart Cerremonies et Coutumes de tous les peuples du monde, und Lavaters physiognomische Fragmente.

1695 18. Dezember Michael Christoph Hanow (1695–1773) wurde am 18.12.1695 geboren. Seit 1714 Akademisches Gymnasium (Athenäum). Hält philosophische, juristische und theologische Vorträge. 1718 Uni Leipzig. Theol., Mathem., Naturwiss., Jus. 1720 Magister. Liest Philosophie, Rhetorik. Seit 1724 Erzieher der Söhne Prof. Weickhmanns in Danzig. Im Okt. 1727 wird ihm Professur der Philosophie übertragen. Hinterließ Anstalt, Vermögen und Bibliothek. Beherrschte klass. Literatur und Geschichte. Sprachen: Franz., Ital., Engl., Poln., Oriental. Mathematische Naturwissenschaft. Eingeschlossen in seine Bibliothek, selbst auf Spaziergänge verzichtend, schrieb er unablässig. U. a. seine »Danziger Erfahrungen«, im ganzen 20 Bde., u. a. »Erläuterte Merkwürdigkeiten der Natur«, »Seltenheiten der Natur und Ökonomie«, »Das vollständige Culmische Recht«, »Preußische Sammlung ungedruckter Urkunden«. Hauptwerk: Fortführung und Ergänzung der Chr. Wolffschen Philosophie. Quelle: ADB X, 524. (»Die erste ständige Danziger Zeitung, die mehr Interesse erregte als diese Wochenschriften, waren die ›Monatlichen Erfahrungen‹, die der Prof. Mich. Christ. Hanow, ein vielseitiger Mann, der erste Danziger Journalist, im Jahre 1739 herausgab. Diese Zeitung lief schließlich in das noch heute (1915!) bestehende ›Danziger Intelligenzblatt‹ aus.«)

1696 Der Prediger Kempyn eifert in der Bartholomäi-Kirche in einer Leichenpredigt so ungestüm gegen das Papsttum, daß ein anwesender Katholik sich dadurch zur lauten und nicht sanften Verteidigung seines Glaubens gedrungen fühlt und dafür eine einjährige Zuchthausstrafe erduldet.

1696 Nächtliche Tanzgesellschaften und Maskeraden werden vom Rat mit einem strikten Verbot belegt. Fastnachtsschauspiele werden von Kaufgesellen auf einem zwischen den Speichern erbauten Theater aufgeführt.

1696 Der Rat sieht sich auf dringendes Verlangen sämtlicher Gewerke genötigt, einem Uhrmacher die Entlassung eines mennonitischen Lehrburschen anzubefehlen.

1697 Eine Verordnung über die Mordbrennerei gestattet, daß es jedem freistehen solle, einen ertappten Mordbrenner in das von ihm gelegte Feuer zu werfen.

1697 Der Rat veranstaltet eine Lotterie, wobei unter 22265 Losen (zu zehn Gulden) drei Hauptgewinne von 6000 Gulden und zahlreiche Nebengewinne verlost wurden. Die dritte Ordnung verlangte die Einstellung der Lotterie als moralisch bedenklich und verwerflich.

1697 Prinz Louis Francois de Conti sucht Danzigs Unterstützung, um den polnischen Thron zu erlangen.

1698 Zur Beschränkung der Ausgaben wurde eine bedeutende Verringerung der Stadtgarnison angeordnet, allein die bald darauf erfolgte Stürmung des Karmeliter-Klosters hatte das Nachteilige dieser Maßregel nur gar zu einleuchtend gemacht, und der Rat hatte sich genötigt gesehen, die Zahl der Soldaten sogleich wieder zu vermehren. Außerdem wurde als neue Abgabe die Zahlung eines halben und ein Jahr darauf die eines ganzen hundertsten Pfennigs eingeführt, nachdem bereits 1695 eine Abgabe von fünf Talern für jedes zum Luxus gehaltene Pferd und 1699 eine solche von einem Groschen für jeden Gulden, den man als Hausmiete gab, eingeführt worden war.

1698 Mit der Ausbaggerung der seit Jahrzehnten versandeten Weichselmündung, besonders jenes natürlichen Kanals, der sich zwischen dem westlichen Ufer und der seit 1634 aufgeworfenen Sandbank (Westerplatte) gebildet hatte, wurde begonnen. Der ausgebaggerte Sand wurde zur Aufschüttung der Sandbank verwendet. Später wurde der Kanal von Bollwerken eingefaßt und durch eine Schleuse gegen die Eisschollen des Stromes gesichert. Auf diese Weise entstand das sogenannte neue Fahrwasser.

1698 Die Erlaubnis zur Eröffnung einer Classen-Lotterie wurde gegeben zum Besten des Spendenhauses, jedoch nur zum einmaligen Spielen.

1698 Der Prediger Kotzer zu Hela gab eine Leichenpredigt heraus, die, unter dem Titel »Die Lebenskomödie«, das ganze Menschenleben als ein tragikomisches Drama darstellt.

1699 Der Lektor Michaelis schreibt einen Leitfaden für das Studium der polnischen Sprache, »Der richtige Wegweiser«, nachdem vor ihm der Lehrer Woyna, der an der unteren Klasse des Gymnasiums unterrichtete, das Schulbüchlein zur Erlernung der polnischen Sprache unter dem Titel »Der kleine Lustgarten« herausgegeben hatte.

18. Jahrhundert

Danziger Barockdiele.

1700 Von 1700 bis 1709 wurden im Durchschnitt jährlich 19500 Last Getreide verschifft. Im anschließenden Jahrzehnt waren es nur noch 18000 Last. Nach dem Ende des Nordischen Krieges stieg die Getreideausfuhr in den Jahren von 1720–1729 auf durchschnittlich 35000 Last an. In den guten Erntejahren 1723 und 1724 waren es über 50000 Last.
Johann Heinrich Messner, gen. Andreas, in Danzig geboren. Bildhauer in Stein, Holz, Elfenbein. Weibliche Akte und Kleinplastik mythologischen Inhalts. Einziger Plastiker von Geltung im deutschen Nordosten zur Epoche des Rokoko. Standbild König Augusts III. von Polen im Artushof Danzig. Heiliger Reinhold, St. Marien zu Danzig. Figürlicher Schmuck der Orgel von St. Johann. Kanzel der Spendhauskirche (Schloßmuseum Oliva). Beischlagrelief Venus und Amor. 1770 in Danzig gestorben.
Um 1700 Vereinfachung der überbordenden Haus- und Giebelfor-

mungen. Der Aufbau wurde schlichter und strenger. (Seit 1760 etwa brachte das Rokoko dann wieder eine größere Belebung der Linien und Formen. Das 1776 erbaute Uphagenhaus in der Langgasse Nr. 12 veranschaulicht Form und Gestalt des zeitgenössischen Bürgerhauses auch im Interieur bis zu seiner Zerstörung im Jahre 1945.)

1701 Danzig entschloß sich nach langem Widerspruch zur einstweiligen Zahlung des den preußischen Städten auferlegten Kopfgeldes. Wegen der längeren Verzögerung dieser Steuer sollte Danzig eine Nachzahlung von 240000 preuß. Gulden dem Kron-Großfeldherrn Jablonowski entrichten.

1701 wollte der aufgebrachte Pöbel den altstädtischen Ratsherrn Lange in der Katharinen-Kirche steinigen, weil er in seinen Sendschreiben und Abhandlungen schonungslos das wahrhaft unchristliche Leben, die Verfolgungssucht und vernunfttötende Orthodoxie eines großen Teils der damaligen Geistlichkeit tadelte, wogegen sie ihn als einen irreligiösen Ketzer in vielen Predigten angriff.

1702 Unter dem Titel »Musikalischer Jahrgang« erscheint eine musikalische Zeitschrift, herausgegeben von Cantor Calixtus.
König Augusts sächsische Truppen dringen auf dem Durchmarsch durch Danziger Gebiet bis »unter die Kanonen« der Stadt vor. Sie wurden mit Gewalt von dem bestürmten Schlagbaum zurückgeschlagen. Der König ließ die nach Marienburg abgesandten Deputierten des Rates nicht zur Audienz und verlangte ein förmliches Abbitten, war aber, als ihm diese Demütigung verweigert wurde, mit einem in Elbing abgestatteten finanziellen Begrüßungskompliment zufrieden.

1703 Danzig hatte nur mit Mühe den schwedischen Generalkommissar Steenbock, der militärische Unterstützung verlangte, mit einer hohen Abschlagssumme befriedigen können.

1704 Steenbock stellte neue Forderungen an die Stadt, die im schwedisch-polnisch-russischen Krieg Neutralität bewahrte. Die Stadt sollte der Warschauer Konföderation beitreten, die sich zur Abdankung Augusts II. von Polen zusammengesetzt hatte, und dem schwedischen König auch die Erträge aus dem Pfahlgeld abtreten, die bisher dem König von Polen zustanden. Schließlich sollte sie das

Darlehen zurückzahlen, das König Karl Knutson 1457 der Stadt gegen die Verpfändung der Stadt Putzig gewährt hatte. (Ein Betrag von schätzungsweise 300–400000 Talern.)

1704 31. Mai Die Stadt beugte sich auch auf Rat der preußischen Regierung und trat der Warschauer Konföderation bei. Sie erklärte sich zur Zahlung der verlangten Summe bereit. Die Schweden zogen ab. Eine unmittelbare Gefahr der Besetzung war damit abgewendet. Der aus preußischen Diensten übernommene Generalwachtmeister von Goltz ließ die Befestigungen verstärken und die Anlagen auf dem Hagelsberg mit der Heilig-Leichnams-Bastion durch ein neues Vorwerk verbinden, das im Volksmund bald die »Steenbock-Brille« genannt wurde.

1704 28. August Schutzbündnis zwischen Danzig und Preußen unterzeichnet, das der preußische Minister Ilgen und der Danziger Sekretär Hoppe in Berlin ausgehandelt hatten. Als Mitte Oktober im Haag der zwischen Danzig und Preußen zustande gekommene Geheimvertrag bekannt wurde, spaltete sich die Bevölkerung in verschiedene Parteien. Der Prediger Schelwig protestierte in einer Kanzelrede in der Trinitatiskirche gegen das Geheimabkommen.

1705 Die Schweden fallen erneut in das Danziger Werder ein und erpreßten von den Bauern eine Kontribution von 50000 Gulden.
In den Ratsverhandlungen wurde der Vorschlag unterbreitet: »Da die Kaffee- und Teehäuser noch etwas Neues seien, und zu vielen schädlichen rumoribus Anlaß gaben, so könne man sie wohl füglich mit Abgaben belegen.« Im selben Jahr verbietet eine Verordnung einem jeden, der noch nicht 16 Jahre alt ist, bei Gefängnisstrafe den Tabakgenuß, der, wörtlich, ein »gefährliches Tabaksaufen« genannt wird.
Der Rat beklagt in einer von mehreren Verordnungen moralisches und religiöses Verhalten, die Verabsäumung des sonntäglichen Kirchgangs wegen anderer Darbietungen: »Da nun Gottes Wort nachdrücklich versichert«, heißt es zum Beispiel in einer solchen Verordnung, »daß er bei seiner Ehre sehr empfindlich sei, und ernstlich über dieselbe halte, so werden Komödien, Schauspiele, Marktschreierzoten, Spielleute und derselben liederliches Betragen, auch das dabei vorgehende wollüstige Tanzen« am Sonntag durchaus nicht geduldet, auch darf kein Ausfahren und kein Spaziergang an diesem Tag vor vier Uhr nachmittags geschehen.

In einer »Taufordnung« werden wiederholt alle Patengeschenke, außer bei nahen Verwandten, untersagt. In der »Hochzeitsordnung« desselben Jahres werden keine goldenen und silbernen Fransen an der Kutsche, dem Bräutigam keine Brautgeschenke (die, wenn er reich ist, über den Wert von 3000, und wenn er zum Mittelstand gehört, über den von 300 Fl. gehen) und den Landleuten keine Seidenstoffe, als nur zu Frauenmützen, keine Perlen und Spitzen, keine »goldenen und silbernen Tressen« gestattet.

1706 Ein Handelsvertrag verbrieft den Engländern den Erwerb eines eigenen Hauses, das als Kirche und Pfarrhaus dienen solle. (1711 erwarben sie das Grundstück Heiligengeistgasse Nr. 80, das zur englischen Kirche und Pfarrerwohnung ausgebaut wurde. 1861 wurde die neugotische Fassade erneuert. Seit 1766 gab es eine »französische Kirche« in der Hintergasse, in einem Haus gegenüber dem »Engel«.)

1707 Der Rat verordnet, daß in den Kaffeehäusern nicht – wie öfter geschehen – handschriftliche, sondern nur gedruckte Zeitungen ausgelegt werden dürfen.

1708 30. Mai Der Danziger Bürgermeister Daniel Gralath geboren, der auch als Historiker ein Werk »Geschichte der Elektrizität« verfaßte und mit den Naturwissenschaftlern Theodor Klein und Heinrich Kühn die »Naturforschende Gesellschaft« begründete.

1708 Die Petri-Kirche erwarb aus dem Nachlaß des Patriziers von Schwarzwald eine Büchersammlung. Sie wurde der Petrischule einverleibt, deren Rektor das Amt des Bibliothekars verwaltete (zu den wertvollsten Werken zählten Picarts Musentempel, Scheuchzeris Physika Sacra, Saurins Discours sur la Bible, ein sauber geschriebener Koran und Krünitzens Encyklopädie). Auch war ein Münzkabinett mit der Büchersammlung verbunden.
Der Ratsturm wurde neu vergoldet und die darauf befindliche Bildsäule von dem Lübecker Uhrmacher Fehrmann abgenommen und ihr Gewicht von 181 bis auf 64 Pfund erleichtert.

1709 Das auf der rechten Seite des Artushofes gelegene Schöppenhaus wird mit einem auf der linken Seite gelegenen ausgetauscht, dessen Besitzer es für eine Leibrente von 1000 Fl. – verbunden mit

der Erlaubnis, das Hintergebäude zu bewohnen – dem Rat übertrug.
Zum erstenmal wird das sogenannte »Tordüttchen« erhoben, das diejenigen zahlen mußten, die in der nächsten Stunde nach dem (durch das Läuten der Torglocken vorher angekündigten) Schlusse der Tore in die Stadt hinein oder hinaus gelangen wollten.
Ein sehr strenger Winter wird verzeichnet.
In diesem Pestjahr werden zwei Pestprediger (deren jeder monatlich 50 Gulden erhielt) zu Besuchen der Kranken angestellt. Um dem furchtbaren Mangel, der die ärmere Klasse drückte, abzuhelfen, ließ der Rat auf öffentliche Kosten wöchentlich von einer Last Roggen Brot bakken und es an die Hungernden verteilen. (In der Stadt waren acht, auf dem Land vier Prediger gestorben. Die auf dem Stolzenberg wohnenden Barfüßer waren ausgestorben.) »Särge waren ungemein teuer und konnten von den Tischlern allein nicht in hinreichender Menge geliefert werden, so daß Rademacher, Stellmacher und Zimmerleute dabei zu Hilfe kommen mußten, ja, daß sogar ein ganzer Weichselkahn voll Särge von Dirschau aus auf Handelsspekulation nach Danzig geschickt wurde. Auch die Tiere schienen dem Ungetüm zu entfliehen, oder zu erliegen. So bemerkte man z. B. fast gar keine Dohlen, Krähen, Sperlinge, Störche und Schwalben. Auch Kreuzspinnen und Kröten waren selten. Alle Posten blieben aus und kamen erst im März des folgenden Jahres wieder.« Durch die Entvölkerung und ungewöhnliche Regengüsse kam es im folgenden Jahr zu einer Mißernte, so daß eine Teuerung und Hungersnot das Jahr 1710 überschatten.
Das Jahr begann mit einer alles erstarrenden Kälte, bei der alle Nußbäume und Weinstöcke erfroren und die Ostsee 24 Wochen lang von Eis bedeckt war. Vor dem 11. Mai konnte kein Schiff in den Danziger Hafen einlaufen. Im Juni setzte die Pest ein und forderte bis zum Jahresende in der Stadt selbst 24533, in ihren Vorstädten 8066 Todesopfer.

1709–1713 Das baufällig gewordene und teilweise abgebrochene Kinderhaus wird wiederaufgebaut.

1710 Die Zahl der an der Pest Verstorbenen betrug in diesem Jahr 1784.
Jakob Wessel in Danzig geboren. 1740 Meister und Bürger. Er setzt die von Daniel Schultz und Andreas Stech erreichte hohe Malkultur würdig fort und porträtiert als angesehener Künstler seiner Zeit alle

Personen von Rang. Sammler, Kunsthändler, Bildrestaurator. 1788 erwirbt der Fürstbischof von Ermland eine von Wessel zusammengestellte Gemäldesammlung. Im Alter von 70 Jahren ist der Künstler in seiner Heimatstadt verstorben.

1711 Eine Verordnung zur Ausrüstung der Bürger ergeht, die verpflichtet werden, alles was zu ihrer Ausrüstung gehört, ständig bereitzuhalten: »Flinte, Degen, Patronentasche, drei Pfund Pulver und sechs Pfund Kugeln.«

1713 11. April Adelgunde Victorie Luise Gottsched geb. Kulmus zu Danzig geboren. Sie heiratete 1735 den in der Literatur- und Theatergeschichte berühmt gewordenen Gottsched und unterstützte ihn selbstlos in seinen literarischen Bestrebungen im Sinne der Aufklärung für Klarheit und Verständlichkeit und für den Gebrauch der deutschen Sprache in der Poesie. Sie versah Gottscheds neue Bühne mit Lustspielen aus ihrer Feder und französischen Übersetzungen.

1714 Zahlreiche Störche finden sich auf den Danziger Ländereien ein, so daß man Scharen von 300 auf einem Platz erblicken konnte.

1716 Zar Peter besucht Danzig, um sich hier mit König August zu treffen. Er stieg zuerst im Ganskrug ab, sodann im »Gasthof zur Hoffnung« am Hohen Turm, um endlich in der Wohnung eines mennonitischen Seidenfärbers sich wohnlich einzurichten. Im Gasthof »Zur krummen Linde« auf Neugarten feierte er die Vermählung seiner Nichte mit dem Herzog von Mecklenburg-Schwerin, nahm großes Interesse an allen in den öffentlichen und Privathäusern vorhandenen Kunstgegenständen, besuchte sämtliche Kirchen und gemeinnützigen Anstalten und nahm am Leichenbegängnis eines Bürgermeisters teil. Er verweilte mit Vergnügen bei den Volksschauspielen auf dem Langen Markt während eines Gastmahls, das König August ihm zu Ehren gab – und ein 62jähriger Zimmergeselle die Spitze eines mit Seife geglätteten Mastbaums nach dreistündigem Versuch erklomm und eine Börse von 50 Talern gewann. (Der Zar soll an dem Gelingen dieses Stangenkletterers sehr gezweifelt und deshalb 200000 Gulden König August gegenüber verwettet haben. Aber es kann sich auch nur um eine Anekdote handeln, wie jene von der Staatsperücke, die Peter einem Danziger Bürgermeister in der Marienkirche abgenommen haben soll, um sie sich selbst aufzusetzen.)

1717 An der sich pestartig verbreitenden Krankheit der Kinderblattern starben 900 Kinder, aber auch viele Erwachsene.

1718 Da kein Kalk mehr von Schweden kam, wurde die Kalkbrennerei von den Bauern auf der Höhe betrieben. Sie lieferten die Tonne für 5 Fl., während man die schwedische mit 11 Fl. bezahlen mußte.

1718 Deisch, Matthäus, deutscher Kupferstecher (1718–1789). In Augsburg geboren. Schüler von Rugendas und Kilians. Zu seinen Augsburger Jugendarbeiten dürfte ein in Schabkunst ausgeführtes ovales Brustbild des 1738 in Stuttgart hingerichteten württembergischen Ministers Joseph Süß Oppenheimer (»Jud Süß«) zu rechnen sein. Seit ca. 1760 in Danzig ansässig. Schuf dort eine Reihe trefflicher Schabkunst-Porträts von Danziger Honoratioren, namentlich nach Gemälden Jakob Wessels, bisweilen auch eigenen Zeichnungen. Außerdem verschiedene Schabkunst- bzw. Aquatint-Porträts der Zarin Katharina II., des russischen Großfürsten Paul Petrowitsch, des polnischen Königs Stanislaus August (Poniatowski) und Augusts III. von Sachsen und Polen. Seinen noch fortwirkenden Ruf verdankt Deisch jedoch seinen künstlerisch wie auch kultur- und stadtgeschichtlich gleich wertvollen Aquatintätzungsfolgen »50 Prospecte von Dantzig« (50 Stadtansichten im Querfolio nach Zeichnungen von F. A. A. Lohrmann, gedruckt 1765), und »Danziger Ausrufer« (40 Volkstypen und Straßenszenen in Folio mit eigenen Zeichnungen). »Wappenbuch Danziger Familien« (Querfolio 1767) und 3 Stichwiedergaben von Gobelin-Kartons nach dem Danziger Zeichner und Maler Andreas Stech.

1719 Zu dem Danziger Katechismus war auch ein Danziger Gesangbuch gekommen, das jedoch, bei dem damals noch großen Mangel an brauchbaren Liedern, nur aus 413 Nummern bestand und später durch reichhaltigere aus den Kirchen fast wieder ganz verdrängt wurde.

1719–1721 Nach dem plötzlichen Tod Karls XII. kam der Friede zwischen den nordischen Mächten zum Abschluß. Rußland konnte mit der Inbesitznahme von Livland, Estland und Ingermannland zum erstenmal die Herrschaft über die Ostseeküste ausdehnen. Nach dem Tode Augusts II. wurde Stanislaus Leszczynski zum polnischen König gewählt. Rußland und Österreich, die französischen Einfluß in

Polen fürchteten (Leszczynski war der Schwiegervater Ludwigs XV.), protegierten dagegen die Wahl Kurfürst Augusts III. von Sachsen zum König von Polen. Von 1719–1728 beliefen sich die jährlichen Einnahmen aus Steuern und außerordentlichen Einkünften auf durchschnittlich 119000 Gulden. (Von 1733–1740 erreichten sie nur noch 56000 Gulden. Von 1742 bis 1751 gingen sie auf 40000 und von 1753 bis 1756 auf 39000 Gulden zurück.)

1720 Der Naturforscher Breyne und Sekretär Klein begründen die Naturforschende Gesellschaft, die aber bereits nach sieben Jahren auseinanderging, um sich 1743 zahlreicher und dauernder zu vereinigen.

1720 Zur Verbesserung der Festungswerke wird ein neues Blockhaus am Ausfluß der Mottlau erbaut.

1721 Die Witwe Barbara Schmidt, geborene Renner, hinterläßt ein hohes Kapital zur Gründung einer Anstalt – des sog. Stiftes –, worin 30 bejahrte und hilfsbedürftige Frauen eine freie Wohnung und wöchentlich zwei Danziger Gulden erhielten. Der Name der Stifterin hat sich in dem 1724 gebildeten Stift und in der »Rennerstiftsgasse«, einer Verbindungsstraße von der Straße »Am Olivaer Tor« zur »Schichaugasse« erhalten.

1723 Die Juden werden aus den Vororten Petershagen, Ohra und Stadtgebiet vertrieben, nachdem der Bischof von Cujavien sie schon 1718 aus seinen Besitzungen entfernt hatte.

1723 Der zweite Band der »Geschichte der Preußischen Lande königlich-polnischen Antheils« von Gottfried Lengnich erscheint, den der Rat 1729 zum Professor der Dichtkunst und Beredsamkeit am Akademischen Gymnasium beruft.

1726 Die Barbarakirche wird durch einen sie verdoppelnden Anbau eines zweiten Kirchenschiffs für die größer werdende Gemeinde geräumiger gemacht.

1726 Pastor Nothwanger hinterläßt der Johannis-Kirche eine Bibliothek, deren Verzeichnis zwei starke Oktavbände ausmachte und beinahe ebensogroß war wie die des Predigers Sostmann an der Petri-

Willkomm der Danziger Kahnenführer von 1727.

Kirche, der 1749 starb und außerdem noch eine schöne Gemäldesammlung hinterließ.

1726 16. Oktober Der Maler und Kupferstecher Daniel Chodowiecki in Danzig geboren. Das Lebenswerk des im friederizianischen Berlin zur Geltung gekommenen Künstlers umfaßte mehrere tausend Radierungen und Zeichnungen, die ihn als Schilderer des zeitgenössischen Berlins und Danzigs und als Illustrator der klassischen deutschen Dichtung bekanntmachen.

1727 Die Festungswerke am Olivaer Tor werden verbessert. Die daran angrenzende Plantage, auch Irrgarten genannt, war schon 1708 von dem Ratsherrn Ferber und dem Stadtkommandanten von Sin-

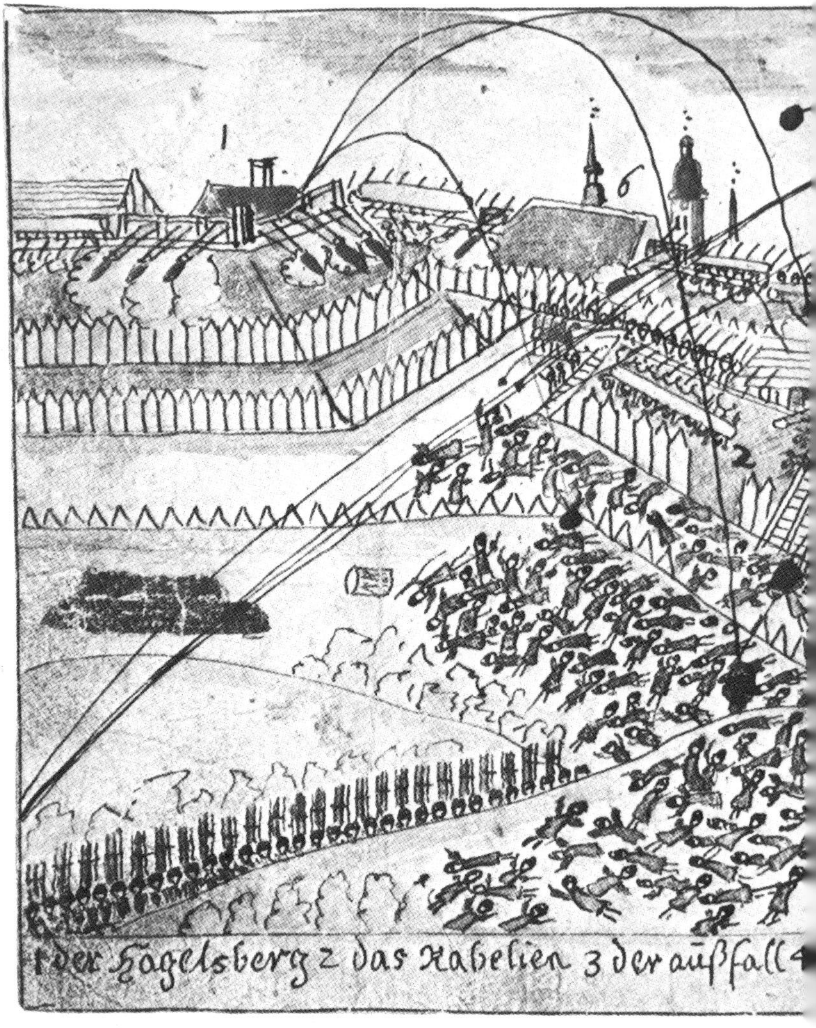

Danzig, 9. Mai 1734.

clair auf einem sumpfigen Platz, wohin man den Bauschutt zu führen pflegte, angelegt worden.

1728 Der altstädtische Ratsherr Andreas Stendel hinterläßt zum Kauf eines Glockenspiels für die Katharinenkirche eine Summe von 18000 Fl., die durch zwei Classenlotterien fast bis auf das Dreifache vermehrt wurde. Für dieses Kapital wurden 35 Glocken (9016 Pfund

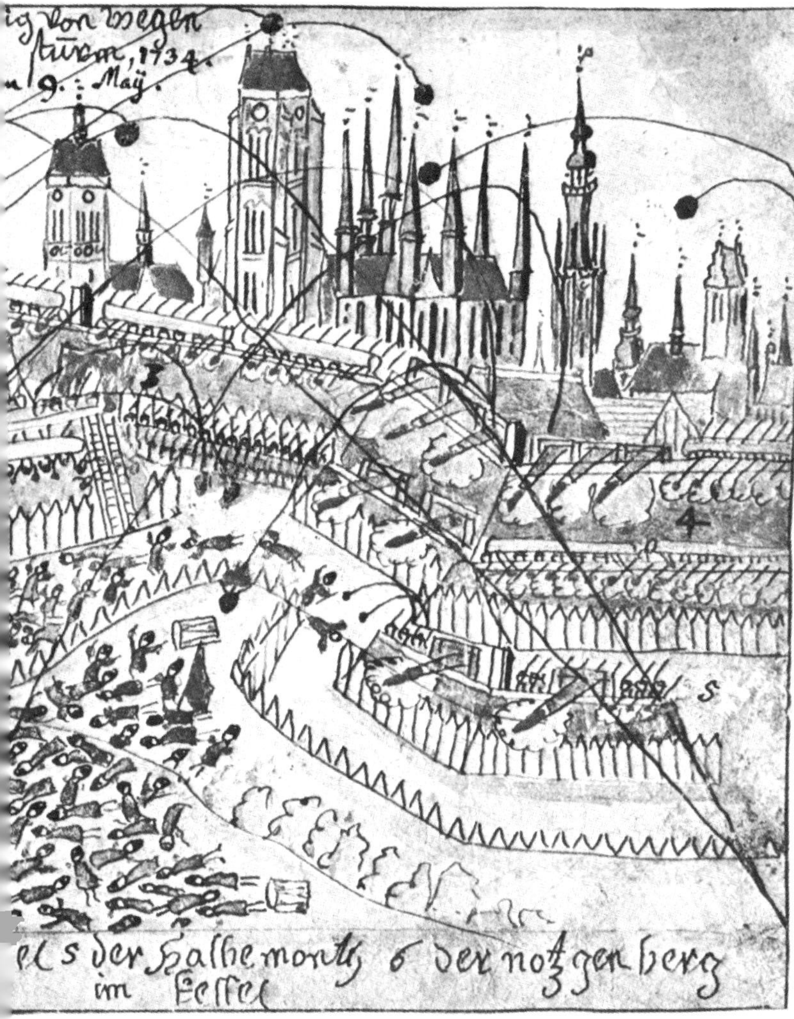

schwer) in Holland angefertigt und gekauft. (Am Andreastag 1738 ertönt das Glockenspiel zum erstenmal. Am 3. Juli 1905 wurde das Geläut von 1738 durch Blitzschlag vernichtet. 1910 wurde ein neues Carillon mit 37 Spiel- und fünf Läuteglocken in den Turm eingefügt, das Franz Schilling in Apolda für mehr als 60000 Mark angefertigt hatte.)

1729 22. Oktober Reinhold Forster, Natur- und Völkerkundler in

Dirschau geboren. Begleitete James Cook auf dessen zweiter Weltreise mit seinem Sohn Georg. Seit 1780 Prof. in Halle.

1730 Von 1730–1739 wurden im Jahresdurchschnitt 14800 Last* Getreide ausgeführt. (Von 1740 bis 1749 waren es durchschnittlich 18800 Last. Die jährlichen Einnahmen der Kämmerei aus städtischem Grundeigentum sanken in der Zeit von 1719–1740 knapp um die Hälfte von 123652 auf 72321 Gulden. Im gleichen Zeitraum sanken die Erträge aus dem Landgebiet von 103634 auf 54551 Gulden.)

1730 Die Einwohnerzahl betrug nur noch 48000, gegenüber 77000 im Jahr 1650. Bis 1750 sank sie weiter auf 46000.

1730 Der Rat befiehlt, die wenig genutzte Fechtschule an der Reitbahn als eine »Komödiantenbude« für Aufführungen von Schauspielen einzurichten, die dann dem Schauspieldirektor Müller für eine Miete von jährlich 600 Fl. überlassen wird.

1733 Stanislaus Leszczynski trat das Erbe seines Vaters an. Er floh nach Pomerellen und traf schließich in Begleitung von Primas Potocki und des französischen Gesandten de Monti am 2. Oktober in Danzig ein.

1734 Einige hundert protestantische Salzburger wurden auf dem Weg nach Ostpreußen, wo der preußische König sie ansiedeln ließ, in den Danziger Ortschaften und Vorstädten freundlich empfangen, beköstigt und beschenkt.

1734 August III. wird am 17. Januar zum König gekrönt. In seinem Namen rückte der russische General Lascy mit 12000 Mann gegen Danzig vor, um die Bürgerschaft zur Auslieferung des Gegenkönigs Stanislaus Leszczynski zu zwingen. Die Zahl der Verteidiger der Stadt Danzig betrug, einschließlich einiger Abteilungen von Schweden, Polen und Franzosen, 23000 Mann.

1734 17. März Belagerung Danzigs durch die Russen. Nach dem Tod des sächsischen Kurfürsten August II. (des Starken), der seit

* Last = Schiffsfrachtgewicht. 1 Last ca. 1 dt. = 2000 kg.

1697 auch König von Polen war, kämpften sein Sohn, August III., mit russischer Hilfe und Stanislaus Leszczynski, Schwiegervater König Ludwigs XV. von Frankreich, um die Nachfolge. Danzig nahm Partei für Leszczynski und verteidigte den in die schützenden Mauern der Stadt geflüchteten Thronanwärter gegen die vereinigten russischen und sächsischen Angreifer.

1734 Der Kriegsrat lieferte den in Eckhäusern wohnenden Bürgern Pechkränze und Kienhölzer zum Anzünden eines Feuers in den an diesen Häusern aufgehängten Pfannen, wodurch beim »Lärmschlagen« im Falle einer Gefahr die Gassen zur Nachtzeit erleuchtet werden konnten. Am 17. März übernahm General Münnich den Befehl über das Danzig belagernde russische Heer, das die Auslieferung Stanislaus' und die Anerkennung König Augusts III. forderte. Ein drohendes Manifest, worin der Stadt nur eine Frist von 24 Stunden zur Anerkennung Augusts und zur Übergabe der Schlüssel verstattet wurde, verkündete den Belagerten seine Ankunft. Am 18. März begann er die Feindseligkeiten mit einem nächtlichen Angriff auf die Danziger Schanzen bei Ohra. *»Mit dem entschlossensten Heldenmuthe vertheidigten sich hier die Danziger Officiere Fraisinet, Gellentin, Barfuß und Scheffler. Schon begann die Übermacht des Feindes, verwirrt durch den wohl nicht erwarteten Widerstand, zu weichen, als schändlicher Verrath ein anderes russisches Corps von 2000 Mann durch die Gärten des Jesuiten-Klosters den braven Danzigern in den Rücken führte. Voll Schrecken ergriffen nun die Polen in wilder Unordnung die Flucht; doch ohne sich dadurch irre machen zu lassen, bahnten sich die Danziger mit Degen und Bajonnet in dicht geschlossenen Reihen den Rückweg zur Stadt. Nur 4 Kanonen ließen sie zurück, und auch davon erhielt der Feind nur 3; denn mit spartanischer Resignation vernagelte ein muthiger Kanonier die vierte und größte, und sprengte sich dann selbst mit dem dabei stehenden Pulverwagen in die Luft. – Mehr als 1500 Mann und darunter 11 Officiere hatten die Russen in diesem blutigen Kampfe verloren; die Danziger nur 90; unter diesen aber die Helden Fraisinet, Gellentin und Barfuß. Scheffler genas von seinen Wunden, und wurde von dem Könige mit 1000 Ducaten, von dem Rathe mit dem Patente eines Capitains, – von Münnich mit der Zurückschickung seiner beiden, von den Russen gefangen genommenen Knaben belohnt, die der Feldmarschall, auch das Verdienst seines Feindes anerkennend, aufgefordert hatte, ›einst ihrem braven Vater ähnlich zu werden‹«.* Am 30. April eröffnete Münnich das Bombardement auf Danzig, nachdem auf Befehl des Rats zum Zwecke der Verteidigung die Vorstädte Petershagen, Schottland, das Dorf Münde, das zweite Neugarten, die Schidlitz, Molde und Mottlauische Gasse wie auch das Kloster der Barmherzigen Brüder niedergebrannt worden waren. Die Bürger flohen in die gewölbten Keller oder zogen sich nach Langgarten zurück, wo für das kleinste Stübchen pro Woche zwei Dukaten gefordert wurden. *»Der König bezog das gräfliche Dohnaische Haus. Der Rat hielt seine Versammlungen in der Schule, das Schöppengericht in der Gemeindestube des Hospitals, die Dritte Ordnung kam in der Barbarakirche zusammen. Die Wohnstube des Rektors war das Audienz- und Sprachzimmer. – Eine Menge von kleinen Krambuden wurde auf Langgarten erbaut; auch die Fleischer hielten hier ihren Markt. – In einem der gewölbten Keller wurde die Frau eines Ratsherrn Ferber durch Kohlendampf erstickt. Vor den Fenstern des Königs erschienen zwei Männer, von denen der eine das seiner Frau von einer Bombe abgerissene Bein, der andere den der seinigen abgeschlagenen Arm dem mitleidigen Monarchen vorzeigte.«* Am 9. Mai bei Einbruch der Nacht stürmten etwa 8000 Russen den befestigten Hagelsberg. Der Angriff wurde unter dem Verlust von mehr als 1500 Russen (nach einer weniger glaubwürdigen Nachricht sollen es über 4000 Tote gewesen sein) zurückgeschlagen. Diese Stelle des Hagelsberges wird seither im Volksmund »russisches Grab« genannt. Am 10. Mai legte eine französische Flotte bei Weichselmünde ein befestigtes Lager an. Gegen Ende Mai wuchs die feindliche Armee durch Truppenverstärkungen des Herzogs von Sachsen-Weißenfels auf 40000 Mann an. Mitte Juni nahm eine starke russische Flotte die Festung Weichselmünde unter Feuer und zwang die Besatzung zur Übergabe. Am 23. Mai landete ein weiteres französisches Hilfscorps mit 2300 Mann bei Weichselmünde. Zusammen mit den Danzigern griffen sie sogleich die von den Russen besetzte Holminsel inmitten des Weichselstromes an. *»Aber dieser Angriff wurde zurückgeschlagen, und die Franzosen, die unter 64 Toten auch den als Volontair dienenden Grafen von Plelo, Gesandten zu Copenhagen, verloren hatten, lagerten sich mißmutig auf der Westerplatte unter den Kanonen von Weichselmünde.«* Die Franzosen auf der Westerplatte kapitulierten, als ein Transport russischer Truppen auf 27 Weichselkähnen eintraf und eine russische Flotte von 16 Linienschiffen und sechs Fregatten auf der Danziger Reede aufkreuzte. Am 27. Juni suchte eine Danziger Deputation das feindliche Hauptquartier in Ohra auf, um die Kapitulation anzutragen. Als conditio sine qua non forderte Münnich die Auslieferung Stanislaus Leszczynskis, um dessentwillen die Stadt alle Opfer auf sich genommen hatte. Durch ein Haus auf der Niederstadt, dessen Garten einen Ausgang zu den Wällen aufwies, floh der königliche Gast der Stadt in der Nacht vom 27. auf 28. Juni, mit seinem getreuen Freund, General Steinpflicht, als ein Bauer verkleidet nach Königsberg.* Der Marquis de Monti verständigte den Rat von der Flucht des Königs und überreichte zugleich einen Abschiedsbrief folgenden Wortlauts: »*Je parts au moment, que je ne plus pais vous posseder, etant resté par l'attrait de votre fidelité sans exemple. J'emporte avec moi la douleur de vos souffrances et la reconnoissance, que je vous dois, et dont je m'acquiterai en tout temps par tout ce qui pourra vous en convaincre. Je vous souhaite tout le bonheur, que vous méritez, qui soulagera le chagrin, que j'ai de m'arracher de vos bras. Je suis toujours et partout votre affectionné. Stanislas, Roi.*

Am 9. Juli kam es zur Kapitulation. Die Stadt Danzig verpflichtete sich, August III. als König anzuerkennen, die Kaiserin von Rußland um Verzeihung zu bitten, ihr eine Million Speciesthaler zu zahlen, »dem russischen Militair ein Geschenk von 30000 Ducaten für das gegen allen Kriegsgebrauch beibehaltene Glockenspiel und Kirchengeläute zu überreichen, und die Festung Weichselmünde sowie auch das Olivaer Thor so lange den sächsischen Truppen anzuvertrauen, bis König August die Wiedereinräumung an die Danziger Garnison erlaubt haben würde«. In der Zeit der Belagerung fielen 4430 Bomben auf die Stadt, durch die 1500 Menschen getötet oder verstümmelt und nahezu 1800 Häuser mehr oder weniger beschädigt wurden. Von den öffentlichen Gebäuden waren allein der Ratsturm, die Bartholomäi- und Jakobskirche, der Artushof und die Trinitatiskirche unbeschädigt geblieben. Eine Granate hatte auf der Plattform des Marienturms den dort anwesenden Turmpfeiffer getötet.

1736 In einem »Artikulbrief« erteilt der Rat nähere Anweisungen über Ausrüstung und Bewaffnung der Stadtgarnison: »Es sollen die

* Hier verweilte er bis 1737 und nahm dann, nachdem er, mit Vorbehalt des Königstitels, der polnischen Krone entsagt hatte, von den ihm durch eine Übereinkunft Österreichs und Frankreichs zugewiesenen Herzogtümern Lothringen und Bar 1738 Besitz. Zum Segen für diese dadurch glücklich gewordenen Ländchen regierte er hier fast 29 Jahre und starb, allgemein betrauert, 1766 durch einen unglücklichen Fall in das Camin.

Reiter mit guten, tüchtigen Pferden, zwo probierten Pistolen und einem Carabin, die Draguner mit ziemlichen Kleppern, guten Musketen und Patrontaschen, die Musketiere mit probierten Musketen, gebräuchlich guten Taschen und alle sämtlich mit manierlichem Seitengewehr notdürftig versehen sein.«

1736 Für Gold- und Silberdrahtzieher sowie für Plätter ergehen neue Verordnungen, denn auch die Gold- und Silberfabrikanten konnten über eine Nachfrage nicht klagen.

1736 Eine Wochenschrift erscheint in Versen, »Der deutsche Diogenes«. Eine andere, »Die monatlichen Erfahrungen«, wurde von Hanow herausgegeben (1739).

1739 8. Juni Daniel Gralath d. J. als Sohn des Bürgermeisters und Naturforschers Gralath zu Danzig geboren. Prof. der Rechte und Rektor am Akademischen Gymnasium. »Versuch einer Geschichte Danzigs« in drei Bänden (1789–1791). Im Jahr 1809 in Danzig gestorben.

1740 Ein Ratsdekret verbietet unter Androhung von Strafe Mißhandlungen von Juden, über welche sehr oft die Flissaken (polnische Ruderknechte, die das Getreide aus Polen auf Flößen transportierten) herfielen.

1740 21. Juli Friedrich der Große hat Danzig viermal besucht. So wohnte er am 21. Juli 1740 im Gartenhaus des Naturforschers Klein, während er 1753 sein Quartier auf Langgarten im Haus des Kaufmanns Puttkammer nahm. Auf seiner Rückreise besichtigte er die Marienkirche, das Zeughaus und den Hagelsberg (als Fortifikation) und wohnte auf Neugarten im Gellentinschen Haus.

1741 3. September Johann Wilhelm von Archenholz in Danzig geboren. Nahm seit 1760 als preußischer Hauptmann am Siebenjährigen Krieg teil. Bereiste später jahrelang ganz Europa. Sein bekanntestes Werk ist die lebendige und anschauliche, wenn auch nicht auf selbständiger Forschung beruhende »Geschichte des siebenjährigen Krieges«, zwei Bände, 1793. Weitere Werke: »England und Italien« (zwei Bände, 1785) und »Annalen der britischen Geschichte« (1789–1800). Herausgeber der politischen Zeitschrift »Minerva«, die er 1792 in Berlin gründet. Sie wird später in Hamburg und Leipzig und bis 1858 in Jena fortgeführt.

1742 erfolgte die Übergabe des Artushofs an die Kaufmannschaft, die hier ihre Börse eröffnete, und dafür die Verpflichtung einging, *»die bisher in diesem Locale üblich gewesenen Gerichtssitzungen ungestört zu lassen, während des Weihnachtsmarktes den Tischlern u. dgl. das Feilbieten ihrer Waaren in diesem Gebäude zu gestatten, es zum freien Durchgang für das Publikum offen zu halten, und eine Summe von 2025 fl. zu zahlen, von deren Interessen die sogenannten Hofherren für das, was sie durch Hinwegschaffung der Buden aus dem Artushofe an Einkünften verloren hatten, entschädigt werden sollten«.*

1743 Gelehrte begründen auf Anregung Daniel Gralaths, eines späteren Bürgermeisters, die »Naturforschende Gesellschaft« neu. Die Professoren Kühn und Hanow befaßten sich mit mechanischen und meteorologischen Studien. Der Mitbegründer der Gesellschaft, Ratssekretär Klein, der vor den Wällen einen botanischen Garten unterhielt, den auch Friedrich der Große aus Interesse an den Kaffeepflanzungen besuchte, widmet sich auch der Zoologie, während Jakob Breyne sich der Botanik verschrieb.

1746 wurden der Naturforschenden Gesellschaft die Säle im Grünen Tor vom Rat überlassen. Ihre wissenschaftliche Tätigkeit begann sie mit einer Revision der gesamten Experimentalphysik des berühmten Wolf, womit sie sich bis zum Jahre 1757 beschäftigte. Schon vier Jahre nach ihrer Stiftung gab sie (1747) den ersten Band ihrer mit großem Beifall aufgenommenen Abhandlungen heraus.

1748 beklagten sich die Zoymacher über den Verfall der Danziger Wollenmanufakturen und bemerken dabei, daß in einem Quartal 810 Stück Wollenzeug weniger auf die Halle gekommen seien als in dem vorhergehenden. Dennoch war die Versendung des Danziger Wollenzeuges und des schlesischen Tuches nach Rußland noch immer sehr groß. Nicht zu gering zu bewerten war auch die Ausfuhr litauischen Hanfes nach England, schwedischen Kupfers nach Polen, der aus Danziger Schmelzen verarbeiteten Asche und des aus Polen herabgeflößten Holzes.

1748 Die Vernachlässigung der Dritten Ordnung durch den Rat und die Vertiefung der politischen Gegensätze führte dazu, daß die Dritte Ordnung König August III. um Hilfe in ihrem Kampf gegen den Rat anrief.

1748 (im Dezember) unterbreitete eine Deputation der Dritten Ordnung dem König in seiner Residenz zu Dresden eine Klage gegen den Rat wegen Verwahrlosung des Gemeinwohls, Despotie und übermütigen Stolzes in allen Zweigen der öffentlichen Verwaltung. Wiederholt hatte die Dritte Ordnung vergeblich dem Rat die Klagen vorgebracht über dessen Eigenmächtigkeiten und willkürliches despotisches Gebaren, das mit den Statuten der Stadt unvereinbar sei. So werde *»jene Verordnung, daß ein Drittel der Ratsmitglieder aus Kaufleuten bestehen solle, und daß nahe Verwandte weder in der ersten noch in der zweiten Ordnung zusammen sein düften, durchaus nicht befolgt. So komme die Regierung ganz in die Hände gewisser Patrizier-Familien und arte in völligen Aristokratismus aus. Der Rat lasse die Dritte Ordnung an keinen wichtigen Verhandlungen teilnehmen; begegne ihr mit unverkennbarer Geringachtung, die selbst in dem verordneten Kirchengebete zu bemerken sei; besetze alle Stadtämter nach freier Willkür; lasse sich allein den Eid der Treue von den Officieren leisten; verwalte die Cämmerei, ohne Rechnung darüber abzulegen: maße sich Einkünfte an, die in die Stadtkasse gehörten, wie z. B. der Präsident sich von jedem neuen Apotheker und Scharfrichter 100 Ducaten in seine Schatulle zahlen lasse. Auf öffentliche Kosten werde alle Jahr eine Summe von 1600 Gulden auf einen Richterschmaus verwendet; des Stadthofes bediene man sich in den Patrizier-Familien wie des eigenen Stalles; für Geld, das in die Taschen der Herren des Rates fließe, werde Juden, Mennoniten sowie auch Leuten, die nicht in der Stadt ansässig oder wenigstens nicht Bürger seien, Handels- und Gewerbefreiheit gestattet, wodurch städtische Kaufleute und Zünfte großen Schaden leiden müßten. Dabei werde der Bürger mit sehr drükkenden Accisen belastet, und dem ohngeachtet werde nichts auf notwendige Anstalten, wie z. B. auf die Reinigung der niederstädtischen Gräben, auf zweckmäßige Einrichtung des Zuchthauses u. dergl. verwendet. Mehr als 100 Testamente seien schon in dem Archive des Gerichts uneröffnet zurückbehalten worden, um einige begünstigte Familien nicht um einen Teil der schon in Besitz genommenen Erbschaft zu bringen.«*

1749 Auf Wunsch der Bürger ernannte der König Prof. Lengnich als Rechtsbeistand mit dem Titel eines königlichen Legationsrats.

1749 Als königliche Kommissare trafen der Bischof Grabowski vom Ermland und der sächsische Kammerherr von Leubnitz im Auftrag des Königs in Danzig ein. Die Verhandlungen um eine demokratische Umgestaltung der Verfassung zogen sich über ein Jahr hin. Schließlich wurde durch eine Deklaration vom 10. Februar 1750 den meisten Wünschen der Dritten Ordnung und der Gewerke entsprochen. Damit verringerte sich der Einfluß des Patriziats auf die politische Leitung und Verwaltung. Unter anderem erhielt die Dritte Ordnung das Recht, für das Drittel der Schöffenstellen, das nach dem Dekret von 1678 mit Kaufleuten zu besetzen war, ihre Angehörigen dem Rat, der die Ernennung vornahm, zu unterbreiten. Da aus den Schöffen die Mitglieder des Rats gewählt wurden, nahm jetzt die Dritte Ordnung auch Einfluß auf die Zusammensetzung des Rats.

1750 Reichsgraf Georg Vandalin Mniszech läßt auf Langgarten ein Herrenhaus errichten, das 1793 Sitz des preußischen Gouverneurs wurde.

1750 Der Absatz ermländischen Garns lief ausschließlich über Danzig, der bis dahin größtenteils über Königsberg gegeben war. Gleiches gilt für die Ausfuhr von Wachs und Asche.

1750 übergab ein Weinhandelskaufmann dem Rat eine Schrift, in der er bemerkte, daß die Consumtion des Weines immer mehr abnehme, da Kornmesser, Sackträger und dergleichen, die sonst viel getrunken, nicht mehr so viel erwürben, Kaffee und Tee den sonst üblich gewesenen Glühwein immer mehr verdrängten, das englische Ale immer gebräuchlicher werde, in den Krügen auf dem Lande nicht mehr, wie sonst, überall auch Wein zu finden sei, und eine große Menge von dieser Ware, seitdem man während der Belagerung Danzigs 1734 diesen neuen Weg erprobt habe, über Pillau und Elbing in das Ermländische und bis nach Polen gehe.

1750 hatte ein königliches Rescript festgesetzt: *»da die dritte Ordnung darüber klage, daß bisher nicht – wie das Dekret von 1678 es anbefehle – ein Drittel jener Magistratspersonen aus dem Kaufmanns-*

stande gekommen sei, so solle diese dritte Ordnung selbst zur Besetzung jeder Rats- und Gerichtsstelle, die einem Kaufmanne zukomme, vier Mitglieder dieses Standes zur Auswahl präsentieren, und gleich jetzt, wo fünf solcher Stellen im Rat und drei in der zweiten Ordnung vacant seien, mit dieser Präsentation den Anfang machen.«

1751 schickte die Dritte Ordnung im Februar den Schöffen G. Wernick im Verfassungsstreit mit dem Rat an den Hof nach Warschau, um den Rat wegen seines Widerstandes gegen Verfassungsänderungen zu verklagen.

1751 In Zukunft sollen die Privilegien der Stadt dadurch wesentlich eingeschränkt werden, daß eine Vermehrung der städtischen Truppen sowie die Öffnung und Schließung der Schiffahrt von der Genehmigung des Königs abhängig gemacht werde. Im August erhoben Bürger und Gewerke einen Einspruch gegen die beabsichtigten Neuerungen. Der Rat wurde vor das kgl. Assessorialgericht geladen und am 4. Februar 1752 zur Akzeptanz der Ordination verurteilt. Ein Prozeß gegen führende Mitglieder des Rats konnte abgewendet werden.

1752 Seit 1752 strebte eine »Deutsche Gesellschaft der Wissenschaften« an Verständnis für Sprache, Literatur und Philosophie zu wecken. Schon 1720 hatten sich Gelehrte in der »Societas Literaria« versammelt, um hier »curiöse Materien aus der Historie, Jurisprudenz, Moral, Physik, Mathematik und andere Wissenschaften zu diskutieren«.

1752 In Danzig besteht noch eine dem Rat gehörende öffentliche Badstube in der Heiligengeistgasse; sie wurde aber nicht mehr benutzt. Die nachsitzenden Ordnungen waren der Meinung, daß man das Lokal zu einem »Theatro anatomico« für die Barbiere gebrauchen könne. (Das für die Gymnasiasten befand sich im Glockentor.)

1752 3. Januar Der königliche Gerichtshof eröffnet seine Sitzungen und entscheidet sich für die Annahme der königlichen Ordination. In 77 Paragraphen, mit einem Anhang von weiteren 29, bestätigte dieses Gesetz die durch das Dekret Johanns III. vorgeschriebene Anzahl der Magistratsmitglieder aus dem Stand der Kaufleute. Der Dritten Ordnung räumt das Gesetz das ihr bereits früher verbriefte Präsentationsrecht ein und berücksichtigt weitere Beschwerdepunkte der Dritten Ordnung, einzelner Zünfte und Innungen.

1752 In seinem politischen Testament gab Friedrich II. von Preußen seinem Nachfolger einige Ratschläge, die besonders auch die Stadt Danzig betreffen: »*Nächst Sachsen wäre für uns Polnisch-Preußen am vorteilhaftesten. Es trennt jetzt Pommern von Ostpreußen und hindert, dieses zu behaupten, erstens wegen der Stromschranke der Weichsel und zweitens wegen der drohenden russischen Truppenlandung im Danziger Hafen. Das wird Euch um so mehr einleuchten, falls Ihr bedenkt, daß Ostpreußen nur von den Russen angegriffen werden kann. Wenn sie also in Danzig landen, schneiden sie den in Ostpreußen stehenden Truppen alle rückwärtigen Verbindungen ab, und wären diese zum Rückzug genötigt, so müßte man ihnen eine bedeutende Truppenmacht entgegenschicken, um ihnen den Weichselübergang zu erleichtern. Ich halte es nicht für angebracht, diese Provinz mit Waffengewalt zu gewinnen... Polen ist ein Wahlreich; beim Tode des jeweiligen Königs wird es jedesmal durch Parteikämpfe zerrissen. Das muß man sich zunutze machen und um den Preis seiner Neutralität bald eine Stadt, bald ein anderes Gebiet erwerben, bis man alles geschluckt hat. Ist die Erwerbung glücklich abgeschlossen, werden jedenfalls Thorn, Elbing und Marienwerder befestigt und sogar kleinere feste Plätze längs der Weichsel errichtet werden. Dadurch würden alle etwaigen Unternehmungen der Russen gegen uns vereitelt. Zweifellos sind ihre regulären Truppen nicht sehr zu fürchten, aber ihre Kalmücken und Tataren sind Mordbrenner und Länderverwüster, die ganze Völker in Gefangenschaft fortschleppen und alles niederbrennen, wo sie sich als die Stärkeren fühlen... Das muß Euch bestimmen, einen Krieg mit Rußland so lange zu vermeiden, als Eure Ehre es zuläßt. Erwerbungen mit der Feder sind solchen mit dem Schwert allemal vorzuziehen. Man setzt sich weniger Zufällen aus und schädigt weder seine Börse noch seine Armee. Bei der friedlichen Eroberung von Polnisch-Preußen halte ich es für durchaus nötig, Danzig bis zuletzt aufzusparen. Denn über diese Erwerbung werden die Polen ein großes Geschrei erheben, führen sie doch ihr ganzes Getreide über Danzig aus: Sie würden also mit Recht fürchten, durch die Weichselzölle, die Preußen auf alle von den Herren Sarmaten ausgeführten Waren legen könnte, in dessen Abhängigkeit zu geraten.*«
Friedrich der Große, ›Die Politischen Testamente‹, übersetzt von Friedrich v. Oppeln-Bronikowski, 2. Aufl., München 1936, S. 67 f.

In dem »Politischen Testament« von 1768 wiederholte Friedrich diese Gedanken.

1754 26. November Georg Forster, Schriftsteller und Politiker in Nassenhuben bei Danzig geboren. Schöpfer der künstlerischen Reisebeschreibung in deutscher Sprache und der vergleichenden Länder- und Völkerkunde. Begleitete mit seinem Vater J. Cook auf dessen zweiter Weltumseglung. Werke: Sämtl. Schrift. 9 Bde. (1843), Ansichten vom Niederrhein, 3 Bde. (1791–94).

1754 Die Last Weizen wurde nur noch mit 122 Gulden bezahlt. Der Roggen erbrachte im gleichen Jahr nur 35 Gulden.

1755–1760 Die Jungfrau Salamon verfaßte mehrere Erzählungen und veröffentlichte Übersetzungen, wofür die Deutsche Gesellschaft zu Jena sie als Ehrenmitglied aufnahm.

1755 Die Danziger Bürger errichteten ihrem Schutzherrn, König August III. von Polen zum Dank für sein schiedsrichterliches Eingreifen eine Marmorstatue, die im Artushof aufgestellt wurde. (Der Rat indessen hat nichts unterlassen, um die Aufstellung im Artushof zu verhindern und vorgeschlagen, sie [unter Ausschluß der Öffentlichkeit] im Zeughaus zu verwahren.)

1759 Der König von Polen, dessen Kurfürstentum nebst allen daraus fließenden Einkünften von König Friedrich II. sequestiert wurde, forderte Geld, und so ungelegen diese Forderung für jetzt auch kam, wußte man sich doch dazu entschließen, ihm ein Geschenk von 100000 Fl. anzubieten. Allein das war nicht genug. Es sollte das Dreifache sein, und auch als das herbeigeschafft worden war, dieser Bescheid: »Hochdieselben hätten stillschweigend die Achsel gezuckt«.

1759 Der Botaniker Klein, der zu den aktivsten Mitgliedern der Naturforschenden Gesellschaft zählte, starb. Er besaß einen sehr reich ausgestatteten botanischen Garten, wie Breyne auf der Brabank, in welchem er u. a. wohlgeratene Pisangfeigen gezogen hatte. Zu den Mitgliedern der Naturforschenden Gesellschaft gehörten u. a. auch die Professoren Hanow und Kühn wie auch die Doktoren der Arzneikunde Söhner und Kade, der Prediger Schwietlicki und die reichen, gegen die Gesellschaft freigebigen Edelleute Rosenberg und Zorn.

1760 Gottlieb Hufeland (1760–1817), Rechtsgelehrter aus Danzig, war von 1808 bis 1812 während der französischen Besetzung Bürgermeister seiner Heimatstadt. Er hatte vorher als Professor in Jena gewirkt und stand mit Goethe in freundschaftlichem Verkehr und Briefwechsel. Vorlesungen über Naturrecht und Rechtsgeschichte. Mit Schütz Herausgeber der »Allgemeinen Literaturzeitung« in Jena, »ein weithin wirkendes Organ für die Ausbreitung der kritischen Philosophie Kants und eine Zeitlang das Hauptorgan für die neu belebte ästhetische Kritik. In dieser und in anderen geschäftlichen und freundschaftlichen Beziehungen standen ihm Goethe, Schiller und viele Große der Zeit nahe. 1787 lernte Schiller Hufeland in Jena kennen« (Bruno Pompecki, Literaturgeschichte Westpreußens, 1915).

Danziger Goldschmiedearbeiten: Ein Paar silberne dreiarmige Leuchter (Girandolen) um 1760 und silberner Becher um 1700.

1760 Die Marienkirche erhält eine neue große Orgel.

1760 In Danzig wie auch in den anderen größeren preußischen Städten hatte man seit der herrschenden Unordnung im Münzwesen keine Silbermünzen mehr geprägt, sondern sich neben den Dukaten, die fortwährend geschlagen wurden, fremder Geldsorten bedient. Da nun aber das Münzschlagen in Polen und Litauen für eine Zeitlang aufgehört hatte, begann man in Danzig wieder mit dem Ausprägen von Silbermünzen und machte 1755 mit Drei-Groschen-Stücken, deren man für 150000 Fl. preußisch schlug, den Anfang, worauf dann 1760 für 30000 Fl. Achtzehn-Groschen-Stücke und 1761 für 60000 Fl. Sechser folgten.

1760–1780 Der Registrator Johann Daniel Glummert verfaßte eine Reihe von Schauspielen, Idyllen, Oden und anderen Gedichten.

1761 Der spanische Gesandte am Warschauer Hof, Graf Aranda, kam nach Danzig und beklagte sich darüber, daß man von hier aus so wenig nach Spanien handle. Darauf antwortete ihm das Commerz-Collegium, es gehe noch alljährlich manches Danziger Schiff nicht nur nach Sevilla oder Cadiz, sondern auch nach Malaga, um Stäbe,

Hafen mit Krantor.

Planken, gebleichtes Wachs, Leinwand, Tauwerk, Flachs und Hanf zu bringen und Salz, Öl, Wein, Sucade, Rosinen, Oliven, Mandeln, Sardellen, Südfrüchte, Indigo und Cochenille dafür mitzunehmen.

1761 Eine verbesserte Willkür eingeführt. Diese »Neu Revidierte Willkür« wurde bis zum 1. Oktober 1857 zur verfassungsmäßigen Grundlage der Stadt.

1761–1770 Die jährlichen Überschüsse der Hilfsgelder beliefen sich auf durchschnittlich 273 506 preußische Mark.

1762 Gottfried Ernst Groddeck in Danzig geboren. Sohn des Orientalisten Benjamin Groddeck. Philologisches Studium in Göttingen, gehörte dort dem von Heyne geleiteten Seminar an. 1787 Lehrer der griechischen und römischen Literatur für Prinz Constantin, Sohn des Fürsten Adam Kasimir Czatoryski. Untersuchungen über Ursprung und Wesen der homerischen Hymnen. Abhandlungen über die Argonautica des Appolonius von Rhodos. 1804 Prof. für griechische und römische Literatur in Wilna. »Leitfaden für die römischen Altertümer« und »Grundrisse der griechischen Literaturgeschichte«, Wilna 1811. Gestorben 13. 8. 1824 in Litauen.

1763 Für seine Anmerkungen zu dem »Tractatus portorii« erhielt Lengnich vom Danziger Rat eintausend Kreutztaler.

1763 Der Danziger Ratsherr Salamon gab über das Münzwesen seiner Vaterstadt eine allerdings unvollendet gebliebene »Münzgeschichte der Stadt Danzig« heraus.

1764 Der Privatgelehrte Gottfried Reyger, der der Naturforschenden Gesellschaft angehörte, veröffentlicht 1768 eine Schrift »Tentamen Florae gedanensis« und eine erweiterte Übersetzung unter dem Titel: »Die um Danzig wild wachsenden Pflanzen« (von ihm konstruiert wurde auch die zu seiner Zeit in Danzig gebräuchliche Thermometerskala, deren Grade nur halb so groß sind als die von Fahrenheit).

1764 Der weimarische Hofrat Verch, ein gebürtiger Danziger, hinterläßt fast sein ganzes Vermögen der Naturforschenden Gesellschaft.

1764 Pastor Fidalke hinterläßt der Bartholomäi-Kirche eine auserlesene Bibliothek von 11000 Bänden.

1765 Die Zoy- und Bomsienmacher klagen über Absatzmangel vornehmlich nach Schweden und Dänemark, wodurch die Woll- und Baumwollmanufakturen in wirtschaftliche Schwierigkeiten gerieten. Ihr Gewerk verminderte sich von 240 Personen in wenigen Jahren auf nur noch 90 im Jahr 1765. Von den vormals so zahlreichen Zeugmachern sind jetzt nur noch 47 vorhanden. Früher hat jeder dieser Meister 20 bis 40 Webstühle gehabt, jetzt dagegen kann keiner von ihnen mehr als zehn beschäftigen.

1766 9. Juli Die Schriftstellerin Johanna Schopenhauer in Danzig geboren. Sie war eine Tochter des Danziger Senators und Pächters der Stadtdomäne Stutthof, Trosiener. 1785 heiratete sie den reichen Kaufmann Heinrich Floris Schopenhauer, mit dem sie einen großen Teil Europas bereiste. Als Witwe zog sie 1806 von Hamburg nach Weimar und begründete dort einen literarischen Salon, der auch von Goethe oft besucht und geschätzt wurde. Von 1829 bis 1837 lebte sie in Bonn. Sie verfaßte Romane, Novellen und Reisebeschreibungen. Ihre Memoiren »Jugendleben und Wanderjahre« enthalten eine subtile Schilderung ihrer Vaterstadt in der zweiten Hälfte des 18. Jahrhunderts.

1767 Daniel Gralath d. Ä., Bürgermeister und früherer Quartiermeister, der besonders durch gründliche Forschung und Experimente zur Verbreitung der Elektrizitätslehre beitrug, stirbt in Danzig.

1767 Der Rat zahlt dem Buchhändler Bartel für eine neue Ausgabe des Kulmischen Rechts 2400 Fl., dem Kupferstecher Matthäus Deisch für seine Kupferstich-Kollektion »Fünfzig Prospecte von Dantzig« 300 Fl.

1767 Die Kaufleute Kabrun und de la Motte eröffnen die ersten Zuckerraffinerien.

1767 Die Beleuchtung der Rechtstadt wird mit 856 Straßenlaternen modernisiert.

1768 Der Bildhauer Daniel Eggert baut eine neue Treppe und das Portal des Rechtstädtischen Rathauses. Er verziert es mit zwei das Stadtwappen haltenden Löwen, die in einer Richtung – zum Langgasser Tor – blicken (was zu jener Zeit zu mancherlei Deutungen und Vorhersagen Anlaß gab).

1768 26. Oktober Der Dichter und Menschenfreund Johann Daniel Falk geboren. Er ist bekannt als »Johannes von der Ostsee« und als Verfasser des Weihnachtsliedes »O du fröhliche . . .«. In Weimar gründete er eine Erziehungsanstalt, die als Falksches Institut zu den ersten ihrer Zeit zählte.

1768 bis 1770 Die Doppelallee vom Olivaer Tor nach Langfuhr wird angelegt und mit 1416 holländischen Linden, unter Aufsicht von Pastor Jenin, bepflanzt. Bürgermeister Gralath beschaffte die dazu notwendigen Mittel in Höhe von 100 000 Fl.

1769 Abraham Friedrich Blech (1769–1830), Theologe und Historiker in Danzig geboren. Konfirmierte 1804 den jungen Arthur Schopenhauer in der Danziger Marienkirche. Schrieb: »Geschichte der siebenjährigen Leiden Danzigs von 1807 bis 1814«, Danzig, 1815; »Stanislaus Leszczynski oder die Belagerung Danzigs« (Drama, 1809 und 1811); »Heinrich IV., König von Frankreich« (Trauerspiel, Königsberg, 1802); »Konradin von Schwaben« (Trauerspiel, Königsberg, 1803).

1769 Die beiden Orgeln der Petrikirche wurden durch neue ersetzt.

1770 bis 1790 Als hervorragende Orgelspieler zeichneten sich Pater Lambert an der Dominikaner- und der Organist Klügling an der Petri-Kirche aus. (Der Organist Turge, der 1799 starb, war ein vorzüglicher Violinspieler, wie auch der 1785 nach Riga abgewanderte Musikus Feige.)

1771 bis 1777 Die jährlichen Überschüsse der Hilfsgelder stagnierten bei 76182 Mark und sanken weiter in der Zeit von 1778–1786 auf durchschnittlich 57957 Mark. (Ihren Tiefstand erreichten sie in den Jahren von 1787–1792 mit 26654 Mark.)

1771 Der wirtschaftliche Niedergang führte zur Gründung einer »Bürgerlichen Ressource« als Sammelpunkt einer für den Anschluß an Preußen tendierenden Bürgergruppe.

1771 bis 1783 Wernsdorf, Prof. Groddeck und Verpoorten gaben die neue Zeitschrift »Danziger Berichte« heraus.

1771 In der Umgebung Danzigs arbeiten 21 Fabriken an der Aufbereitung der Asche, von denen jede im Durchschnitt jährlich 1000 Tonnen auslieferte.

1772 Die Getreideausfuhr betrug 36256 Last. Diese Zahl entspricht etwa dem Durchschnitt seit 1754.

1772 Die Danziger Gold- und Silberschmiede, von denen man 1754 neun zählte, waren gut beschäftigt. Sie verarbeiteten jährlich 20000 Mark Silber, wovon drei Viertel nach Rußland, ein Viertel nach Polen ging.

1772 Mit der ersten polnischen Teilung vom 5. August 1772 erhielt Preußen das bischöfliche Ermland, das Netzegebiet und die Woiwodschaften Marienburg, Kulm umd Pomerellen. Mitte September

1772 erreichten die ersten preußischen Truppen die Grenzen des Danziger Stadtgebiets und schnürten es wirtschaftlich durch Einrichtung von Zollschranken ab. Das galt auch für den Danziger Hafen, den Preußen als Besitz des Klosters Oliva betrachtete, das durch den Teilungsvertrag Preußen zugefallen war. Die bisher an Danzig erstatteten Hafenabgaben wurden jetzt von Preußen erhoben. Auch wurde der Tabakhandel nach Polen unterbunden. Der Salzhandel ging völlig ein. Wolle, Flachs, Hanf und Garn brachte man vorteilhafter nach Königsberg und Elbing. Von den vielen Danziger Aschbuden waren nur fünf auf dem Danziger Gebiet geblieben. Die übrigen waren unter die preußische Besetzung gekommen. Auch durften die auf diese Weise preußisch gewordenen Fabriken sich ihre Tonnen – deren sie sonst jährlich an 24000 gebraucht hatten – nicht mehr von Danziger Böttchern anfertigen lassen. Die schon vor der preußischen Besetzung der Umgebung Danzigs niedergegangene Wollmanufaktur hörte fast ganz auf, seitdem die aus der Stadt ausgeführten Waren mit Abgaben belegt wurden, die zum Teil 75 Prozent ihres Wertes betrugen. Die Dörfer Stolzenberg, Altschottland, Schidlitz und St. Albrecht wurden von Preußen zu einer gemeinsamen Stadt als die »Kombinierten Städte Stolzenberg« vereinigt. Auch mit dieser Maßnahme wurde das Danziger Wirtschaftsgebiet willkürlich zerrissen. Preußen erhielt vom Gebiet des Bischofs von Cujavien auch den Bischofsberg und den in Pomerellen liegenden geistlichen Besitz, also auch Oliva, Quadendorf, Münchengrebin und Gemlitz. Vom Danziger Gebiet forderte Preußen außer dem Vorort Schidlitz die Halbinsel Hela, den Holm, die Scharpau und Fahrwasser.

1773 bis 1782 Ein Redakteur Rubach gab ein monatliches Nachrichtenblatt aller Stadtneuigkeiten, Eheschließungen, Todesfälle u. ä. heraus.

1773 11. Juni Daniel Chodowiecki trifft auf seiner Künstlerfahrt von Berlin nach Danzig in seiner Vaterstadt ein. Sein Skizzenbuch ist eines der beredtsten Zeugnisse des Danziger Milieus der Zopfzeit und des ausgehenden Rokoko.

1774 Der überall von preußischen Zollbuden umgebenen Stadt wurde jede Zufuhr erschwert. »Wollten die Danziger Bürger ihre in Langfuhr, Oliva usw. gelegenen Landhäuser und Gärten besuchen, so mußte jeder Braten, jede Flasche Wein, womit sie hinausfuhren,

Danziger Zimmer von 1779.

versteuert werden, und die Visitation, die dabei vorging, wurde – da sogar Damen bei dem übelsten Wege zum Aussteigen aus ihren Wagen gezwungen wurden – so lästig, daß viele Familien auf den Genuß ihrer schönen Sommerwohnungen lieber gänzlich Verzicht leisteten.«

1776 Der preußische König kauft zusätzlich noch das adelige, der von Weiherschen Familie angehörige Gut Langfuhr und umschloß so das von allem Schutz verlassene Danzig immer enger.

1777 Der Basler Astronom, Naturforscher und Reiseschriftsteller Johann Bernoulli besucht Danzig auf seiner Reise nach Petersburg und 1778 ein weiteres Mal. Von beiden Aufenthalten berichtet er ausführlich in seinen Reiseaufzeichnungen »Reisen durch Brandenburg, Pommern, Preußen, Curland, Rußland und Polen«, 1779 bei Caspar Fritsch, Leipzig, erschienen.

1777 Aus der großen Büchersammlung des Bürgermeisters Schwarz fielen die die Numismatik betreffenden Werke nebst dem

Münzkabinett der Ratsbibliothek anheim, der schon einige Jahre vorher ein privatisierender Gelehrter Barthold seine Münzsammlung hinterlassen hatte. Bürgermeister Schwarz bedachte die Ratsbibliothek in seinem Testament, außer mit einigen Handschriften Luthers, mit dem Kapital von 4000 Fl. zur Vermehrung des Münzkabinetts und von 10000 Fl. zur Erbauung eines zweckmäßigen Bibliotheksgebäudes.

1778 Der erste Band einer neuen Sammlung von Abhandlungen der Naturforschenden Gesellschaft erschien, es wurden Preise für die gelungenste Beantwortung aufgegebener Fragen ausgesetzt, an der sich mehrere der berühmtesten Gelehrten jener Zeit, z. B. auch Lichtenberg in Göttingen oder von Zach in Gotha, beteiligten und der Naturforschenden Gesellschaft die Ehre ihres Beitritts erwiesen.

1780 Im Musikleben traten der Kapellmeister Friedrich Christian Morheim hervor, nach dessen Tod der durch seine Klavier- und Violinschule bekannte Löhlein aus Leipzig als dessen Nachfolger berufen wurde. (1781 folgte ihm der vormalige Kaufmann Siewert nach, der vorübergehend den Lehrerberuf in Güttland ausgeübt hatte. Er machte sich einen Namen durch mehrere gut gelungene Kompositionen.)

1780 Daniel Chodowieckis zweite, bisher in ihrem Bericht unbekannt gebliebene Reise nach Danzig im Jahr 1780 war familiär bedingt und eigentlich wie auch seine erste Reise von Berlin nach Danzig, 1773, keine beabsichtigte Künstlerfahrt. Der Tod der Mutter, die am 30. Mai 1779 in Danzig verstorben war, und Nachlaßangelegenheiten bedingten die zweite Danziger Reise, deren Tagebuch bis vor wenigen Jahren als verschollen galt. Lit.: H. G. Siegler, »Glücklich vor allen Städten – Danziger Lebensbilder aus sechs Jahrhunderten«, S. 81 ff., Lübeck 1981.

1781 Der Privatgelehrte Peter Bentzmann brachte eine Bibliothek der deutschen Schauspiele heraus.

1781 Der Urenkel des Hevelius, der Geheime Kriegsrat von Davisson, ließ seinem berühmten Ahnherrn ein Denkmal in der Katharinenkirche errichten.

1781 Eine »Polnische geistlich-poetische Privatgesellschaft« wird begründet, die die Übersetzung der besten deutschen Religionslieder erarbeitet.

1781 Buchhändler Flörke läßt eine politische Zeitung drucken. Von ihm ging sie ein Jahr später an den Buchdrucker Müller über, in dessen an seinen Sohn vererbten Offizin sie bis zum Jahr 1821 ununterbrochen erschienen ist.

1782 Der Kaufmann Gottfried Brun veröffentlichte eine Literaturgeschichte unter dem Titel »Versuch einer Geschichte der deutschen Dichtkunst«.

1782 Ein Tiefpunkt der Getreideausfuhr mit 9019 Last ist eingetreten, während dann eine Steigerung in den folgenden Jahren erreicht wird mit einer Quote von 40150 Last 1785 und von 36725 Last im Folgejahr, um dann stetig auf weniger als 30000 Last im Jahr abzusinken bis zum Jahr 1792 mit einem Durchschnitt von 26749 Last.

1784 Nathanael v. Wolf, ehemals Leibarzt der Fürsten Czartorski und Lubomirski gestorben. Er war von dem König von Polen in den Adelsstand erhoben worden und lebte seit 1775 in Danzig. Auf dem Bischofsberg ließ er auf seine Kosten eine Sternwarte erbauen und mit hervorragenden Instrumenten ausstatten. 1784 wurde er neben dieser Sternwarte in einem Grabgewölbe bestattet. Er hinterließ dieser Stiftung ein Kapital von 4000 Dukaten zur Erhaltung des Observatoriums und zur Besoldung eines Astronomen und eines Aufsehers. Der Naturforschenden Gesellschaft, die dieses Kapital verwaltete, vermachte er ein Herbarium und ein Naturalienkabinett.

1785 Der Prediger zu St. Annen, Johann Gottfried Gusovius aus Deutsch-Eylau, starb. Er verbreitete die polnische Sprache, indem er deutsche Lieder, Predigten u. a. ins Polnische übersetzte und selbst in dieser Sprache dichtete.

1786 Das von dem Reichsgrafen Georg Vandalin Mniszech 1750 errichtete Herrenhaus auf Langgarten geht in den Besitz der Familie Rottenburg über. Seit 1793 war es Sitz des preußischen Gouverneurs. 1905 wurde es abgetragen.

1786 König Stanislaus Augustus schenkt der Naturforschenden Gesellschaft einen Ring mit seinem in Brillanten gefaßten Bild, den der Direktor bei feierlichen Anlässen zu tragen pflegte.

1786 Die Zeitschriften »Ein Danziger Mancherlei«, »Das ererbte Schreibpult«, »Geist der neuesten Zeitschriften« erscheinen.

1787 Michael Carl Gregorovius (1787–1850), Theatermaler, Stadtansichten. Genrestücke, festliche Begebenheiten: »Ankunft des Kronprinzen von Preußen 1835 in Danzig«; »Ankunft der kaiserlich-russischen Majestäten im Hafen von Danzig«, 1835; »Einschiffung der russischen Garden auf der Danziger Reede«, 1835. Wirkte 1814 bis 1830 an der Berliner Akademie. Von seinen Danziger Motiven ist das bekannteste das auf der Jahrhundertausstellung 1906 gezeigte Gemälde des Langen Marktes mit Rechtstädtischem Rathaus.

1788 24. Januar Die Dritte Ordnung brachte den Antrag ein, den Anschluß an Preußen vorzubereiten. Der Antrag lautete unter anderm: »Hängt unsere Fortdauer von der Konkurrenz der Handlung mit den benachbarten preußischen Untertanen allein ab, so müssen wir zu derselben zu gelangen suchen, und führt uns kein Nebenweg dahin, so viele wir deren zu betreten versucht haben, so müssen wir den offenen gehen und – mag er immer bei dem ersten Anblick das Gefühl eines Republikaners empören – Untertanen eines Königs zu werden versuchen, unter dessen Zepter sich unsere nächsten Nachbarn besser befinden als wir. Eine Regierungsänderung stehet uns auf jeden Fall bevor, aber das scheint von uns abzuhängen, ob wir über kurz oder lang aus Politik ohne besondere Vorteile für uns aufgeopfert werden oder unsere Freiheit ohne Brot – selbst mit Vorteilen – aufopfern wollen? Wer kann in solchen Fällen lange wählen? Wie oft vertrauten wir unserm besten König unsere Not nicht? Er kann uns nicht helfen! Die großmächtige Kaiserin aller Reußen scheint dieses ebensowenig zu wollen. Sr. Kgl. Majestät von Preußen kann es aber für diesen Augenblick mehr als wahrscheinlich. Die wärmste Schilderung von unserem Elende – was für Wirkung brachte sie an den zuerst genannten Höfen hervor? Kalte Ermahnungen zur geduldigen Ausdauer eines Elendes, das nicht mehr zu erdulden ist.« Doch der Rat der Stadt, unterstützt vom Koggenquartier und den Schöffen, lehnt den Antrag kategorisch ab. (Am 11. März 1793 beschlossen Rat und

Bürgerschaft, die Stadt der Oberhoheit des preußischen Königs zu unterstellen.)

1788 22. Februar Arthur Schopenhauer. Geboren werden sollte er, nach dem Wunsch seines Vaters Floris Schopenhauer, eigentlich nicht in dessen Vaterstadt Danzig, sondern in England. Der Philosoph hat es seinen Eltern nie verziehen, daß sie ihren Aufenthalt in England gegen die ursprüngliche Absicht, dort seine Geburt abzuwarten, unterbrachen und mit Eilposten dem heimischen Danzig zustrebten. Hier wurde Arthur Schopenhauer am 22. Februar 1788 in einem der Patrizierhäuser in der Heiligengeistgasse geboren. Zum Gedenken seines 150. Geburtstages wurden in der TH Danzig-Langfuhr eine Büste aufgestellt und an dem Geburtshaus »Heiligengeistgasse 114« eine Gedenktafel enthüllt. Im Landesmuseum wurde eine Schopenhauer-Ausstellung eröffnet. Gelehrte aus Schweden, Frankreich, München, Heidelberg und Danzig hielten wissenschaftliche Vorträge. In früher Kindheit verlor Schopenhauer für immer seine Heimat durch den Entschluß seines Vaters, das mit der Zweiten Polnischen Teilung preußisch gewordene Danzig zu verlassen. Zur Aufnahme einer kaufmännischen Lehre und zur Konfirmation kehrte der Knabe nur vorübergehend an den Ort seiner Herkunft noch einmal zurück. Seit 1809 studierte er, nach längerem Aufenthalt in Frankreich, in Berlin und Göttingen Naturwissenschaften und Philosophie. Im Thüringischen fand Johanna Schopenhauer mit ihrer Tochter Adele und ihrem Sohn Arthur gastliche Aufnahme. In Weimar war sie bald Mittelpunkt eines literarischen Salons und verfaßte Novellen, Romane und Reiseskizzen. Eine Entzweiung mit ihrem Sohn, der inzwischen mit der Dissertation »Über die vierfache Wurzel des Satzes vom zureichenden Grunde« promovierte, mit Goethe freundschaftlich verkehrte – und Enttäuschungen während seiner italienischen Reise prägten seinen Charakter als Frauenfeind und Einzelgänger zutiefst. Er starb vereinsamt, von nur wenigen Freunden erkannt und verehrt, als Junggeselle am 21. September 1860 in einer schlicht möblierten Bleibe in Frankfurt und beschloß das Leben eines Privatgelehrten, der das von seinem Vater ererbte Kaufmannsvermögen bis zu seinem Tod verdoppelt hatte. Berühmt wurde er durch sein grundlegendes Werk der Philosophie in zwei Bänden, »Die Welt als Wille und Vorstellung«, das Werk »Über den Willen in der Natur« (1836) und »Parerga und Paralipomena« (1851), populärer durch die Schriften »Über die Weiber« und »Aphorismen zur Lebensweisheit«.

Sein Hauptwerk schuf er als Mittzwanziger und Gegendenker Hegels. Über sein Werk ist eine Sekundärliteratur verfaßt worden, die seinen Ruhm wachhielt. Aber der Ruhm sollte nach seinem Weltbild ja nur sein: »Existenz in den Köpfen anderer, einem elenden Schauplatz«. Die Erlösung sah er in der »Umkehr des Willens«. Sein Deutsch ist von kristallisch-funkelnder Reinheit. Als Meister der deutschen Sprache und glänzender Stilist ist er dem Denker ebenbürtig. (UNSER DANZIG)

1788 10. März Joseph Freiherr von Eichendorff wurde 1788 auf Schloß Lubowitz in Oberschlesien geboren. Seine Lyrik repräsentiert die Epoche Deutscher Romantik. Aber erst 1837 erschien der erste Band seiner gesammelten Gedichte, viele waren aber schon früh in seinen Erzählungen veröffentlicht worden. Die wohl bekannteste seiner zahlreichen Erzählungen ist die »Aus dem Leben eines Taugenichts«. In fast allen literarischen Gattungen hat er sich als Autor umgesehen, so mit Märchen-, Lust- und Trauerspielen (»Der letzte Held von Marienburg«, 1830) und Versepen. Als literaturgeschichtliche Spätwerke entstehen von 1847 bis 1857, dem Todesjahr Eichendorffs, »Über die ethische und religiöse Bedeutung der neueren romantischen Poesie in Deutschland«, »Der deutsche Roman des 18. Jahrhunderts in seinem Verhältnis zum Christentum«, »Zur Geschichte des Dramas« und »Geschichte der poetischen Literatur Deutschlands«. Von Hause aus Jurist, trat er in den preußischen Verwaltungsdienst ein. Die Beamtenlaufbahn führte ihn von Breslau über Danzig und Königsberg nach Berlin. 1855 ließ er sich zuletzt in Neiße nieder. Als Regierungsrat in Danzig verfaßte er für den preußischen Staat ein Gutachten als Grundlage für die überfällige Restaurierung der Marienburg. Der Stadt Danzig hat er ein weitbekanntes literarisches Denkmal mit seinem Gedicht »Danzig« gesetzt, das mit Verszeile einleitet: »Dunkle Giebel, hohe Fenster ...« In Danzig verkehrte Eichendorff freundschaftlich mit Theodor Kniewel, Pfarrer an St. Marien, und war auch häufiger Gast bei der Sängervereinigung »Liedertafel«, wo manche der Lieder Eichendorffs in der Vertonung von Kniewel gesungen wurden. Über Eichendorffs Danziger Zeit berichtet Hermann Bink unter anderem in UNSER DANZIG vom 5. März 1963: »Eichendorff wohnte in Danzig zuerst in der Langgasse, dann in der Jopengasse und zwanzig Jahre später in der Brotbänkengasse. An diesem Hause Ecke Pfaffengasse ließ im Jahre 1871 oder 1872 der Schlesierverein eine Gedenktafel aus schlesischem

Marmor anbringen, auf der mit vergoldeten Buchstaben zu lesen stand: »In diesem Hause wohnte längere Zeit Joseph von Eichendorff, geb. in Lubowitz bei Ratibor, 10. März 1788. Gestorben am 26. November 1857.« Bei dem ersten Danziger Aufenthalt überließ Graf Fabian zu Dohna seinen Sommersitz Silberhammer, unfern Oliva, dem Dichter. An dieser Stätte entstand der unsterbliche »Taugenichts«. Ein schönes Porträt von Eichendorff hat Kugler in seinem Gemälde aus dem Jahre 1832 überliefert. (UNSER DANZIG)

1789 6. Februar Friedrich Wilhelm von Frantzius wurde am 6. Februar 1789 in Danzig als Sohn des Theodosius Christian Frantzius geboren, der als gebürtiger Lübecker im Jahr 1765 das Danziger Bürgerrecht auf einen Kaufmann erwarb. Der Vater wurde der Begründer eines Handelshauses und gelangte – aus beschränkten Vermögensverhältnissen – zu Ansehen und Wohlstand. Als Reeder gehörten ihm 17 auf seine Kosten gebaute Schiffe. Ihm und seinen fünf Söhnen wurde 1804 der preußische Adel verliehen. Friedrich Wilhelm von Frantzius wurde als Inhaber des vom Vater gegründeten Handelshauses dessen Nachfolger. Er besaß die Güter Brunshof bei Langfuhr, Marienfelde bei Konitz und Barnewitz, Kreis Karthaus. Von 1820 bis 1834 war er Stadtverordneter, später Stadtrat und Mitglied des preußischen Landtags. Sein Bruder Theodosius Christian, der ein eigenes Handelshaus gründete, wurde Napoleon, der sich 1807 in Danzig aufhielt, als der reichste Mann der Stadt vorgestellt. Der 1760 geborene Bruder Johann Gotthard war 1808 bis 1812 Senator der Stadt Danzig und als solcher an der Einführung des Code Napoleon beteiligt. Auch an der Errichtung der neuen Verfassung der Freien Stadt, der Eröffnung der Kunstschule und bei der Aufbringung der französischen Kriegskontributionen von 20 Millionen Francs erwarb er sich Verdienste. Nach seinem Vermögensverlust wurde er Kgl. preußischer Bankdirektor. (UNSER DANZIG)

1789 8. Mai Heinrich Döring. Seine Geburtsstadt Danzig veranstaltete im Oktober des Jahres 1930 eine Goethewoche im Stadtmuseum zu dem Thema: »Goethe und der deutsche Osten«. In der dafür vorbereiteten Ausstellung fand sich die erste Goethebiographie aus dem Jahre 1828 von Heinrich Döring, der allein damit Anspruch auf literarische Unsterblichkeit erlangte. Weitere Leihgaben der Danziger Stadtbibliothek glänzten mit »Goethes Briefen aus den Jahren 1768 bis 1832«, seinem Todesjahr, »Goethes Aufenthalt in Frankfurt aus den Jahren 1757 bis 1775« und eine erweiterte Neuauflage von Dörings Goethebiographie aus Jena (1853) sowie einige Handschriften Dörings, wie Briefe an Winkler, J. D. Sauerländer, Adolf Bube und an die Enslinsche Buchhandlung in Berlin, der er eine von ihm verfaßte Biographie seines Landsmannes Johannes Falk zum Druck anbietet. Die Stadt Danzig wußte ihren im Goethekreis von literarischem Abglanz erleuchteten Sohn auf dem Hintergrund einer Huldigung des großen deutschen Dichters feierlich zu würdigen. Wie so viele Berühmtheiten ihrer Epoche wurde Heinrich Döring als Sohn eines Kaufmanns in Danzig am 8. Mai 1789 geboren. Die Mutter Carolina Justina, geb. von Groddeck, entstammte dem bekannten Danziger Geschlecht, dem zahlreiche Gelehrte, Kaufleute, Bürgermeister und Diplomaten entsprossen. Nach einer Kaufmannslehre studierte er zuerst Theologie, sodann Naturwissenschaften und Literatur. Als Journalist begann er seine literarische Karriere in Weimar. Seit dem Jahr 1818 begründete er seinen Wohnsitz in dem benachbarten Universitätsstädtchen Jena. Lebensbeschreibungen seiner Zeitgenossen wurden sein Lebenswerk: Schillers, Herders, Klopstocks, Gellerts, Wielands und Goethes. Gedichte, Erzählungen und besonders Übersetzungen aus dem Englischen und Französischen (Byron, Scott, Cooper, Sterne, Fielding, Shakespeare und Molière) verbrieften sein Werk. Ein biographisches Denkmal setzte er auch seinem Landsmann und Zeitgenossen Johannes Falk. Zu seinen letzten Werken zählen die topographisch-historischen Widmungen »Thüringer Chronik« und »Danziger Bilder«. Diese heimatliche Vergegenwärtigung seiner Vaterstadt ist eine Entdeckung, die den Danziger Bücherschatz um eine kleine Kostbarkeit bereichert. In Jena starb Heinrich Döring am 14. Dezember 1862. (UNSER DANZIG)

1789 20. Juni Johann Cornies wurde am 20. Juni 1789 in Bärwalde geboren. Im Jahr 1804 wanderte die Familie Cornies auf Einladung Kaiser Alexanders I. (1801–1825) mit dem erforderlichen Grundvermögen von 300 Gulden nach Südrußland aus. Sie blieb zunächst zwei Jahre bei mennonitischen Glaubensgeschwistern in der ukrainischen Kolonie Chortitza, wo sie mit vierhundert anderen Siedlern aus Westpreußen eingewandert war. In der später bezogenen Kolonie Molotschna wurden von den Westpreußen bis 1806 achtzehn Dörfer mit typisch westpreußischen Namen, wie Tiegenhagen, Fischau, Lichtenau, Fürstenwerder, Lädekopp, Orloff und Rosenort gegründet. Der Sohn Johann brachte es durch Vieh- und Schafzucht zu

Wohlstand. Er führte das Merinoschaf und die »rote deutsche Kuh« in Rußland ein und wurde zum bedeutenden Organisator und Inspektor der deutschen Kolonie. Cornies begründete die Seidenraupenzucht, den Kartoffel-, Mais- und Tabakanbau. Er schuf deutsche Schulen und Musterkolonien. Den mongolischen Nomadenstamm der Nogaier machte er seßhaft. Von Kaiser Nikolaus I. und Zar Alexander II. wurde er empfangen. Im Jahr 1838 wurde Cornies korrespondierendes Mitglied des Gelehrtenkomitees im Ministerium der Reichsdomänen. Am 13. März 1848 ist er, der Pionier, der es verstand, aus der kargen Steppe eine Speisekammer zu machen, in Orloff gestorben. Als Symbol, daß er seine Kultivierung nicht hat vollenden können, setzte man auf sein Grab eine abgebrochene Säule.

1790 24. Februar Gotthilf Löschin wurde am 24. 2. 1790 in Danzig als Sohn eines Kaufmanns und Bordingreeders und der Florentine Katharina Waeder geboren. Er besuchte die Marien- und Petrischule und das Gymnasium in Danzig. An den Universitäten Kiel und Halle studierte er seit 1809 Theologie, Geschichte und Literaturgeschichte und unternahm Reisen durch Deutschland. Von Goethe wurde er 1812 freundlich aufgenommen, der sich über Danzig berichten ließ. 1813 kehrte er in seine Heimatstadt zurück und wurde Hauslehrer in der Familie des Kaufmanns J. C. Uphagen. 1815 trat er in den Schuldienst ein und wurde Oberlehrer an der Barbaraschule. Er hielt öffentliche Vorlesungen über Länder- und Völkerkunde und gab die Zeitschrift »Gedana« heraus. Darin enthaltene geschichtliche Studien führten zu seinem Hauptwerk, der »Geschichte Danzigs von der ältesten bis zur neuesten Zeit«, in 2 Bänden 1822–23. Drei Jahre vor seinem Tod erschien die Selbstbiographie »Aus dem Leben eines Amtsjubilars« (1865). »Bibliographische Notizen« in »Die Neu-Gedana«. Hg. von Helga Arnold (Lüneburg 1979).

1790 König Stanislaus Augustus beschenkt das Altstädtische Rathaus mit einer Marmorbüste des Hevelius.

1790 Zernecke, Wilhelm Ferdinand, geb. Danzig 1790, gest. 1859. Der Vater war Danziger Bürgermeister. Seit 1823 bekleidete er über fünfunddreißig Jahre lang das bedeutende Amt des Stadtkämmerers. Er war Magistratsdeputierter bei der Friedrich-Wilhelm-Schützenbrüderschaft und Assessor der Fleischer-, Bäcker-, Müller-, Glaser-, Uhrmacher-, Segelmacher- und Karpfenseigener-Innung. Als Vorsteher an der Oberpfarrkirche zu St. Marien sorgte er für die Beseitigung der an die Außenmauern der Kirche angebrachten Buden und Verschläge. Er war Vorsitzender mehrerer Vereine und Gründer des Danziger Verschönerungsvereins von 1840. So war er maßgeblich beteiligt an der Bepflanzung der Grünanlagen in Jäschkental und am Johannisberg und regte die jährliche Feier des Johannisfestes auf der Jäschkentaler Wiese an. Außerdem war er literarisch als Kritiker und Mitarbeiter der Zeitschrift mit dem poetischen Namen »Ährenleser auf dem Felde der Geschichte, Literatur und Kunst« (1814–1825) tätig und schrieb zwei Schauspiele. Auch als Fachschriftsteller machte er sich einen Namen. Für seine vielfältigen Verdienste wurde er mit dem Roten Adlerorden IV. Klasse hochdekoriert.

1790 Der Weizenpreis erzielt einen Rekord mit 720 Gulden pro Last.

1791 Der Roggenpreis erreicht einen Höhepunkt mit 410 Gulden pro Last. Große Bedeutung erlangt auch der Holzhandel, vorzüglich mit Balken und Pipenstäben.

1792 Die Zeitschrift »Alte und neue Literatur nach neuer Lektüre gemodelt« erscheint in Danzig.

1793 24. Februar Die preußische Annexionserklärung.
Die »Declaration« des Königs Friedrich Wilhelm II. von Preußen, die Besetzung der Stadt und des Gebietes von Danzig betreffend, lautete folgendermaßen: »Dieselben Ursachen, welche Se. Majestät von Preußen bewogen haben, ein Corps Ihrer Truppen in einige Districte von Groß Polen einrücken zu lassen, setzen Höchstdieselben auch jetzt in die Nothwendigkeit, sich der Stadt Danzig und Ihres Gebietes zu versichern. Zu geschweigen, daß diese Stadt seit einer langen Reihe von Jahren gegen den preußischen Staat sehr wenig freundschaftliche Gesinnungen gehegt hat, hat sich auch jetzt jene boshafte und grausame Rotte daselbst eingenistet, die von Verbrechen zu Verbrechen fortschreitet, und sie mit Hülfe ihrer verabscheuungswürdigen Helfershelfer und Anhänger auf allen Seiten auszubreiten sucht. Nachdem einer von diesen Bösewichtern vergeblich versucht hatte, das Gift seiner Grundsätze unter einer glücklichen und treuen Nation auszustreuen, fand er in Danzig selbst ganz ungescheut seine Zuflucht, und nur die nachdrücklichsten Vorstellungen

waren im Stande, ihn den Händen seiner Beschützer zu entreißen. Dieses neue Beispiel und viele andere des Mißbrauchs einer übelverstandenen Freiheit, sowie die genauen Verbindungen der französischen und polnischen Faktionisten mit einer Partei, welche durch die Dreistigkeit ihrer Grundsätze den größeren Theil der gutgesinnten Bürger unterdrückt, und endlich die Leichtigkeit, womit der gemeinschaftliche Feind durch Hülfe seiner Anhänger sich aus Danzig Kriegs- und andere Bedürfnisse aller Art besonders Getreide zu verschaffen weiß, haben die Aufmerksamkeit Seiner Königl. Majestät auf diese Stadt lenken müssen, und Ihnen die Verbindlichkeit aufgelegt, Sie in billigen Schranken zu halten, und solchergestalt für die Sicherheit und Ruhe Ihrer benachbarten Länder zu sorgen. Zu diesem Endzweck haben Seine Königl. Majestät nach getroffener Uebereinkunft mit den dabei mit interessirten Mächten, Ihren General-Lieutenant v. Raumer den Auftrag gethan, die Stadt Danzig nebst ihrem Gebiet mit einem zureichenden Corps Truppen zu besetzen um daselbst die Ordnung und Ruhe aufrecht zu erhalten. Es wird lediglich von dem stillen und klugen Betragen der Einwohner abhängen, das Wohlwollen Seiner Majestät zu verdienen, indem sie Dero Truppen freundschaftlich aufnehmen und behandeln, und ihnen alle Hülfe und Beistand leisten, deren sie etwa bedürfen können. Der kommandirende General wird seinerseits die strengste Mannszucht halten lassen, und allen denen seinen Schutz verleihen, die ihn darum ersuchen werden. Dieses sind die Gesinnungen Seiner Königl. Majestät, und Höchstdieselben hoffen daher, daß der Magistrat der Stadt Danzig keinen Anstand nehmen werde, ihnen gemäß zu handeln, und solchergestalt die heilsamen Absichten zu beförden, deren guter Wirkungen er sich wird zu erfreuen haben.« (Pressezitat)

1793 8.–11. März Der Einmarsch der Preußen in Danzig und die Huldigung*
Bei der zweiten Theilung Polens hatte Preußen auch die Gebiete Danzig und Thorn erhalten. Im Januar rückten die preußischen Truppen in Thorn ein. Als die Nachricht von der Besetzung Thorns Ende Januar nach Danzig kam, rief sie hier eine ungemeine Bestürzung hervor, aber man glaubte noch immer, daß Danzig seine Selbständig-

* Diese Darstellung ist dem im Verlage von A. W. Kafemann erschienenen Werk von Pawlowski: »Geschichte der Provinzial-Hauptstadt Danzig« entnommen.

keit behalten werde, die Ungewißheit dauerte jedoch nicht lange. Die preußischen Truppen versammelten sich an 3 Punkten, bei Oliva, St. Albrecht und Quadendorf, näherten sich der von ihnen ringsum eingeschlossenen Stadt Danzig und waren am 8. März 1793 schon bis an die äußersten Thore Danzigs gekommen. Der damalige Präsident der Stadt war E. F. von Conradi. (Den Titel Präsident führte im Freistaat Danzig der 1. Bürgermeister, der 2. Bürgermeister den Titel Vicepräsident, der jüngste Bürgermeister Kriegs-Präsident.) Darauf erschien zur größten Ueberraschung der Bürgerschaft Danzigs ein Adjutant des commandirenden Generals derselben, v. Raumer, begleitet von einem Trompeter, und überreichte eine Depesche. In dieser Depesche wurde der Präsident aufgefordert, eine Deputation aus allen 3 Ordnungen und der Kaufmannschaft an den General zu senden, welcher sich im Hauptquartier in Schidlitz befand. Hier sollte diese Deputation mit dem General v. Raumer wegen der Uebergabe der Stadt Danzig an Preußen unterhandeln. Die Stadt wählte die gewünschte Deputation. Zu ihr gehörten namentlich die 2 Rathsherren, M. Groddeck und J. W. Weickhmann, 2 Schöppen, 2 Kaufleute, 4 Ordnungsmänner, und die Aeltermänner der 5 Hauptgewerke. Im Hauptquartier zu Schidlitz angelangt, wurde der Deputation ein Schreiben des Königs Friedrich Wilhelm II. vorgelesen, in welchem es unter Anderm hieß: »Danzig habe seit einer langen Reihe von Jahren gegen den Preußischen Staat sehr wenig freundschaftliche Gesinnungen gehegt, es habe sich auch jetzt jene boshafte und grausame Rotte daselbst eingenistet, die von Verbrechen zu Verbrechen fortschreitet.« Nach dieser wenig schmeichelhaften Kundgebung und den hier gepflogenen Unterhandlungen wegen der Uebergabe Danzigs erbat sich die Deputation 24 Stunden Bedenkzeit, die jedoch in Folge der Vorstellung des Präsidenten v. Conradi auf 48 Stunden verlängert wurde. In dieser Zwischenzeit wurde darauf diese für Danzigs Zukunft so folgenschwere und entscheidende Angelegenheit von der Stadt-Obrigkeit im Rathhause und von einem Comité von 12 Herren der Kaufmannschaft im »Englischen Hause« wiederholt in ernste und vielseitige Erwägung gezogen, so wie es die Sache erforderte. Dieses geheime Comité kam nach langer Ueberlegung zu dem Beschlusse, man solle dem General mittheilen, »daß sich die Stadt ganz dem Könige ergeben wolle, da man ja doch nur die Wahl habe, sich zu ergeben oder sich unter dem Schutte der Stadt begraben zu lassen«. »Mit tiefer Bewegung und Rührung anerkennend, daß die äußeren Festungswerke die Riegel der Stadt wären, traten der Rath, die beiden anderen Ordnungen, auch die Kaufleute und die Gewerke diesem Beschlusse (11. März 1793) bei.«

1793 8. März Unter dem Kommando des Generalleutnants von Raumer wurde ein zahlreiches Corps preußischer Truppen in Oliva, St. Albrecht und Quadendorf zusammengezogen und rückte am 8. März bis an die äußeren Stadttore von Danzig, sperrte die freie Flußfahrt auf der Weichsel.

1793 11. März Danzig unterstellte sich »von aller Hilfe verlassen und den Zeitumständen nachgebend« dem König von Preußen.

1793 12. März An König Friedrich Wilhelm II. wurde folgendes Schreiben adressiert: »Unter dem vielvermögenden Schutz Ew. Kgl. Majestät wird die Existenz der Stadt Sicherheit und Festigkeit erlangen. Unter der sanften Oberherrschaft eines Monarchen, dessen Milde und Menschenfreundlichkeit ganz Europa anerkennt, werden Handel und Gewerbe wieder blühen und der Wohlstand, der aus so vielen Klassen der Bürger geflohen war, wiederum zurückgeführt werden. Das ist die Stimmung unserer Bürger und Einwohner, das sind die Hoffnungen, die sie beseelen. In diesem Vertrauen tragen wir Ew. Kgl. Majestät den Wunsch der sämtlichen Bürger und Einwohner demütig vor, von nun an unter Aller Höchst Dero Oberherrschaft zu leben und ihr Glück ihrer Nachkommen von Ew. Kgl. Majestät Gnade und Wohlwollen befördert zu sehen.« Verhandlungen zwischen dem kommandierenden General von Raumer und dem Rat führten zur Vereinbarung, daß die Preußen am 24. März in die Außenwerke einrücken, dagegen in die Stadt selbst erst am 4. April kommen durften.

1793 26. März Die Danziger Deputation begab sich zum wiederholten Male in das Hauptquartier General von Raumers nach Schidlitz, um die Entscheidung über das Schicksal ihrer Stadt zu erfahren. »Des Königs Antwort«, hieß es, »nehme die Unterwerfung Danzigs mit Wohlgefallen an, und erteile dem Generale die Erlaubnis, nicht nur die Außenwerke und Weichselmünde, sondern auch die Stadt selbst zu besetzen, dabei aber auch vorläufige Freierklärung der Rechtstadt von Natural-Einquartierung (zu deren Erleichterung in der Altstadt Kasernen gebaut werden sollten) und Aufrechterhaltung des Danziger Hafen- und Stapelrechts sowie jeder anderen bisher genossenen Handelsfreiheit zu versprechen.«

1793 28. März Am 28. März, einem Gründonnerstag, sollte die Besetzung Danzigs durch preußische Truppen beginnen, wurde aber durch Stadtsoldaten und Matrosen, die sich den Truppen entgegenstellten, bis zum 4. April hinausgezogen. Eine fast dreihundertvierzigjährige Unabhängigkeit des Danziger Freistaates war mit diesem Tag ein Ende bereitet worden. Um acht Uhr zogen die Infanterie-Regimenter von Raumer und von Hanstein nebst dem von Frankenbergischen Dragoner-Regiment mit klingendem Spiel in die Straßen von Danzig ein... Nach der Besetzung des Bischofs- und Hagelsberges durch die Preußen am 28. März näherten sich die preußischen Truppen dem Hohen Tor. Die den Gehorsam verweigernden Danziger Stadtsoldaten, unterstützt von Matrosen und der Bevölkerung, nahmen sie unter Gewehrfeuer. Die Preußen zogen sich zunächst nach Neugarten zurück, erwiderten aber das Feuer, als die Beschießung der Vororte und der Festungswerke von den Danzigern fortgesetzt wurde. Ein Mitglied der regierenden Körperschaften erinnert sich an die Auseinandersetzungen: »Während der Zeit, da diese Gewalttätigkeiten draußen begangen wurden, sah es in der Stadt selbst fast ebenso übel aus, indem das Bataillon Stadtsoldaten, welches befehligt worden, sich jenseits des Stocks (gemeint ist der Stockturm) auf der kleinen Parade zu stellen, um ihnen die scharfen Patronen abzunehmen, da die Mehresten betrunken waren, zu revoltieren anfingen und ihre Offiziere zu erschießen drohten. Endlich entschlossen sie sich auf das nach Neugarten angegangene Feuern die bei der Silberhütte gewöhnliche Artilleristenwache zu forcieren, welches sie auch sogleich ins Werk stellten. Da aber der Artilleristenhauptmann Skepsgarth sich weigerte, ihnen die Schlüssel zu daselbst befindlichem Laboratorium zu geben, behandelten sie den alten Mann sehr übel, sprengten mit Gewalt die Türen auf, schleppten die darin befindlichen Kartuschen und Munition auf die Elisabeth-Bastion und die nächstgelegenen beiden schweren Kanonenbatterien des Stadtwalls und zwangen die Artilleristen durch Prügel, die Kanonen zu laden, nach Neugarten und auf die zur Besetzung des Hagels- und Bischofsberges, wie auch des Olivschen und Petershagschen Tores marschierenden Preußen zu richten und abzufeuern. Als nun dieses unglückliche Schießen, womit etwa nach ½11 Uhr vormittags der Anfang gemacht wurde, den Preußen manchen Mann gekostet, kehrten die auf dem Hagels- und Bischofsberg angelangten Preußen unsere daselbst befindlichen Kanonen um, und fingen an, auf die gemeldeten Oerter des Stadtwalls widerzufeuern, wodurch aber, da diese Oerter gerade vor der Altstadt liegen, viele Giebel und Dächer daselbst großen Schaden erlitten, wie denn auch einer der Tumultuanten durch eine Kugel ein unglückliches Ende nahm. Obgleich man nun hätte denken sollen, daß diese Unglücksstifter dadurch würden bewogen werden, in sich zu gehen und einzuhalten, so wurde sie nur noch mehr angefrischt, da außer anderem Pöbel, der größte Teil der am Jakobstor bestandenen Bürgerwache-Gemeinen, welches Lohnwächter und Matrosen waren, die Wache verließ, ihnen zulief und diesen Bösewichtern teils bei Ladung und Abfeuerung der Kanonen, als auch ihrer mitgebrachten Gewehre weidlich assistierte. Ja, die Ausgelassenheit des Pöbels ging so weit, daß eine dergleichen Rotte unter Anführung eines betrunkenen Stadtgrenadiers den am Jakobstor befindlichen Bürgeroffiziers und wenigen Bürgern die vor der Wache aufgestellte Fahne mit Gewalt wegnahm und damit unter großem Geschrei in den Straßen stolzierte.«

1793 4. April Die preußischen Truppen konnten nahezu unbehelligt Danzig besetzen. Die Bürger der Altstadt und der Vorstadt mußten je ein Regiment der Infanterie bei sich aufnehmen. Das Infanterie-Regiment von Langen (seit 1801 von Treskow) lag in der Altstadt, das Infanterie-Regiment von Hanstein (seit 1803 von Kaufberg) lag in der Vorstadt und Niederstadt. Eine Artillerie-Kompanie zog auf Petershagen ein. Festungswerke und Zeughäuser wurden Teile der Militärhoheit, ohne daß die Grundeigentümer dafür entschädigt wurden. Die Danziger Gesandten in Warschau, Berlin, Petersburg und London wurden entlassen. Den fremden Residenten in Danzig wurden die Pässe ausgehändigt.

1793 16. April Als äußere Zeichen der Besitznahme wurden preußische Adlerwappen am Rechtstädtischen Rathaus, Zeughaus und den Haupttoren der Stadt angebracht. Anstelle der Dritten Ordnung wurden zwanzig Stadtverordnete berufen, die kein Stimmrecht besaßen. Sie setzten sich aus je acht Kaufleuten und Handwerkern und vier Krämern zusammen. Später traten vier Vertreter der Arbeiterschaft dazu.

1793 In der kaum 38000 Einwohner zählenden Handelsstadt erscheint eine »Danziger Wochenschrift«. (Bis 1806 stieg die Bevölkerungszahl auf mehr als 44000 Personen an. Dazu kamen 6000 Militärangehörige mit Familien.)

1793 Die Bierproduktion erreicht 33000 Tonnen. (Bis 1805 steigt sie auf 59000 Tonnen an.)

1793–1800 In dieser Zeit wurden durchschnittlich 38000 Last Getreide ausgeführt. (Von 1801–1805 stieg die Getreideausfuhr auf durchschnittlich 63000 Last an.)

1793 Die Militärverwaltung beansprucht den »Königsspeicher« für ihre Zwecke.

1794 Die Verschiffung hölzener Balken steigt von 1600 Stück auf 38000 im Jahr 1800 an.

1794 19000 Stein Wolle wurden in diesem Jahr verarbeitet. (Bis 1798 stieg die Wollproduktion auf 28000 Stein an.)

1794 Der preußische Staat übernimmt von den Schulden der Stadt, die im laufenden Jahr 2075421 Taler betragen, die Summe von 1,9 Millionen Taler auf eigene Rechnung.

1794 5. April Das Polizeidirektorium, bestehend aus dem Polizeidirektor und drei Mitgliedern des Magistrats, nahm seine Arbeit auf. Das Stadtgericht setzte sich aus einem Direktor, zehn Justizräten und zwei Kaufleuten zusammen. Gerichtssitz war das Schöffenhaus (neben dem Artushof). 1806 wurde das Altstädtische Rathaus Stadtgericht für mehr als hundert Jahre bis 1910. Das neu eingerichtete Wett- und Handelsgericht entschied in kaufmännischen Rechtsstreitigkeiten und Handelsvergehen. Die alten Danziger Rechtsbücher, das Kulmische Recht sowie die Danziger Willkür und Wechselordnung blieben in Kraft. Das preußische Allgemeine Landrecht wurde als Hilfsrecht eingeführt. »Das Kirchen- und Schulkollegium der Stadt Danzig« wurde am 31. Dezember 1799 eingeführt. Es nahm die Patronatsrechte der Stadt wahr. Die Konstituierung einer neuen Stadtverwaltung nahm der Oberpräsident von Schröter zusammen mit dem Präsidenten der Westpreußischen Kammer, von Korkwitz, vor.

1794 17. April Durch den Regierungspräsidenten von Schleinitz wurde eine Deputation aus Mitgliedern des Rats, des Schöffengerichts und der Dritten Ordnung beauftragt, die Richtlinien einer Umwandlung der bisherigen Danziger in preußische Behörden auszuarbeiten. Wenige Tage später wurde die Deputation aufgelöst und ein vorläufiger Magistrat zur Verwaltung der Stadt eingesetzt. Stadtpräsident und zugleich Polizeidirektor wurde der langjährige preußische Resident in Danzig, Kriegsrat von Lindenowski. Die vier alten Danziger Bürgermeister traten zurück.

1794 7. Mai Der Rat huldigte in der großen Wettstube, dem späteren Stadtverordnetensaal, vor den Vertretern des preußischen Königs. Am 7. Mai huldigte die Stadt dem neuen Herrscher. Der General von Raumer und der Präsident der westpreußischen Regierung, Freiherr von Schleinitz, waren bei diesem feierlichen Akt (als Subdelegierte der in die neuerworbenen polnischen Provinzen zur Abnahme der Huldigung gesendeten Commissarien des Generals Möllendorf und des Ministers Dankelmann) die Stellvertreter des Monarchen.

1794 13. Mai Wenige Tage nach der Huldigung war ein interimistischer Magistrat zusammengetreten, der aus Mitgliedern der aufgelösten drei Ordnungen bestand, dem der bisherige preußische Resident v. Lindenowski präsidierte.

1794 3. Juni Die Neuordnung der Stadtverwaltung gelangt mit dem sogenannten »Reglement für den Magistrat der königlich-westpreußischen See- und Handelsstadt Danzig« zum Abschluß. Die Stadt wird unmittelbar der Regierung und der Kriegs- und Domänenkammer Marienwerder unterstellt. Der Magistrat setzt sich aus dem Stadtpräsidenten, dem Bürgermeister Gralath und zehn Stadträten zusammen, von denen zwei als Stadtsyndici angestellt sind. Drei der übrigen Stadträte mußten dem Kaufmannsstand angehören. Der Magistrat ernannte auch die Mitglieder und Beamten des Stadtgerichts.

1794 25. Juli Der Stadtmagistrat tritt zu seiner konstituierenden Sitzung zusammen mit dem Stadtpräsidenten von Lindenowski an der Spitze, dem Polizeibürgermeister M. Groddeck und den beiden Bürgermeistern J. W. Weickhmann und E. F. Gralath, einem Oberbilleteur, weiteren acht Stadträten und zwei Assessoren.

1794 29. Juli Das neue Stadtgericht konstituiert sich mit dem Direktor Grützmacher als Vorstand und zehn Justizräten.

1795 Zum Zweck der besseren Beleuchtung der Altstadt werden 580 Laternen installiert. Die Vorstadt erhält 250 und Langgarten nebst der Niederstadt 280 Laternen für die Straßenbeleuchtung.

1795 Der schwedische Naturforscher und Ober-Plantagen-Inspektor Biörn übernimmt die Bepflanzung der immer weiter gegen die Weichsel wandernden und sie zu verschütten drohenden Sanddünen der Nehrung, wozu aus königlichen Fonds 31431 und aus der Cämmerei-Kasse 27698 Reichstaler aufgewendet werden.*

1796 31. Oktober Ottilie Freiin von Pogwisch (1796–1872) in Danzig als Tochter eines preußischen Offiziers geboren. Mit Goethes Sohn August schloß sie 1817 eine für beide Ehegatten unglückliche Verbindung in Weimar. Von ihren beiden Söhnen erwarb Wolfgang Maximilian (1820–1883) die juristische Doktorwürde und wurde Legationsrat. Mit dem älteren Sohn Wolfgang (1818–1885), der sich auch als Komponist versuchte und den Nachlaß seines Großvaters der Herzogin von Sachsen-Weimar hinterließ, starb Goethes Geschlecht aus.

1797 Adele Schopenhauer (1797–1849). Seit ihrem neunten Lebensjahr lebte die in Hamburg geborene Adele Schopenhauer im goetheschen Weimar. Während sie bei einem Besuch im Juli 1819 in Danzig noch einmal sich ihrer Jugend erinnert, verflechten sich damit schon Gedanken an das Lebensschicksal der Schopenhauer, die, unter Aufgabe eines großen Teiles ihres Vermögens, Danzig nach dem Verlust seiner Selbständigkeit durch preußische Annexion verlassen hatten. In Danzig, wo außer ihrem Bruder Arthur auch ihre Jugendfreundin Ottilie Pogwisch geboren wurde, führte sie indessen mit dem Freundeskreis in Weimar eine lebhafte, von Liebesbeziehungen und Herzenswünschen, Sehnsüchten und Mädchenträumen angereicherte Korrespondenz. Kurt Wolff, der Herausgeber ihrer Tagebücher, meint, sie haben den größten Teil ihres Lebens in der unmittelbaren Nähe bedeutender Geister verbracht. Von den künstlerischen

* Schon im Jahr 1767 hatte die Naturforschende Gesellschaft die Preisfrage gestellt: »Wie kann dem weiteren Anwachsen der Sanddünen am besten vorgebeugt werden?« (Diese Wanderdünen waren schon so weit an das Dorf Bohnsack vorgerückt, daß man die ihnen zugekehrte Seite der Dorfkirche an jedem Sonntag durch Ausschaufeln für den Gottesdienst zugänglich machen mußte.)

Gaben war ihr die des Gesanges, der Zeichenkunst und der Schriftstellerei eigen. Von ihren Scherenschnitten spricht Goethe als »kunstreichen Papierausschneidereien«. In ihrem Roman »Anna« hat sie sich in manchen Zügen selbst gezeichnet. Thomas Mann hat ihr im fünften Kapitel seines Romans »Lotte in Weimar« mit »Adele's Erzählung« ein literarisches Denkmal gesetzt. Adele (Schopenhauer) war eine intime Freundin von Ottilie v. P., einer Danzigerin, die 1817 Goethes einzigen Sohn, August (1789–1830), weimarischer Kammerherr, heiratete. Jetzt traten auch die Abende Johanna Sch. zurück, gegen die regelmäßigen geselligen Vereinigungen, die bei dem jungen Goetheschen Paar stattfanden. Mutter und Tochter nahmen oft daran teil, namentlich Adele. Mit diesem Zeitpunkt beginnt A. Sch. auch ihre Tagebücher[1], in denen viel Melancholie, die ihr angeboren war, liegt. Sie zeigen uns Weimar und seine Menschen aus der Perspektive einer jungen Dame von gesellschaftlich bevorzugter Stellung. Ottiliens Ehe mit August von Goethe war nicht glücklich. Nach dessen Tode führte sie durchaus nicht das Leben einer trauernden Witwe. Lange Jahre lebte sie in Wien, als Mittelpunkt eines aus mannigfachen Elementen zusammengesetzten Kreises, in dem außer Adligen und Militärs Dichter und Gelehrte, wie z. B. Prof. Seligmann[2], Zedlitz, Grillparzer u. a., sich befanden. Sie stand auch im Verkehr mit Karl von Holtei, Bauernfeld, Anastasius Grün und im Briefwechsel mit Mickiewicz; ebenso mit Ernst Freiherrn von Feuchtersleben[3] und Christine Hebel, der Gattin des wuchtigen Dramatikers[4]. Sie starb 1872 in Weimar. Ottilie ist auch dichterisch hervorgetreten; ihren Poesien eignet ein melancholischer, düsterer Zug. 1829 gründete sie die Zeitschrift »Chaos«; der gefeierte Held der Blätter war Goethe[5]. Der Weimarer Kreis stellte die Mitarbeiter[6]. »Das

[1] Erschienen 1920 in Leipzig. Inselverlag; vgl. über sie Artur Eloesser. Voss. Zeit. Beil. 1910, 52. – Über diese Frauen vgl.: Geiger, Goethe und die Seinen, Leipz. 1908 und Paul Kühn, Die Frauen um Goethe, Leipz. 1912.

[2] Briefe an ihn von ihr vgl. Neue Freie Presse, Wien, 1908, 15, 753ff.

[3] Vgl. Ilwof, Chronik des Wiener Goethevereins, XV, 1902, 11–12.

[4] Vgl. Neue Bad. Landeszeitg. 1912 Nr. 26.

[5] Vgl. über dies Journal: Brandes i. d. Zeitschr. f. Bücherfreunde, 1914, V. 8.

[6] Vgl. W. v. Oettingen, Ottilie v. G., Briefe und Tgb. von ihr u. an sie bis 1832, 1813. – Jenny von Gerstenberg, O. v. G. u. ihre Söhne in Briefen u. Erinner. Stuttg. 1901. – Eine lebendige Charakteristik Ottiliens entwerfen Monty Jacobs (Der Tag, 1913, 24) und Felix Poppenberg (Berl. Börsen-Courier, 1913, 57).

schöne Verhältnis Goethes zu seiner »lieblichen Tochter«, gab O. Leben Glück, Geselligkeit, Glanz. Er ließ sie an seinem Geistesleben teilnehmen, da O. für alles Literarische sehr empfänglich war. Es ist nicht leicht, von ihr ein richtiges Charakterbild zu zeichnen. Sie war eine problematische Natur mit sonderbaren Mischungen. Leidenschaftlich, phantastisch, geistvoll, ohne Ruhe und inneren Halt, ein geniales Wesen, das in einem romantischen Helldunkel lebte. Sie hat viel geliebt in ihrem Leben[7]...«

1797 13. April Der Gymnasiast Bartholdy versucht mit Hilfe einiger Mitschüler und Arbeiter in Danzig eine Republik auszurufen. Der Plan wurde verraten und Bartholdy zum Tod verurteilt, dann aber zu einer Festungshaft begnadigt.

1797 Auf Anregung des Großkaufmanns und Mäzens Kabrun wurde eine Aktiengesellschaft zum Bau eines Stadttheaters gegründet. Stadtbaumeister Held errichtete von 1798 bis 1801 das Theater in klassizistischer Architektur, das seiner Kuppel wegen im Volksmund schlicht »Kaffeemühle« genannt wurde.

1798 30. Mai König Friedrich Wilhelm III. besucht auf der Huldigungsreise nach Königsberg in Begleitung der Königin die Stadt Danzig. Nach Abnahme einer großen Revue wurde ein Souper im Olivaer Schloß gegeben.

1798 1. Juni Zwei auf die Namen der königlichen Gäste getaufte Schiffe laufen vom Stapel. Am Abend gab die illuminierte Stadt einen Ball auf dem Artushof. Der König erhielt von der Schützengilde als Gastgeschenk einen silbernen Becher, während die Königin von den Bernsteindrehern mit einem Halsschmuck beschenkt wurde.

1798 Bei den Huldigungsfeierlichkeiten in Königsberg wurde der frühere Danziger Bürgermeister von Conradi in den Freiherrnstand und der zum Ersten Bürgermeister des preußischen Magistrats ernannte frühere Ratsherr M. Groddeck in den Adelsstand erhoben. Diese Auszeichnung widerfuhr wenig später auch den beiden anderen Danziger Bürgermeistern Gralath und Weickhmann.

[7] Paul Kühn, »Die Frauen um Goethe«, Leipzig, 1911. *Quelle:* Lit. Gesch. d. Prov. Wpr., Bruno Pompecki, A. W. Kafemann, Danzig, 1915.

Grabplatte C. F. von Conradi. Gest. 12. Juli 1798.

1798 12. Juli Carl Friedrich von Conradi, der Gründer der nach ihm benannten Stiftung der berühmten Jenkauer Schule, aus der das spätere »Conradinum« hervorging, gestorben.

1797 7. September Karl Schnaase (1798–1876) in Danzig geboren. Bedeutender Kunsthistoriker, der die Entwicklung der Kunst vor einem weiten kultur- und geistesgeschichtlichen Horizont darzustellen versuchte. Hauptwerke: »Geschichte der bildenden Künste«, sieben Bände (1843–1864), »Niederländische Briefe« (1834).

1798 Die Georgshalle wird von der Georgenbrüderschaft an den preußischen Fiskus veräußert. (Nach einem Umbau im Innern wurde die Hauptwache am Stockturm in die Georgshalle verlegt. Im Jahr 1904 wurde die Hauptwache von der Georgshalle in das Hohe Tor verlegt.)

1799 29500 Stück Bauholz wurden über den Danziger Hafen verschifft.

1799 31. Dezember Das »Reglement für das Kirchen- und Schulkollegium« wird erlassen.

19. Jahrhundert

1800 3. Januar Wilhelm Schumacher in Danzig geboren. Autodidakt. Gelernter Sattler. Journalist und Schriftsteller. Gründer und Hauptschriftleiter der Danziger Zeitung »Das Danziger Dampfboot«. In Danzig gab es 600 Kaufleute und Fabrikanten. Der Kaufmann Theodosius Chr. Frantzius besaß allein 17 auf seine Kosten gebaute Schiffe. Die britische Regierung bediente sich zum Bau von Kriegsschiffen und Docks keines anderen als des aus Polen kommenden Eichen- und Fichtenholzes, wodurch der Absatz dieser Ware und der über Danzig gehende Handel ungemein gefördert wurde.

1801 Im Dorf Jenkau auf der Danziger Höhe entstand eine Bildungsanstalt, die nach dem Bericht ihres Direktors Jachmann den Zweck verfolgte, »allen ihren in fünf Klassen verteilten und von neun Lehrern unterrichteten Zöglingen, ohne Rücksicht auf die besonderen Bedürfnisse einzelner Stände, eine gleichmäßige humanistische Bildung zu geben«. Die Fonds zu dieser Stiftung, die sich auf 200000 Taler beliefen, hatte der im Jahr 1798 verstorbene Kammerherr v. Conradi durch Testamentsverfügung angewiesen, mit dem Wunsch, daß sein mit ihm aussterbender Name auf diese Anstalt, die man »Conradinum« nannte, übergehe und für die Nachwelt erhalten bleibe. Bedürftige Schüler fanden hier ganze oder halbe Freistellen, andere zahlten eine jährliche Pension. Conradi hatte außerdem noch in seinem Testament verfügt, daß die Zöglinge dieser Anstalt ein den Stifter kenntlich machendes Zeichen tragen und sowohl bei der jährlichen Stiftungsfeier als auch bei dem Schulabgang »in einer solennen Rede« seiner gedacht werden möge.

1801 5. Mai Johann Carl Schultz geboren. Er besuchte die Kunstschule in Danzig und war Schüler des damaligen Direktors Prof. Adam Breysig. Nach Studien in Berlin und Italien übernahm er 1832 die Danziger Kunstschule. Als das für Danzig bedeutsamste Lebenswerk des Künstlers, der 1873 starb, ist die Sammlung anzusehen, die er unter dem Titel »Danzig und seine Bauwerke in malerischen Original-Radierungen« herausgab.

1801 3. August Das von Stadtbaumeister Carl Held gebaute Stadttheater am Kohlenmarkt eröffnet.

1803 Ein der Marienwerderschen Regierung zugesandtes Verzeichnis aller zur Unterstützung Bedürftiger in der Stadt Danzig ausgefertigten Vermächtnisse nennt die beträchtliche Summe von 974790 Fl. sowie zum Besten der Witwen, Studierenden und Kranken einen jährlichen Ertrag von 46654 Fl. Sowohl das Spendhaus als auch das Kinderheim konnten nur durch beträchtliche Zuschüsse zu den vom Magistrat ausgewiesenen Armengeldern bestehen. Auch aus der Lotteriekasse der königlichen Zahlenlotterie flossen weitere Geldmittel der Wohlfahrt zu.

1803 Die Kunst- und Handwerksschule wurde in den Räumen der Marienschule eröffnet und später in die Säle des Langgassischen Tores verlegt, deren Leitung der Direktor der Magdeburger Kunstschule, Johann A. Breysig, übernahm.

1803 Der reiche Kaufmann Broschke, der sich von einem einfachen Stauer (Aufseher über das Einladen des Holzes in die Schiffe) emporgearbeitet hatte, ließ auf eigene Kosten längs des bisher sumpfigen Weichselufers von Danzig nach Neufahrwasser (wohin man bisher nur auf beschwerlichen Umwegen hatte gelangen können) eine Landstraße bauen und erhob dafür ein ihm für zehn Jahre zugestandenes Wegegeld.

1803 An den Straßenecken wurden Schilder mit den Gassennamen angebracht. Im selben Jahr wurde das Glockentor abgebrochen und die Hauptwache vom Stockturm in die Georgshalle verlegt. Von hier aus wurde sie erst 1904 in das Hohe Tor umquartiert.

1803 Die Zahl der den Danziger Hafen anlaufenden Schiffe war verhältnismäßig hoch. Von insgesamt 1903 ankommenden Schiffen kamen 80 aus England, 24 aus Frankreich und je sechs aus Spanien und Italien. Die Ladungen bestanden zumeist aus Lebens- und Genußmitteln, wie englisches Bier, Kaffee, Heringe aus Schweden, Baumöl, Sirup, Tabak, Champagner- und Burgunderweine, Reis, Kandiszucker, raffinierten Zucker, aber auch Eisen und Kalk. Im gleichen Jahr verließen den Danziger Hafen insgesamt 1836 Schiffe, davon gingen 492 nach England, 480 nach Dänemark, 308 nach Holland, 22 nach Spanien, 16 nach Frankreich und neun nach Italien. Ausgeführte Waren bestanden aus Getreide (nach England, Holland, Portugal, Spanien und Dänemark), doppelten Branntweinen aus Danziger Fabriken (nach Rußland, England, Dänemark), Kornbranntwein (nach Schweden und Dänemark), Doppelbier (fast allein nur nach England), Bernstein (nach England und den Hansestädten), Pferdehaaren (nach Dänemark und Schweden), polnischer Leinwand (nach England, Schottland, Holland, Dänemark, Frankreich, Portugal, Spanien und den Hansestädten), Wolle (nach Schweden und Dänemark), Pottasche (nach Holland, Spanien, Frankreich und Portugal) und Weedasche (nach England, Holland und Dänemark).

1803 In der Stadt registriert: 44 Tuchmachermeister mit zwölf Gesellen, 57 Zeugmacher mit 205 Gesellen, 19 Strumpfwirker mit 15 Gesellen und elf Hutmacher, die insgesamt jährlich 23917 Stein Wolle verbrauchten. Bierbrauer gab es im gleichen Jahr 32, Branntweinbrenner 17, Branntwein-Destillateure 60, Gold- und Silberdrahtzieher 38, Kürschner 32, Fleischer 51, Schneider 201, Schuhmacher 125; im Ganzen 1759 Meister mit 2525 Gesellen und 743 Lehrburschen.

1803 Manche Straßenbezeichnungen wurden abgeändert oder neu eingeführt, wie in der Niederstadt, auf dem »Alten Schloß« und auf dem »Schild«. Die Gassen der Altstadt wurden meist erst mit ihrer Bebauung im 15. Jh. benannt, wie die Baumgartsche Gasse, Böttchergasse, Faulgraben, Malergasse, Näthlergasse, Paradiesgasse, Schulzen- und Tischlergasse.

1803 Die Speicherinsel wurde mit zwei Reverberes und drei Laternen beleuchtet.

1803 Der Fürstbischof vom Ermland und Abt von Oliva, Johann Carl von Hohenzollern, ließ Grünanlagen auf dem Carlsberg und der Kaufmann Johann Labes auf dem Johannisberg in Jäschkental herrichten.

1804 Auf Langgarten, Kneipab und Schäferei wohnten 434 Familien mit zusammen 2049 Personen. Außer ihnen wohnten auf Mattenbuden 54 jüdische Familien mit 223 Personen.

1804 Auf dem zweiten Neugarten wird eine Entbindungsanstalt gegründet, deren Direktor Franz Christian Brunatti wird und die zugleich der Ausbildung von Hebammen diente.

1804 Die städtischen Ländereien enthielten 103 Dörfer mit fast 30000 Einwohnern. Sie brachten der Kämmerei eine Einnahme von 176555 Reichstalern.

1805 22. Februar Robert Reinick in Danzig geboren. Maler und Dichter. »Lieder und Fabeln für die Jugend« (1845). Ges. Werke »Robert Reinicks Märchen-, Lieder- und Geschichtenbuch« (1873). Viele seiner Lieder wurden vertont, u. a. von Schumann und Brahms.

1806 Die Bevölkerung der Stadt ist auf über 44000 angestiegen (ohne Militärpersonen). Innerhalb der Stadt befanden sich 5292 Häuser mit Ziegel- und 62 mit Schindeldächern.

1806 14. Oktober Nach der verlorenen Schlacht bei Jena und Auerstedt war der Weg für die Armeen Napoleons nach Preußen geöffnet worden. Der Hof mußte Berlin verlassen, und schon am 22. Oktober wurde dem Gouvernement zu Danzig die Ankunft der Königin gemeldet. Während die Königin aber nach Graudenz ihrem Gemahl folgte, trafen am 27. Oktober Wilhelm von Solms und Oranien, Fürst Radcziwill mit Familie und Prinz Friedrich, ein Neffe des Königs, mit großem Gefolge in Danzig ein. Die königlichen Kinder wurden bei dem Kaufmann Christian Wendt in seinem Haus auf Langgarten aufgenommen.

1806 17. Dezember Theodor Hirsch in Altschottland (Danzig) geboren. Danziger Historiker. »Die Oberpfarrkirche von St. Marien zu Danzig mit ihren Denkmälern«, »Gewerbe- und Handelsgeschichte Danzigs unter der Herrschaft des Deutschen Ordens«. Biographien der ersten Hohenzollern von Brandenburg. Seit 1865 Professur in Greifswald.

1806 Franziskanerkloster als Lazarett für das preußische Militär verwendet.

1807 im März Französische und deutsche Truppen der Rheinbundarmee besetzen das Danziger Werder.

1807 10. März Marschall Lefèbvre* stand vor den Toren Danzigs. Die Belagerungsarmee bestand aus 26000 Franzosen, Sachsen, Badenern und Polen sowie 12000 Mann Genietruppen.

1807 11. März Von der Besatzung der Stadt (15000 Mann) wurden die Vororte Petershagen und Neugarten niedergebrannt und die Dämme bei Quadendorf durchstochen, so daß die Danziger Niederung unter Wasser stand. Den Oberbefehl über die Danziger Truppen übernahm der 70jährige Generalfeldmarschall von Kalckreuth. Im Artushof wurde mit Einwilligung der Kaufleute ein Lazarett eingerichtet.

1807 3. April Bei einem Ausfall nach Langfuhr wurden die Kirche und das Hospital »Zu Aller Engeln« in der Halben Allee durch Brand zerstört. Bei der vom Hagelsberg und Bischofsberg einsetzenden Beschießung der Stadt flohen viele Bewohner nach Langgarten und der Niederstadt. Hier fanden Flüchtlinge in den bescheidenen Häusern von Arbeitern, aber auch in Gasthöfen und in der »Loge Eugenia« vorläufige Unterkünfte.

1807 25. April Die Stadt lehnt eine Aufforderung zur Kapitulation ab.

1807 12. Mai Der russische General Kaminskoi landet mit 6600 Mann bei Weichselmünde und versucht durch die Einnahme des Holms eine Verbindung des Hafens mit der Stadt wiederherzustellen. Das Unternehmen bleibt ebenso erfolglos wie der Versuch, auf einem flachgehenden englischen Schiff Pulver und Hafer nach Danzig zu expedieren. In der Nähe des Holms wurde das Fahrzeug von den Franzosen leckgeschossen. Lebensmittel wurden knapp, und durch die anhaltenden Verluste, durch Krankheiten und Fahnenflucht der preußisch-polnischen Truppen wurde die Besatzung stark geschwächt. Die Danziger Kaufleute gewährten dem Gouverneur auf dessen Ersuchen ein Darlehen von 350000 Talern, um die Verlu-

* Lefèbvre, Pierre Francois Joseph, frz. Marschall (seit 1804), geb. in Rufach (Elsaß) 20. 10. 1755, wurde in den Revolutionskriegen General und unterstützte Bonaparte beim Staatsstreich des 18. Brumaire (9. 11. 1799). Seine Frau Catherine geb. Hübscher, eine ehemalige Wäscherin, wurde als »Madame Sans Gène« durch das gleichnamige Bühnenstück von Sardou populär.

ste wettzumachen. Dankbar sprach der preußische König ihnen seine Anerkennung aus: *»Seine Königliche Majestät haben aus mehreren Berichten des Gouvernements zu Danzig mit lebhaftem Wohlgefallen ersehen, wie sehr die gute und treue Bürgerschaft daselbst sich beeifert, ihren Patriotismus auf eine tätige Weise bei jeder Gelegenheit zu Tage zu legen. Es gereicht dies Allerhöchst Ihnen zur angenehmsten Genugtuung, um so mehr, als sich die gute Bürgerschaft, ob sie gleich erst später mit Allerhöchst Ihren Staaten vereinigt worden ist, vor den Einwohnern so vieler älterer Städte des Staates so sehr zu ihrem Vorteil ausgezeichnet.«*

1807 21. Mai Wegen Munitionsmangels und starker Beschädigungen der Hauptwerke wurden von dem kommandierenden Befehlshaber von Kalckreuth Verhandlungen mit den Franzosen angeknüpft.

1807 24. Mai Kapitulation der Verteidiger Danzigs. Der Garnison wurde ein ehrenvoller Abzug zugesichert. Die russischen Truppen wurden von Weichselmünde nach Pillau eingeschifft.

1807 27. Mai Die preußischen Truppen verlassen die aufgegebene Stadt über die Nehrung nach Ostpreußen, wohin der König und die Königin Luise bereits geflüchtet waren.

1807 29. Mai Marschall Lefèbvre rückt mit seinen Truppen in Danzig ein und wird zwei Tage später zum »Herzog von Danzig« erhoben.

1807 1. Juni Napoleon Bonaparte trifft in Danzig ein, um die Befestigungswerke in Augenschein zu nehmen und seinen Generaladjutanten Rapp zum Gouverneur einzusetzen. Der Stadt wird sofort eine Kontribution von 20 Millionen Franken auferlegt, die noch vorhandenen Lebensmittel und Ausrüstungsstücke werden in großem Umfang beschlagnahmt. 3,5 Millionen mußten kurzfristig in bar ausgezahlt werden. Der Rest der Kontribution wurde in Stadtschuldscheinen erstattet. Lefèbvre erpreßt von der Stadt ein persönliches Geschenk in Höhe von 400000 Franken. Für Danzig sollte damit für die Dauer von sieben Jahren eine unvorstellbare Leidenszeit und eine völlige finanzielle Auszehrung beginnen.

1807 9. Juli Die Stadt Danzig wurde durch den Frieden von Tilsit von Preußen abgetrennt und zu einem Freistaat proklamiert. Vor der Eroberung Danzigs hatte Napoleon seinem Minister Talleyrand erklärt: »Wenn der Kaiser die Stadt einnimmt, so behält er sie für sich, um von hier aus Herr der Ostsee zu sein.« Der Diakon an der Marienkirche, Abraham Friedrich Blech, berichtet aus eigenem Erleben über jene erste Phase der Besetzung der Stadt durch die Truppen Napoleons und das sich verbreitende Gerücht, Danzig solle wieder Republik werden und seine alte Verfassung zurückerhalten: *»Die meisten ahndeten davon nichts Gutes, weder von dieser gewaltsamen Losreißung vom preußischen Staate, unter welchem so viele glückliche Jahre waren verlebt worden, noch von einer neuen republikanischen Verfassung, welche, wie es ihnen schien, nur die Einfachheit der alten Sitten unter den Vätern in ihrer Reinheit und Wohltätigkeit erhalten konnte, aber bei der Selbstsucht, dem Sittenverfalle und der Charakterlosigkeit des Zeitalters, noch vielleicht benutzt durch französischen Einfluß, durchaus verderblich werden mußte.«* Die zwei französischen Meilen, bis zu denen sich die Grenzen des neugebildeten Freistaats erstrecken sollten, waren für ein solches Gebilde wirtschaftlich völlig unzureichend, denn sie endeten, vom Mittelpunkt der Stadt aus gemessen, bereits bei Bohnsack im Osten, bei Quadendorf und bei Praust im Westen der Stadt, kaum zehn Kilometer im Umfang. Die Stadt strebte daher den Besitz ihres alten Gebiets an.

1807 6. Dezember Die neuen Staatsgrenzen werden festgelegt. Danzig mußte die fruchtbare Scharpau, südlich der Elbinger Weichsel gelegen, sowie Wartsch und Braunsdorf, als Streubesitz auf der Höhe gelegen, an Preußen abtreten. Dafür erhielt es zum neuen Staatsgebiet die früher bischöflichen Vorstädte St. Albrecht, Altschottland und Stolzenberg sowie das Gut Langfuhr und einen beträchtlichen Teil des Olivaschen Klosterbesitzes und die Güter der Danziger Hospitäler. Auf der Frischen Nehrung verlief die Grenze bei dem Fischerort Narmeln, der alten Grenze des Danziger Territoriums. Auch die Halbinsel Hela wurde dem Freistaat überlassen. Die alten Behörden der Stadt, wie sie vor dem Anschluß an Preußen bestanden hatten, wurden von neuem eingesetzt. Der Rat wurde in Senat umbenannt und zu seinen Mitgliedern Angehörige der früheren Ordnungen, des Schöffengerichts und der Dritten Ordnung bestimmt. Rat und Schöffengericht der Altstadt wurden nicht konstituiert. Die preußischen Beamten wurden entlassen. Residenten von

Frankreich, Preußen, Rußland, Sachsen, Dänemark und Schweden vertraten als Geschäftsträger ihre Regierungen im Freistaat. Als »Dank« für das Inkrafttreten der überkommenen Stadtverfassung mußte die Bürgerschaft die Summe von 10 Millionen Franken entrichten. Rapp verlangte für sich als Gouverneur 1,2 Millionen Franken. Die Bestände der öffentlichen Kassen wurden gleichzeitig beschlagnahmt, einschließlich von Armen- und Waisengeldern. Auf Weisung Napoleons wurde das Triptychon von Hans Memling, das »Jüngste Gericht«, aus der Danziger Marienkirche in den Pariser Louvre verlegt. Die in den Häusern der Bürger untergebrachten Besatzungstruppen hatten eine Stärke von 10000 Mann. Vielen Bürgern kostete die Einquartierung jährlich oft mehr als 5000 Taler. In Kürze hatten die den Bürgern auferlegten Steuern ein Fünftel ihres Vermögens verschlungen.

1807 31. Dezember Die Schulden waren auf 5 Millionen Taler angestiegen. Ein Jahr später auf den doppelten Betrag. Zur Deckung der ständig ansteigenden Ausgaben wurden städtische Schuldscheine ausgegeben, deren Wert bald auf die Hälfte und schließlich auf 8% ihres Nennwertes sank. Infolge der drückenden Verarmung verloren die städtischen Grundstücke drei Viertel ihres Wertes. Der Tauschwert des Danziger Groschen verminderte sich um den fünften Teil. Von 1807 bis 1813, der Zeit der französischen Besatzung, beliefen sich die Gesamtausgaben Danzigs auf mehr als 40 Millionen Gulden (oder 10 Millionen Taler). Zur Deckung dieser Summe mußte der gesamte Besitz der Stadt und ihrer Bürger verpfändet werden.

1808 7. Januar Eduard Meyerheim in Danzig geboren. Maler. Seit 1838 Mitglied der Akademie der Künste in Berlin. Selbstbiographie hg. v. L. Pietsch (1880).

1808 2. Februar Am Altstädtischen Graben entstand eine Feuersbrunst, die bei Danzigs trefflichen Löschanstalten vielleicht nur ein einziges Haus zerstört haben würde. Aber gleich rasenden Unholden strömten die Franzosen herbei, stießen die Löschenden zurück, erbrachen, unter dem Vorwande retten zu wollen, die benachbarten Häuser, plünderten die in Schrecken gesetzten Einwohner, rissen die Dächer auf, beförderten dadurch die Verbreitung des Feuers und waren Schuld daran, daß in zwölf Stunden mehr als 50 Häuser verlorengingen. »Bis auf das Äußerste wurden die Gemüter der Danziger em-

Napoléon, par la grâce de Dieu et la Constitution,
Empereur des Français, Roi d'Italie
et Protecteur de la Confédération du Rhin, à nos très chers et bons Amis les Magistrats
Conseil de la Ville de Dantzig

Napoleon I. ernannte am 11. April 1808 Massias zum französischen Residenten und Generalkonsul in Danzig.

pört, als während dieses immer weiterdringenden Feuers der große zur Kaserne eingerichtete Kamelspeicher von den Soldaten angezündet, und nun, da alle Löschanstalten auf der Altstadt beschäftigt waren, ein unaufhaltsamer Raub der Flammen wurde. – So wußten sie sich mit leichtsinnigem Frevel schnell eines Wohnortes zu entledigen, der ihnen weniger bequem und annehmlich war als das Haus des Bürgers.«

1808 März Der Gouverneur läßt eine neue Verfassung ausarbeiten, die seinen Wünschen, die Erträge der Steuern zu vermehren und die städtischen Behörden zu gängeln, entsprach. Bürgermeister Gralath und Senator Dodenhöft wurden gezwungen, auf ihre Ämter zu verzichten. An die Spitze der Stadtverwaltung trat Professor Gottlieb Hufeland aus Landshut, ein gebürtiger Danziger. Die Kompetenz der Dritten Ordnung wurde eingeschränkt. Sie durfte nur im Abstand von drei Monaten einberufen werden, um die städtischen Angelegenheiten zur Kenntnis zu nehmen, Gesetze zu beraten und Rechnungen zu überprüfen. Ein Ausschuß aus 16 von Rapp ernannten Mitgliedern wurde dem Senat beigeordnet. Eine Finanzkommission, der sechs Senatoren, zwei Schöffen und vier Ausschußmitglieder angehörten, wurde zur Beaufsichtigung der städtischen Finanzen eingesetzt.

1808 April Der Gouverneur, General Rapp, ging an die österreichische Front. Ihn vertrat während seiner Abwesenheit der polnische General Grabowski.

1808 21. Juli Mit dem »Code Napoleon« wurde französisches Recht eingeführt, das an Stelle des römischen, kanonischen und des preußischen Landrechts als Hilfsrecht verwendet werden mußte. Damit verbunden war die Einrichtung und Führung von Zivilstandsregistern. Für die nächsten Jahre wurden die Besatzungstruppen auf 5000 Mann reduziert, bestehend aus einem französischen, einem sächsischen und zwei polnischen Regimentern. Die monatlichen Aufwendungen für das Militär betrugen 30000 Taler.

1808 Senator Johann Labes sorgte durch eine Subskription für eine Wiederherstellung des durch den Krieg zerstörten Teils der doppelten Lindenallee vor dem Olivaer Tor.

1809 Die St. Johannis-Schule wird in eine Bürgerschule umgewandelt.

1810 Dr. Friedrich Theodor Kniewel wird Rektor der Marienschule, wodurch sie sich »zu immer schönerer Blüte emporhob«.

1810 Die Einwohnerzahl betrug nur noch 37131 Personen. Vor dem Feldzug nach Rußland wurde die Besatzung auf 23000 Mann verstärkt.

1810 7.–11. Juni Kaiser Napoleon inspiziert seine Truppen in Danzig. Bürgermeister Hufeland legte sein Amt nieder. Seinen Posten übernahm Senator Wernsdorf.

1810 In Preußen wurde die Aufhebung der Klöster angeordnet.

1812 1. Mai Herzog Alexander von Württemberg, ein Oheim des Zaren, übernahm den Befehl über die Belagerungstruppen. Die Danziger Reede wurde von russischen Kriegsschiffen, Kanonenbooten, Fregatten und Korvetten gesperrt.

1812 13. Mai 28 der reichsten Kaufleute wurden verpflichtet, der Besatzung unverzüglich einen Betrag von 3 Millionen Franken auszuhändigen. Als sie sich weigerten, die geforderte Summe zu hinterlegen, wurden sie verhaftet und ihre Kassen geplündert.

1812 10. Juni Durch den Waffenstillstand von Poischwitz kam es zu einer vorübergehenden Einstellung der Kämpfe. 6000 Bürger wurden der Stadt verwiesen, weil sie keine genügenden Vorräte nachweisen konnten oder keine Steuern zahlen oder sich nicht an Zwangsanleihen beteiligen konnten.

1812 7. Juli Napoleon Bonaparte traf auf dem Wege nach Rußland in Danzig ein.

1812 24. August Die Kämpfe flammen wieder auf. Die Eroberung von Langfuhr und der Schottenhäuser bei Ohra drängte die Franzosen auf die inneren Wälle zurück. Mitte Oktober wurde das Feuer gegen die Stadt eröffnet. Auf der Altstadt wurden das Dominikanerkloster und mehrere Häuser in Brand geschossen. Feuersbrünste legten einen großen Teil der Vorstadt, die Lastadie und den Teerhof in Asche. Von zwei Großbränden wurde die Speicherinsel betroffen. Millionenwerte wurden vernichtet, mehr als zwei Drittel der dort gelagerten Lebensmittel. Schwämme, Hunde und Katzen dienten den Hungernden zur Speise, die mit den Salzresten leerer Heringstonnen gewürzt wurde. Die Zahl der Einwohner verringerte sich Ende des Jahres 1812 auf 16000. In den Lazaretten waren 15000 Soldaten verstorben.

1813 12. Januar Nach dem Rückzug der Franzosen aus Moskau nahmen russische Truppen die Stadt Elbing ein und besetzten das Danziger Werder. Tage später schloß Graf Platow mit 7000 Kosaken die Stadt Danzig ein. Ihm zugesellten sich im Februar Generalleutnant von Löwis mit russischem Fußvolk und Burggraf Ludwig zu Dohna mit der ostpreußischen Landwehrdivision. Die Besatzungstruppen hatten eine Stärke von 35000 Mann, darunter Franzosen, Deutsche, Polen, Italiener, Spanier, Holländer und Afrikaner, von denen nur etwa 10000 kampffähig waren.

1813 Der 1786 begründete »Danziger Anzeiger« wird seit 1813 in dem »Danziger Intelligenzblatt« fortgeführt. Es war ein reines Anzeigenblatt.

1813 18. Oktober Beginn der Bombardierung Danzigs.

1813 2. November Auf der Speicherinsel kam es durch Bombardierungen zu großen Bränden, nachdem bereits in den letzten Oktobertagen die Speicherinsel von ausgedehnten Feuersbrünsten heimgesucht worden war. Am Morgen des 2. November brannten 173 Speicher im Wert von 2 Millionen Taler aus.

1813 27. November Das Feuer wurde am Abend auf beiden Seiten eingestellt.

1813 29. November Die Kapitulation wurde vereinbart.

1813 im Dezember Die Danziger Kaufleute Mac Lean und Baum hatten in Frankfurt am Main den preußischen Staatskanzler Hardenberg persönlich für eine Wiedervereinigung mit Preußen zu gewinnen gewußt.

1814 2. Januar Am Morgen wurde die Stadt an Herzog Alexander übergeben, der mit 14000 Mann in Danzig einzog. Während der Kämpfe waren 197 Speicher, der überwiegende Teil der Lagerhäuser auf der Speicherinsel und 112 Gebäude abgebrannt. Mehr als tausend Wohngebäude waren zum Teil zerstört. 1814–1830 betrug die jährliche Getreideausfuhr durchschnittlich 24000 Last und sank von 1831–1836 auf 14000 Last.

1814 2. Januar Unmittelbar vor dem Abzug der Franzosen beglaubigte der französische Gouverneur, General Rapp, durch eigenhändige Unterschrift eine Aufzählung aller der Lasten, die Danzig in den sieben Jahren der französischen Besetzung hatte erdulden müssen: 1. Die Stadt hatte 39 Speicher und andere Lokale während der gesamten Zeit zu Kasernen hergeben und mit Gerät versehen müssen, 2. 30 Speicher und andere Lokale zu Hospitälern eingerichtet, größtenteils auch mit Betten und anderen Utensilien versorgt, 3. Ställe für die kaiserlichen Pferde und Ochsen gebaut, 4. Hospitäler, Wachhäuser und Kasernen geheizt und erleuchtet, 5. Klöster, Kirchen und andere Gebäude zu Magazinen, Werkstätten und dergleichen hergegeben, 6. im Jahr 1807 eine Schlächterei für den Militärbedarf und 7. im Jahr 1808 ein (während des Bombardements abgebranntes) Pulvermagazin erbaut, 8. von 1807 bis zum Ende des Jahres 1811 die Truppen entweder ganz oder größtenteils oder wenigstens zur Hälfte ernährt, 9. Reservevorräte angeschafft, 10. 120 Matrosen ausgerüstet, 11. Holz für die Festungsbauten geliefert, 12. den Offizieren bis 1812 Tafelgelder bezahlt, 13. viele Transporte für das Militär besorgt, 14. die Stadtmühlen eingeräumt, 15. ihr Haupteinkommen, die Akzise (die wohl an eineinhalb Millionen Fl. jährlich betrug) durch die Douaniers fast ganz verloren, 16. viele Häuser der neuen Festungsbauten wegen sowie auch 17. fast alle ihre Vorstädte während der Belagerung aufgeopfert, 18. durch die Inundation außerordentlichen Schaden auf den Ländereien erlitten. Von den 6057 Gebäuden wurden in der Stadt und den Vorstädten seit 1807 (vorzüglich durch die beiden Belagerungen) 1120 zerstört und 1127 mehr oder weniger beschädigt. Die Verluste der Bevölkerung, die innerhalb des Freistaates im Jahr 1807 etwa 80000 Einwohner zählte, wurden mit 25000 Menschenleben angenommen.

1814 im Januar Mit einer durch Subskription aufgebrachten Summe von 2000 Reichstalern wird eine Kochanstalt (Suppenküche) eröffnet, die Speisen und auch Arzneimittel Kranken und Bedürftigen spendet. Kaufmann Kabrun hatte in allen Handelsstädten, in welchen er Korrespondenten besaß, ein rührendes Fürwort für seine verelendeten Mitbürger gesprochen. Mit einer Spende von 9559 Reichstalern konnte verarmten Handwerkern geholfen werden, eine neue Existenz zu begründen.

1814 3. Februar Herzog Alexander erklärt sich auf Befehl des Zaren zur Übergabe der Stadt an Preußen bereit.

1814 19. Februar Die Stadt wird an die preußische Verwaltung übergeben. Der bisherige Senator Weickhmann wird zum Oberbürgermeister ernannt. Die Bürgerschaft wird durch 30 Stadtverordnete vertreten. Besondere Ausschüsse für Handel, Finanzen und Schuldenwesen wurden beauftragt die wirtschaftlichen Verhältnisse der Stadt in Ordnung zu bringen.

1814 Danzig erhält von den 100000 Pfund Sterling, die das britische Parlament zur Hilfe der durch den Befreiungskrieg Verarmten bewilligt hatte, 2000 Pfund.

1814 Die Vororte St. Albrecht, Altschottland, Stadtgebiet, Stolzenberg, das äußere Neugarten, Schidlitz, Weinberg, Schlapke, Langfuhr, Strieß, Strohdeich, Kneipab und Neufahrwasser werden eingemeindet.

1814 29. März Einführung des Allgemeinen Landrechts in Danzig.

1814 In Danzig erscheinen neue Zeitschriften, von denen die eine unter dem Titel »Gedana« von Dr. Gotthilf Löschin 1815 als Wochenblatt und 1816 als Vierteljahresheft ediert wird.

1815 30. April Für den Bereich der neugebildeten Provinz Westpreußen wird ein Oberpräsidium mit Sitz in Danzig begründet. Die Regierung in Marienwerder und die in Danzig wurden dem Oberpräsidenten Heinrich von Schön untergeordnet.

1815 6. Dezember Der Pulverturm beim Jakobstor explodierte, wodurch die Jakobskirche fast ganz zerstört und Bartholomäi stark beschädigt wurde.

1816 1. Juli Die neue königlich-preußische Regierung tritt in Danzig ihr Amt an.

1816 Die beiden Pauperschulen St. Johannis und St. Katharinen werden für Mädchen eingerichtet.

1816 Gründung der Artilleriewerkstatt (später Gewehrfabrik) in der Weidengasse auf der Niederstadt.

1817 18. Januar Das von den Franzosen nach Paris verschleppte Altarbild »Das Jüngste Gericht« von Hans Memling kehrt in die Marienkirche zurück.

1817 11. April Eine neue Radauneordnung tritt an die Stelle derjenigen von 1652.

1817 Das akademische Gymnasium wird mit der Marienschule zu einer Anstalt vereinigt. Der Philologe August Meinecke (vorher Professor in Jenkau) übernimmt als Nachfolger von Professor Ewerbeck das Rektorat.

Arthur Schopenhauer, 1818.
Gemälde von Ludwig Sigismund Ruhl.

1817 In einem Teil der Jakobskirche wird eine Navigationsschule für künftige Seeleute eröffnet.

1817 9. September Eduard Hildebrandt in Danzig geboren. Landschaftsmaler. Weltreisen. Freund Alexander Humboldts. Nationalgalerie des Staatlichen Museums Berlin (500 Aquarelle, 1350 Zeichnungen).

1817 Das Brigittenkloster wird aufgehoben. Die Klostergebäude werden abgerissen. Das 1. Leibhusaren-Regiment wird nach Danzig verlegt. Die allgemeine Verwaltung des Kirchenwesens wurde von einem Konsistorium wahrgenommen. Seiner Aufsicht unterstanden die Superintendenturen Danzig-Stadt, Danzig-Höhe, Danzig-Nehrung und Danzig-Werder. Der erste Pfarrer an der Marienkirche, der in alter Zeit zugleich Vorsitzender des geistlichen Ministeriums der Stadt Danzig war, erhielt jetzt Sitz und Stimme im Konsistorium und die Funktion eines Superintendenten für den Stadtbezirk Danzig. Seit 1818 gibt es eine höhere Mädchenschule in Danzig. 1883 konnte sie das neue Schulgebäude in der Holzgasse beziehen und erhielt den Namen Viktoriaschule als städtische Schule.

1818 Das alte Danziger Gebiet im neuen Regierungsbezirk Danzig bildet den Danziger Stadtkreis, der übrige Teil des alten Danziger Territoriums, mit Hela, den Danziger Landkreis. (1887 wurde der Danziger Landkreis in die Kreise Danziger Höhe und Danziger Niederung aufgeteilt.)

1818 Das 5. Grenadier-Regiment wird nach Danzig verlegt. Es bleibt zusammen mit dem 1882 neu begründeten »Danziger Infanterie-Regiment Nr. 128« bis zur Bildung der »Freien Stadt Danzig« in der Garnisonstadt.

1818 Die allein noch übriggebliebene lateinische Schule St. Petri wird in eine höhere Bürgerschule umgewandelt.

1819 Danzig zählt einschließlich der Vorstädte St. Albrecht, Stadtgebiet, Schidlitz, Langfuhr und Neufahrwasser mit der Garnison knapp 50000 Einwohner. (1861 waren es bereits 82765 und 1875 97931 Einwohner.)

1819 Das Conradinum in Jenkau wird wiedereröffnet in der dem Willen des Stifters entsprechenderen Form eines Lehrer-Seminars, mit dem Pestalozzi-Schüler Kawerau als Direktor.

1819 Am Fuß des Hagelsberges werden vier neue Friedhöfe angelegt, für den St. Marien-, St. Petri-, St. Katharinen- und St. Bartholomäi-Sprengel, ein fünfter für den St. Johannis-Sprengel am »Schwarzen Meer« sowie ein Armenfriedhof neben der Lindenallee.

1819 Im September kam es zu Pogromen gegen jüdische Händler.

1819 Die Stadtbibliothek verzieht aus dem Franziskanerkloster in der Fleischergasse nach Schüsseldamm, um in der Jakobskirche ein neues Asyl zu finden.

1821 3. August Als Juden auf dem Erdbeermarkt eine Reihe von Buden erbauen wollen, reißt sie ein wütender Volksauflauf nieder. In der Breitgasse und in der Heiligengeistgasse werden dort wohnenden Juden die Fenster eingeworfen und mehrere andere Gewalttätigkeiten verübt, ehe das herbeigerufene Militär die Ruhe wiederherstellen und die Unruhestifter festnehmen konnte.

1821 Durch die Bulle »de salute animarum« werden Teile der Provinz Westpreußen, die bisher wie Danzig zum Bistum Leslau zählten, dem Bischof von Kulm zugeordnet, der mit dem Domkapitel seinen Amtssitz nach Pelplin verlegt.

1821 Die Zeitschrift »Der Ährenleser« wird von dem Kommissionsrat J. C. Alberti redigiert und verlegt.

1822 Eichendorff schreibt seinen »Taugenichts« in Silberhütte bei Danzig.

1822 5. April Eine »Korporation der Kaufmannschaft« wird gestiftet. Unter ihren Vorstehern nahmen eine wichtige Stellung ein: die Kaufleute Stobbe, Heidfeld, Hoene, Gibsone, Jebens, Goldschmidt, Albrecht und Richard Damme.

1822 Dr. Kniewel führt einen Kreis von Dichtern und Sängern zur Gründung einer »Liedertafel« zusammen. Er erwirbt sich auch das Verdienst der Einführung des Musikunterrichts.

1822 In Danzig gibt es 28 öffentliche Schulen, die in 50 Klassen mit 62 Lehrern eingeteilt waren.

1822 Die alten Danziger Münzen werden aus dem Verkehr gezogen. Von diesem Zeitpunkt an wird nur noch nach Talern zu 30 Silbergroschen zu 12 Pfennigen gerechnet.

1822 Auf Langgarten wird die durch die Mitte der Straße führende Gosse, auf deren Bretterdecke bisher ein Fußweg entlangführte, zugeschüttet und 1823 darauf eine Allee mit 108 holländischen Linden gepflanzt.

1822 Der Oberpräsident von Ost- und Westpreußen, Freiherr von Schön, fordert die Danziger Behörden auf, ein Verzeichnis aller erhaltungswürdigen Kunst- und Geschichtsdenkmäler anzufertigen.

Johannes Falk.

1822 13. Mai Es kommt zu einem Arbeiteraufstand, als die Kaufleute den Speicherarbeitern den Taglohn um ein Fünftel herabsetzen.

1823 21. Mai Der elsässische Arzt Dr. Jean Haffner gründet das Ostseebad Zoppot.

1823 Im Rechtstädtischen Rathaus wird die Decke der früheren Wettstube abgestützt und der Saal für die Stadtverordnetenversammlung umgestaltet. (In den Jahren 1841 bis 1842 wurde ein Gewölbe eingebaut und von einer Granitsäule gestützt.)

1824 Von 816 Schiffen gehen von Danzig aus 412 nach England und 206 nach den Niederlanden.

1824 Das Haus in der Brotbänkengasse Nr. 14, dessen Fassade abgetragen und seit 1824 auf der Pfaueninsel bei Potsdam wiedererrichtet wurde, ist nach 1945 in seiner ursprünglichen Gestalt wiederaufgebaut worden.

1824 Die selbständige Verwaltung der Provinz Westpreußen wird rückgängig gemacht und mit der Verwaltung der Provinz Ostpreußen vereinigt. Die Provinziallandtage finden wechselseitig in Danzig und in Königsberg statt.

1824–1838 An der neuen Mündung der Weichsel werden eine steinerne Ostmole mit Leuchtturm und eine Westmole aufgeschüttet.

1824 Die städtischen Schulden nebst Zinsen sind auf 12 Millionen Taler angestiegen, die erst bis zum Jahr 1860 getilgt werden konnten.

1825–1843 Der Grundbesitz der Danziger Dominikaner und Karmeliter und der Birgittiner-Nonnen wird von der preußischen Regierung veräußert.

1825 29. Januar Der letzte Wolf bei Prausterkrug (Danziger Höhe) wird erlegt.

1825 1180 Schiffe verlassen den Hafen Danzigs.

1825 Die Klawitterwerft wurde gegründet, auf der in den Jahren 1850–1851 die erste preußische Dampf-Kriegskorvette gebaut und auf den Namen »Danzig« getauft wurde.

1828 Das Fischertor in der Melzergasse wird abgetragen.

1829 Der Große Exerzierplatz in Langfuhr (das spätere Flughafengelände) wird von der Garnisonverwaltung für 8615 Taler gekauft.

1831 Das Breite Tor am Holzmarkt wird abgetragen.

1831 27. November Der Forscher Gustav Radde geboren. Er bereiste von 1822 bis 1855 die Krim, 1855 bis 1860 Südost-Sibirien und 1862 Südrußland. Im Jahr 1864 kam er nach Tiflis und gründete dort das Kaukasische Museum, wo er am 13. März 1903 starb. Zu seinen Hauptwerken gehören: »Reisen im Süden von Ost-Sibirien« (1862/63), »Aus den Dagestanischen Hochalpen« (1887), »Grundzüge der Pflanzenverbreitung in den Kaukasusländern« (1899).

1831 Das »Danziger Dampfboot« wird von Wilhelm Schumacher herausgegeben. Es ist bis 1879 mit der Unterhaltungsbeilage »Die Schaluppe« mit historischen Geschichten erschienen.

1831 Die alten Renaissancegiebel am Grünen Tor werden demoliert und durch eine klassizistische Fassade ersetzt.

1831 Das Kloster Oliva wird aufgehoben.

1831 In der Langgasse wird ein neues Postgebäude errichtet, dem eine Reihe von Patrizierhäuser hatten weichen müssen. Ähnliche Abrisse wurden durch den Bau eines Warenhauskomplexes in der Langgasse / Ecke Wollwebergasse unvermeidlich.

1832 Eine Handelsakademie wird eröffnet und 1891 mit der Petrischule verbunden. (Eine 1860 gegründete Fortbildungsschule für Mädchen geht 1892 in eine Staatliche Fortbildungsschule über.)

1833 Westportal der Marienkirche erneuert.

1835 Der Kunstverein wird von dem Direktor der Kunstschule, Johann Carl Schultz, gegründet.

1835 696 Schiffe verlassen den Hafen und schiffen zum größten Teil mit Holzladungen nach England.

1835 Die alten Anbauten an der Marienkirche werden abgebaut.

1836 Abbruch des Ketterhagener Tores.

1836 Kaufmann J. W. von Gralath veräußert den Jungfernspeicher an die Militärverwaltung.

1837 Ein Schulneubau wird für das traditionsreiche Städtische Gymnasium von Schinkel auf dem Buttermarkt (späteren Winterplatz) errichtet.

1837 14. August Johannes Trojan geboren. Er wurde 1862 Mitarbeiter an der satirischen Zeitschrift »Kladderadatsch«, die er von 1886 bis 1909 leitete. In dieser Eigenschaft war er ein scharfer politischer Satiriker, während er sich in seinen Buchveröffentlichungen als humoristischer Versdichter und Jugenderzähler erwies. Zu seinen Werken gehören u. a. »Beschauliches« (1870), »Von drinnen und draußen« (1887), »Scherzgedichte« (1893) und »Hundert Kinderlieder« (1899).

1838 23. Juni Zum erstenmal wird das städtische Johannisfest gefeiert. Das Johannisfeuer, das auf heidnische Zeiten zurückgeht, war aber schon zuvor eine weitverbreitete Sitte im Danziger Land.

1839 Das Zuchthaus, das 1630 auf dem Gelände der einstigen Vorburg des Ordensschlosses erbaut worden war, wird niedergelegt. An seiner Stelle wird das neue Garnisonlazarett errichtet, das in der Freistaatzeit von der polnischen Post benutzt und am 1. September 1939 als polnische Enklave in Danzig umkämpft wurde.

1840 1. Februar Weichseldurchbruch bei Neufähr auf der Danziger Nehrung vernichtet neun Häuser und teilt das Fischerdorf in östliches und westliches Neufähr.

1840 Als eines der ersten Unternehmen in Preußen baute die Klawitterwerft die ersten Eisenschiffe. Bald darauf wurde das erste Schwimmdock gebaut, das jahrelang nicht nur Kauffahrteischiffen, sondern auch der preußischen Marine diente. Nach der Verlegung von Brabank nach Strohdeich hat sich die Werft weiter entwickelt. Küsten- und Flußdampfer, Dampfbagger und Eisbrecher wurden gebaut. 1910 beschäftigte die Werft rund 600 Arbeiter.

1840 Seit 1840 erschienen einige politische und satirische Zeitungen und Zeitschriften: »Die Flagge« (1843), das »Danziger Bürgerblatt« (1845), die »Patrouille« (1846), »Danziger Krakehler« (Blätter von und für Brascher) (1848), »Danziger Volksblatt« und »Der blaue Montag« (1849) und »Der Rosafarbene Geist« (1850), zumeist bloße Revolutionspostillen.

1840 In den Jahren 1840–47 waren von den Schiffen, die Danzig anliefen, 40 v. H. Preußen, 16 v. H. Engländer, 14 v. H. Holländer und 10 v. H. Schweden und Norweger.

1841 Das Milchkannentor wird zu beiden Seiten freigelegt.

1841 Der Direktor der Kgl.-Provinzial-Kunstschule, Prof. Johann Carl Schultz, fordert mit dem Vortrag »Über altertümliche Gegenstände der bildenden Kunst in Danzig« seine Mitbürger auf, dem Stadtbild seine Altertümlichkeit zu bewahren.

1843 Zweiter Aufenthalt Eichendorffs in Danzig (bis 1847). Die Junkergasse wird mit der Straße Altstädtischer Graben verbunden.

1843 Mauer zwischen Alt- und Rechtstadt am Dominikanerkloster abgetragen.

1844 Der Bildhauer Rudolf Freitag bezieht im Franziskanerkloster ein Atelier, dessen Skulptursammlungen von Danziger Bauwerken, zusammen mit der Gemäldegalerie des Kaufmanns und Mäzens Jakob Kabrun, die Grundlage des 1872 in den Räumen dieses Klosters eröffneten Stadtmuseums bildeten.

1844 18. April Johanna Niemann in Danzig geboren. Zu ihrer Zeit eine der Hauptvertreterinnen des sogenannten Gesellschaftsromans: »Die beiden Republiken« (1887), »Gestern und heute« (1891). Bekanntschaft mit Rilke bei seinem Aufenthalt 1899 in Oliva.

1844 Der Militärfiskus erwirbt durch Kaufvertrag vom Kuratorium des Elisabethhospitals für 15000 Reichsthaler die Kirche und das Hospital, das schon 1823 nicht mehr belegt worden war.

1844 Die Marineverwaltung erwirbt von der Stadt den einstigen Korvettendepotplatz am Jungstädtischen Holzraum, der seit 1850 zur Marinewerft ausgebaut wurde.

1845 Die alte Weichselmündung bei Fahrwasser wird zugeschüttet.

1845 Anstelle des abgetragenen Brigittenklosters wird ein Garnisonlazarett und 1849 das Garnisongefängnis gebaut. Die Brigittenkirche diente bis 1920 als kath. Garnisonkirche.

1845 Der Kampf um die Erhaltung des Franziskanerklosters, das in jenem Jahr zu einer Kaserne umgebaut werden sollte, beginnt unter Führung des Bildhauers Rudolf Freitag, der an der Kunstschule lehrte.

1845 wurde das Renaissancegebäude neben dem Frauentor Sitz der Naturforschenden Gesellschaft und zugleich Sternwarte.

1846 Freitags Sammlungen werden zuerst im Brigittenkloster ausgestellt, wofür sich König Friedrich Wilhelm IV. ausgesprochen hatte.

1846 Der Wehrturm in der Hintergasse fiel der Spitzhacke zum Opfer, 1848 der Turm hinter dem Dominikanerkloster.

1847 24. Oktober Die Elisabethkirche wird Garnisonkirche bis zum Abzug der preußischen Truppen im Jahr 1920. (Kurze Zeit hielt die englische Besatzung hier ihre Gottesdienste ab. Im Herbst 1920 übernahm sie die Danziger Stadtmission.)

1848 Die ersten Raddampfer im Danziger Hafen.

1848 9. März 215 Danziger Bürger fordern den Magistrat in einer Denkschrift auf, von dem König die Gewährung einer Volksvertretung und die Vereinigung der Provinz Westpreußen mit dem Deutschen Bund zu erwirken. Von polnischer Seite werden wieder Ansprüche auf Danzig erhoben.

1848 3. April Magistrat und Stadtverordnete weisen die polnischen Forderungen zurück und brachten in einem an die Deutsche Bundesversammlung in Frankfurt gerichteten Schreiben die Haltung der Bürgerschaft zum Ausdruck:
»Durchaus deutsch schlagen unsere Herzen für Deutschlands Wohl und Ehre und hegen die erhebende Hoffnung, die innige Übereinstimmung mit unseren deutschen Brüdern, von den Vätern überkommen und in unserem Gefühl lebendig erhalten, auch äußerlich anerkannt zu sehen. Jetzt tritt uns die Stimme derjenigen Polen entgegen, welche Preußen und unsere Stadt als ihrer Nationalität zugehörig beanspruchen. Ihr reges Nationalgefühl ehren wir aber nur so lange, als es nicht irregeleitet, die Rechte anderer ungekränkt läßt, es also nicht verkennt, daß unsere Bildung in allen Beziehungen unsere ganze Zivilisation von der Verbindung zeugt, in welcher wir zu den deutschen Völkern stehen. Deutsch sind wir und wollen es bleiben! Um diesem Entschluß Gewährung zu verschaffen, richten wir unsere Blicke und Bitten an den hohen Deutschen Bund, daß es von demselben baldigst angesprochen werde, daß wir als Abkömmlinge der ehemaligen deutschen Ansiedler und als treue Bewahrer deutscher Sitte und Gefühle mit zu der großen Verbrüderung gehören, die im Herzen Europas das Glück und den Glanz des deutschen Vaterlandes neu zu gründen den erhabenen Beruf hat.«

1848 Im Apollo-Saal des »Hotel du Nord« auf dem Langen Markt spricht sich am folgenden Tag eine öffentliche Volksversammlung in ähnlichem Sinn aus. Auf Anregung von Dr. Liévin wird beschlossen, je eine Adresse an den preußischen Ministerpräsidenten und die Abgeordneten des deutschen Volkes in Frankfurt am Main zu richten. In beiden Schreiben wurde die engste politische Vereinigung mit dem deutschen Vaterland nachgesucht, weil eine polnische Partei gerade in diesem Augenblick ungerechte Ansprüche auf Westpreußen erhebt.

»Bei aller Sympathie, welche wir für das unglückliche Polen hegen, müssen wir, die Bewohner der Hauptstadt Westpreußens, uns doch feierlichst dagegen verwahren, daß diese weder geschichtlich noch national begründeten Anforderungen irgendwelche Billigung bei uns finden. Wir verlangen daher, daß durch die sofortige Aufnahme in den Deutschen Bund uns unsere deutsche Nationalität vor jedem feindlichen Eingriff sichergestellt werde.«

1848 Außer dem »Konstitutionellen Verein«, der diese Denkschrift abfaßte, wurde ein »Vaterländischer Verein« und ein »Demokratischer Klub« sowie ein katholischer »Piusverein« im Aufwallen der politischen Erregung gegründet.

Um 1850 »Die Hauptverkehrsstraßen der alten Stadt Danzig waren dicht besetzt mit stattlichen, zum Teil reich ausgestatteten Häusern der vornehmen Geschlechter. In den Nebenstraßen und in den Gassen parallel zur Mottlau hatten sich die Gewerke und Zünfte niedergelassen. Sie stellen anschauliche Beispiele für die Gestaltung Altdanziger Geschäftshäuser dar. In den Patrizierhäusern der vornehmen Kaufleute waren die teils mehrgeschossigen Keller und die Räume im Erdgeschoß für den Geschäftsbetrieb eingerichtet. Hier dominierte die große Diele, von welcher die Haupttreppen zu den oberen Geschossen führte, als prächtig ausgestatteter großer Empfangsraum mit den sich anschließenden Kontoren. Neben dem großen nach dem Hof gelegenen Geschäftszimmer befanden sich weitere kleinere Arbeits- und Aufenthaltsräume. Sie fanden ihre Ergänzung in den Hinterhäusern, die entweder mit einer Ausfahrt nach einer Nebengasse verbunden waren, oder in Quergebäuden, die mit einer Brandmauer gegen ein in gleicher Breite anstoßendes Grundstück der Parallelstraße abgeschlossen wurden. Ein Seitengebäude verband in der Regel Vorder- und Hinter- bzw. Quergebäude, umschlossen von einem angrenzenden Hof, der zugleich als Lichtquelle für die schmalen und tiefgehenden Trakte diente. Im Zwischengeschoß und den beiden darüberliegenden Geschossen befanden sich Speise-, Gesellschafts- und Schlafzimmer. Aus diesen Geschäftshäusern, die durch Jahrhunderte einem mehr oder weniger blühenden Groß- und Fernhandel gedient hatten, entstanden durch Umbauten in der Mitte des 19. Jh. Ladengeschäfte für den Einzelhandel. Zunächst aber wurden die malerisch-pittoresken Beischläge dem modernen Straßenverkehr geopfert. Die einst repräsentativen Dielen verwandelten sich durch Entfernung der Einbauten in geräumige Verkaufsläden mit modernen Schaufenstern für die Warenauslagen. Die weitere Entwicklung führte zu Neubauten von Geschäfts- und Warenhäusern, die sich architektonisch in das Straßenbild der mit kunstvollen Fassaden und formenreichen Giebeln geschmückten Altdanziger Häuser einfügten, die noch immer vom einstigen Reichtum und Kunstsinn ihrer patrizischen Erbauer und Bewohner kündeten.«

1850 28. August Carl Fürstenberg in Danzig geboren. Bankier.

1851 Das zunächst als Festungsgefängnis errichtete Gebäude auf dem Grundstück des ehemaligen Brigittenklosters wird seit 1851 als Landwehrzeughaus genutzt und 1867 der Lazarettverwaltung überlassen.

1851 Das Friedrich-Wilhelm-Schützenhaus wird als Konzert- und Festsaal an der Nordpromenade erbaut.

1852 Auf der Niederstadt wird das Marienkrankenhaus gebaut.

1852 Zwischen der Alten und Neuen Mottlau werden die erste Gasanstalt und der Bahnhof Leege Tor errichtet.

1852 Danzig wird durch die Eisenbahnverbindung nach Bromberg an die Ostbahn angebunden, die von Berlin über Kreuz, Schneidemühl, Bromberg und Dirschau nach Königsberg führt.

1852 27. Juli Der erste Eisenbahnzug der »Ostbahn« fährt auf dem Bahnhof Leege Tor ein.

1854 Es wird eine Gasbeleuchtung installiert, die im Jahr 1904 von elektrischer Beleuchtung abgelöst wurde.

1856 Ein »Verein zur Erhaltung der altertümlichen Bauwerke und Kunstdenkmäler in Danzig« wird gegründet.

1856 Der Danziger Schiffbaumeister Devrient gründet neben der Klawitterwerft eine Schiffswerft und Maschinenbauanstalt, die später von Johannsen weitergeführt wird. Auf dieser Werft wurden bis

Häuser in der Langgasse. Nach einer Radierung von Schultz 1856.

zum Jahr 1869 29 größere Vollschiffe, Barkschiffe und Dreimastschoner gebaut.

1857 Das Wandgemälde im Artushof (Jagd), 1725 von der St. Marienbrüderschaft geschenkt, wird durch ein neues (Diana) von Scherres, Stryowski und Sy gemeinsam gemaltes ersetzt, wozu die Brüderschaft 200 Taler, die Kaufmannschaft ebensoviel und die Kommune den kleinen Kostenrest hergab.

1857 1. April Der Sund- und Beltzoll wird aufgehoben.

1857 Beginn des Baues der Radkorvetten »Arcona« und »Gazelle«.

1857 Evangelisches Kinderkrankenhaus an der Straße »Am schwarzen Meer« gegründet.

1857 Die Danziger Privat-Actien-Bank mit 1 Million Taler errichtet.

1857 5. Preußisches Provinzial-Sängerfest mit ca. 900 Sängern im Theater Gutenberghain und Schützenhausgarten gefeiert.

1857 7. August Feuersbrunst auf der »Lastadie«, durch die die Straße »Poggenpfuhl« mit der Petrischule und Häuser in der Fleischergasse betroffen werden.

1857 1. Juli Die alte »Danziger Willkür«, die Verfassung des mittelalterlichen Danzigs, wird aufgehoben.

1857 20. September Cholera wütet in der Stadt bis zum 9. November, von 480 Erkrankten starben 257.

1857 Der erste Schraubendampfer auf der Mottlau.

1858 1. Juni Die »Danziger Zeitung« erscheint. Die »Wogen der Zeit« und später die »Neuen Wogen der Zeit« werden fortgeführt von der »Danziger Allgemeinen Zeitung«.

1858 1. Juli Feuersbrunst in der Großen Mühlengasse, bis über das Breite Tor und die Synagoge hinaus. 25 Wohngebäude und ebenso viele andere zerstört. Sofortiger Beschluß der Einführung einer zeitgemäßen Berufsfeuerwehr anstelle der Nachtwächter. Mit der Feuerwehr wurde auch der städtische Fuhrpark für die Straßenreinigung im Stadthof untergebracht.

1858 Sehr lebhafter Getreidehandel. 1738 Schiffe angekommen, stromabwärts 2679 Fahrzeuge, darunter 153 Dampfer.

Hausflur in einer Patrizierwohnung. Nach einer Radierung von Schultz 1857.

1858 Zur Vermählung des Prinzen Friedrich Wilhelm mit Prinzessin Victoria von England läßt die Stadt eine kunstvolle Nachbildung der berühmten Galeere, die im Artushof hängt, durch Hofjuwelier Stumpf in Silber anfertigen.

1858 Katholische Kirche in Neufahrwasser eingeweiht (die erste in Danzig seit der Reformation gebaute Kirche).

1858 August Provinzial-Gewerbe-Ausstellung in einer auf dem Buttermarkt erbauten Halle.

1858 Bau mehrerer Gebäude auf der Kaiserlichen Werft.

1858 Eröffnung des Stadttheaters unter Leitung Dibberns mit Schillers »Maria Stuart«.

1859 In den Danziger Hafen eingelaufen 1849, ausgelaufen 1835 Schiffe.

1859 August Cholera in Danzig. Bis November starben 403 Personen (erkrankt 773).

1859 Dr. Kniewel, gelehrter Theologe und gründlicher Kenner und Förderer der geistlichen Musik, gestorben. Er legte 1847 sein Amt als Archidiakonus an der Pfarrkirche nieder, trat aus der Gemeinde aus und wurde altlutherischer Pastor.

1859 Baubeginn der Wiebenkaserne (für das Grenadierregiment Nr. 5).

1860–1871 Jährlich verlassen ca. 950 mit russischem Holz beladene Schiffe den Danziger Hafen, der in dieser Zeit zum ersten Ausfuhrhafen für russisches Holz wurde.

1860 Ein für die Handelsgeschichte Danzigs bedeutendes Jahr. Angekommen 2532 Schiffe, ausgegangen 2672. Stromab 3229 Fahrzeuge, 153 Dampfer und 1852 Traften Holz. Der Export betrug 20800000 Taler, der Import 5260000 Taler. Der Getreide-Export belief sich auf 95073 Lasten für 14845500 Taler, Fleisch für 250000 Taler.

1860 Die Zahl der eigenen Dampfer steigt auf elf, neben 108 Segelschiffen.

1860 Die Jakobskirche (Stadtbibliothek) innen neu ausgebaut.

1860 An der Annenkapelle wird ein evangelischer Geistlicher für den polnischen Gottesdienst eingestellt.

1860 Besuch Sr. Königl. Hoheit, des Prinzregenten.

1860 Kapitalvermögen der Stadt beträgt 640000 Taler.

1860 Arthur Schopenhauer gestorben (geb. 1788 in Danzig).

1860 Die Getreideausfuhr bis 1862 betrug im Jahresdurchschnitt ca. 197 Tonnen.

1861 Die Lange Brücke wird vom Krantor zum Fischmarkt ausgebaut. Der offene Radaunekanal auf dem Hakelwerk wird kanalisiert und zugedeckt.

1861 Einführung des deutschen Handelsgesetzbuches und einer allgemeinen Gebäudesteuer.

1861 Die Fassade des Artushofs wird restauriert. Die Grüne Brücke erhält eiserne Klappen, anstelle der hölzernen.

1861 Die Gesamtbevölkerung der Stadt Danzig beziffert sich auf 87765 Einwohner. Von der Zivilbevölkerung waren davon 51502 Protestanten, 16623 Katholiken und 2928 Juden.

1861 Aus dem Hafen liefen 2649 Seeschiffe aus, 2699 liefen ein, ferner 3811 Stromfahrzeuge nebst 168 Dampfern und 1953 Traften Holz.

Die bauliche Situation Danzigs im 19. Jahrhundert

Danzig war in den ersten 60 Jahren des abgelaufenen Jahrhunderts zu einer »zurückgebliebenen Mittelstadt« heruntergesunken.
Daß sich das auch baugeschichtlich äußerte, liegt auf der Hand. Im Anfang sind noch ein paar Bauten im Empirestil und Klassizismus zu verzeichnen, wie das Stadttheater (1798 bis 1801) und ein paar stattliche Wohnhäuser, wie das eben erwähnte, leider niedergerissene alte Reichsbankgebäude an der Ecke der Jopen- und Wollwebergasse. Aber dann wird wenig gebaut und wenig geschaffen. Die armselige finanzielle Lage drängte in Stadt, Staat und beim einzelnen zur Sparsamkeit.
Hinzu kam die große Gleichgültigkeit gegen alte, besonders mittelalterliche Bauten, die wir ja überall in Deutschland als Folge des Klassizismus zu beklagen haben. Damals riß man ohne Not die stattlichen Anlagen des Dominikanerklosters neben St. Nicolai nieder (1839 bis 1840); ebenso die Bauten des Brigittenklosters (1849 bis 1851) und noch manches andere. Mit knapper Not rettete man das Franziskanerkloster, in dessen Räumen sich so oft nach der Erhaltung fröhliches Danziger Leben entwickelt hat. – Große Brände am Ausgang der fünfziger Jahre wie die in der Vorstadt und in der Altstadt vernichteten ganze Häuserreihen. –
Diese trübe Zeit reicht etwa bis in die sechziger Jahre. Von der Amts-

tätigkeit des um die Stadt hochverdienten Oberbürgermeisters von Winter (1863 bis 1890) darf man einen neuen Aufschwung datieren. Danzigs Schicksal ist nicht nur mit dem Preußens, sondern nun auch mit dem Deutschlands verwachsen. Hob sich Preußen und Deutschland, so war auch ein Erstarken Danzigs zu erwarten. Der Hauptquell dieses neuen Aufschwunges mag zunächst der Staat gewesen sein, der mit seinen Maßnahmen und größeren Mitteln die Bürgerschaft unterstützte. Aber es darf nicht verkannt werden, daß sich im letzten Menschenalter, wenn auch langsam, so doch stetig steigend, die eigene Kraft des Bürgertums wieder hebt.
Die wichtigsten Etappen dieser neuen Bewegung sind die Erhebung Westpreußens zur selbständigen Provinz mit der Hauptstadt Danzig, das zum Sitz einer Reihe von Zentralbehörden wurde (1878). Mit der Schaffung der Reichsmarine gewann der Hafen Bedeutung, und große Werftanlagen entstanden. – Wenn auch der Handel von seiner ehemaligen Bedeutung weit entfernt ist, so sind doch Vorbereitungen für weitere Ausbreitung durch die Weichselregulierung (seit 1888) mit ihren Deichen und Schleusen geschaffen. Der Hafen hat eine Längenausdehnung von 30 km, und die Stadt hat aus eigenen Mitteln (1904) den Kaiserhafen gebaut. Durch günstigere Bahnverbindungen wurde die Stadt aus ihrer »Lage im Winkel« befreit. – Da der Handel, dem ja immer noch das Hinterland fehlt, nicht mehr so recht florierte, hat man ernsthafte Versuche gemacht, eine Industrie zu schaffen, und im Zusammenhang damit steht die Gründung der vierten preußischen Technischen Hochschule in Danzig. – Von besonderer Bedeutung für die bauliche Entwicklung ist die Entfestigung Danzigs, die 1891 bis 1896 begonnen wurde, das Bild der Stadt immer stärker verändernd. Durch die von Winter durchgeführte Kanalisation ist Danzig zu einer der gesundesten Städte im Reich geworden. (»Danzig und seine Bauten«, MCMVIII, Berlin.)

1862 Die Grüne- und die Kuhbrücke werden für 4400 und 5300 Taler neu aus Eisen gebaut.

1862 Für 6000 Taler wird das Gewölbe der Marienkirche restauriert.

1862 Die Katharinenschule wird in eine Mittelschule umgewandelt. Die Mottlau wird durch Abstich eines Teils der Bleihofinsel verbreitert.

1862 Der Berliner Polizeipräsident von Winter wird zum Oberbürgermeister von Danzig gewählt. Winter war als erster Bürgermeister kein gebürtiger Danziger.

1862 Die Bartholomäi-Kirche wird auf Kosten des Schiffsbaumeisters Klawitter für 2300 Taler mit einer Heizung und amerikanischen Bastmatten ausgestattet. In den Hafen liefen 3179 Seeschiffe mit 280700 Normallasten ein. 136585 Last Getreide für 22 Millionen Taler wurden exportiert, Holz für 5888000 Taler.

1862 Von der Kriegsschuld des ehemaligen Freistaats verblieben nur noch 6142 Taler.

1862 Die Zahl der von Danzig auslaufenden Schiffe erreichte 1862 ihren Höchststand mit 3200. »Zum erstenmal auf Grund einer öffentlichen Ausschreibung wurde von Danzigs Stadtverordneten am 23. September 1862 Berlins damaliger Polizeipräsident Leopold von Winter zum Stadtoberhaupt gewählt. Er stammte aus Schwetz an der Weichsel. Am 6. Januar 1863 wurde er durch den Regierungspräsidenten von Blumenthal in der Stadtverordnetenversammlung in Danzig in sein neues Amt feierlich eingeführt. Er erhielt das Prädikat »Oberbürgermeister« mit der Erlaubnis zum Tragen der goldenen Amtskette. Leopold von Winter gelobte bei seinem Amtsantritt vor den Stadtverordneten, »als berufener Meister der Bürger der erste in Erfüllung der Bürgerpflichten sein zu wollen«. Zu dem Grundsatz seines Handelns machte er sich das Wort: »Tue das Rechte in deinen Sachen, das andere wird sich von selber machen!« Mit einer großen Vertrauensbasis im Stadtparlament trat er sein neues Amt in Danzig an, er war mit 47 von 51 Stimmen der Stadtverordneten zum Stadtoberhaupt gewählt worden. Aus der bei seiner Amtseinführung gekennzeichneten Blickrichtung lenkte Leopold von Winter 27 Jahre hindurch zielbewußt, charakterfest und pflichttreu die Geschicke Danzigs. Sein segensreiches Wirken als kommunalpolitischer Reformator erhielt in der Stadtgeschichte die Prägung der Winterschen Ära. Ein tückisches Leiden, von dem er Heilung im Süden gesucht hatte, riß ihn drei Jahre nach seinem Amtsausscheiden aus dem Leben. Am 10. Juli 1893 starb er im 71. Jahre auf seinem Gut Gelens bei Kulm (Weichsel). Als Inschrift seines Grabsteines hatte er sich die bescheidenen Worte gewählt: »Er hat die Stadt geliebt.« Ihm wurde als Ehrenbürger Danzigs mit Recht sein großes reformatorisches

Wirken zu seinem bedeutendsten Werk nachgerühmt, als das damals erste seiner Art auf dem europäischen Kontinent. Es war 1869–71 die Einführung der Kanalisation und Anlegung der städtischen Wasserwerke mit Erschließung des Prangenauer Quellwassers. Geh. Oberbaurat Wiebe in der Planung und die ausführende Unternehmerfirma Alexander Aird verbanden ihre Namen mit der Schaffung des damals neuzeitlichsten Wasserwerkes. Der Winterplatz mit Brunnen vor dem Städtischen Gymnasium hielt die Erinnerung an diese kulturelle und sanitäre Großtat des Oberbürgermeisters von Winter wach.« (Arthur Lenz)

1863 Heinrich Rickert. Am 25. Mai 1863 wurde Heinrich Rickert in Danzig als Sohn des Herausgebers der »Danziger Zeitung« und Abgeordneten Heinrich Rickert geboren. Seit 1891 wirkte er mit seinem Landsmann und Kollegen Münsterberg an der philosophischen Fakultät der Universität Freiburg i. Br., später in Heidelberg als Philosophieprofessor. Als akademischer Lehrer gehörte er zu den bedeutenden Denkern seiner Epoche. Er setzte mit seinem Werk die Reihe jener Danziger Philosophen, wie Bartholomäus Keckermann und Arthur Schopenhauer, fort, die als Vertreter moderner Geschichts- und Wertphilosophie gelten. Er begründete eine eigene südwestdeutsche oder auch Badische Schule, benanntes Gelehrtencollegium, die den Neukantianismus zu einer systematischen Wertphilosophie entwickelte. Rickert war zu seiner Zeit auch in der philosophischen Erörterung des Unterschieds zwischen Natur- und Geisteswissenschaft führend. Seine wichtigsten Werke sind: »Der Gegenstand der Erkenntnis« (1892), »Die Grenzen der naturwissenschaftlichen Begriffsbildung« (1896–1902), »Kulturwissenschaft und Naturwissenschaft« (1899), »Die Philosophie des Lebens« (1920), »System der Philosophie« (1921), »Kant als Philosoph der modernen Kultur« (1924), »Die Logik des Prädikats und das Problem der Ontologie« (1930), »Goethes Faust« (1932) und »Grundprobleme der Philosophie ...« (1934). Rickert starb am 30. Juli 1937 in Heidelberg. Helmuth Sommerfeld widmete ihm zum Gedenken seines 100. Geburtstages in UNSER DANZIG Nr. 10 vom 20. Mai 1963 ein einfühlsames und sachverständiges Erinnerungsblatt.

1863 Hugo Münsterberg wurde im gleichen Jahr am 1. Juli in Danzig geboren. Sein Schicksal wurde sowohl von seiner beruflichen Mission als Philosoph und Psychologe als auch von seinen, wenn auch vergeblichen Bemühungen um eine Völkerverständigung bestimmt. Von Freiburg aus, wo Münsterberg und Rickert gemeinsam lehrten, trennten sich ihre Wege. Rickert folgte einem Ruf nach Heidelberg, Münsterberg ging nach Amerika, um an der Harvard University in Massachusetts vorübergehend ein psychologisches Laboratorium zu leiten. Aus dem zeitlich begrenzt geplanten Aufenthalt entwickelte sich ein erfülltes Leben im Dienst der amerikanischen Wissenschaft. Sein erstes Werk ist betitelt »Grundzüge der Psychologie« (1904). Sein Buch über die »Amerikaner« ist wohl eines der wichtigsten über die Bewohner der Neuen Welt. Seine redlichen Bemühungen um Verständnis für die Deutschen bei den Amerikanern und umgekehrt, bei den Deutschen für die Amerikaner zu werben, trugen ihm indessen den Undank beider Seiten ein. Münsterberg erlebt die Tragödie seines Lebenswerks und der Amerikaner und der Deutschen im Ersten Weltkrieg nicht mehr. Am 18. Dezember 1916 stirbt der Freund Amerikas, nach dessen Entwürfen die Emerson Hall, eine Schule der Philosophie, erbaut wird. Zu seinen Hauptwerken zählen die »Wirtschaftspsychologie«, die »Psychotechnik« und zuletzt »Psychology: General and applied«. (UNSER DANZIG)

1863 im Januar Paul Scheerbart in Danzig geboren. Gründet 1892 in Berlin den »Verlag deutscher Phantasten«. Gilt heute als einer der Vorläufer und Wegbereiter des Expressionismus der deutschen Literatur. Zugleich skurriler Zeichner und Visionär moderner Glasarchitektur. Beeinflußt von seinem Danziger Landsmann, dem Asienforscher Gustav Radde, der ihn zum Studium der orientalischen Philosophie anregt. »Dichterische Hauptwerke«, Goverts Neue Bibliothek der Weltliteratur, 1962, führen zur Wiederentdeckung seines literarischen Werkes. Hauptroman »Lesabéndio« (1913). Scheerbart war ein Repräsentant der Berliner Moderne (Café des Westens). Starb 1915 verarmt in Berlin.

1863 6. August Die Gebäude des Franziskanerklosters werden der Stadt übergeben, die in ihnen die Errichtung einer Provinzialgewerbeschule vorsah. (1872 zog an Ostern die Johannisschule ein. Im Dezember des gleichen Jahres fand im hier eingerichteten Stadtmuseum die erste Kunstausstellung statt.)

1864 30. Mai Gustav Kross in Danzig geboren. Erlernte das Gärtnerhandwerk. Arbeitete als Dreher in der Gewehrfabrik und auf der

Kaiserlichen Werft. 1911 veröffentlichte er den »Danziger Uhlespegel«, eine Sammlung plattdeutscher Spaß- und Spottgedichte. Lyrische und epische Gedichte: »Am Hünengrabe«, 1912 Uraufführung des historischen Dramas »Martin Kogge« in Danzig. Schrieb Schwänke und Hörspiele. Starb nach der Vertreibung aus seiner Heimatstadt in Offenburg (Baden).

1864 Dänische Kriegsschiffe sperren zeitweise den Hafen.

1865 4. Oktober Der Dichter Max Halbe erblickt das Licht der Welt in Güttland bei Danzig. Mit seinen Dramen »Jugend«, »Eisgang« und »Der Strom« gehörte er der ersten Reihe der Dramatiker des Naturalismus an. Halbe wurde Ehrenbürger der Stadt Danzig. Zu seinen Prosawerken gehören »Die Tat des Dietrich Stobäus«, »Frau Meseck«, »Jo« und die Lebenserinnerungen »Scholle und Schicksal« und »Jahrhundertwende«.

1865 Der Stadtverordnete Jebens regt an, die Wälle abzutragen und, um Baugelände zu schaffen, den versumpften Stadtgraben zuzuschütten.

1865 6. August Käthe Schirmacher in Danzig geboren. Vorkämpferin der Frauenbewegung »Die moderne Frauenbewegung« (1905), »Grenzmarkgeist« (1925). Nachlaß: »Um Deutschland« (1932). Vgl. auch Propyläen Weltgeschichte, Bd. 8, 1960, über den allgemeinen deutschen Frauenverein.

1866 Das Kinder- und Waisenhaus wird nach dem dritten Hof in Pelonken bei Oliva (dem ehemaligen Landhaus Floris Schopenhauers) verlegt.

1866 Der Einhornspeicher in der Mausegasse auf der Speicherinsel wird von der Marine- an die Garnisonverwaltung übereignet.

1867 Der Hohetorbahnhof wird als neuer Hauptbahnhof am Stadtgraben gebaut.

1867 Ein dem Bildhauer Freitag nahestehender Autor weist in der »Westpreußischen Zeitung« auf die Bemühungen zur Erhaltung der Baudenkmäler hin, indem er ausführte, »daß mit erfinderischer Bos-

Haus aus der Ordenszeit. Nach einer Radierung von Schultz 1866.

heit die alten Prachthäuser Danzigs in moderne Pappkästen und geschmacklose Kasernenbauten umgewandelt werden«. Dieser Artikel erschien auch als Flugblatt.

1867 Mit dem Bau des Westflügels für die Gewerbeschule im Franziskanerkloster wird begonnen. Das Hauptgebäude wird aufgestockt für Räume des Stadtmuseums und der Johannisschule. 1872 war der Bau vollendet.

1868 Der Magistrat erläßt eine Polizei-Verordnung, wonach die altertümlichen Beischläge innerhalb von fünf Jahren vor den Häusern entfernt werden sollen. Dies war der einschneidende Anlaß zur Zerstörung des Stadtbildes.

1868 In der Weidengasse wird die Reiterkaserne erbaut und dem Grenadierregiment Nr. 5, später dem Infanterieregiment Nr. 128 eingeräumt. Der Faulgraben wird entwässert und Straße der Altstadt.

1868 Der Bau eines Wasserwerkes wird von der Stadtverordnetenversammlung beschlossen.

1869 In der Rechtstadt wird mit der Verbesserung des Straßenpflasters aus Reihensteinen begonnen, während die Gassen der Altstadt, Niederstadt und der Speicherinsel noch vorwiegend mit dem geringeren Kopf- und Feldsteinpflaster befestigt waren.

1869 Die Stadtverwaltung kauft Grundstücke auf Langgarten von der Witwe Goldstein ab, um eine Verbindung zur Weidengasse herzustellen.

1869 Bei Legan und Schellmühl wurde eine chemische und eine Düngemittelfabrik gebaut.

1869 8. März Max Förster, Anglist, in Danzig geboren. Erforscher der alt- und mittelenglischen Sprache und Literatur.

1870 Die Eisenbahnverbindung von Danzig nach Köslin wird aufgenommen.

1870 30. März Das Danziger Stadtmuseum wird gegründet.

1870 In der Kiebitzgasse wurde die Westpr. Zuckerraffinerie und an der Neuen Mottlau, ebenfalls auf der Speicherinsel, eine Ölmühle in Betrieb genommen.

1870 21. August Vier französische Kriegsschiffe kreuzten auf der Danziger Reede und gingen im Putziger Wiek vor Anker. Als sie drohten, die Stadt zu beschießen, wurden sie von der preußischen Schraubenkorvette »Nymphe« unter Korvettenkapitän Weickhmann angegriffen und zum Rückzug gezwungen.

1870 Der gesamte überseeische Güterverkehr steigerte sich von 787000 Tonnen im Durchschnitt der Jahre 1870–79 auf eine

Million Tonnen in den Jahren 1880–89, auf 1,2 Millionen Tonnen von 1890–99 und auf 1,4 Mio Tonnen in den Jahren 1900 bis 1911.

1870 Die Bahnverbindung Danzig–Stettin wird eröffnet.

1871 Die städtischen Wasserwerke versorgen fortan die Stadt mit frischem Prangenauer Quellwasser. Kurze Zeit später wird die Entwässerung der Stadt vorgenommen und zum erstenmal auf dem Kontinent das in England erprobte Rieselverfahren angewendet.

1871 Die Kgl.-preußische Werft wird in »Kaiserliche Werft« umbenannt.

1871 Bei Saspe entsteht eine Superphosphatfabrik.

1871 Der Plan, den Trumpfturm abzutragen, wurde nach einem Sachverständigen-Gutachten des Konservators von Quast fallengelassen.

1871 Die Olivaer vermehrten sich von 3454 im Jahr 1871 auf 6471 bis 1900 und von 9346 im Jahr 1910 bis auf 16573 im Jahr 1937. Die Zoppoter vermehrten sich von 1487 im Jahr 1871 auf 15015 im Jahr 1910. In Ohra stieg die Bevölkerung von 4345 im Jahr 1871 auf 11029 im Jahr 1910 an.

1871 Für die Evangelischen in Zoppot wird die Friedenskapelle im Südpark errichtet.

1871 16. Dezember Die seit 1869 verlegte Kanalisation wird in Betrieb genommen.

1872 Die Johannisschule wird in den aufgestockten Räumen des Franziskanerklosters untergebracht.

1872 Die Deutsche Pferde-Eisenbahn-Gesellschaft Berlin richtet eine Pferdebahnlinie von Danzig über Langfuhr nach Oliva ein.

1872 29. Februar Otto von Bronk in Danzig geboren. Erfinder der Hochfrequenzverstärkung und der drahtlosen Telefonie. Erste erwiesene Rundfunkdarbietung. Erstes Patent für Farbfernsehen.

1872 22. April Artur Bendrat in Danzig-Langgarten geboren. Maler, Lithograph. Fresken zur germanischen Heldensage. Mit Käthe Schirmacher gab er die Mappe »Aus dem deutschen Osten« heraus. Buchillustrator »Danziger Bilder«. Im März 1914 in Coswig bei Dresden gestorben.

1873 Johann Carl Schultz, einer der Vorkämpfer für den Bestand des alten Stadtbildes, gestorben.

1873 Die Gräben der Niederstadt werden zugeschüttet und die Weidengasse weitergeführt.

1874 Das erste Reihenpflaster der Stadt wird mit Steinmaterial, das auf dem Schiffsweg aus Schweden bezogen wurde, an der Marienkirche gelegt.

1874 Der Militärfiskus kauft vom Magistrat das Gelände der seit 1816 bestehenden Artilleriewerkstatt für die Gewehrfabrik in der Weidengasse auf.

1875 Auf Neugarten entstehen an öffentlichen Gebäuden das Diakonissenkrankenhaus, (1880 der Provinziallandtag, 1886 das Oberpräsidium der Provinz Westpreußen, 1910 das Amts- und Landgericht).

1876 Die Königliche Regierung gründet als zweites Gymnasium das Königliche Gymnasium (später Staatliche Oberschule).

1876–1878 Die Getreideanlieferung per Bahn steigt von 28 auf 124 Tonnen an.

1877 19. März Danzig wird Hauptstadt der Provinz Westpreußen.

1877 Die Stadt übernimmt den Turm Kieck in de Kök am Dominikanerplatz mit der Verpflichtung zu weiterer Unterhaltung.

1877 Die Forsten auf der Nehrung werden an den Fiskus abgetreten.

1877 27. Oktober Berthold Hellingrath in Elbing geboren. Kunstgewerbeschule München. Kunstakademie Dresden. Maler und Landschaftszeichner in Danzig. Seit 1925 Professor an der TH Hannover.

1878 1. April Ein neues Oberpräsidium wird in Danzig begründet. Zu den Provinzialbehörden zählten die Provinzialsteuerdirektion, eine Oberpostdirektion, ein Provinzialschulkollegium, das Medizinalkollegium und seit 1895 eine Eisenbahndirektion. Seit 1878 war Ohra durch eine Pferdebahn mit der Innenstadt Danzig verbunden.

1878 5. März Fritz Pfuhle in Berlin geboren. Kunstakademie Berlin und Dresden. Seit 1910 Maler und Professor an der TH in Danzig.

1879 Seit 1879 unterstanden Amtsgericht und Landgericht zu Danzig dem Oberlandesgericht zu Marienwerder.

1879 Als Naturkundemuseum wird das Westpreußische Provinzialmuseum in den oberen Räumen des Grünen Tors mit vorwiegend naturkundlichen und archäologischen Sammlungen eingerichtet.

1879 Das Haustor am Altstädtischen Graben brannte ab.

1879 Ein neues Hafenbecken wurde ausgehoben. Westpreußischer Geschichtsverein gegründet.

1880 3. Juli Carl Schuricht in Danzig geboren. Lehrer Engelbert Humperdinck. 1912 Städtischer Musikdirektor in Wiesbaden. 1922 bis 1944 Generalmusikdirektor. Gastdirigent. Konzertreisen. 1956 reiste er mit den Wiener Philharmonikern durch die USA und Kanada.

1880–1886 waren 48 % der einkommenden Schiffe Dampfer.

1880 7. April Bruno Pompecki in Schwetz geboren. Gedichtbücher »Weichselrauschen« (1905), »Der stille Weg« (1911), »Verklungene

Tage« (1913), »Literaturgeschichte der Provinz Westpreußen« (1915).

1880 Die Zahl der Einwohner Danzigs: 108551. Von 1880 bis 1882 entstand die Infanteriekaserne Neufahrwasser. Von 1881 bis 1884 gingen noch 40 v. H. der Holzflöße, die stromabwärts bis Thorn gelangt waren, nach Danzig weiter. Von 1905 bis 1909 ging die Zahl auf 24 v. H. zurück.

1881 Für das Königl. Gymnasium wird ein Schulneubau in der Weidengasse errichtet.

1882 Die Viktoriaschule für höhere Töchter wird in der Holzgasse erbaut.

1882 Mit der Gründung der Schichauwerft beginnt der Bau großer Kriegsschiffe und für den transatlantischen Verkehr bestimmte Ozeandampfer.

1882 bis 1886 Auf Neugarten wird das Oberpräsidial- und Regierungsgebäude errichtet.

1882 Infolge des forcierten Rübenanbaus in den Provinzen Westpreußen und Posen begann die Einfuhr von Rohzucker im Wirtschaftsgeschehen der Stadt mit durchschnittlich 65000 Tonnen jährlich eine bedeutende Rolle zu spielen.

1882 23. Dezember Erich Dombrowski, deutscher Journalist, in Danzig geboren. 1916 »Berliner Tagblatt«. Mitarbeiter der »Weltbühne«. 1926 Chefredakteur des Frankfurter Generalanzeigers. Seit November 1949 Mitherausgeber der Frankfurter Allgemeinen Zeitung.

1882 30. Dezember Herbert Sellke in Danzig geboren. Journalist, Lyriker, »Das goldene Tor« (1924), Romane: »Maria am Gestade« (1920), »Die Schicksalsschmiede« (1928). Im Danziger Werderplatt: »Nohberschlied« (1924) und »de grote Sewen« (1929) mit Holzschnitten von Willy Lütcke, (Nachdruck 1975 im Selbstverlag von Willy Lütcke).

1883 Die letzte mit Getreide beladene Holztraft kommt in Danzig an.

1883 Baubeginn der Artilleriekaserne I, Hohe Seigen.

1883 Ein vierter Durchgang des Grünen Tores wird geschaffen in dem Teil, der zuvor die Stadtwaage aufgenommen hatte. (1886 wurden die alten Giebelformen wiederhergestellt. Nach ihrer Zerstörung im März 1945 wurden sie in der alten Renaissanceform aufgerichtet).

1883 Der Forstfiskus übernimmt das Forstgelände von Hela. Nur das Patronat an der Kirche zu Hela und der Schule zu Danziger Heisternest verbleibt dem Magistrat.

1883 Der Bauplatz für den städtischen Schlacht- und Viehhof auf den Klapperwiesen wird ausgewählt.

1883 11. Juni Felix Meseck in Danzig geboren. Kunstakademie Weimar und Königsberg. Professor für Malerei an der Staatlichen Kunsthochschule in Weimar.

1884 Pferdebahn Weidengasse – Hohetorbahnhof – Lenzgasse – Fischmarkt. Ein Eisenbahngleis führt vom Leege Tor über den Langgarter Wall zum Schlachthof (1892 erbaut).

1884 Der Wallplatz zwischen dem Zeughaus und dem Weißen Turm, in früherer Zeit als »Kugelgarten« bezeichnet, wird von der Stadt an den preußischen Militärfiskus im Austausch gegen den sogenannten »polnischen Haken«, der Landspitze von Strohdeich, abgetreten. Auf einem Doppelgleis in der Hopfengasse wird die wegen der Feuergefahr durch Pferdegespanne gezogene »Speicherbahn« eingeführt.

1884 Das Jakobstor wird abgetragen.

1885 Die Ladefähigkeit der in Danzig einlaufenden Schiffe vermehrte sich von 462000 Tonnen im Jahr 1885 auf 800000 Tonnen 1900 und auf 942000 im Jahr 1910 und stieg im Jahr 1913 auf 1,2 Millionen Tonnen an.

1885 standen 796 einkommenden Segelschiffen 1025 Dampfer gegenüber.

1885 Die Hauptpost zieht in das neue Dienstgebäude in der Langgasse ein.

1885 2. Februar Der Maler, Zeichner und Grafiker Robert Zeuner in Danzig geboren. Porträtist und Landschaftsmaler.

1895 9. Dezember Fritz Jaenicke in Deutsch-Eylau geboren. Seit 1908 Kulturschriftleiter der »Danziger Neueste Nachrichten«. Literarischer Schöpfer des »Danziger Originals« Poguttke, dessen »Stammtischgespräche des Rentiers Franz Poguttke« in den dreißiger Jahren regelmäßig in den Wochenendausgaben der »Danziger Neueste Nachrichten« erschienen. Gest. in Danzig am 27. Juli 1945.

1885 Dem Stadtmuseum wurde das Provinzial-Kunstgewerbemuseum angegliedert.

1886 Die Pferdebahnlinie Danzig (Kohlenmarkt) nach Schidlitz und Emaus eröffnet. 1866 wurde der Mauerturm am Stadthof niedergelegt, um Platz für den Bau der Synagoge zu schaffen. (Nach der Demontage der Synagoge 1939 wurde dieser Turm nach 1945 wiederaufgebaut.)

1886 24. März Willibald Omansen (Omankowski) in Danzig geboren. Kunst- und Theaterkritiker der »Danziger Volksstimme«. Lyrik: »Die Windharfe« (1920), »Danzig, Antlitz einer alten Stadt« (1924), »Der Fackelträger« (1929) und »Brennende Vergangenheit« (1948).

1886 Oberbürgermeister von Winter beklagt in scharfer Verurteilung die »durchgreifende Umwandlung« des Stadtbildes in den letzten Dezennien, die Zerstörung vieler architektonischer Schönheiten und den Verlust allen Kunstsinns und einer geistigen Verkümmerung. Mit dem Umbau der Straßen waren z. B. die weitausladenden Beischläge entfernt worden, auf denen sich lange Jahrhunderte hindurch ein großer Teil des bürgerlichen Lebens abgespielt hatte. Ihre Beseitigung nahm nicht nur dem Danziger Stadtbild seine schönsten

Reize, sondern beraubte auch die prächtigen Patrizierhäuser ihres würdigsten Schmuckes. Kahl und nüchtern gähnten fortan dem Beschauer an ihrer Stelle unförmige Ladenfenster entgegen, in denen der moderne Geschäftsmann seine Waren zum Kauf feilbot. Rücksichtslos und ohne Verständnis für die unersetzlichen Werte, die mit ihnen zertrümmert wurden, scheute man sich nicht, auch viele der alten Portale und Giebel abzubrechen. Wo sich früher kostbare Friese hingezogen hatten, breiteten sich in Zukunft häßliche Firmenschilder aus. Nur der Fülle des einst vorhandenen Reichtums an herrlichen Bauwerken und dem rechtzeitigen Eingreifen kunstsinniger Bürger ist es zu danken, wenn auch heute noch Danzig zu den eigenartigsten und schönsten der deutschen Städte gehört. Da die alten Wohnhäuser den verfeinerten Ansprüchen nicht mehr genügten, wurden sie seit Mitte des Jahrhunderts durch zahlreiche Neubauten ersetzt. Viele gotische Häuser wurden erst zu dieser Zeit abgebrochen. Die Gebäude, die an ihre Stelle traten, entsprachen wohl den modernen Bedürfnissen, doch ließen sie bei dem nüchternen Geist, der damals allenthalben vorherrschte, jegliche künstlerische Gestaltungskraft vermissen. Auch der Versuch, durch Nachahmung früherer Stile die neuen Bauten dem alten Stadtbild anzupassen, gelang nur selten.

1887 13. März Erich Volmar, Architekt, in Danzig geboren. TH München und Danzig. Seit 1921 in der Hochbauverwaltung tätig bei der Restaurierung historischer Bauwerke. Berater beim Wiederaufbau der Danziger Rechtstadt nach 1945.

1887 2. Juli Der Danziger Landkreis wird in »Danziger Höhe« und »Danziger Niederung« aufgeteilt. Zur selben Zeit werden in der Straße mit dem Namen Sandgrube die entsprechenden Kreishäuser erbaut.

1887 wurde der Bau einer Synagoge an der Reitbahn abgeschlossen.

1887 7. August Hermann Rauschning in Thorn geboren. Wurde zuerst bekannt als der erste nationalsozialistische Präsident des Senats der Freien Stadt Danzig (1933). Geriet in Konflikt zu dem eigentlichen Machthaber, Gauleiter Forster, November 1934 Rücktritt und Flucht nach Polen. Im schweizerischen Exil verfaßte er als entschiedener Gegner des von ihm als verhängnisvoll erkannten Nationalsozialismus die Bücher »Die Revolution des Nihilismus« (1938) und »Gespräche mit Hitler« (1939). Weitere Bücher folgten in London und New York, »Make und break with Hitler« (1941), »Eine konservative Revolution« (1942). Nach dem Krieg lebte er als Farmer in den USA und setzte sich mit den deutschlandpolitischen Fragen nach dem Zusammenbruch des Deutschen Reiches auseinander: »Deutschland zwischen Ost und West« (1951), »Ist Friede noch möglich« (1953), »Die deutsche Einheit und der Weltfriede« (1954), »Ruf über die Schwelle« (1955).

1888 An der pommerschen Eisenbahnstrecke wird der Hauptbahnhof gebaut.

1889 Von 1889 bis 1891 entstanden in Danzig und Neufahrwasser Zuckerraffinerien, die außer dem inländischen auch russischen Rohzucker verarbeiteten.

1890 5. April Hans von Hülsen in Warlubien/Westpreußen geboren. Kindheit in Danzig. Biograph Gerhart Hauptmanns. Roman »Ein Haus der Dämonen« (1932). Unter dem Titel: »August und Ottilie« 1942 neu aufgelegt. Biographisch: »Der Kleiderschrank«, »Zwillingsseele« und »Die Wendeltreppe«. »Tragödie der Ritterorden«. Letzte Werke »Römische Funde« und »Führer durch Rom«. 1968 in Rom gestorben.

1890 4. Februar Elsa Faber von Bockelmann in Danzig geboren. Märchenerzählerin: »Fern dem Alltag. Aus dem Tagebuch einer Märchenfrau« (1925), »Zwölf Märchen für Kinder« (1928) und »Danziger Märchen« (1940). Danziger Kulturpreisträgerin.

1890 Die Anzahl der Einwohner ist auf 120338 angestiegen.

1890 Ferdinand Schichau erwirbt ein neues Werftgelände, das durch den »Jungstädtischen Holzraum« von der Kaiserlichen Werft getrennt ist. Seit 1892 wurden auf »Schichau« Überseedampfer und Kriegsschiffe gebaut.

1890 Rudolf Freitag ist tot. Eine seiner letzten Bildhauerarbeiten war die Restaurierung der Sandsteinfigur des Kriegers an der Westseite des Großen Zeughauses.

1891 26. Dezember Bruno Paetsch in Danzig geboren. Seit 1918 Zeichenoberlehrer und Maler in Danzig. Romstipendium. Kulturpreisträger.

1891 Von 1891–1900 steigerte sich die Einfuhr auf jährlich durchschnittlich 88000 Tonnen.

1891 Das Westpreußische Feldartillerie-Regiment Nr. 36 steht in Danzig in Garnison (bis 1920). In Langfuhr wird das Westpreußische Train-Bataillon Nr. 17 stationiert.

1891 Danzig wird Sitz der obersten Behörden des XVII. Armeekorps sowie der Stäbe der 36. Infanterie-Division, der 71. Infanterie-Brigade, der 36. Feldartillerie-Brigade und der Leibhusaren. Seit 1894 befand sich hier eine Kriegsschule. Auch wurde die erste preußische Kriegswerft in Danzig eingerichtet.

1891 Fragmente der alten Stadtmauer werden in der Ketterhagenergasse entfernt. (In der Kleinen Wollwebergasse blieben Reste der Stadtmauer neben dem Strohturm erhalten und überstanden selbst die Zerstörung der Stadt im Jahr 1945.)

1891 Nach Bebauungsplänen des Kölner Stadtbaurats Stübben sollen die Straßen Stadtgraben, Elisabeth-, Dominiks-, Karren- und Wiebenwall zum Teil mit modernen Wohnhäusern im Stil des Historismus und mit öffentlichen Gebäuden bebaut werden.

1892 Mit der Einebnung des Ravelins Jakob wird begonnen.

1892 Das Gebäude des Korpsbekleidungsamts in der Wallgasse wird seiner Bestimmung übergeben (später diente es als Hauptzollamt).

1892 12. November Kurt Walter in Weichselmünde geboren. Pfarrer an der ev. Lutherkirche in Langfuhr. Vorsitzender des Danzig-Westpreußischen Bruderrats der Bekennenden Kirche. Naziverfolgter. Häftling im KZ Dachau von Ostern 1942 bis Mai 1945. Fliegeroffizier im Ersten Weltkrieg.

1893 Erich Keyser in Danzig geboren. Historiker. Aus alter Danziger Familie stammend. Archivrat und Museumsdirektor in Danzig. Nach 1945 Direktor des Herder-Instituts Marburg. »Danzigs Geschichte« (1921), »Die Entstehung von Danzig« (1924), »Das hansische Danzig« (1926). Lehrte als Professor für Geschichte an der TH Danzig-Langfuhr. (»Die Baugeschichte der Stadt Danzig«. 1872. Hrsg. v. E. Bahr)

1893 31. Mai Das erste auf der Schichauwerft gebaute Kriegsschiff »Gefion« läuft vom Stapel. Als weitere Aufträge der Kaiserlichen Marine folgten »Iltis« und »Jaguar«. Bis zum Jahr 1908 wurden die Linienschiffe »Kaiser Barbarossa«, »Wettin«, »Elsaß«, »Lothringen« und »Schlesien« in Auftrag gegeben. Im Auftrag des Norddeutschen Lloyd wurden im gleichen Zeitraum mehrere größere Handels-, Fracht- und Passagierdampfer gebaut, z. B. »Prinzregent Luitpold«, »Prinz Heinrich«, »Bremen«, »Großer Kurfürst«, »Zieten«, »Seydlitz«, »York«, »Kleist« und »Derfflinger«.

1893 werden im Stadtverordnetensaal des Rathauses die Wände von dem Düsseldorfer Künstler Roeber ausgemalt mit Darstellungen der Danziger Geschichte. Sie schildern die Grundsteinlegung der Stadtmauer (1343), den Mairitt (1500), die Belagerung durch Stephan Bathory (1577), die Schenkung eines Gemäldes der Stadt an den Dogen (1601), den Abzug der Franzosen (1814) und den Besuch der Stadt durch Kaiser Wilhelm I. (1870).

1893 bis 1903 Kavalleriekasernen in Langfuhr-Hochstrieß erbaut.

1894 Kriegsschule an der Nordpromenade nach einem Umbau der ehemaligen Pionierkaserne ihrer Bestimmung übergeben.

1894 15. September Die erste Ausgabe der Tageszeitung »Danziger Neueste Nachrichten« erscheint.

1895 Das Festungsgelände zwischen dem Hohen Tor und dem Jakobstor wird an die Stadt für eine halbe Million Mark übereignet.

1895 laufen nur noch 544 Segelschiffe, dagegen 1174 Dampfer im Danziger Hafen ein.

1895 In der Hundegasse wird das Vereinshaus der Ressource »Concordia« eingeweiht.

1895 Die Wälle auf der Westseite der Stadt werden abgetragen. Die in ihnen verborgenen Fragmente alter Befestigungsanlagen und Tore wurden beseitigt, mit Ausnahme der Bastion am Elisabethwall, die als »Denkmal« bestehen bleiben sollte, aber bis nach 1945 verschüttet blieb und erst danach freigelegt wurde. Der Stadtgraben wurde zugeschüttet. Eine breite Wallringanlage entstand mit den Straßen Wieben-, Karren-, Elisabethwall und Stadtgraben am Hauptbahnhof, der 1898 bis 1900 mit Empfangshalle und anderen Gebäuden errichtet wurde.

1896 Längs der Großen Allee vor dem Olivaer Tor wird der Steffenspark angelegt, als ein Geschenk des in Berlin lebenden Historienmalers Franz Steffen an seine Vaterstadt. Drei Jahre danach wurde der in eine Grünanlage umgewandelte alte Lazarettfriedhof dieser neuen Parkanlage angeschlossen.

1896 9. Juli Rudolf Baumgardt in Zoppot geboren. Schrieb außer großen biographischen Werken (»Das Fundament«) Novellen, Lyrik und Bühnenstücke. In seinem Roman »Die Rodendahls« schildert er die Stadt Danzig und ihre Menschen in der Zeit von 1886 bis 1945.

1896 Auf dem Dominikanerplatz wird an der Stelle des niedergerissenen Dominikanerklosters die Markthalle eröffnet. (Der Wehrturm »Blumentopf« am Dominikanerplatz mußte dem Bau der Markthalle weichen, meint Keyser; in der Tat wurde die Markthalle in einem Abstand von mehr als hundert Metern davon gebaut. Grund war der Plan eines Exerzierplatzes, der aber aufgegeben wurde, als in Langfuhr der kleine Exerzierplatz an der Sporthalle vom Militärfiskus in Anspruch genommen wurde.)

1896 Die Pferdebahn wird von der »Elektrischen« (Straßenbahn) abgelöst, die von Danzig über Langfuhr nach Oliva verkehrt.

1896 1. Oktober Der Leegetor- und der Hohetorbahnhof werden für den Personenverkehr geschlossen und der Eisenbahnverkehr über den neuen Hauptbahnhof am Stadtgraben abgewickelt.

1897 16. Juli Die Stadtverordnetenversammlung beschloß auf Antrag des Magistrats die Errichtung eines Elektrizitätswerkes auf der Bleihofinsel.

1897 Eine neue Polizei-Verordnung gestattet die Beibehaltung der umstrittenen Beischläge in der Jopen-, Brotbänken-, Heiligengeist- und Frauengasse und auf dem Langen Markt, »so die Verkehrsverhältnisse dies als zulässig erscheinen lassen«.

1898 Das städt. Elektrizitätswerk auf der Bleihofinsel nimmt den Betrieb auf.

1898 Auf dem Boden der niedergelegten Bastionen Mottlau, Luchs, Fuchs und Jakob entstehen die neuen Straßenzüge Wallgasse, Schild, Fuchswall und Samtgasse. Seit 1898 wurde der Englische Damm mit Wohnhäusern bebaut.

1898 Baubeginn des Gebäudes des Generalkommandos an der »Silberhütte« (später Sitz des Völkerbundkommissars).

1898 Die Straßenbahnlinie Danzig–Neufahrwasser–Brösen–Langfuhr wird angelegt.

1898 Der Bargsche Kohlenhof auf dem Troyl wird zum Zweck der Anlage einer Waggonfabrik erworben. (Vom 1. Okt. 1899 bis 1. Jan. 1908 wurden in der neuen Waggonfabrik 4300 Eisenbahn-, Straßenbahn- und andere Wagen gebaut.)

1898 17. Januar Carl Maria Splett in Zoppot geboren. Seit 1938 Bischof von Danzig.

1898 20. August Hans Bernhard Meyer, Danziger Schriftsteller, geboren. Museumsleiter. »Das Danziger Volksleben« (1956). Kunstgeschichtliche und volkskundliche Schriften.

1898 Die nebenbahnähnlichen Kleinbahnen in den Kreisen Marienburg und Danziger Niederung: Neuteich–Liessauer Kleinbahnnetz. Die Allgemeine Deutsche Kleinbahn-Gesellschaft erwarb im Herbst 1897 von der Zuckerfabrik Neuteich die bereits seit 1893 bestehende Rübenbahn Neukirch–Gr.-Lichtenau–Neuteich–Lindenau nebst Abzweigungen und Anschlußgleisen und von der Zuckerfabrik Liessau die gleichfalls seit 1893 bestehende Rübenbahn Liessau–Mielenz. Entsprechend den Vorschriften des Kleinbahngesetzes baute die Allgemeine Deutsche Kleinbahn-Gesellschaft die genannten Strecken um und übergab sie im Herbst 1898 dem öffentlichen Verkehr. Zur Verbindung dieser beiden, damals voneinander getrennten Kleinbahnen wurde die Linie Liessau–Gr.-Lichtenau gebaut und im August 1899 in Betrieb genommen, woran sich zur weiteren Vervollständigung des Netzes die Strecke Neukirch–Schöneberg im November 1900 schloß. (»Danzig und seine Bauten MCMVIII«, Berlin)

1899 »Als nach Niederlegung der Befestigungen an der Nordwestseite Danzigs ein neuer Hauptbahnhof errichtet wurde, kamen die Vorteile des Reiseverkehrs dem Neubauviertel auf dem weiten Gelände der niedergelegten Wälle um die Jahrhundertwende zugute. So entstanden in der Nähe des Hauptbahnhofs Hotels und Gaststätten, die die alten Gasthöfe im Innern der Stadt alsbald unrentabel werden ließen. Die renommierten Hotels ›Germania‹, ›Zu den drei Mohren‹ und das ›Hotel du Nord‹ mußten ihre Pforten schließen. Auf dem neuen Gelände wurde als erstes Hotel der ›Danziger Hof‹ als ein architektonisch bedeutender Bau, unmittelbar neben dem Hohen Tor, errichtet. Es enthielt 120 Zimmer mit 157 Betten, einen im Erdgeschoß gelegenen Speisesaal für rund 100 Personen, ein zusätzliches Restaurant und einen großen Saal für rund 400 Personen mit den dazugehörenden Nebensälen. Unmittelbar nahe dem Hauptbahnhof wurde ein Jahr darauf ein weiteres modernes Hotel, der ›Reichshof‹, errichtet, der nach seiner 1906 vorgenommenen Erweiterung 110 Zimmer mit 140 Betten anbieten konnte. Auch dieser Hotelneubau war mit einem großen Saal für 260 Personen sowie Restaurations- und Weinzimmern versehen.« In dem neuen Viertel in der Nähe des Hauptbahnhofs sind außer diesen Hotelneubauten noch einige für Wohnzwecke errichtete Gebäude in Hotels umgebaut und eingerichtet worden, wie das Hotel »Deutscher Hof« und das Hotel »Continental«.

1899 Die Lutherkirche der Evangelischen in Langfuhr geweiht.

1899 Ein Freihafen wird zur Erleichterung des Warenumschlags eingerichtet. Um die Erhaltung des Milchkannenturms wurde ein Streit von 1891 über neun Jahre geführt. Danziger Bürgervereine und der Polizeidirektor hatten den Abbruch aus verkehrstechnischen Gründen gefordert. Am 16. Januar 1900 lehnte der Regierungspräsident dieses Ersuchen ab, dem der Magistrat nicht widersprochen hatte, weil damit »ein geschichtlich und künstlerisch wertvoller Teil der alten Toranlage zerstört« werden würde.

20. Jahrhundert

1900 7. Juli Bruno Fendrich, Architekt und Kunsthandwerker, in der Kolonie Nikopol (Südrußland) geboren. Dr. und Dipl-Ing. TH Danzig. Bauleiter bei der Restaurierung der Marienkirche. Seit 1930 Lehrer an der Kunstgewerbeschule.

1900 23. August August Finkel in Wien geboren. TH Wien. Seit 1926 in Danzig als Maler und Grafiker.

1900 Das »von Conradinsche Schul- und Erziehungsinstitut« wird von Jenkau auf der Danziger Höhe als »Conradinum« nach Langfuhr in einen stattlichen Neubau verlegt.

1900 Der Grundstein zur Heilandskirche in Schidlitz wird gelegt.

1900 30. Oktober Das neue Empfangsgebäude des Hauptbahnhofs mit dem 48 Meter hohen Uhrenturm wurde feierlich dem Verkehr übergeben.

1901 Das 1. Leibhusaren-Regiment (nachdem es zuvor in der späteren Artilleriekaserne Hohe Seigen gelegen hatte) wird zusammen mit dem 2. Leibhusaren-Regiment in die neuerbauten Kasernen nach Langfuhr-Hochstrieß verlegt. (Von 1893 bis 1903 wurde an diesem Kasernenkomplex gebaut. Neben diesen Kasernen bestanden weitere Kasernen und Depots für das Trainbataillon.)

1901 Die russische Marine überträgt der Schichauwerft den Bau des Kreuzers »Nowik«. Dieses Schiff erreichte bei seiner Probefahrt eine Geschwindigkeit von 26 Knoten und war damit der schnellste Kreuzer der Welt.

1901 Auf dem Kohlenmarkt wird das Kaufhaus Gebr. Freymann erbaut.

1901 7. April Elektrische Straßenbahnlinien Danzig–Oliva und Langfuhr–Brösen in Betrieb genommen.

1901 Zoppot wird eine selbständige Stadt. (30835 Einwohner waren es im Jahr 1929.)

1901 Die Erlöserkirche in Zoppot auf dem Seeberg eingeweiht.

1902 Die städtische Bodenpolitik unter den Oberbürgermeistern Delbrück, Ehlers und Scholtz führte zu weiteren Eingemeindungen. Von 1902 bis 1907 wurden Heiligenbrunn, Hochstrieß, ein weiterer Teil von Zigankenberg, die Insel Holm und der Troyl mit der Stadtgemeinde vereint.

1902 Die Meeressternkirche der Katholiken in der Zoppoter Schulstraße erbaut.

1903 Der neue Kaiserhafen, der durch Ausschachtung der alten Schuitenlake an der Ostseite der Holminsel entstand, wird für den Schiffsverkehr eröffnet.

1903 Eine zweite Gasanstalt wird bei Milchpeter errichtet.

1903 Auf dem Heumarkt vor dem Hohen Tor wurde ein von dem Bildhauer Ernst Börmel geschaffenes Reiterdenkmal Kaiser Wilhelms I. aufgestellt. Der Sockel zeigt vorn die Borussia, links und rechts Ägir und Vistula. Die bronzenen Reliefs zu beiden Seiten zeigen das Bild der Ostsee mit Schlachtschiffen und die Marienburg und Holzflösser auf der Nogat.

1903 Das Tor, das den Stadthof gegen die Gerbergasse abschloß, wird abgetragen.

1904 Die Hauptwache in das Hohe Tor verlegt.

1904 Von Professor Behrens, Breslau, wird das Kriegerdenkmal auf dem Holzmarkt für die Gefallenen der Kriege 1864, 1866 und 1870 gestaltet. Auf den mit Masken, Löwenköpfen und Wappenschildern geschmückten sechsseitigen Sockel innerhalb einer weiten Brunnenschale ist ein massiger Obelisk aufgesetzt. Am Fuße des Obelisken sind drei Kriegergestalten sitzend dargestellt, die für die Gefallenen der drei Feldzüge symbolisch deren Platz einnehmen.

Rechtstadt mit Rathaus und Marienkirche.

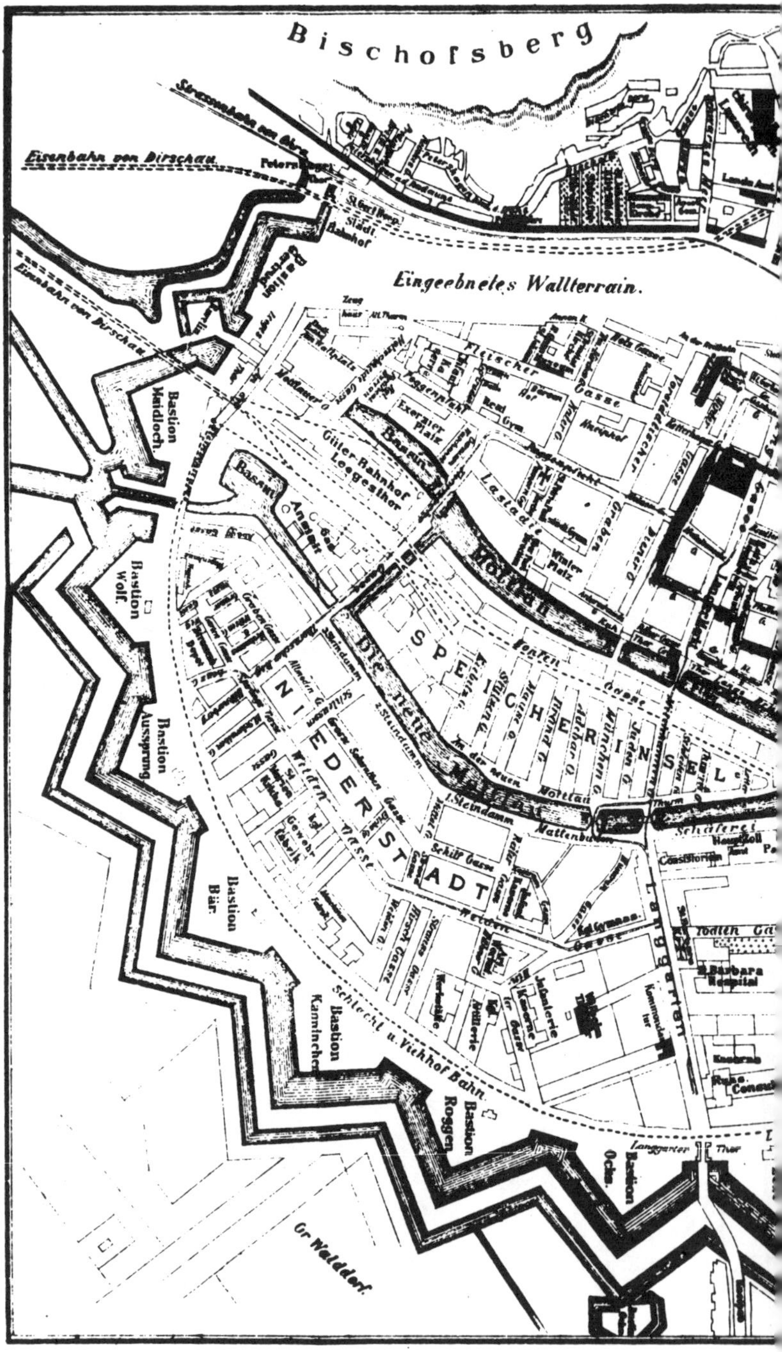

Plan von Danzig um 1901.

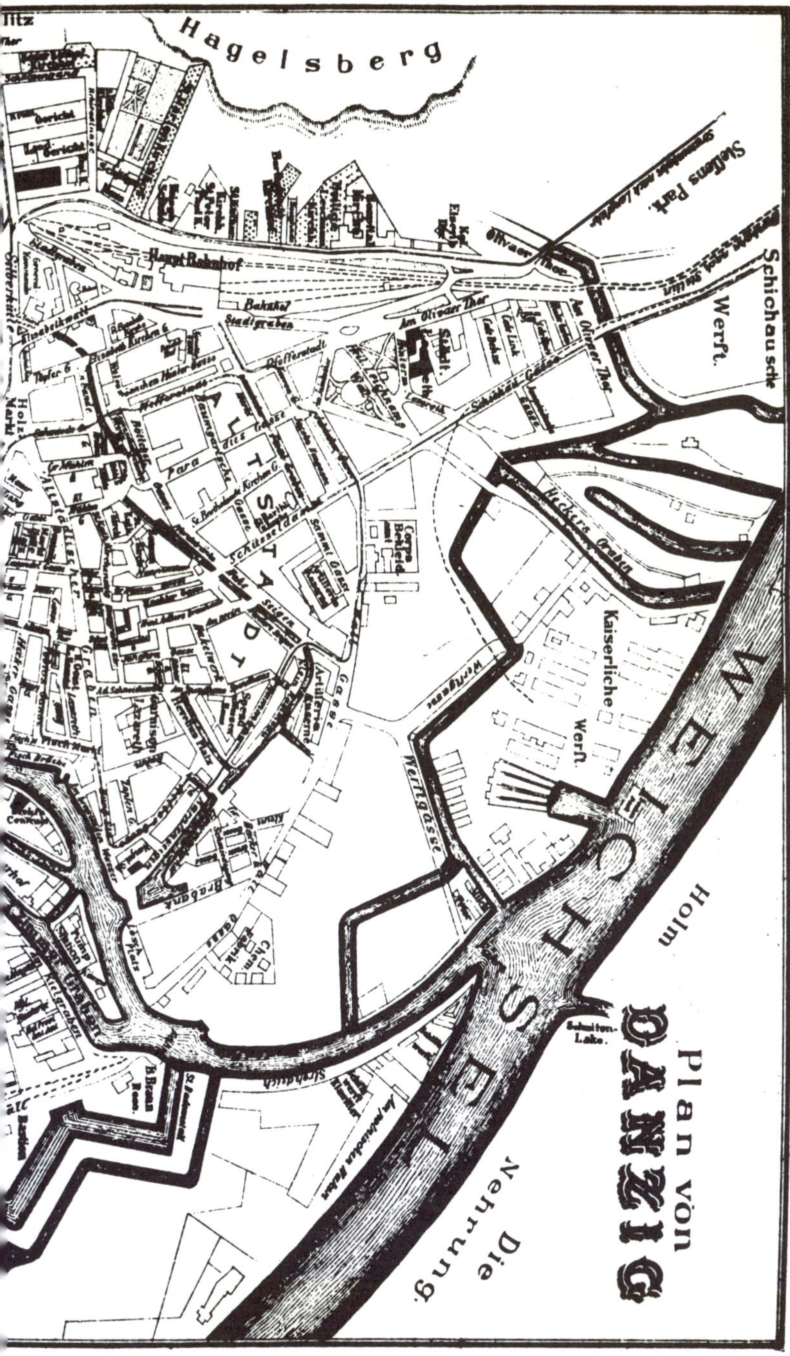
Plan von
DANZIG
Hagelsberg
Haupt Bahnhof
Bahnhof
Stadtgraben
Olivaer Thor
Am Olivaer Thor
Steffens Park
Schichau'sche
Werft.
Kaiserliche
Werft.
Schüsseldamm
Heckers Graben
Wallgasse
Wallgasse
Brabank
WEICHSEL
Holm
Die
Nehrung.
Schuiten-
Lake.
Hopfengasse

1904 Die Gasbeleuchtung wird durch elektrische ersetzt.

1904 Auf dem Gelände vor dem früheren Jakobstor wurde als eine Grünanlage der Hansaplatz angelegt, mit der Residenz des preußischen Regierungspräsidenten (später des Danziger Senatspräsidenten), der Oberrealschule St. Petri und Pauli, dem Staatsarchiv und der Stadtbibliothek.

1904 6. Oktober Die Danziger Technische Hochschule wird in Anwesenheit des Deutschen Kaisers ihrer Bestimmung übergeben.

1905 Gegenüber dem Stockturm an der »Reitbahn« wird das Provinzial-Landschaftsgebäude mit der Landschaftlichen Bank der Provinz Westpreußen errichtet.

1905 Die »Holmbahn« wird gebaut. 1912 wird sie nach Weichselmünde und 1925 zur Westerplatte weitergeführt.

1905 bis 1910 Die Einwohner von Langfuhr nahmen von 24437 auf 30773 Personen zu.

1905 Neubau der evangelischen Kirche Neufahrwasser.

1905 Am Dominikswall werden Wohnhäuser im Stil des Historismus, das Hotel »Danziger Hof« und die Reichsbank erbaut.

1905 259 Segelschiffe gegenüber 1990 Dampfern laufen in Danzig ein.

1905 12. September Willy Lütcke in Danzig geboren. Maler, Grafiker und Bildhauer. Holzschnitte für »de grote Sewen« von Herbert Sellke, 1929, Danzig. Nachdruck 1975 im Eigenverlag.

1906 Die Insassen des 1898 am Hakelwerk erbauten Spend- und Waisenhauses werden 1906 nach Langfuhr-Silberhammer verlegt.

1906 Der jährliche Import durch die Eisenbahn umfaßte im Durchschnitt von 1906 bis 1911 1243 Tonnen. (1896 bis 1900 waren es nur 720 Tonnen.)

1906 Die Franziskuskirche für die Katholiken in Schidlitz wird konsekriert.

1906 Der Altstädtische Graben und die Hundegasse werden mit einem neuen Reihensteinpflaster versehen.

1907 Das Werftarbeiter-Speisehaus, mit Verwaltungs- und Wirtschaftsräumen, Festsaal mit Bühne und der Wohnung des Kantinenwirts, wird in Betrieb genommen.

1908 Übersicht über die Industriebetriebe der Stadt Danzig. In den Tabellen auf Seiten 290 bis 294 sind die Industriebetriebe von Danzig und Umgegend auf Grund von amtlichem Material und von privaten Angaben in alphabetischer Reihenfolge zusammengestellt. Bei diesen und jenen Betrieben kann man vielleicht im Zweifel sein, ob sie überhaupt zur eigentlichen Industrie oder zum Kleingewerbe zu rechnen sind, wie denn gerade in Danzig die Grenze zwischen Industrie und Handwerk oft schwer zu ziehen ist. Allerdings ist noch zu berücksichtigen, daß einige Fabrikationszweige an und für sich nur verhältnismäßig wenige Arbeiter erfordern.

1908 1. April Übergabe des Neubaus des Kgl. Lehrerseminars in Langfuhr.

1908 Ein Ortsstatut gegen die Verunstaltung der Stadt tritt in Kraft, das bauliche Veränderungen der Innenstadt versagte, »sofern die Eigenart des Orts- oder Straßenbildes beeinträchtigt werde«.

1909 Die Trojangasse wird als Verbindungsstraße vom Langgarten zum Englischen Damm angelegt.

1909 11. August Die Zoppoter Waldoper wird mit der Oper »Das Nachtlager von Granada« von Conradin Kreutzer eröffnet.

1910 2. Juli Der Stadtrat Heinrich Scholtz aus Magdeburg wird zum Oberbürgermeister der Stadt Danzig gewählt. 1910 hat der Vorort Neufahrwasser knapp 10000 Einwohner. (Bis 1928 stieg die Einwohnerzahl in Neufahrwasser auf 13000.)

Firma bzw. Unternehmer	Art des Betriebes	Arbeiter-zahl
Georg Apreck	Dampfsägewerk	84
Königliche Artilleriewerkstatt	Anfertigung von Artillerie-material	477
Carl Bäcker	Buch- und Steindruckerei	34
Baffy & Pose	Dampfsägewerk	105
H. Bartels & Co., G. m. b. H.	Getreidemühlen	120
J. J. Berger	Seifenfabrik	15
Berliner Holz-Comptoir	Dampfsägewerk	136
H. F. Boenig	Buch- und Zeitungsdruckerei	28
J. Borg	Tabak- und Zigarettenfabrik	99
Joh. Busenitz Nachf., G. m. b. H.	Anthrazit-Brechwerk	50
Chemische Fabrik, A.-G., vorm. Moritz Milch & Co.	Chemische Fabrik	220
Chemische Fabrik »Phönix«	Chemische Fabrik	17
Cigarettenfabrik »Smyrna«	Anfertigung von Zigaretten	9
J. R. Claaßen	Tauwerk- und Drahtseilfabrik	22
W. Dammann	Dachpappen- und Teerproduk-tenfabrik	28
Danziger Aktien-Bierbrauerei	Brauerei und Mälzerei	166
Danziger Allgemeine Zeitung, A.-G.	Buch- und Zeitungsdruckerei	32
Danziger Brotfabrik	Herstellung von Brot	16
Danziger Kartonagenfabrik, G. m. b. H.	Herstellung von Kartonagen	68
Danziger Glashütte und Kristall-Soda-Fabrik, G. m. b. H.	Herstellung von Flaschen und Kristallsoda	121
Danziger Malzfabrik, Walter Kämmerer	Herstellung von Malz	9
Danziger Möbelfabrik »Hansa«, G. m. b. H.	Herstellung von Möbeln	81
Danziger Mörtelwerk, Oskar Upleger	Zubereitung von Mörtel	9
Danziger Neueste Nachrich-ten, Gustav Fuchs & Co.	Zeitungsdruckerei	208
Danziger Ölmühle, A.-G.	Ölmühle, Getreidemühle und Weizenstärkefabrik	260
Danziger Papierfabriken Bölkau, G. m. b. H.	Herstellung von Papier	98
Danziger Parkettfabrik, G. m. b. H.	Herstellung von Parkett- und Stabfußböden	150
Danziger Schiffswerft und Maschinenbauanstalt, Johannsen & Co.	Schiff- und Maschinenbau	78

Firma bzw. Unternehmer	Art des Betriebes	Arbeiterzahl
Danziger Zündwarenfabrik, C. Bunkowski	Herstellung von Zündhölzern, Fettglanzwichse, Lederputz usw.	120
Danzig-Rückforter Sägewerke, G. m. b. H.	Dampfsägewerk	130
Deutsche Feld- und Industriebahnwerke, G. m. b. H.	Herstellung von Feld- und Kleinbahnmaterial	130
R. Deutschendorf & Co.	Fabrik für Säcke, Pläne und Decken	105
Deutsche Wagenbau- und Leibgesellschaft m. b. H.	Waggonfabrik	533
Bernhard Döring	Kistenfabrik und Schneidemühle	28
Max van Dühren	Dampfsägewerk	46
Elektrizitätswerk, städtisches	Erzeugung von Elektrizität	45
Paul Fischer	Bierbrauerei	36
A. Fischer jun. Nachf.	Bierbrauerei	20
Richard Fischer	Bierbrauerei	36
Fischer & Nickel	Asbestpappenfabrik	4
F. Fröse	Dampfsägewerk	45
E. G. Gamm	Seifen- und Lichtfabrik	13
Gasanstalt I, städtische	Erzeugung von Gas usw.	175
Gasanstalt II, städtische	Erzeugung von Gas usw.	60
Germania-Brotfabrik	Herstellung von Brot	14
Königliche Gewehrfabrik	Gewehrfabrikation	908
J. F. Giesebrecht	Dampfsägewerk	54
Wilhelm Görtz	Fischräucherei	49
Gohrbrand & Mauß	Dampfsägewerk	30
Samuel Goldstein	Waschanstalt	44
Hardtmann & Co.	Zementwarenfabrik	43
L. Hartmann	Dampfziegelei, Ton- und Zementwarenfabrik	104
M. A. Hasse	Tabakfabrik	18
O. Heidfeld & Sohn	Waschanstalt	27
Gebrüder Heyking	Werkstatt für Eisenkonstruktion und Kunstschmiede	75
Hodam & Reßler	Fabrik landwirtschaftlicher Maschinen	85
Holzexport G. m. b. H.	Dampfsägewerk	106
Julius Hybbeneth	Wagenfabrik	20
Otto Jost	Faßfabrik	27
A. W. Kafemann, G. m. b. H.	Buchdruckerei und Schriftgießerei	186
L. O. Kämmerer	Bierbrauerei	13
J. S. Keiler Nachfolger	Likörfabrik	12

Firma bzw. Unternehmer	Art des Betriebes	Arbeiter-zahl
August Kirschberger	Schlosserei und Werkstatt für Eisenkonstruktion	63
J. W. Klawitter	Schiffswerft	280
Derselbe	Kesselschmiede und Maschinenbauanstalt	220
Dr. Klett & Dr. Speidel	Fabrik für Gelatineartikel	94
Felix Kloß & Dr. Schubert	Chemische Fabrik	33
E. & C. Körner	Bautischlerei und Parkettfabrik	182
Kohlensäure-Werke, C. G. Rommenhöller A.-G.	Herstellung von Kohlensäure	12
Max Kraatz	Dampfwäscherei	80
F. Krüger	Dampfsägewerk	92
Der »Lachs«	Likörfabrik	9
Victor Lietzau	Herstellung von mathematischen, nautischen und elektrischen Apparaten	25
A. Lindemann	Zuckerwarenfabrik	46
Max Lipczinsky	Pianofortefabrik	6
J. Löwenstein	Zuckerwarenfabrik	68
Max Löwenstein, vorm. J. Schleimer	Dachpappen- und Teerproduktenfabrik	18
Otto März	Bau- und Möbeltischlerei	21
Conrad Meyer, G. m. b. H.	Melassefutterfabrik	35
G. Mix	Schokoladen-, Konfitüren- und Marzipanfabrik	7
Mix & Lück	Fischräucherei	53
Mühlenbäckerei Danzig, e. G. m. b. H.	Herstellung von Brot	20
A. Müller, vorm. Wedelsche Hofbuchdruckerei	Buchdruckerei	28
A. W. Müller	Unternehmung für Wasserversorgung, Kanalisation und Zentralheizung	41
»Neptun«-Dampfwäscherei	Waschanstalt	31
Paul Neubäcker	Kupfer- und Kesselschmiede, Apparatebauanstalt	40
Wilhelm von Niermierski & Co.	Zigarrenfabrik	70
A. von Nießen	Likörfabrik	5
Ostdeutsche Stahlwerke, G. m. b. H.	Stahl- und Walzwerk; Kesselschmiede, Gießerei und Werkstatt für Eisenkonstruktion	284
Pagel & Söhne	Fischräucherei	44

Firma bzw. Unternehmer	Art des Betriebes	Arbeiterzahl
H. L. Perlbach	Bernsteinwerk (daneben Hausindustrie)	16
Ed. Pfannenschmidt	Bernsteinlack- und Firnisfabrik	7
Poll & Co.	Tabakfabrik	29
H. Potratz	Dampfsägewerk	34
v. Puttkamer, vorm. O. F. Drewke	Bierbrauerei	33
Gebr. Riefenstahl	Eisenkonstruktionswerkstätte, Bauschlosserei und Kunstschmiede	25
Eduard Rodenacker	Bierbrauerei	26
C. Fr. Röllsche Wagenfabrik, Inh. Cäsar Kolley	Wagenfabrik	14
Ed. Rothenberg Nachf.	Dachpappenfabrik und Bedachungsgeschäft	65
Rütgerswerke, A.-G.	Holzimprägniergeschäft	50
O. Saabel (Inh. Arie Goldfarb)	Tabakfabrik	13
H. Saß	Dampfsäge- und Hobelwerk	29
Julius Sauer	Buch- und Steindruckerei; Papierwaren- und Kartonagenfabrik	350
Heinrich Scheffler	Bau- und Möbeltischlerei	76
F. Schichau	Schiffswerft	1900
Schneider & Comp.	Schokoladen- und Zuckerwarenfabrik	61
A. Schönicke & Co., G. m. b. H.	Fabrik für kunstgewerbliche Einrichtungen und Parkettfabrik	30
Schottler & Co.	Papier- und Pappenfabrik	90
Schrauben-, Muttern- und Nietenfabrik, A.-G.	Herstellung von Schrauben usw.	312
A. Schroth	Buchdruckerei	51
Dr. Schuster & Kähler	Pharmazeutisches Laboratorium	46
Speiser & Co.	Getreidemühle	34
Gustav Springer Nachf.	Likörfabrik	9
F. Staberow	Mineralwasserfabrik	9
Kaiserliche Werft	Schiffbau	3056
Westpreußische Zuckerraffinerie Otto Wanfried	Raffination von Rohzucker	230
Wiesenberg & Steinhauer	Ofenfabrik	78
Witt & Co.	Dachpappen- und Teerproduktenfabrik	30
Alexander Wojan	Kahnbauerei	65
Paul Zeuner	Buch- und Steindruckerei	30

Firma bzw. Unternehmer	Art des Betriebes	Arbeiter-zahl
J. Zimmermann	Maschinenfabrik, Eisengießerei und Kesselschmiede	57
Zuckerraffinerie Danzig, G.m.b.H.	Raffination von Rohzucker	370

(»Danzig und seine Bauten MCMVIII«, Berlin)

1910 Das Kgl. Land- und Amtsgericht beziehen das neuerrichtete Dienstgebäude auf Neugarten.

1910 2230 Dampfer steuerten den Hafen an und nur noch 315 Segelschiffe, die vorwiegend in der Küstenschiffahrt der Ostsee noch bis in die dreißiger Jahre verwendet wurden.

1910 25. Juni Der Lyriker Martin Damß in Danzig geboren. 1935 erschienen erste Gedichte in dem Band »Das junge Danzig«. 1939 veröffentlichte er den Gedichtband »An dem großen Strom«.

1911 Die Herz-Jesu-Kirche der Katholiken in Langfuhr konsekriert. Eine neugotische Kirche am Schwarzen Weg.

1911 »Am Werdertor beginnt man jetzt mit den Fundierungsarbeiten für die neue Schleuse, die gleichzeitig, als Brücke erbaut, den Abschluß der neuen Mottlaumündung bewirkt. Die Schleuse erhält drei Durchlaßöffnungen von zusammen 17,5 Meter Weite. Die Schleusensohle wird aus Eisenbeton, die Pfeiler aus Stampfbeton erbaut. Die Tore werden selbsttätig wirkende Schwimmtore sein. Die über der Schleuse liegende Brücke erhält eine 8 Meter breite Fahrbahn und je 3 Meter breite Bürgersteige. Eine Verbreiterung des heutigen Werdertores ist in Aussicht genommen. Die Straße Kneipab soll in der vorherigen Breite bis an das Tor führen, so daß eine Verbreiterung des Walldurchganges notwendig wird. Ein Teil des in der neuen Straßenfluchtlinie stehenden Artillerie-Wagenhauses soll abgetragen werden. Ein Ersatz-Neubau ist einige Meter nördlich vom Tor im Gange.«

Krantor.

Das Wachstum der Stadt Danzig

1912 »Nach den Ermittlungen des hiesigen Statistischen Amtes hat unsere Stadt im Jahre 1912 um 4052 Personen zugenommen, so daß sie in das neue Jahr mit einer Bevölkerung von 175964, also rund 176000, eingetreten ist. Von der Zunahme sind 1681 durch den Überschuß der Geburten über die Todesfälle verursacht, während durch Zuzug 2371 Personen gewonnen wurden. Beachtenswert ist die Tatsache, daß über 500 Familien mehr zu- als fortgezogen sind. Hierdurch erklärt sich auch, daß das Angebot der leerstehenden Kleinwohnungen stark zurückgegangen ist.«

Der Danziger Seeverkehr in 1912

»Danzig ist der einzige ostdeutsche Hafen, der im verflossenen Jahr eine Zunahme seiner Seeschiffahrt aufweisen konnte. Im Danziger Hafen sind 1912 von See eingelaufen 2991 Schiffe von 969793 Registertonnen netto, während 2972 von 991995 Tonnen ausliefen. Der Gesamtverkehr von 1912 betrug also 5963 Schiffe von 1961788 Tonnen gegenüber 5471 mit 1945524 Tonnen im Vorjahre. Gewachsen ist ein wenig der Anteil der Segler, weshalb die Durchschnittsgröße etwas zurückgegangen ist. Seit 1911 ist eine Zunahme um 16200 Tonnen, gegen 1910 aber um 209500 Tonnen eingetreten. In den letzten zehn Jahren weist der Danziger Verkehr eine Zunahme auf um insgesamt 591500 Tonnen, während er sich seit 1882 verdoppelt hat. Der gute Fortschritt erklärt sich hauptsächlich durch die günstigen Wasserverhältnisse der Weichsel, die besonders große Zufuhr von Holz und Getreide aus Rußland ermöglichten, auch waren die Balkanunruhen unserm Verkehr günstig. Auch die Weichselschiffahrt zeigte gegen 1911 eine bedeutende Zunahme; es kamen stromab etwa 50000 Tonnen mehr Getreide und 250000 Festmeter Holz als in 1911.«

Kaserne des Telegraphen-Bataillons

1912 »In Langfuhr soll bekanntlich eine Kaserne für das neu errichtete Telegraphen-Bataillon Nr. 5 erbaut werden, das mit der Fertigstellung des Baues vom Truppenübungsplatz Klausdorf nach Langfuhr übersiedeln wird. Die Kaserne kommt auf das Gelände des früheren großen Exerzierplatzes in der Nähe der Brösener Chaussee. Der Bauzaun wird bereits aufgestellt und mit dem Einebnen des Geländes ist begonnen worden. Eine Million Ziegelsteine aus den Ziegeleien der Umgegend ist auf dem Platz aufgestellt, der von einem Wächter bewacht wird. Mit der Anfuhr der Steine wird fortgefahren. Zum Frühjahr soll mit dem Bau begonnen werden. Ein arger Mißstand für diese Gegend ist die Plage des Flugsandes vom großen Exerzierplatz her, und man ist bemüht, diesem Mißstand zu begegnen. Ein großer Teil des früheren Exerzierplatzes, der Staub entwickelte, ist in den Besitz der Gesellschaft Weißhof übergegangen, die den Teil umgepflügt hat und besäen will, so daß der Teil, in dem auch die Kaserne erbaut wird, festgelegt werden würde. Den übrigen Teil des Exerzierplatzes etwa durch Überschütten von Lehm zu befestigen, würde zu große Kosten verursachen. Es soll aber längs der Südgrenze des Exerzierplatzes ein Waldschutzstreifen angepflanzt werden, der die Staubmassen auffangen und auch die Kasernements vor Staubbelästigungen schützen würde. Ein entsprechender Streifen ist bereits umgepflügt worden.«

1912 Am Schellmühler Weg wurde die Provinzial-Hebammen-Lehranstalt mit der Frauenklinik (Storchenhaus genannt) in Langfuhr erbaut, ebenso das Kronprinz-Wilhelm-Realgymnasium.

1913 Bisher wurden in der Stadt Danzig außer der höheren Schule zwei Knabenmittelschulen und 30 Volksschulen begründet, an denen 463 Lehrer 19000 Schüler unterrichteten.

1913 Von 2910 ankommenden Schiffen waren 65 v. H. Deutsche, 11 v. H. Schweden, 7 v. H. Dänen und Norweger und 4 v. H. Engländer, sowie holländische, belgische und russische Schiffe.

1914 Der Stadt wurden als weitere Vororte einverleibt: Saspe, Brösen, Heubude, Weichselmünde, Gut Riesefeld, Krakau und Westlich-Neufähr.

1914 In der Nähe des Hansaplatzes wird das neue Gebäude der königlichen Eisenbahndirektion seiner Bestimmung übergeben.

1914 »Danzigs Gesamtfläche hat bekanntlich durch die am 1. April 1914 erfolgten Eingemeindungen einen größeren Zuwachs erfahren. Sie betrug vor der Eingemeindung 3669,55 Hektar, nach der Eingemeindung aber 6428,27 Hektar, die sich im Jahre 1915 auf 6428,48 Hektar vermehrte. Von dieser Gesamtfläche waren

798,54 Hektar mit Häusern, einschließlich Hofräumen und Hausgärten, bebaut, 1622,08 Hektar beanspruchten die Wege, Straßen, öffentlichen Park- und Gartenanlagen, Begräbnisplätze, Festungswerke und Exerzierplätze, die Wasserfläche nahm 315,29 Hektar ein; unbebaut bzw. land- und forstwirtschaftlich benutzt werden 4292,58 Hektar. Auf einen Hektar bebauter Fläche kamen 272,45 Einwohner. Die Anzahl der Gebäude in Danzig betrug 15997. [Danzigs städtische Schulen.] Ein interessantes Bild bieten die vergleichenden Zahlen, die jetzt vom Statistischen Amt der Stadt Danzig über Danzigs städtische Schulen veröffentlicht werden. Es gab im Jahre 1914 (neuere Zahlen sind nicht vorhanden) in Danzig drei höhere Knabenschulen mit 50 Klassen und insgesamt 1556 Schülern, eine höhere Mädchenschule mit 36 Klassen und 936 Schülerinnen, zwei Mittelschulen mit 29 Klassen, 33 Lehrkräften und 1359 Schülern, und 39 Volksschulen, an denen in 469 Klassen 304 Lehrer und 180 Lehrerinnen 23503 Schüler und Schülerinnen unterrichten, so daß auf jede Klasse 50,1 Kinder kamen und jede Lehrkraft 48,6 Kinder zu unterrichten hatte. Diese Zahlen sind in ihrer Gesamtheit durch großes Anwachsen in den letzten 20 Jahren erreicht worden. Die Danziger Schullasten, die 1905 noch 1485925 Mk. städtischen Zuschuß erforderten, verlangten 1914 einen Zuschuß von 2770910 Mk., also ein ganz erkleckliches Sümmchen, das die Danziger Bürger für die Bildung der Jugend ausgeben müssen. Die Zigankenberger Höhen sind, soweit sie zwischen Dorf Zigankenberg und der Großen Allee liegen, im letzten Jahrzehnt stark dezimiert. Die ununterbrochene Sandabfuhr, die Lehm- und Tonentnahme in der Nähe der Hartmannschen Ziegelei, die Kieslieferungen für die Mörtelwerke haben manchen stolzen Hügel verschwinden lassen, so daß man heute von der Platanenallee in der Richtung nach Süden und Südwest ein breites Tal erblickt, in dem nur wenige meterhohe Kuppen Zeugen der früheren Bodengestaltung sind. Eine großzügige Planierung würde hier prächtiges Bauland in nächster Nähe der Stadt schaffen. Zweckmäßig wäre dann allerdings eine Aufforstung der benachbarten Hänge.«

1915 Die Stadt Danzig verleiht den Feldmarschällen von Hindenburg und von Mackensen die Ehrenbürgerschaft.

1915 15. Oktober Schriftsteller der Moderne, Paul Scheerbart, (Lesabéndio, Asteroidenroman) in Berlin gestorben.

1916 Die Christuskirche am Bärenweg wurde in Anwesenheit der Kronprinzessin geweiht.

1917 1. Juni Paul Simson in Danzig gestorben. Entstammte einer wohlhabenden jüdischen Kaufmannsfamilie in Elbing. 1869 in Elbing geboren. Besuchte seit 1877 das Städtische Gymnasium in Danzig. Lehrer an der Oberrealschule Petri in den Fächern Geschichte, Geographie, Deutsch und Latein. Werke: »Der Artushof in Danzig und seine Brüderschaften, die Banken« (1900), »Geschichte der Stadt Danzig« (1903), »Geschichte der Danziger Willkür« (1904), eine Geschichte der Petrischule und eine große, in vier Bänden gegliederte »Geschichte der Stadt Danzig« (1913) Bd. 1 von den Anfängen bis 1517, Bd. 2 1517–1626, Bd. 3 Urkunden (1918). Im Jahr 1967 erschien ein Neudruck im Scientia Verlag, Aalen.

1918 7. Oktober Proklamation der Republik Polen.

1918 Im Oktober 1918 erklärte der damalige polnische Abgeordnete im Deutschen Reichstag, Korfanty: Polen müsse in vollem Umfang in den Grenzen wiederhergestellt werden, bis zu welchen sich einst die Macht der polnischen Krone erstreckt habe. Damit sei auch zwangsläufig die Einbeziehung der deutschen Ostprovinzen, West- und Ostpreußen und mit diesen auch die Stadt Danzig verbunden. Am 15. Oktober gab daraufhin der Magistrat der Stadt Danzig eine Erklärung folgenden Wortlautes ab: »Präsident Wilson will alle Länder unzweifelhaft polnischer Bevölkerung zu dem unabhängigen, neuen polnischen Staat vereinigen. Demgegenüber stellen wir fest, daß Danzig nimmermehr diesem Polen angehören darf. Unsere alte Heimatstadt Danzig ist durch deutsche Kulturkraft entstanden und gewachsen. Sie ist kerndeutsch. Wir nehmen für uns das Selbstbestimmungsrecht der Völker in Anspruch. Wir wollen deutsch bleiben immerdar.« Eine Denkschrift an die Deutsche Reichsregierung befaßte sich mit der Wilsonschen Frage zur Friedensregelung und die für Danzig damit verbundenen Gefahren: In ihr wurde auf die deutsche Geschichte Danzigs hingewiesen und die Wahlen zum Deutschen Reichstag von 1912 hervorgehoben bei denen die Danziger Bevölkerung zu 98% die deutschen Parteien wählte. Ein freier Zugang Polens zum Meer könne durch eine internationale Regelung des Weichselverkehrs und die zolltechnischen Möglichkeiten des Danziger Freihafens geregelt werden.

1918 25. Dezember Ein Extrablatt der »Danziger Allgemeinen Zeitung« meldet, daß als Vertreter des polnischen Nationalkomitees der Klaviervirtuose Ignaz Paderewski in den Weihnachtstagen auf einem englischen Torpedoboot in Begleitung des britischen Oberst Wade in Danzig-Neufahrwasser eingetroffen sei. Darauf habe im »Danziger Hof« eine Geheimversammlung polnischer Revolutionäre unter Vorsitz von Paderewski getagt. In dieser Versammlung wurde die Ausrufung der Republik Polen unter Paderewski als Präsident und die Besetzung Danzigs durch eine Armee des polnischen Generals Haller angekündigt, von polnischen Truppen, die während des Ersten Weltkrieges in einem Legionärverband auf französischer Seite gekämpft hatten. Die Landung dieser polnischen Truppen wurde als bevorstehend angekündigt. Gleichzeitig sollte das Gebiet Westpreußen und Pommern bis Stolp besetzt werden. Auf diesen Alarmruf hin und unter dem Druck dieser aufsehenerregenden Meldungen sah sich Paderewski veranlaßt, um die Mittagszeit des 25. 12. 1918 überstürzt aus Danzig abzureisen. Seine Ankunft in Posen gab am 27. 12. 1918 die Veranlassung zum dortigen Aufstand und zu Deutschenverfolgungen. Die Folgezeit bestätigte die schweren Gefahren, die Danzig in den Weihnachtstagen 1918 drohten. Dieses enthüllte der polnische Abgeordnete des Danziger Volkstages, Dr. Morszczynski, 1930 in einer Rede im Danziger Volkstag und auch in der polnischen Presse. Danach standen polnische Insurgenten in der Tucheler Heide um Weihnachten 1918 bereit, zu der nach Danzig kommenden Hallerarmee zu stoßen und die Besetzung Danzigs zu vollenden. »Nur mit Zähneknirschen«, so berichtete dieser polnische Abgeordnete, »sahen die Polen durch die Alarmrufe aus Danzig ihre Aufstandspläne, nachdem Paderewski überstürzt Danzig verlassen hatte, scheitern.« Einzelheiten über diesen geplanten polnischen Aufstand und die Besetzung Danzigs konnten ganz authentisch von Zuhörern der Geheimversammlung im »Danziger Hof« in Danzig gegeben werden. Die Hallertruppen wurden später im geschlossenen Transport durch Deutschland in das Korridorgebiet der früheren Provinz Westpreußen geschafft. Sie dienten in ihrer blauen Legionäruniform mit französischem Stahlhelm als Besatzungstruppen bis zur Meeresküste bei Putzig. Hier tauchten Hallersche Ulanen am 10. 2. 1920 ihre Lanzenfähnchen in die Ostsee, mit den Pferden in die See reitend, als Zeichen der »Vermählung Polens mit dem Meere«. Hallertruppen fuhren im geschlossenen Eisenbahntransport über Danzig nach Putzig im Februar 1920 ohne Danziger Gebiet zu betreten.

1919 1. Januar Die Bedrohung Danzigs durch Paderewski und die Hallertruppen führte zu einer großen deutschen Kundgebung in der Sporthalle in Danzig mit der Gründung des Deutschen Volksrates.

1919 Am 28. Januar 1919 versammelte sich die Kaufmannschaft im Artushof, nachdem sie von der ausländischen Presse als polenfreundlich bezeichnet wurde und gab folgende Erklärung ab: »daß sie getreu der jahrhundertealten Überlieferung des Danziger Handelsstandes kerndeutsch sei in ihrem Fühlen, Denken und Handeln. Wie seine Altvordern will auch das jetzige Geschlecht der Danziger Kaufleute mit den Nachbarnationen in Frieden und Freundschaft leben, Handel treiben, an fremder Kultur teilnehmen und die eigene Kultur zur Geltung bringen. Der Danziger Kaufmann richtet seinen Blick auf die Verbindung mit der Handelswelt der ganzen Erde, aber unentreißbar wurzelt er im Boden der deutschen Kultur und weist daher jeden Gedanken der Abtrennung Danzigs von Deutschland und des Übertritts zu einer anderen staatlichen Gemeinschaft als unerträglich und voll schwerer Zukunftsgefahren zurück.«

1919 2. Februar Heinrich Sahm, Geschäftsführer des deutschen Städtetages, Chef der deutschen Zivilverwaltung in Warschau während des Ersten Weltkrieges, vorher zweiter Bürgermeister in Bochum, wurde zum Oberbürgermeister der Stadt Danzig gewählt.

1919 23. März Auf dem Heumarkt protestierten 70000 Danziger gegen die mit dem Versailler Friedensvertrag verbundene Abtrennung Danzigs vom Deutschen Reich. Gegen die französische Absicht, Danzig Polen zuzusprechen, wandte sich die deutsche Delegation in Paris mit einer Denkschrift, in der unter anderm ausgeführt wurde: *»Die Abtrennung des größten Teiles von Westpreußen würde Ostpreußen völlig vom Deutschen Reiche trennen. Das würde ebensowenig mit dem Wilsonschen Programm übereinstimmen wie mit den Lebensnotwendigkeiten der kerndeutschen Bevölkerung Ostpreußens und des übrigen deutschen Volkes. Soweit – abgesehen von dem Verbindungsweg mit Ostpreußen, der unbedingt für Deutschland erhalten bleiben muß – westpreußische Gebietsteile unzweifelhaft polnisch besiedelt sind, ist Deutschland bereit, sie an Polen abzutreten. Insbesondere steht die in den Artikeln 100 bis 108 verlangte Preisgabe der rein deutschen Hansestadt Danzig und ihrer ebenfalls rein deutschen Umge-*

bung im schroffsten Gegensatz zu allen in den Erklärungen des Präsidenten Wilson gegebenen Zusicherungen.«

1919 25. April In Danzig trifft die Nachricht aus Paris ein, daß die Alliierten auf Betreiben insbesondere des britischen Premiers Lloyd George, die Schaffung einer Freien Stadt Danzig als Staatswesen unter dem Schutze des Völkerbundes beschlossen haben.

1919 16. Juni Der deutschen Delegation wurde eine Mantelnote überreicht, in der es unter anderm heißt: *»Die Alliierten und Assoziierten Mächte glauben demnach, daß der Friede, den sie vorgeschlagen haben, seinem Grundwesen nach ein Rechtsfriede ist. Sie sind nicht weniger gewiß, daß es ein Friede des Rechts ist in Gemäßheit der im Augenblick des Waffenstillstands anerkannten Grundsätze... In Anwendung dieser Grundsätze haben die Alliierten und Assoziierten Mächte Bestimmungen getroffen, um Polen als unabhängigen Staat herzustellen, mit einem freien und sicheren Zugang zum Meere.«*

1919 29. Juni Der Versailler Vertrag trennt Danzig vom Deutschen Reich ab und schuf die Voraussetzungen dafür, daß die Stadt mit 2000 qkm ihrer Umgebung zum Freistaat erklärt werden konnte. Die maßgeblichen Großmächte hatten zwar das Deutschtum der Danziger Bürger anerkannt und den polnischen Wünschen nach einer Einverleibung widersprochen, dennoch wurden Polen umfangreiche politische und wirtschaftliche Zugeständnisse eingeräumt, die eine befriedigende Entwicklung der Stadt von vornherein hemmten.

1920 10. Januar Konstituierung des Staates »Freie Stadt Danzig« nach dem Versailler Friedensvertrag, unter dem Schutz des Völkerbundes. Mit dem 10. Januar 1920 schied Danzig aus dem Gebiet des Deutschen Reichs aus und wurde zunächst der Verfügung der alliierten und assoziierten Mächte unterstellt. Als deren Vertreter fungierte der bisherige Reichs- und Staatskommissar und frühere Regierungspräsident Foerster, bis am 11. Februar 1920 die Verwaltung dem Hohen Kommissar des Völkerbunds, Sir Reginald Tower, übertragen wurde.

1920 9. Februar Auszug der letzten deutschen Truppen aus Danzig. Gleichzeitig treffen als Besatzungstruppen der alliierten Mächte je ein französisches und englisches Bataillon in Danzig ein. Oberkommandierender der alliierten Truppen in Westpreußen, Danzig und Memel wurde der britische General Sir Richard Haking.

1920 14. Juni Eröffnung der Verfassunggebenden Versammlung. Gewählt werden 120 Abgeordnete, davon sieben Abgeordnete der polnischen Minderheit.

1920 13. August Danziger Verfassung angenommen.

1920 27. Oktober Die Errichtungsurkunde der »Freien Stadt Danzig« wird in Paris von Derby, Jules Cambon, Bonin und Ishii, als den Vertretern der alliierten und assoziierten Mächte und am 9. November 1920 von Sahm und Schümmer als den Vertretern Danzigs unterzeichnet, die besagt: »Die Stadt Danzig nebst dem Gebiet innerhalb nachstehender Grenzen, wie sie an Ort und Stelle durch die im Artikel 101 des Versailler Friedensvertrages vom 28. Juni 1919 vorgesehene Commission festgesetzt sind oder werden, wird als Freie Stadt errichtet.«

1920 9. November Abschluß des Pariser Vertrags zwischen Danzig und Polen. Durch den Pariser Vertrag wird Polen das Recht zugestanden »im Hafen von Danzig zur unmittelbaren Verbindung mit Polen einen Post-, Telegrafen- und Telefondienst einzurichten«. Dieser sollte sich jedoch ausschließlich auf die Post- und Telegrafenverbindungen zwischen Polen und dem Ausland sowie zwischen Polen und dem Hafen von Danzig erstrecken.

1920 15. November Proklamation der Freien Stadt Danzig. In der Sitzung der Verfassunggebenden Versammlung zu Danzig am 15. November 1920 erklärte der damalige Stellvertreter des Hohen Kommissars des Völkerbundes, Oberst Strutt, »die Stadt Danzig und das sie umgebende Gebiet mit dem heutigen Tage zur Freien Stadt«. In dem Beschluß des Völkerbundes vom 17. November 1920 wurde das Verhältnis Danzigs zum Völkerbund grundsätzlich wie folgt geregelt: »Die Freie Stadt Danzig ist vom Tage ihrer Errichtung durch die alliierten Hauptmächte gemäß Artikel 102 des Vertrages von Versailles unter den Schutz des Völkerbundes gestellt. Die Verfassung der Freien Stadt Danzig, die durch die ordnungsgemäß bestellten Vertreter der Freien Stadt Danzig ausgearbeitet ist, ist gleichzeitig unter die Garantie des Völkerbundes gestellt.«

Seebad Zoppot. Blick auf Kurgarten und Seesteg.

1920 6. Dezember Konstituierung des ersten Danziger Volkstags. Oberbürgermeister Heinrich Sahm zum Präsidenten des Senats der Freien Stadt Danzig gewählt. Im ersten gewählten Volkstag entfielen auf die Deutschnationale Volkspartei 34 Abgeordnete, auf die Freie Wirtschaftliche Vereinigung zwölf, auf die Deutsch-Demokratische Partei zehn, auf die Zentrumspartei 17, auf die Sozialdemokratische Partei 19, auf die Unabhängige Sozialdemokratische Partei 21 und auf die polnische Partei sieben Abgeordnete.

1921 4. August Generalstreik gegen die Verladung polnischen Kriegsmaterials im Danziger Hafen.

1921 24. Oktober Warschauer Abkommen regelt die Rechte Polens in Danzig. Polen wurden durch den Pariser Vertrag und das Warschauer Abkommen entsprechende Rechte in der Freien Stadt Danzig eingeräumt. So wurde das Danziger Staatsgebiet mit dem polnischen Zollgebiet in der Weise verbunden, daß die polnischen Zollgesetze und Zolltarife auch für die Danziger Zollverwaltung gelten sollten. Die in Danzig vereinnahmten Zölle wurden zu sieben Prozent an Danzig und zu 93 % an Polen aufgeteilt. Die Beamten der Danziger Zollämter unterstanden allein der Aufsicht der Danziger

Staatsbehörden. Aus gleichen Gründen wirtschaftlicher Erwägungen wird Polen Eigentum, Überwachung und Verwaltung des Danziger Eisenbahnwesens unterstellt. Die Hafenverwaltung wird einem Internationalen Ausschuß übertragen, dem je fünf Vertreter der Danziger und der polnischen Regierung angehören, mit einem von beiden Regierungen gemeinsam zu wählenden oder vom Völkerbund zu bestimmenden Vorsitzenden. Die Amtssprache des Hafenausschusses ist zweisprachig, Deutsch und Polnisch. Die Dienstflagge zeigt gemeinsam die Flaggensymbole Polens und Danzigs.

1921 1. November Der Hafenausschuß übernimmt die Verwaltung der Weichsel auf dem Danziger Staatsgebiet. Durch den Versailler Vertrag wird Polen weiter verpflichtet, die auswärtigen Angelegenheiten Danzigs zu vertreten und Danziger Staatsangehörigen im Ausland beizustehen.

1921 17. Dezember Zur Interpretation dieser Verpflichtung äußert sich der Hohe Kommissar dahin, »daß Polen nicht das Recht hat, Danzig zu einer bestimmten auswärtigen Politik zu veranlassen – oder sie ihm aufzudrängen, die offenbar dem Gedeihen, der Wohlfahrt und einer guten Regierung der Freien Stadt Danzig entgegengesetzt ist«.

1922 Auf Veranlassung des Völkerbundrats erklärt die polnische Regierung, daß sie stets bemüht sein werde, sich der auswärtigen Angelegenheiten Danzigs so schnell wie möglich anzunehmen. (Mit Ausnahme des polnischen Konsulats in Hamburg, bei dem eine Danziger Vertretung residierte, zeigte sich Polen jedoch nicht bereit, seinen Auslandsvertretungen Danziger Konsularattachés zuzuteilen.)

1922 1. April Die Danzig-Polnische Zollunion tritt in Kraft.

1922 14. Juni Die Danziger Verfassung wird in ihrer endgültigen Fassung bekanntgemacht. Danach geht die Staatsgewalt vom Volke aus. Als Vertretung des Volkes gilt der Volkstag, der sich aus 120 Abgeordneten zusammensetzt.

1922 17. Juni Stapellauf des Lloyddampfers »Columbus« auf der Danziger Schichauwerft.

1922 Die Olivaer Klosterkirche wurde zur Kathedrale der neuen Apostolischen Administratur und 1925 zur Kathedrale des neuen Bistums Danzig erhoben.

1922 In einer ehemaligen Kaserne, zwischen Wiebenwall und Bastion Gertrud wird ein Polnisches Gymnasium eingerichtet.

1923 Von der polnischen Gesamtausfuhr wurden über Danzig geführt nur sechs Prozent (1924 zehn Prozent und 1925 15 Prozent). Auch Polens Gesamteinfuhr ging nur zu 20 bis 30 Prozent über den Danziger Hafen. (An der Gesamtausfuhr Polens war der Danziger Hafen nur in äußerst geringem Maße beteiligt. Eine erstaunliche Tatsache, wenn man bedenkt, daß der Freistaat gebildet worden war, um Polen den Seeweg zu eröffnen.)

1923 6. Februar Ein Denkmalschutzgesetz bezweckt, künstlerisch wertvolle Bauwerke vor dem Verfall oder Abbruch zu bewahren oder in ihren ursprünglichen Zustand zurückzuversetzen.

1923 29. April Baubeginn des Hafens von Gdingen.

1923 6. Mai Die Zeughauspassage als Ladenstraße eröffnet, die dem Verkehr neue Impulse gab.

1923 17. Mai Flugplatz von Landfuhr eingeweiht.

1923 21. Juni Das Dorf Prangenau feiert sein sechshundertjähriges Bestehen.

1923 8. August Ein Kilo Brot kostet 40000, ein Liter Milch 28000 und ein Pfund Butter 300000 Papiermark. Fünf Tage später stieg der Brotpreis auf 150000 Mark, der Milchpreis auf 42000 Mark und der Butterpreis auf 480000 Mark an.

1923 27. August Das amerikanische Flaggschiff »Pittsburgh« stattet Danzig einen Besuch ab.

1923 31. August Der englische Großindustrielle Kendworthy zum Studium der wirtschaftlichen Verhältnisse in Danzig.

1923 7. September Ein Pfund Kartoffeln kostet 100000 Mark, ein Pfund Fleisch 2,7 Millionen Mark.

1923 8. September Hausfrauen ziehen vor das Senatsgebäude, um gegen die unerschwinglich hohen Marktpreise zu demonstieren.

1923 22. September Genfer Abkommen über die Einführung der Danziger Guldenwährung.

1923 24. September Dritte deutschkundliche Woche in Danzig.

1923 20. Oktober Die Guldenwährung wird in dem Gebiet »Freie Stadt Danzig« eingeführt (der sog. »Zwischengulden«) 25 Gulden = 1 Pfund Sterling.

1923 28. Oktober 200-Jahr-Feier des Rennerstifts.

1923 18. November Wahlen zum zweiten Danziger Volkstag.

1923 28. November Überseeschiff »Columbus« läuft nach Bremerhaven aus.

1923 2. Dezember Hochschulfest zum Besten der Studentenschaft mit etwa zehntausend Besuchern, Reinerlös von 60000 Gulden.

1924 Der seewärtige Export von Getreide ging immer mehr zurück. Der Getreideexport beträgt gegenüber 410555 Tonnen im Jahr 1912 nur noch 171800 Tonnen.

1924 Der Vorort Ohra hat 12447 Einwohner. Das geistliche Zentrum der Evangelischen war die 1823 nach Plänen Schinkels erbaute Georgskirche, das der Katholiken die 1676 neu erbaute Ignatiuskirche am Ufer des Radaunekanals in Altschottland.

1924 19. Januar Der Schauspieler Eugen Klöpfer vom Lessingtheater in Berlin gastiert im Danziger Stadttheater in der Titelrolle in Gerhart Hauptmanns Schauspiel »Michael Kramer«.

1924 5. Feburar Gründung der Bank von Danzig.

1924 4. April Die Stadtbibliothek feiert ein Jubiläum besonderer Art mit der Einstellung ihres zweihunderttausendsten Bandes. Am gleichen Tag hat der polnische Ministerrat einer polnisch-französischen Kapital- und Industriegruppe den Auftrag für den Bau des Gdinger Hafens erteilt.

1924 16. April »Danziger Neueste Nachrichten« melden: »Im Werftspeisehaus tagte gestern eine Versammlung von Eisenbahnern, die der deutsche Eisenbahnverband, die Gewerkschaft christlicher Eisenbahner und Wasserbaubediensteten, sowie die Gewerkschaft der Eisenbahnbeamten und -Anwärter auf dem Gebiet der Freien Stadt Danzig gemeinsam einberufen hatten und die den großen Saal restlos füllten. Die Versammlung hatte den Zweck (wie es in der Einladung hieß), gegen ungerechtfertigten und rigorosen Abbaumaßnahmen der polnischen Eisenbahndirektion Einspruch zu erheben.«

1924 17. April Der Völkerbund stimmt dem Vorschlag zu, Polen auf der Danziger Westerplatte einen Munitions-Entladeplatz einzurichten. Bedingung ist, daß Polen ein Bassin (Kanal) baut, der von der Hafeneinmündung aus in die Westerplatte verläuft und der dazu dienen soll, die Fahrzeuge, die Munition entladen, aus dem Hafen abzusondern und dort anlegen und entladen zu lassen.

1924 29. April Von der Stadtbürgerschaftversammlung wurden Pläne für das Neugartener Tor und für die Abänderung der bestehenden Fluchtlinien auf dem Gelände zwischen Wallgasse, Fuchswall, Jakobswall, sowie für das Gelände bis zum Bärenweg, Brösener Weg, für die projektierte Ringstraße und Ostseestraße gebilligt.

1924 3. Mai Der Danziger Aero-Lloyd hat den Luftverkehr zwischen Berlin–Danzig–Königsberg aufgenommen. Die Flugpreise Berlin–Danzig betragen 80 Goldmark, Berlin–Königsberg 100 Goldmark, Danzig–Königsberg 35 Goldmark mit 10 Kilogramm Freigepäck. Die Verbindung Berlin, Danzig und Königsberg ist täglich.

1924 26. Mai Senator Runge besichtigt das im Bau befindliche Radaune-Kraftwerk für die Versorgung des Freistaats »mit elektrischem Licht und elektrischer Kraft« (Baubeginn war der 11. Oktober 1923 bei Gr. Bölkau).

1924 14. Juni »Danziger Neueste Nachrichten« melden: »Der Völkerbund hat entschieden, daß der polnische Munitions-Umschlagplatz Westerplatte vom Hafenausschuß ausgebaut werden soll und daß die Kosten in Höhe von 6 Millionen Danziger Gulden von beiden beteiligten Staaten je zur Hälfte getragen werden sollen. Der Senat gab im Hauptausschuß des Volkstages die Erklärung ab, daß er trotz seiner schweren Bedenken gegen die Schaffung eines Munitions-Umschlagplatzes, sich doch der finanziellen Verpflichtung, die ihm die Entscheidung auferlegt habe, nicht entziehen werde. Der Danziger Anteil beträgt 3 Millionen Gulden.«

1924 Die altehrwürdige höhere Schule, das Realgymnasium zu St. Johann (als Lateinschule im 14. Jahrhundert gegründet) feiert ihr hundertjähriges Bestehen als Realanstalt.

1924 23. Juni Das traditionelle Danziger Johannisfest auf der Jäschkentaler Wiese lebt wieder auf, nachdem es seit Kriegsausbruch (1914) nicht mehr gefeiert worden war. Anstelle der Leibhusarenkapelle konzertierte die Musikkapelle der Danziger Schutzpolizei. Für die Jugend gab es viele Wettbewerbe wie Sackhüpfen, Eierlaufen und Stangenklettern. Am Abend wurde zum Tanz unter der Linde aufgespielt und bei Einbruch der Dunkelheit ein großes Feuerwerk abgebrannt.

1924 28. Juni Der polnische Munitionsdampfer »Warta« ist mit 450 Tonnen Sprengstoffmunition beladen, von Cherbourg kommend, im Danziger Hafen eingelaufen. Die gesamte Ladung soll durch Eisenbahntransport auf polnisches Gebiet geschafft werden. Die vom Hohen Kommissar des Völkerbundes vorgeschlagene Löschung der Fracht in Gdingen war von der polnischen Regierung abgelehnt worden.

1924 1. Juli Der 1906 in Dienst gestellte Salondampfer »Paul Beneke« nahm die täglichen Fahrten nach Hela unter Kapitän Opitz wieder auf. Das Schiff war von der Schichauwerft modernisiert worden. Speisesaal und Rauchsalon wurden neu möbliert. In Aussicht genommen wurde der Einbau eines »Radioaufnahmeapparates«.

1924 27. Juli Die diesjährigen Zoppoter Waldfestspiele wurden mit einer Freilicht-Aufführung von Richard Wagners »Walküre« eröffnet. Als musikalischer Leiter wurden Prof. Max von Schilling und Generalmusikdirektor Erich Kleiber verpflichtet.

1924 22. August Begrüßung des Generalfeldmarschalls von Hindenburg auf dem Zoppoter Seesteg durch Senatspräsident Sahm, auf der Reise nach Ostpreußen zu den Tannenbergfeierlichkeiten.

1924 27. August Bei Ausschachtungsarbeiten auf dem Gelände des früheren Seuchenlazaretts an der »Kurve« wurden in Langfuhr vorgeschichtliche Gräber aus dem 1. nachchristlichen Jahrhundert entdeckt. Es handelte sich um ein Urnen- und zwei Skelettgräber in einem sogenannten gemischten Friedhof der römischen Kaiserzeit. In der Urne fanden sich Teile eines Bronzeringes. In einem der Skelettgräber wurden eine Gewandnadel und Beschlagstücke von Riemen eines Trinkhorns aus Bronze gefunden. Andere germanische Friedhöfe, vom letzten Jahrhundert vor Christi bis zum 3. nachchristlichen Jahrhundert, fanden sich in Oliva, Praust, Zipplau, Schönwarling, Pelonken, Langfuhr und Glettkau. Sie lassen auf zahlreiche germanische Siedlungen um Danzig schließen.

1924 28. August In der »Danziger Neueste Nachrichten« erscheint eine Meldung der in Danzig gedruckten polnischen Zeitung »Gazeta Gdánska« folgenden Wortlauts: »Die friedlich gesinnte polnische Republik hat bisher sehr viele Beweise ihres guten Willens geliefert. Nach Überwindung aller inneren Schwierigkeiten wird sie sich ihrer Untertanen in Danzig annehmen und dem solange geduldeten Barbarentum der Danziger Liliputaner ein baldiges Ende machen, aber auch um so schneller das erforderlich wird, desto besser wird es für uns und die Danziger sein.«

1924 31. August Die Bevölkerung der Freien Stadt Danzig zählt 383995 Personen. 96 Prozent der Bevölkerung gehören dem deutschen, drei Prozent dem polnischen oder kaschubischen Volkstum an. 60 Prozent gehören dem evangelischen, 35 Prozent dem katholischen Glauben an.

1924 1. September Tagung des Völkerbundrates mit folgenden Danzig-polnischen Streitfragen: 1. Schutz der Interessen Danziger Staatsbürger in Polen. 2. Die Ausweisung Danziger Staatsangehöriger aus dem Gebiet der Republik Polen. 3. Postpaketumschlagstelle im Hafen.

1924 1. September Baupläne des Senats veröffentlicht, die die neue Talsperre in Kahlbude-Bölkau betreffen, eine Starkstromleitung Danzig–Zoppot, die Lungenheilstätte Jenkau, eine Aufstockung des Hauptpostamtes, die Einrichtung eines Automaten-Fernsprechamtes in Langfuhr, den Bau einer Funkanlage auf dem Hagelsberg und den Bau eines Munitionslagers für Polen auf der Westerplatte.

1924 2. September Weltjugendkongreß der Juden mit Ben Gurion in Danzig.

1924 16. September Von der Firma »Labuddas Auto-Betrieb« wird eine regelmäßige Autobus-Verbindung Danzig–Zoppot und umgekehrt eröffnet, die natürlich auch Langfuhr und Oliva berührt.

1924 27. September Senatspräsident Sahm erstattet dem Hauptausschuß des Volkstages nach seiner Rückkehr aus Genf Bericht über den Verlauf der Verhandlungen. Am gleichen Tage wurde mit dem ersten Neubau der Danziger Wohnbau-Genossenschaft am Mirchauerweg/Ecke Kronprinzenweg in Langfuhr begonnen.

1924 15. November Im Poststreit zwischen Polen und der Freien Stadt Danzig wird von polnischer Seite erklärt: Das dritte polnische Postamt befindet sich am Heveliusplatz. Es ist in dem Gebäude der polnischen Postdirektion untergebracht und wird zur Hauptaufgabe- und Abnahmestelle im Postbetrieb zwischen Polen und Danzig ausgebaut. Diese Zuständigkeit wird von der Post- und Telegrafenverwaltung der Freien Stadt Danzig, die allein für den Postverkehr zwischen Danzig und Polen zuständig ist, unter Verweis auf den Vertrag vom 9. November 1920, bestritten, wonach das polnische Postamt am Heveliusplatz nur zur Vermittlung des Verkehrs zwischen Polen und dem Ausland über den Hafen von Danzig und zwischen Polen und dem Hafen zuständig ist.

1924 2. Dezember Auf der Tagesordnung des Völkerbundrats in Rom steht unter anderm auch der Streit über die Danziger Eisenbahndirektion. Die Tatsache, wie der Sitz der polnischen Eisenbahndirektion in Danzig präjudiziert wurde, wird dem Völkerbundrat zu erfahren nicht uninteressant sein (»Danziger Neueste Nachrichten«). In der Verlängerung des Karrenwalls zum Weißen Turm wird gegenwärtig eine neue Pflasterstraße, »Wiebenwall«, angelegt. Damit ist der erste Schritt zur Erschließung des letzten Wallgeländes an der Westfront getan. Der alte Stadtwall an der Bastion Aussprung, gegenüber der Schleusengasse, wird zur Zeit abgetragen, um den dahinter liegenden früheren Schießstand der Danziger Gewehrfabrik nutzbringender zu verwerten.

1924 3. Dezember Die auf der Klawitterwerft gebaute Hafenrundfähre »Troyl« wurde in Dienst gestellt. Sie nimmt den Fährverkehr von der Anlegestelle »Milchpeter« zur Anlegestelle »Troyl« und zum »Kaiserhafen« auf.

1924 im Dezember Auf dem Messegelände an der Wallgasse wurde das polnische Haus (Dom polski) durch den Probst der ersten polnischen Stanislauskirche in Danzig, Pfarrer Komorowski, eingeweiht.

1925 5. Januar Das polnische Postamt am Heveliusplatz, im alten Garnisonlazarett, wurde durch Pfarrer Komorowski feierlich eröffnet. Außer diesem Gebäude ist Polen noch eine Briefsortierungsstelle im Gebäude neben dem Hauptbahnhof zugesprochen worden. An einigen in polnischem Besitz befindlichen Häusern, in der Langgasse, am Langen Markt, auf Neugarten und am Hauptbahnhof und einigen anderen Stellen wurden über Nacht polnische Briefkästen angebracht. Diese Maßnahme führte zu einem Postkonflikt wegen der Verletzung des Danziger Postregals und hatte einen Notenwechsel zur Folge. Diese Frage beschäftigte auch die Außenkommission des polnischen Sejm in Warschau. Die Klagen Danzigs gegen dieses Verfahren wurden sowohl vom Völkerbund als auch vom Haager Schiedsgericht zurückgewiesen, mit der Begründung, daß der Hafenbereich auf den Teil der Innenstadt ausgedehnt wurde, in dem die polnischen Briefkästen installiert worden waren.

1925 13. Januar Der Senat der Freien Stadt Danzig hat das Vorlaubenhaus der Bauernfamilie Kleist in Guteherberge als neues Danziger Altertums-Denkmal angekauft. Es soll das älteste Haus dieser Bauart und um das Jahr 1600 gebaut worden sein. Der hohe Giebel des Bauernhauses ruht auf einer sogenannten Vorlaube, die von neun starken Holzpfeilern getragen wird. Von den beiden in Nischen des Giebels ruhenden Löwenfiguren hat das Haus den Namen »Löwenschloß« entlehnt.

1925 2. Februar Die Post- und Telegrafenverwaltung hat neuerdings den Passagierdampfer »Artus« der »Danziger Reederei- und Handels AG Artus«, der zwischen Hamburg und Brasilien verkehrt, mit einer »Seepost der Freien Stadt Danzig« ausgerüstet. Die gleiche Einrichtung wird der Passagierdampfer »Holm«, der dieselbe Linie befährt, nach seiner Rückkehr aus Brasilien erhalten. Beide Schiffe werden im Großtop die Danziger Postflagge führen.

1925 26. März Erster Staatsfeiertag der Freien Stadt Danzig.

1925 31. März Zur baulichen Erschließung des Stadtteils Kneipab wurde jetzt mit Kanalisierungsarbeiten begonnen. Mit der Pflasterung neuer Straßenzüge, die sich vom Kleinbahnhof zur Schule Althof beziehungsweise bis zur Breitenbachbrücke hinziehen werden, soll in Kürze begonnen werden. Auch ist der Abbruch des Werdertores und ein Umbau der Schiffchenbrücke vorgesehen.

1925 23. April Der »Danziger Aero-Lloyd«, der seit dem 20 April den täglichen Betrieb auf seinen Flugstrecken eröffnet hat, hat in Pisa zwei Wal-Flugboote für den Linienflugverkehr Danzig–Stockholm herstellen lassen. Am 1. Juni soll mit den Flügen nach Stockholm begonnen werden.

1925 24. April Nach den »Statistischen Mitteilungen« sind von den 372009 Einwohnern des Freistaates 218137 Protestanten, 130174 Katholiken, 7181 Juden und 5380 Mennoniten. 11137 Einwohner gehören zahlreichen anderen Konfessionen an.

1925 25. April Für die neue Messehalle an der Wallgasse wurde ein großzügiger moderner Entwurf von Baurat Schröder vom Hochbauamt vorgelegt. Die Halle wird eine Front von 72 Metern und eine Tiefe von 46 Metern haben. Außer für Messen ist die Halle auch für Massenversammlungen und Hallensportfeste verwendbar.

1925 8. Mai Am Langgarter Tor wurde ein neuer Schulsportplatz auf den einstigen Barbarawiesen angelegt, mit einer Aschenbahn von 400 Metern und einer überdachten Tribüne mit 1100 Sitzplätzen. Das moderne Sportstadion trägt den Namen »Kampfbahn Niederstadt«.

1925 30. Juni Die zur Belebung des Fremdenverkehrs und für die Organisation von Kongressen im April 1907 gegründete »Danziger Verkehrszentrale«, die auch Fremdenführer für Stadtführungen ausbildet, wählte einen neuen Vorstand, der die Beschlüsse des Verwaltungs-Ausschusses auszuführen hat. Neuer Vorsitzender wurde Studienrat Dr. Bechler. Zu seinem Stellvertreter wurde Justizrat Zander gewählt.

1925 11. Juli In einem Bericht über die Bautätigkeit in Danzig werden auch Neu- und Umbauten mehrerer Kirchen aufgezählt. Kirchenneubauten entstanden in Praust und Brösen. Umgebaut wurden die Kapelle in Brentau und die polnische Stanislauskirche in Neuschottland. Instandgesetzt beziehungsweise restauriert wurden die St. Trinitatis-, die St. Bartholomäi-, die St. Ignatiuskirche in Altschottland sowie die St. Annenkapelle und die Hedwigskirche in Neufahrwasser.

1925 19. Juli Werner Hewelt, in Danzig geboren, Initiator und Gründer des Danziger Kultur- und Dokumentationszentrums »Haus Hansestadt Danzig« (25. März 1983). Buchveröffentlichung »Danzig – ein europäisches Kulturdenkmal« (1988).

1925 21. Juli Nach Reparaturen im Trockendock III ist das polnische Torpedoboot »Kaszub« infolge einer Kesselexplosion im Danziger Hafen gesunken. Von der Besatzung kamen drei Heizer ums Leben.

1925 31. Oktober Hundert Danziger Familien werden zwangsweise von der Westerplatte evakuiert.

1925 30. Dezember Errichtung des katholischen Bistums Danzig.

1925 2253 Schiffe mit 690799 Tonnen liefen den Hafen an, gegenüber 3313 ausgelaufenen Schiffen mit 2031969 Tonnen Ladung.

1925 Von den Schiffen, die im Jahr den Danziger Hafen anliefen, zählten sechs Prozent zu der Danziger Handelsflotte, 33 Prozent zu der deutschen, zehn Prozent zu der schwedischen, 17 Prozent zu der dänischen, 16 Prozent zu der englischen und nur 1,3 Prozent zu der polnischen.

1926 1. Januar Die »Westerplatte« wird polnischer Munitions-Umschlagplatz.

1926 18. Februar Der Danziger Senat verabschiedet im Großen Saal des Rechtstädtischen Rathauses den scheidenden Hohen Kommissar des Völkerbundes, Mac Donnell.

1926 3. März Als neuer Hoher Kommissar nimmt der Holländer van Hamel seine Dienstgeschäfte in Danzig auf.

1926 im März Der Senat der Freien Stadt nimmt Verhandlungen mit der Republik Polen über die Einführung eines Tabakmonopols auf.

1926 12. April Als Gast des Hohen Kommissars weilt der aus Warschau kommende französische Außenminister Paul Boncour in Danzig.

1926 In Brösen wird die Antoniuskirche konsekriert.

1926 1. Juni Eröffnung des Danziger Landessenders.

1926 Angestiegen ist der Holz- und Kohleexport. Der Gesamtwert der im Handel umgeschlagenen Waren blieb weiter hinter dem Wert der Vorkriegszeit zurück, er betrug im Jahr 1926 trotz der Zunahme des Seeverkehrs nur etwa neun Zehntel des Wertes der seewärtigen Ein- und Ausfuhr von 1913. Ein Mehr von Schiffsanzahl und Tonnage steht in keinem Verhältnis zum Wert der Ergiebigkeit des Handelsgeschäftes.

1926 25. November Der neue Senat bringt einen Entwurf für ein Gesetz über die Dezimierung des Volkstages auf 72 Abgeordnete und des Senats als Regierung auf 16 Senatoren ein.

1926 29. November Eine Danziger Delegation unter Führung des Senatspräsidenten Dr. Heinrich Sahm, Dr. Volkmann und den Senatoren Siebenfreund und Fuchs reist zur Sitzung des Völkerbundrats nach Genf.

1926 11. Dezember Zwischen Langgarter Tor und Englischem Damm liegen noch die Reste der einstigen Bastion Einhorn, mächtige Tonnengewölbe mit flachem Dach, über dem sich der Wall hinzog. Sie dienten einst als Munitionslager und Unterstände. Über das Gelände soll eine neue Straße vom Langgarter Tor zur Breitenbachbrücke gebaut werden.

1926 14. Dezember Die Danziger Stadtbürgerschaft wirft für Notstandsarbeiten einen Betrag von 77000 Danziger Gulden aus.

1926 Seit 1920 sind in Danzig 3000 neue Wohnungen gebaut worden.

1926 Am »Danziger Tabakmonopol«, der Zigarren- und Zigarettenfabrik in der Weidengasse, ist Danzig mit 51 Prozent, Polen mit 30 Prozent, mit je neun das Deutsche Reich, England und andere Staaten beteiligt.

1927 19. Januar Die Nikolaikirche begeht die Feiern zu ihrem 700. Bestehen.

1927 22. Januar Im Quadrat der Wallgasse, Hohe Seigen und dem Jakobswall wird auf dem früheren Artillerie-Übungsplatz zum Zweck der Verbesserung der Gasversorgung ein Gasometer errichtet, mit einem Fassungsvermögen von 70000 Kubikmetern und einem Umfang von 150 Metern.

1927 im Januar Nach den »Statistischen Mitteilungen« entfiel Ende 1926 auf je 189 Danziger ein Kraftfahrzeug, im Nachbarland Polen dagegen ein Kraftfahrzeug auf 1684 Personen. Bereits Ende des Monats soll der Selbstanschlußbetrieb im Telefonverkehr, der in Langfuhr schon längere Zeit perfekt funktioniert, auch im engeren Danziger Stadtbereich eingeführt werden. Die Anschlußarbeiten werden Kosten von mehreren Millionen Gulden verursachen.

1927 im Februar Dipl.-Ing. Franz Neubauer ist das Exequatur als Konsul der Republik Bolivia erteilt worden. Das dreimotorige Junkers-Flugzeug D 877 hat am Sonnabend unter sehr günstigen Windverhältnissen die Strecke Berlin–Danzig in einer Stunde und 47 Minuten zurückgelegt. Die Gulaschkanone der Heilsarmee hat wieder ihren Standort am Dominikanerplatz eingenommen. Für täglich

200 bis 250 Personen wird ohne Ansehen der Konfession unentgeltlich ein Mittagessen abgegeben. Die Fähren der Stromweichsel haben ihren Verkehr eingestellt. Der scharfe Frost in den vergangenen Tagen hat das Eis auf der Weichsel zum Stehen gebracht. Das Eis hat stellenweise eine Stärke bis zu drei Meter. Die Arbeit der vier Eisbrecher »Nogat«, »Ossa«, »Montau« und »Drewenz« war seit Tagen vergeblich.

1927 4. Februar Horst Ehmke, deutscher Politiker und Rechtswissenschaftler, in Danzig geboren. 1961 Professor in Freiburg. Maßgeblicher Verfasser der »Perspektiven«, des Zukunftsprogramms der SPD. März 1969 Bundesjustizminister. Herbst 1969 Kanzleramtsminister bis 1972. Verfasser zahlreicher Veröffentlichungen u. a. »Grenzen der Verfassungsänderung« (53), »Wirtschaft und Verfassung« (60). Beiträge zur Verfassungstheorie und -politik. 1977 stellvertretender Fraktionsvorsitzender der SPD im Deutschen Bundestag.

1927 im März Nachdem der Völkerbundrat den Wunsch geäußert hat, auch Danzig auf der bevorstehenden Weltwirtschaftskonferenz vertreten zu sehen, hat sich der Handelskammerpräsident Klawitter zur Teilnahme bereit erklärt. Danzigs 40-Millionen-Anleihe wurde von Genf genehmigt. Ein Drittel geht für die Tilgung von Schulden ab, ein noch größerer Betrag für Reparations- und Besatzungsverpflichtunge – sieben Millionen sind für den Häuserbau bestimmt.

1927 im April Prof. Kindermann von der Akademie der bildenden Künste in Wien wird auf den freigewordenen Lehrstuhl für deutsche Sprache und Literatur an der Technischen Hochschule berufen.

1927 1. Mai Danziger Landesmuseum für westpreußische Geschichte eröffnet.

1927 im Mai Vor etwa 40 Jahren wurde in Zoppot der erste Seesteg angelegt, damals betrug die Länge bereits 66 Meter. Später noch wurde er immer wieder verlängert und in diesem Jahr werden weitere 140 Meter dazu kommen, damit wird der Zoppoter Seesteg als eine hölzerne, in die See hinausführende Fußgängerbrücke 470 Meter lang sein. Die Eisenbahnfähre »Gedania« hat vor kurzem den Betrieb im

Die Große Allee (1927) von Danzig nach Langfuhr.

Kaiserhafen aufgenommen. Sie hat eine Gesamttragfähigkeit von 200 Tonnen und kann vier vollbeladene Güterwagen transportieren. Die Baumblüte am Radaune-Ufer gewährt einen herrlichen Anblick, zwar sind es zunächst die Kirschen, die die schönen Blüten aufgesteckt haben, aber sie geben doch der ganzen Radaune-Promenade ein frühlingsfreundliches Aussehen. Das Kraftwerk Lappin ist in Betrieb genommen worden. Der Ausbau der Radaune-Wasserkraftwerke ist damit beendet, ihre Spitzenleistung beträgt jetzt 11000 Kilowattstunden. Die Gesamtkosten belaufen sich auf 20 Millionen Gulden. Der Stromverbrauch ist von 6,5 Millionen seit dem Jahr 1913 auf 29,5 Millionen Kilowattstunden im Jahr 1926 angestiegen. Die Strandpromenade zwischen Heubude und Weichselmünde wurde fertiggestellt.

1927 im Juni Im Haus Jopengasse 65 wurde die »Städtische Kunstkammer« von Senator Dr. Strunk eröffnet. Die erste Ausstellung zeigte neue Entwürfe von Professor F. A. Pfuhle, Zeichnungen und farbige Darstellungen, meist Studien zu den großen Wandmalereien für das Innere des Kasinohotels in Zoppot. Der Segelflugweltmeister im Dauerflug von vierzehn Stunden und acht Minuten, Ferdinand Schulz, ist über dem Flugplatz in Langufer aus 40 Metern Höhe abgestürzt und erlitt eine Gehirnerschütterung. Das Flugzeug wurde völlig zertrümmert.

1927 im Juli Die neue Straßenbahnlinie 4 nach Heubuder Strand wurde dem Verkehr übergeben. Im ersten Wagen fuhr der Präsident des Danziger Senats. Der erste Julisonntag führte 50000 Danziger an den Heubuder Strand. Mit den erforderlichen Arbeiten für den Abbruch des Petershagener Tors hat man begonnen, eines der wenigen Außentore, die sich bis jetzt erhalten haben. Zuerst fiel das Jakobstor, dann legte man das Olivaer Tor nieder und später dann das Neugartener Tor. Vom Werdertor besteht nur noch ein Rest. Einst führte von jedem dieser Tore noch eine Fallbrücke über einen Festungsgraben.

1927 im August Beim Richtfest der katholischen Liebfrauenkirche an der Schiffchenbrücke auf Kneipab kam es zu einem Zwischenfall, als sich das zwölf Meter hohe Baugerüst, auf dem sich acht Personen befanden, senkte und zusammenstürzte. Wie durch ein Wunder gab es nur einen Schwerverletzten.

1927 im September Der oberste Beamte der Freien Stadt, der Präsident des Senats Dr. h. c. Heinrich Sahm, beging am 12. September seinen fünfzigsten Geburtstag. In Vertretung der Interessen der Freien Stadt Danzig weilte er in der Völkerbundstadt Genf. 2785 Kraftwagen wurden in Danzig gezählt. 18 Omnibuslinien verbinden Stadt und Land. Anläßlich des einjährigen Bestehens des Danziger Rundfunks fand vor dem Artushof ein Konzert der Schutzpolizeikapelle unter Leitung von Obermusikmeister Stieberitz statt.

1927 im Oktober Der neue Gasbehälter des städtischen Gaswerks wurde an der Wallgasse in Betrieb gesetzt. Der Inhalt des Gaskessels beträgt bis zu 160000 Kubikmeter, sein Durchmesser ist 53 Meter und die Höhe beträgt 46 Meter. Im Wassergraben der Festung Weichselmünde hat der Yachtclub »Gode Wind« einen Bootshafen für seine Yachten eingerichtet. Jetzt folgte ihm die »Danziger Seglervereinigung« mit ihrem neuen Hafen an der Festung Weichselmünde.

1927 16. Oktober Günter Grass in Danzig geboren.

1927 13. November Die Wahl zum dritten Volkstag am 13. November 1927 ergab für die Deutschnationale Partei 24, für zehn Parteien der bürgerlichen Mitte 26, für das Zentrum 17, für die Sozialdemokraten 41, die Kommunisten 8 und die Polen 4 Abgeordnete. Das Ergebnis der Volkstagswahl wies einen starken Ruck nach links auf und brachte auch der Mitte eine Stärkung. 182836 Stimmen wurden abgegeben. Die drei stärksten Parteien waren die SPD mit 61677 (39755), die Deutschnationalen mit 35816 (44459) und das Zentrum mit 26090 (21114) Stimmen. Die in Klammern angegebenen Zahlen sind das Ergebnis der vorletzten Volkstagswahl. Die Polen erhielten 5765, das sind 3,1 Prozent der abgegebenen Stimmen.

1927 im Dezember Morgenfeier im Staatstheater. »Willibald Omankowski las aus eigenen Werken, ohne Zweifel das stärkste dichterische Talent, das unter uns weilt. Seine Dichtung ist wortgemeißelt, sein Vortrag, durch den er schlicht die Worte in wirkungsvoller Nacktheit erscheinen läßt, versucht, dem gerecht zu werden. Die ausgelöste Wirkung war tief und geläutert, groß und rein. – Sehr starker Beifall und Blumen.« (Ein Danziger Zeitungsausschnitt.)

1927 im Dezember Die Eröffnung des Danziger Weihnachtsmarktes in der neuen Messehalle rief eine kleine Völkerwanderung hervor. Im ganzen hatten bis gegen 8 Uhr abends (bis 11 Uhr abends geöffnet) 10000 Besucher und 2000 Kinder den weihnachtlichen Markt aufgesucht. Unentgeltlich wurde ein erstklassiges Varietéprogramm geboten. In der Rosendiele wurden die Modetänze Charleston und Shimmy ausdauernd getanzt. Dem alten Danziger Brauch folgend, werden auch in diesem Jahr am Heiligabend die Musiker das Choralblasen wieder ausführen, und zwar für die innere Stadt am Heiligabend von 17 bis 22 Uhr, wie auch für die Vororte Langfuhr, Ohra, Schidlitz, Neufahrwasser, Weichselmünde und Heubude.

1928 4. Januar 13 unbekannte Briefe Schopenhauers, die dieser in den Jahren 1832 bis 1839 an seinen Danziger Vermögensverwalter, den Kaufmann E. W. Labes, gerichtet hatte, wurden in Danzig entdeckt. Sie sollen im 15. Jahrbuch der Schopenhauer-Gesellschaft veröffentlicht werden.

1928 15. Januar Vor Weichselmünde hat nach einer Überquerung des Atlantiks das Segelschulschiff der deutschen Handelsmarine, die »Bremen« festgemacht, die im hiesigen Hafen eine größere Ladung von Chilesalpeter löscht. Die als Dreimastbark getakelte »Bremen«

wurde freudig von der marinebegeisterten Danziger Jugend begrüßt. Sie steht im Eigentum des Norddeutschen Lloyd.

1928 21. Februar Nach neuen Ausgrabungen im Burggelände ist es gelungen, ein exaktes Bild von der Lage und dem Grundriß der Danziger Ordensburg zu gewinnen. Der Leiter des Staatlichen Landesmuseums für Danziger Geschichte, Staatsarchivrat Dr. Erich Keyser, berichtet darüber in einem in den Räumen der Naturforschenden Gesellschaft gehaltenen Vortrag. Danach lag das Hochschloß in der rechten Ecke der Burganlage, dicht an der Mottlau. Es war an drei Seiten von Gräben umgeben. Vor dem Graben der Hochburg lag die Vorburg, in der die Wirtschaftsgebäude untergebracht waren. Hier wurden auch Särge gefunden, die aus der Mitte des 15. Jahrhunderts stammen.

1928 17. Februar Mit einem Kommandobefehl des Senats wurde die Danziger Einwohnerwehr aufgelöst und die Ablieferung von Waffen und Uniformen angeordnet. Im Zuge der staatlichen Sparmaßnahmen bedeutet der Verzicht auf die Einwohnerwehr eine Ersparnis von 100000 Gulden jährlich.

1928 28. Februar Oberhalb des Benediktinerklosters »Grabstift des hl. Adalbert zur Eiche« in St. Albrecht wurde auf dem Kapellenberg eine Gedächtniskapelle errichtet, zu der jetzt wieder Wallfahrten aufgenommen wurden.

1928 28. Februar Zoppot plant die Einrichtung eines Großkurgartens sowie die Anlage einer breiten Strandpromenade und die Verbreiterung des Seestegs über dem Strand in fünf Bauabschnitten. Im Sommer sind in der Waldoper Parzival-Aufführungen vorgesehen. Zu deren Finanzierung ist eine Schokoladen-Lotterie mit 100000 Losen zu je einem Gulden vorgesehen.

1928 29. Februar Der Senat hat beschlossen, für den Ausbau des Kurhauses und des Seestegs im Seebad Brösen sowie für die Erweiterung der Seebadeanstalt in Heubude und den Anstrich des Kurhauses und die Ausbesserung des Seestegs in Glettkau 121000 Gulden zu bewilligen.

1928 1. März In den Räumen der ehemaligen Bank Meyer und Gellhorn, im Erdgeschoß des Hauses Langer Markt 38, Ecke

Kürschnergasse, wurde als neue Konditorei der Innenstadt das Café Janatschek eröffnet.

1928 10. März Das alte Königliche Gymnasium in der Weidengasse muß seine Pforten schließen. Mit der Schulschließung scheiden die beiden langjährigen Lehrer, die Professoren Karehnke und Erdmann, aus dem Schuldienst. Die Schule wird unter ihrem neuen Namen »Staatliche Oberschule« von Studiendirektor Dr. Carl Bechler geleitet.

1928 Die Arbeitsverwaltung meldet den bisherigen Höchststand der Arbeitslosigkeit mit 16819 Arbeitslosen für das Gebiet der Freien Stadt Danzig.

1928 15. April Hanna-Renate Laurin in Danzig geboren. Deutsche Politikerin, Dr. phil., 1971 – 1976 Staatssekretärin, 1976 – 1981 Kultusminister Rheinland-Pfalz, seit 1981 Senator und 1986 – 1989 Bürgermeister und Stellvertreter des Regierenden Bürgermeisters von Berlin. Buchveröffentlichungen u. a.: »Berufliche Bildung« (1973) und »Gedankengänge« (1988).

1928 4. Mai Beim Bau der Stützpfeiler der neuen Grünen Brücke wurde eine Goldmünze mit dem Bild König Georgs III. von England aus dem Jahr 1775 gefunden, die für den Handel Danzigs in der damaligen Zeit Zeugnis ablegt.

1928 12. Mai Auf der Schichauwerft fand der Stapellauf des Motor-Frachtschiffs »Saale« statt. Das Schiff war vom Norddeutschen Lloyd in Bremen in Auftrag gegeben worden.

1928 25. Mai Am Bosseweg in Langfuhr wurde der Neubau des Deutschen Studentenhauses eingeweiht.

1928 5. Juni Die Seeflugstrecke Danzig (östlich Neufähr) mit Kalmar in Schweden wurde in Richtung Schweden erstmalig beflogen. Auf dem Gegenkurs wasserte in Danzig ein Dornier-Wal-Flugboot aus Kalmar, das außer Journalisten zum Jungfernflug an Frachtgut zwei Zentner Kugellager für die Danziger Werft mitbrachte.

1928 14. Juli Die Zahl der Kraftfahrzeuge ist in den letzten anderthalb Jahren in Danzig auf knapp 3000 angestiegen. Damit kommt auf 131 Einwohner ein Kraftfahrzeug.

1928 im August In seinem sechzigsten Lebensjahr verstarb der Krantorfährmann Paul Dodenhöft auf dem Bleihof. Er war ein Danziger Original, genannt »Paulchen vonne Krantorfähr'«. Um eine Beisetzung auf dem Armenfriedhof Saspe zu vermeiden, wurde eine Geldsammlung veranstaltet, die ihm eine letzte Ruhestätte auf dem Barbarafriedhof verbürgte, wo er unter großer Anteilnahme der Bevölkerung bestattet wurde. Die Grabrede hielt Pfarrer Strehlau von der Barbarakirche.

1928 12. September Die neuerbaute Grüne Brücke wurde dem Fußgänger- und Straßenbahnverkehr übergeben. Sie ist mit 18 Metern doppelt so breit wie die alte Brücke. Sie wurde innerhalb von zehn Monaten fertiggestellt und mit modernsten technischen Einrichtungen versehen.

1928 20. Oktober Bei Kanalisationsarbeiten in der Breitgasse zwecks Regulierung der Radaune wurden zwischen der Kohlengasse und dem Holzmarkt die mehrere Meter breiten Fundamente des vor etwa 100 Jahren abgebrochenen Breiten Tores aufgedeckt.

1928 3. November Die alten von Anthony van Obbergen um 1600 erbauten drei Pfarrhäuser der Katharinenkirche wurden von der Staatlichen Denkmalpflege restauriert. Fassaden und Giebelarchitektur mit dem sie abschließenden Fries wurden vollkommen erneuert.

1928 9. November Die an der Ostseestraße neuerbaute »Helene-Lange-Schule« soll als erstes öffentliches Gebäude fernbeheizt werden. Die neue Heizanlage wird über zwei Dampfröhren mit der nur zu 50 Prozent ausgelasteten Staatlichen Frauenklinik am Schellmühlerweg verbunden, die zukünftig auch die in unmittelbarer Nähe gelegenen Schulen Neuschottland und Conradinum mit Fernwärme versorgen soll.

1928 12. November Die deutschen Danziger Eisenbahner protestieren gegen die Beflaggung von öffentlichen Gebäuden, Bahnhöfen und Lokomotiven anläßlich des polnischen Nationalfeiertages mit polnischen Flaggen innerhalb des Territoriums der Freien Stadt Danzig. Von 1928 bis 1933 leitete die Restaurierungsarbeiten an der Marienkirche Karl Gruber, 1933 – 1935 Otto Kloeppel und 1935 – 1941 Erich Volmar unter Mithilfe von Bruno Fendrich. Restauriert wurde der Glockenturm 1921 – 1931, Ringe aus Stahlbeton überzogen Risse, Hohlräume wurden mit Zement aufgefüllt, morsche Backsteine und schadhafte Gesimse aus Haustein wurden ersetzt.

1929 im Januar Der bei Schiewenhorst auf Grund gelaufene Dampfer »Baltara« ist auseinandergebrochen. Passagiere und Mannschaften wurden gerettet. Der Passagierdampfer verkehrte auf der Linie Danzig–Memel–Libau und Danzig–London und konnte 450 Passagiere befördern.

1929 im Februar Ganz Deutschland ist von einer abnormen Kältewelle ergriffen. Die Danziger Bucht ist zugefroren. Wagemutige Spaziergänger haben den Weg übers Eis bis nach Hela genommen. Dampfer liegen im Eis fest und müssen aus der Luft versorgt werden. Der Dampfer »Peter von Danzig« der Reederei Reinhold lag abgeschnitten 10 Tage im Eis bei Anholt fest. Schwedische Eisbrecher leisteten Hilfe. Die Kosten für eine Einbürgerung in Danzig betragen zur Zeit 5000 Gulden.

1929 5. März Heinz Ruhnau, deutscher Manager, Politiker, Gewerkschaftler und Vorstandsvorsitzender der Lufthansa, in Danzig geboren. 1965 Innensenator (SPD) in Hamburg. 1973 Arbeitsdirektor co op. 1974 Staatssekretär im Bundesministerium für Verkehr. Seit 1. Juli 1982 Übernahme des Vorsitzes des Lufthansavorstands.

1929 im Juni Im Tätigkeitsbereich der »Danziger Verkehrszentrale‹ erwähnt Oberstudiendirektor Dr. Bechler, daß die Zahl der gemeldeten Fremden in Danzig im vergangenen Jahr 90 000 überschritten habe. Das bedeutete ein Zustrom von 30 Millionen fremden Geldes durch den Tourismus. In diesem Jahr hat die Verkehrszentrale die Vorbereitung von 31 größeren Kongressen übernommen. Die Teilnehmerzahlen für die Zusammenkünfte aus aller Welt liegen bei 45 000 Anreisenden.

1929 21. Juni Wechsel im Hohen Kommissariat. Der bisherige Hohe Kommissar des Völkerbundes in Danzig, Professor van Hamel, übergibt sein Amt an den Nachfolger Graf Manfredi von Gravina. Der Senat beschloß die Teilnahme der Freien Stadt an dem am 27. August 1928 in Paris geschlossenen internationalen Vertrag, der unter dem Namen Kellog-Paket bekannt ist, sowie zu dem am 9. Februar 1929 in Moskau geschlossenen Protokoll, das unter der Bezeichnung Litwinoff-Protokoll bekannt wurde.

1929 im September In der Marienkirche wurden bei der Instandsetzung der Sakristei in bisher verborgenen Wandschränken Akten, Urkunden und Rechnungsbücher zur Geschichte der Marienkirche und der Danziger Innungen, Altarleuchter, Sargschilder und viele kostbare Meßgewänder, die zum Teil aus dem 14. Jahrhundert stammen, aufgefunden.

1929 1. September Am späten Abend leuchtete ein heller Meteor am Nordhimmel auf. Die Lichtstärke übertraf die hellster Sterne. Die leuchtende Erscheinung hatte ungefähr vier Sekunden gedauert. Ein grauer, etwa acht Bogenminuten breiter Schweif blieb auf der ganzen Bahn noch fast zwei Minuten lang sichtbar.

1929 im Oktober Auf der »9. Deutschkundlichen Woche« wurde besonders des Begründers des Naturschutzgedankens in Deutschland, Hugo Conwentz, gedacht. Das Jahr 1904 gilt als Geburtsjahr des von Danzig ausgehenden deutschen Naturschutzes. Auf Conwentz' Anregungen wurde die Staatliche Stelle für Naturdenkmalpflege in Preußen mit dem Sitz in Danzig begründet.

1929 im Oktober Die Danziger Liga für Völkerbund hatte den Grafen Montgelas, der im Krieg eine Division gegen Deutschland führte, als Redner eingeladen. Der im Völkerbund tätige Diplomat gedachte mit warmen Worten des Vorkämpfers für den Frieden, der mit Dr. Stresemann dahingegangen ist. Graf Montgelas ging dann auf die Friedensschlüsse von 1871 und 1918 ein und wies u a. darauf hin, daß Frankreich während des Krieges 1870 bereits sehr viele Kriegsziele verfochten habe, die es bei den Friedensverhandlungen 1919 vorschlug. Unter anderem berührte er die interessante Tatsache, »daß Danzig 1870 den Russen angeboten wurde«.

1929 im Oktober Der Marienkirchturm wurde rundum eingerüstet. Auf allen vier Turmseiten sind die Gerüstkonsolen bis unter das Turmdach vorgetragen. Insgesamt sind 22 Etagengerüste vorhanden in je zwei Meter Höhenabstand. Das Gerüst beginnt allerdings erst vom untersten Kirchendach. Der Turm hat eine Höhe von 80 Metern.

1929 15. Oktober In Anwesenheit von Frau Helene Lange wurde im Neubaugebiet der Ostseestraße in Langfuhr die im Flachdachstil erbaute Helene-Lange-Schule eingeweiht.

1929 im Juli Zoppot ist in diesem Jahr Mittelpunkt der Ostsee-Segelregatten, an der die größten deutschen Yachten teilnehmen. Außerdem findet eine Langwettfahrt Riga–Neufahrwasser statt, die auch die in Lettland und Litauen beheimateten Yachten heranführen wird.

1929 18. Juli Die Festlichkeiten aus Anlaß des fünfundzwanzigjährigen Bestehens der Technischen Hochschule in Langfuhr werden mit einem Begrüßungsabend im Artushof und einem sich daran anschließenden großen Fackelzug eröffnet.

1929 im Juli Die Festigung der Entwicklung der Beziehungen zwischen der UdSSR und der Freien Stadt Danzig finden das lebhafteste Interesse seitens der Sowjet-Regierung und der Sowjet-Öffentlichkeit. Die russisch-danziger Annäherung stellt einen der wichtigsten Punkte des politischen Programms der Danziger Regierung dar. In Moskau traf eine Delegation des Senats ein, zur Fortsetzung der in Danzig begonnenen Wirtschaftsverhandlungen, mit dem Danziger Senatspräsidenten Heinrich Sahm an der Spitze. Der Delegation, die von dem Handelskommissar Mikojan empfangen wurde, gehören Senator Dr. Kamnitzer, Senator Jewelowski und Regierungsrat Burmeister an. Sie wurde von führenden Mitgliedern der Sowjet-Regierung herzlich begrüßt. An Bord des Motorschiffes »Hansestadt Danzig« des »Seedienstes Ostpreußen« traf auf ihrer Rückreise von Ostpreußen die frühere Kronprinzessin Cecilie in Zoppot ein.

1929 im August Der Senat sandte während der Überfliegung der Stadt durch das »Luftschiff Graf Zeppelin« an den Flugkapitän Dr. Eckener eine telegrafische Grußadresse, mit dem Wunsch für eine glückhafte Fahrt auf dem Flug um die Welt. Das Luftschiff wurde von der Bevölkerung mit Staunen und Begeisterung empfangen, als es sich auf seiner Luftreise dem Turm von St. Marien näherte und die Glocken der Kirchen zu läuten begannen. Zum ersten Mal wurde ein Telefongespräch von Danzig aus nach den Vereinigten Staaten von Amerika geführt. Die Verständigung ließ nichts zu wünschen übrig.

1929 im November In den U.T. Lichtspielen in der Elisabeth-Kirchengasse lief der erst in Danzig gespielte Tonfilm, »Das Land ohne Frauen« an, mit Conrad Veidt und Elga Brink in den Hauptrollen.

1929 1. Dezember Vor 125 Jahren eröffnete Dr. Müller auf Neugarten die erste Hebammenlehr- und Entbindungsanstalt für Westpreußen. 1929–1931 wurde das Englische Haus gründlich erneuert.

1930 1. Januar Die »Danziger Zeitung«, seit 1858 Tageszeitung, stellt Ihr Erscheinen ein.

1930 14. Februar Der Viermastschoner »Flottbek« stößt im Hafenkanal mit dem Fischkutter »Heisternest« zusammen, der untergeht.

1930 5. März Die »Danziger Neueste Nachrichten« melden, daß jährlich 1,35 Millionen Tonnen Müll in Danzig beseitigt werden. »Das ist eine Menge, mit der man die Langgasse in ihrer gesamten Länge bis zum dritten Stockwerk zuschütten könnte.«

1930 8. März Die Ufa in Berlin wird auf dem Gelände der Feuersozietät in der Elisabeth-Kirchengasse ein modernes Kino für ca. 1500 Besucher errichten. Mit dem Bau des »Ufa-Palast« soll am 1. Mai begonnen werden.

1930 12. März Großbrand auf der Speicherinsel. Der Brand der Speichergruppe »Deo Gloria« dauerte über zwei Monate, bis die letzten Reste schwelenden Getreides ausgebrannt waren.

1930 13. März Am Dominikswall/Ecke Silberhütte wurde als Neubau der Landesversicherungsanstalt Westpreußen ein modernes Bürohaus errichtet.

1930 24. April Für die Weiterführung des »Grüngürtels«, einem sogenannten Naherholungsgebiet, vom Olivaer Tor über die Krähenberge bis zum Jäschkentaler Wald stellte die Stadtverwaltung einen Beitrag von 20000 Gulden bereit.

1930 15. Mai Über hunderttausend Besucher auf der »Danzig-Ausstellung« in Wien.

1930 20. Mai MdR Göring spricht auf einer Kundgebung der NSDAP im überfüllten großen Saal des Friedrich-Wilhelm-Schützenhauses nach Begrüßung durch Gauleiter Fricke.

1930 27. Mai Die Ausstellung »Das Danziger Stadtbild in der Kunst« wird von Museumsdirektor Dr. Mannowsky und Kustos Dr. Drost eröffnet.

1930 3. Juni Fluglinie Danzig–Warschau–Bukarest aufgenommen.

1930 20. Juni Kreuzer »Köln« zum Flottenbesuch in Danzig.

1930 20. Juni Regierungserklärung des Senatspräsidenten Sahm: Durch die am 17. 6. erfolgte Wahl eines stellvertretenden Präsidenten und von 13 Senatoren ist der Senat der Verfassung entsprechend vervollständigt worden. Der Senat dankt dem Volkstag für die Verabschiedung der Steuergesetze zur Deckung des vorhandenen 2,5-Millionen-Defizits.

1930 24. August Das deutsche Luftschiff »Graf Zeppelin« überfliegt die Stadt Danzig.

1930 13. Oktober Göring schickt Forster nach Danzig. Trotz der Bedenken Gregor Strassers stimmte der Führer freudig zu. Forster erhielt die Nachricht im Wandelgang des Reichstages bei der ersten Sitzung am 13. Oktober 1930, als Hermann Göring auf ihn zuging und sagte: »Forster, Sie müssen Danzig in Ordnung bringen. Holen Sie sich die Akten und los mit dem nächsten Schnellzug nach Danzig.« Am 15. Oktober 1930 in München gab ihm der Führer unbeschränkte Vollmacht über alle politischen Gliederungen in Danzig.

1930 15. Oktober

»München, den 15. 10. 30.

Vollmacht.

Pg. Reichstagsabgeordneter Albert Forster wird hiermit von mir als kommissarischer Führer für das Gebiet des Freistaates Danzig bestimmt. Er hat alle Vollmachten sowohl über die politischen Gliederungen wie über die SA und SS, um für die kommenden Wahlen zum Volkstag das ihm nötig Scheinende zu organisieren. Nach der Wahl hat er den Auftrag, mir Vorschläge über die Neuordnung der Danziger Verhältnisse zu unterbreiten.

gez: Adolf Hitler«

1930 24. Oktober Der nationalsozialistische Reichstagsabgeordnete Albert Forster wird als »kommissarischer Führer für das Gebiet des Freistaats Danzig« ernannt und stellt sich seinen Parteigenossen im Café Derra in Schidlitz vor.

1930 24. Oktober »Die Unvernunft und Willkür des Versailler Diktats hatte Danzig jeglichen Hinterlandes beraubt. Wenn auch in den ersten Jahren sich das Wirtschaftsgebiet Polen als Ausgleich zu zeigen schien, so machte der Ausbau des früheren Fischerdörfchens Gdingen, das 14 Kilometer von Zoppot entfernt mit dem Korridor an Polen gekommen war, zu einer gewaltigen Hafenstadt diesem Traum bald ein Ende. Immer mehr verschoben sich die Umschlags- und Wirtschaftsziffern zugunsten Gdingens. So wuchsen in Danzig Not und Elend, gefördert durch die roten, rosaroten und schwarzen Volksverräter. Mit diesen Kenntnissen fuhr Albert Forster nach Danzig. Fest stand für ihn, daß seine ganze Arbeit nur einem Ziel dienen mußte: die Macht zu erobern, um das Deutschtum in Danzig zu erhalten, zu stärken, um diese Stadt überhaupt vor dem Verderben und dem andrängenden Nachbarn zu bewahren. Danzig mußte nationalsozialistisch werden!« *

* Dito ff. aus: Wilhelm Löbsack, »Gauleiter Albert Forster«, Hamburg 1934.

»Der neue Mann
24. Oktober 1930 in Danzig. Der Frühzug aus Marienburg mit dem anhängenden Berliner Wagen läuft zwischen 8 und 9 Uhr im Bahnhof ein. Man sieht auf dem Bahnsteig einige Männer mit dem Abzeichen der NSDAP, die suchend umherschauen. Aber anscheinend vergeblich. Von München war ihnen mitgeteilt worden, daß der neue Gauleiter mit diesem Zuge kommen würde. Ihn wollten sie empfangen. Da sprach sie in der Halle ein junger hochgewachsener Mann an. ›Suchen Sie mich? Mein Name ist Forster, ich komme aus München!‹ Erstaunen in den Gesichtern der Parteigenossen. Der kommissarische Verwalter des Gaues, Pg. Greiser, begrüßte Albert Forster und führte ihn dann in das kärgliche Zimmer in der Hundegasse 52, wo sich das ›Büro‹ der NSDAP befand. Unterwegs dachten die Männer: das ist also unser neuer Gauleiter. Noch sehr jung, in bayrischen Kniestrümpfen und einem, gelinde gesagt, einfachen Anzug mit blauer Schirmmütze. Aber er trat entschieden auf und hatte, was am wichtigsten war, die Vollmacht des Führers. – In das Büro gelangte man durch einen dunklen Gang, als wenn die Seelen erst geprüft werden sollten, die zur NSDAP wollten. Forster ließ sich in Ruhe berichten. Dann setzte er für abends 6 Uhr eine Versammlung aller Parteigenossen und der SA im Café Derra an. Damals gab es in Danzig etwa 400 Parteigenossen. Die Anwesenden, vielleicht 300 Parteigenossen und SA-Männer, empfingen den neuen Mann recht kühl. Als Forster nun zunächst jede der widerstreitenden Gruppen ihre Sache vorbringen ließ, zeigte sich das erschütternde Bild größter Uneinigkeit. Schon an diesem ersten Abend bewies Forster in Danzig durchschlagend, daß er eine Führernatur war. Nachdem die absolut Unwilligen den Saal verlassen hatten, sprach der neue Gauleiter. Er führte die Männer und Frauen hinweg von den kleinen Eigensüchteleien und Zänkereien und zeigte ihnen die großen Ziele und Wege, die allein das Schicksal wenden können. In fanatischer Rede von über drei Stunden hämmerte er ihnen die Grundlagen unserer Weltanschauung und die großen Tugenden des Nationalsozialisten, Glaube, Treue, Zähigkeit und Opferbereitschaft, ein. Er packte ihre Herzen und machte ihnen klar, daß die erste Voraussetzung für einen Erfolg in Danzig sei, die Partei in Ordnung zu bringen. Nur dann kann die Bewegung weiter arbeiten und in den kommenden Wahlkampf gehen.

Als gegen 12 Uhr nachts die Versammlung zu Ende war, hatte Forster eine, wenn auch kleine, so doch kampfbereite Gefolgschaft gefunden, die ihn unbedingt als den Beauftragten Hitlers und als Führer anerkannte. Bereits der erste Tag in dieser Stadt, die seine neue Heimat werden sollte, hatte ihm gezeigt, daß hier nicht nur die Bewohner deutschen Blutes sind, sondern auch das Bild dieser ehrwürdigen Hansestadt selbst so urdeutsch ist wie beispielsweise Nürnberg. Tausendjährige deutsche Kultur ist verewigt in den wunderbaren Patrizierhäusern am Langen Markt und in der Innenstadt, aus denen das herrliche Rathaus und der gewaltige gotische Bau der Marienkirche herausragen; das Krantor aus der alten Hanseatenzeit an der Mottlau, dazu die wunderbare Schönheit des Danziger Landes mit ihrem lebendigen Wechsel zwischen bewaldeten Höhen und weiten Niederungen bis zum Meere hin, und das schöne Zoppot am blauen Ostseestrand der Danziger Bucht nahmen ihn gefangen. All das, dazu das Bewußtsein, auf dem Boden tausendjährigen deutschen Kampfes um den Osten zu stehen, gab Albert Forster leidenschaftliche Kräfte, sich mit dem ganzen Sein für die vom Führer gestellte Mission einzusetzen. Mit einem Häuflein ging er nun daran, die Partei zu ordnen und wenigstens einige Mittel für den Wahlkampf zu schaffen. Der Wahlvorschlag wurde fertiggestellt, geführt von dem Parteigenossen und Arbeiter Ernst Kalitzke. Bereits wenige Tage später wurden die ersten größeren öffentlichen Versammlungen in Zoppot und der Sporthalle durchgeführt, durch die Forster nun auch das Vertrauen eines Teils der Bevölkerung gewann. Versammlungen, in denen überall Albert Forster oder der von ihm zu seinem Stellvertreter und Gaugeschäftsführer ernannte Pg. Greiser sprachen, zeigten den Gegnern zur größten Überraschung, daß die totgeglaubten Nationalsozialisten nicht nur auf dem Posten waren, sondern in schärfster Form angriffen. Am 15. November 1930, am Vorabend der Wahl, sprach Dr. Goebbels in der überfüllten Sporthalle und begeisterte Tausende für den Führer und seine Idee.

Erste Erfolge

Der 16. November 1930 brachte einen erstaunlichen Erfolg. Bisher hatten die Nationalsozialisten einen Sitz im Volkstag (2130 Stimmen 1927), jetzt mit einem Schlage 12 Sitze (31516 Stimmen)! Der September-Erfolg im Reich war also fast erreicht. Dort hatte die NSDAP 18,3 von Hundert, in Danzig nunmehr 16,1 von Hundert aller Stimmen. Die Marxisten, Mittelparteien und die Deutschnationalen hatten erhebliche Verluste erlitten. Die Linkskoalition des bisherigen

Senats konnte kaum bestehen bleiben. Die Roten hatten durch ihre Mißwirtschaft dem Staat u. a. eine ungedeckte Schuldenlast von 16,5 Millionen Gulden aufgebürdet. Fricke wurde abgesetzt, Pg. Greiser, ein alter Kämpfer, durch Hermann Göring vorerst kommissarisch mit der Leitung des Gaues beauftragt, bis ein Mann aus dem Reich käme. Göring berichtete dem Führer, daß hier nur durch eine fanatische Führerpersönlichkeit Wandel geschafft werden könne. Es war klar, daß diese, unabhängig von allen örtlichen Vorgängen, aus dem Reich kommen mußte, ausgestattet mit den weitestgehenden Vollmachten des Führers. Göring schlug Albert Forster vor. Er hatte ihn in den letzten Jahren als fanatischen Eiferer und unbedingt treuen Hitler-Mann kennengelernt und traute ihm auch den politischen Weitblick und Instinkt zu, der in Danzig als einem Platz außenpolitischer Bedeutung erster Ordnung unbedingt notwendig war. Galt es doch nicht nur diese Stadt vor dem Zusammenbruch durch die Parteien zu bewahren, sondern sie in erster Linie vor dem andrängenden fanatisch-nationalen polnischen Nachbarn dem Deutschtum zu erhalten.«

1930 24. November In den Rathaus-Lichtspielen wird der erste »tönende Film« mit Greta Garbo, »Wilde Orchideen«, vorgeführt.

1930 29. November Erste Sitzung des Volkstags nach den Wahlen. Die Parteien sind im neuen Volkstag mit ihrem Stimmenanteil entsprechenden Sitzen vertreten:

Sozialdemokraten	19
Nationalsozialisten	12
Zentrumspartei	11
Deutschnationale	10
Block der Sammlung	7
Kommunisten	7
Polen	2
Eisenbahner	1
Deutsch-Liberale	1

Die Wahlbeteiligung betrug 80,07 Prozent.

1930 9. Dezember Eröffnung des neugewählten Volkstags.

1930 11. Dezember Stadttheater führt Max Halbes Drama »*Der Strom*« auf.

1930 18. Dezember Auf dem Gelände des V. Hofes in Pelonken ist der Neubau eines Kurheimes der Angestellten-Versicherung eingeweiht worden.

1930 24. Dezember Die drei Jahre andauernden Renovierungsarbeiten am Glockenturm der Oberpfarrkirche zu St. Marien werden abgeschlossen. Zur Erinnerung wird eine Gedenktafel enthüllt.

1930 Die Pauluskirche der evangelischen Gemeinde Langfuhr an der Kurve errichtet. Im gleichen Jahr wurde der Bezirk Neuschottland von der katholischen Herz-Jesu-Gemeinde abgetrennt und für sie als ein vorläufiges Gotteshaus die Kreuzkirche erbaut. Für polnische Gläubige wurde die St. Stanislauskirche errichtet auf dem Gelände der Telegrafenkaserne am Heeresanger.

1931 7. Januar In Paris erscheint ein Flugblatt von der Vereinigung der Freunde Polens mit dem Titel: »Danzig, eine Gefahr für den Weltfrieden«.

1931 8. Januar Zum Präsidenten des Volkstags wird der Abgeordnete Gehl (Sozialdemokraten) gewählt. Erster Vizepräsident wird der Abgeordnete von Wnuck (Nationalsozialisten), zweiter Vizepräsident der Abgeordnete Gaikowski (Zentrum).

1931 10. Januar Der neue Senat der Freien Stadt Danzig wird vom Volkstag gewählt: Senatspräsident wird Dr. Ziehm (Deutschnationale), Vizepräsident wird Wierzinski-Keiser (Zentrum). Besoldete Senatoren werden: Dr. Althoff, Dr. Blavier, Dr. Hoppenrath, Dr. Wunderlich. Den Senat vervollständigen sechs weitere nichtbesoldete Senatoren. Der von dem britischen Außenminister Henderson ernannte Ausschuß für Danziger Fragen berät über die Gdingen-Frage. Der Ausschuß hat die Aufgabe ein Rechtsgutachten über die Frage der Auslastung des Danziger Hafens durch Polen abzugeben.

1931 23. Januar Volkstag erläßt Ermächtigungsgesetz zur Überwindung der desolaten Finanzlage.

1931 25. Januar Blutiger Zusammenstoß zwischen Kommunisten und Nationalsozialisten.

1931 16. Februar Beratungen des internationalen Sachverständigen-Ausschusses in Genf betr. Frage der Verpflichtung Polens zu voller Ausnutzung des Danziger Hafens. Tendenziöse Ausschlachtung und Alarm polnischer Presse löst Dementi des Senats aus. Vorangegangen war ein Bericht der »Sunday Review«, welcher sich mit der Möglichkeit eines Hitlerputsches zur Angliederung Danzigs und des Korridors an das Reich befaßte und zu melden wußte, daß 30000 Mann nationalsozialistischer Sturmbataillone in Danzig konzentriert würden.

1931 Forster redet 1931 auf dem Langen Markt in Danzig.

1931 Zur Person eines der Danziger Senatoren: Dr. Curt Blavier wurde am 9. Mai 1886 als Sohn eines Postbeamten in Strasburg (Westpreußen) geboren. Nach dem Besuch des Städtischen Gymnasiums in Danzig studierte er Kunstgeschichte, Literatur, Volkswirtschaft und die Rechte in München, Wien, Genf, Paris, Heidelberg, Leipzig, Berlin und Königsberg und promovierte in Würzburg. Nach dem Referendariat war er drei Jahre Vertreter des Polizeipräsidenten und Regierungsrat. Den Weltkrieg bestand er als Batteriechef und wurde mit beiden EK ausgezeichnet. Seit 1925 Mitglied des Volkstags als Führer der Wirtschaftspartei. Reisen nach Italien, Frankreich, Holland und England.

1931 21. Februar Die Schneiderinnung feiert ihr 475jähriges Bestehen. 1456 erhielt die Schneiderzunft vom Rat ihre Rolle, war aber schon seit 1378 in der Rechtstadt nachweisbar. In der Altstadt hatten die Schneider ihre Rolle schon 1399 erhalten. In der Jungstadt wurden sie zum erstenmal im Jahr 1409 erwähnt.

1931 23. Februar Der Senat beschließt aufgrund des Ermächtigungsgesetzes eine Abänderung und Ergänzung des Erwerbslosen-Fürsorgegesetzes aus dem Jahr 1922, um Härten und Mißständen abzuhelfen.

1931 24. Februar Auf Vorschlag des Polizeipräsidenten Froböss wird eine Einwohnerwehr gebildet und ausgerüstet.

1931 25. Februar Zum neuen Vorsteher der Stadtverordneten-Versammlung wird der Abgeordnete der Deutschnationalen, Brunzen, zu seinem Ersten Stellvertreter Dr. Thun (Zentrum) und zum Zweiten Stellvertreter der Abgeordnete Eggert (Nationalsozialisten) gewählt. Sämtliche 54 Stadtverordnete waren erschienen, die Nationalsozialisten in Uniform.

1931 27. Februar Polnische Presse wirft Minister Strasburger (diplomatischer Vertreter Polens in Danzig) lasche Vertretung polnischer Interessen gegenüber Danzig vor, das dadurch zum Unruheherd und Vorposten der reichsdeutschen Revisionspolitik geworden sei; erinnert an verpaßte Gelegenheit, Danzig militärisch zu nehmen; rät polnischer Regierung, beim Völkerbund zu gegebener Zeit Besetzung Danzigs durch alliierte Truppen oder polnisches Militär zu beantragen. Beschlagnahme der Zeitung in Danzig.

1931 2. März Präsident Dr. Ziehm in Genf. Besuch bei Sir Eric Drummond. Besprechnung über Danziger Fragen mit maßgebenden Genfer Stellen. Abkommen Deutschland, Dänemark, Danzig, Polen und Schweden über Flundern- und Schollenfischerei in der Ostsee.

1931 15. April Nach Erklärungen des Danziger Senatspräsidenten ist von Polen die Anwendung des Ratsbeschlusses vom 22. 6. 1921 gefordert worden, das bedeutet die Einsetzung polnischen Militärs in Danzig.

1931 21. April »Danziger Allgemeine Zeitung« bringt eine Aufstellung über Ausschreitungen polnischer Offiziere, Soldaten und Beamten unter der Überschrift: »Wie die Polen sich in Danzig aufspielen«.

1931 3. Mai Polnische Forderungen an die Danziger Regierung: 1. Veto des Hohen Kommissars gegen Danziger Behördenbeschlüsse. 2. Verbot militärischer Organisationen auf dem Freistaatgebiet. 3. Beamte der Freien Stadt dürfen nur Danziger Staatsangehörige werden.

1931 4. Mai Dawson erklärt im »Manchester Guardian«: »Der Ausbau Gdingens und der Bau der Kohlenmagistrale zeigten, daß Polen nicht gewillt sei, das künftige Wohl Danzigs zu fördern.«

1931 12. Mai Beschwerdeschrift der Danziger Eisenbahner in Genf gegen Polonisierungsbestrebungen der polnischen Eisenbahndirektion.

1931 7. Juni Hoher Kommissar Graf Gravina mit Verlauf der Genfer Verhandlungen zufrieden. Senatskrise behoben. Feier zur »Woche des polnischen Kindes am baltischen Meer« innerhalb des Staatsgebiets der Freien Stadt Danzig.

1931 18. Juni Eintragung der Siedlungs-Genossenschaft »Neu-Danzig« in Brasilien ins Genossenschaftsregister. Im Baugewerbe Lohnabbau bis 17,9 Prozent.

1931 29. Juni Aufnahme der Fluglinie Danzig–Saloniki.

1931 2. Juli Polnische Matrosenpatrouille in den Danziger Straßen ohne Genehmigung des Senats.

1931 14. Juli Schließung der Danziger Banken.

1931 16. Juli Senat verlängert Bankfeiertage im Interesse der Sicherung der Danziger Wirtschaftsinteressen.

1931 1. August Die Beamtengehälter werden nur zur Hälfte ausgegeben.

1931 6. August Wieder freier Zahlungsverkehr in Danzig. Auszahlung der zweiten Hälfte der Beamtengehälter zum 10. August vorgesehen.

1931 7. August Senat plant vierprozentige Krisensteuer. Weitere Gehaltskürzungen.

1931 13. August Exkönig von Spanien mit englischem Touristendampfer »Viceroy of India« vor Zoppot.

1931 21. August Für den Winter 35 000 Erwerbslose zu erwarten.

1931 1. September Erhöhung des Bestandes der Bank von Danzig an Münzgeld um 10 Millionen Gulden.

1931 7. September Bericht Graf Gravinas: »Maßnahmen der Danziger Regierung haben sich als wirksam erwiesen.« Hinweis auf ernste Finanzlage und Erwerbslosigkeit.

1931 21. September Goldwährung in Danzig infolge Aufgabe der Goldbasis des englischen Pfundes durch Rechtsverordnung des Senats.

1931 19. Oktober Ablieferung des auf der Danziger Werft für Norwegen gebauten Frachters »Dalvangen«.

1931 21. Oktober Beschwerde des »Gazeta Gdańska« über die Wegnahme eines polnischen Adlers von der Einfassung des Neptunbrunnen am Langen Markt.

1931 6. November Senatspläne zur Einführung einer Arbeitsdienstpflicht.

1931 11. November Installation des Drahtfunks in Danzig.

1931 29. November 450 Jahre Artushof in Danzig. Gedenkmedaille.

1931 24. Dezember Landesmuseum erwirbt Silberpokal, mit welchem den preußischen Königen bei ihrem Empfang in Danzig der Ehrentrunk gereicht wurde.

1931 30. Dezember Kurt Block Honorar-Vizekonsul beim mexikanischen Konsulat. 1826 Studenten an der Technischen Hochschule in Langfuhr immatrikuliert.

1932 9. April Zwischenlandung Hitlers auf dem Danziger Flugplatz.

1932 im August In den Zahlungsverkehr gelangen die volkstümlichen neuen Scheidemünzen der Fünfpfennigstücke mit einer eingeprägten Flunder und der Zehnpfennigstücke mit einem Pomuchel auf der Rückseite.

1932 6. Oktober Der Neunaugenfang in der Weichsel hat begonnen. Die Fischer von Nickelswalde und Schiewenhorst holten in ihren

Reusen stattliche Fänge ein. Im Herbst des vergangenen Jahres wurden in der Weichselmündung soviele Neunaugen gefangen, daß das Pfund für 10 Pfennige gehandelt wurde. In diesem Jahr werden für die ersten auf den Markt gelangenden Neunaugen 30 Pfennige gezahlt.

1932 im Oktober Eine reiche Kartoffelernte hat die Preise gedrückt. Die besten Speisekartoffeln sind schon für 1,80 bis 2 Gulden je Zentner zu haben. In der Schönfelder Vorflut fanden Arbeiter beim Graben einer Ramme einen Auerochsenschädel im Schwemmsand. Im Jahr 1627 ist der letzte Auerochse oder Ur, von dem ein präpariertes Exemplar im Naturkundemuseum zu sehen ist, erlegt worden.

1932 27. Oktober Der Bischof von Danzig, Graf O'Rourke, kann auf eine 25jährige priesterliche Tätigkeit zurückblicken. Er entstammt einem alten irischen Adelsgeschlecht. Einer seiner Vorfahren war Brien O'Brien, der erste christliche König von Connaught. Die Anzahl der Katholiken im Freistaat beträgt etwa 140000. In 38 Pfarreien und einigen Kuratien wirken insgesamt 80 Priester.

1932 im November Das Diakonissen-Mutter- und -Krankenhaus kann auf ein 75jähriges Bestehen zurückblicken. Im Mai 1857 eröffnete der »Weibliche Verein für die Armen- und Krankenpflege in Danzig« ein Kinderkrankenhaus in der Gasse »Am schwarzen Meer« Nr. 10 mit einem einzigen Krankenraum, der 12 Betten und 2 Wiegen enthielt. Dem heutigen Diakonissenhaus gehören 403 Schwestern an.

1933 31. Januar 40726 Arbeitslose im Gebiet der Freien Stadt Danzig gemeldet.

1933 im März Das von dem Pallotinerorden erworbene Café »Reichskrone« ist nach einem Umbau als Kirche eingerichtet worden. Die eintausend Besucher fassende Kirche führt den Namen »Christkönigkirche«. Militärische Besetzung der »Westerplatte«.

1933 im April Auflösung der Minderheitenregierung unter Ziehm.

1933 im Mai »Die nationalsozialistische Politik usurpierte nationale Gefühle und die bei vielen Danzigern lebendige Hoffnung auf eine Wiederkehr in die Grenzen Deutschlands und vermischte sie mit den Parolen ihrer Ideologie. 1933 errang die NSDAP die Mehrheit im Volkstag, der gesetzgebenden Körperschaft des Freistaates. Hermann Rauschning wurde der erste nationalsozialistische Senatspräsident. Aber seine Verständigungspolitik zwischen Danzig, Deutschland und Polen vertrug sich nicht mit Auftrag und Auftreten von Forster. Rauschning ging und mußte fliehen.«*

1933 im Mai Die Saatkrähen traten in diesem Frühjahr so stark auf wie selten zuvor und richteten im Werder und in der Niederung großen Schaden an.

1933 im Juni Der Revuepalast »Die Scala« auf Langgarten wird durch ein Feuer völlig vernichtet. Auf der Weltwirtschaftskonferenz wird die Freie Stadt Danzig durch den Präsidenten der Bank von Danzig, Dr. Schäfer, sowie durch Konsul Schönberg vertreten sein. Nach Umbauten wird das Motorschiff »Hansestadt Danzig« des »Seedienst Ostpreußen« vom Zoppoter Kurdirektor Freiherr von Wechmar empfangen.

1933 im Juli Präsident Habel von der Handwerkskammer tritt zurück. Nachfolger wird Senator Bertling.

1933 13. August Ehrenmal für die 5. Grenadiere mit Brunnenanlage auf dem Wiebenwall errichtet. Der Brunnen ist aus Mitteln der Caroline-von-Manstein-Stiftung entstanden.

1933 im August Die diesjährigen fünf Vorstellungen der Zoppoter Waldoper wurden von 23862 Interessenten besucht. Zoppoter Magistrat beschließt, dem Senat vorzuschlagen, den durch Zoppot führenden Straßenzug Danziger Straße–Pommersche Straße–Neustädter Straße bis zur Landesgrenze am Menzelbach in »Adolf-Hitler-Straße« umzubenennen. Mit dem zwischen Stockholm und Neufahrwasser verkehrenden Motorschiff »Gripsholm« besuchten 600 Schweden Danzig. Auf dem Schiff fand ein Empfang statt, an

* Thomas Omansen: »Gdańsk – Danzig – Gdańsk: Rückblicke«, Droste, 1985.

dem auch der Senatsvizepräsident, der Hohe Kommissar Rosting und der Präsident des Hafenausschusses, Benziger, teilnahmen.

1933 im September Im Museumsgarten des Olivaer Schlosses, dort, wo das alte Roßschöpfwerk aus Groschenkampe seinen Platz hat, erhebt sich die neueste Errungenschaft des Landesmuseums, eine Windmühle aus Neukrügerskampe, die mit vielen anderen dazu bestimmt war, das Stauwasser aus den Niederungsgräben durch ein Schaufelrad weiterzutreiben und das Land auf diese Weise zu entwässern. Die Mühle ist 100 Jahre alt. Die 1858 geweihte St. Hedwigskirche in Neufahrwasser, der König Friedrich Wilhelm IV. noch nachträglich 1500 Taler zum Bau bewilligte, feiert ihr 75jähriges Bestehen. Bei dem diesjährigen Königsschießen der Friedrich-Wilhelm-Schützenbrüderschaft erringt Schlossermeister Ernst Arendt die Königswürde, Erster Ritter wird Fleischerobermeister Willy Rohrdanz, Zweiter Ritter Tischlermeister Ernst Hagedorn, Dritter Ritter Elektrotechniker Felix Eberhard, Vierter Ritter Schornsteinfegermeister Theodor Gringel.

1933 im Oktober Flugkapitän Planert von der Lufthansa, der seit 1920 die Strecke Berlin–Danzig–Königsberg fliegt, vollendete vor einigen Tagen in Danzig seinen einmillionsten Flugkilometer.

1933 8. Oktober Der erste »Eintopfsonntag« in Danzig erbringt einen Erlös von 33551,45 Gulden.

1933 im Oktober In der Aula der Petrischule wird die deutsche Volkshochschule eröffnet. Ein neues Amt errichtet der Senat für die Denkmalpflege und den Heimatschutz.

1933 im Oktober Der Präsident des Rats des Völkerbundes teilt in der Schlußsitzung seiner 77. Tagung mit, daß der ständige Vertreter Irlands, Sean Lester, mit dem Einverständnis Polens und Danzigs zum neuen Hohen Kommissar für Danzig gewählt wurde.

1933 im Dezember Mit seiner erfolgreichen heiteren Oper »Der Freikorpsgeneral« hat Georg Vollerthun auch im Danziger Stadttheater freundliche Aufnahme gefunden. Die Premiere am ersten Weihnachtsfeiertag wurde vom Komponisten selbst in seiner Vaterstadt geleitet. 1933 bis 1935 wurde das Stadttheater umgebaut und den modernen Vorstellungen der Bühnenkunst angeglichen. Nach teilweiser Zerstörung im Jahr 1945 wurde nach dem Zweiten Weltkrieg ein neues Theater an der gleichen Stelle als ein Zeugnis moderner Glasarchitektur erbaut.

1934 17. Januar Danziger Verfassungsfragen in Genf behandelt. Besuch des Senatspräsidenten Dr. Rauschning beim Völkerbund. Erweiterung des Schiffsverkehrs Danzig–Schweden. Stapellauf des Passagierschiffs »Marieholm«.

1934 18. Januar Abschiedsessen für den Hohen Kommissar Rosting. Überreichung eines Danziger Gemäldes als Andenken an die Freie Stadt. Marschall Pilsudski und polnischer Außenminister Beck anerkennen die Grundsätze über die Danzig-polnischen Wirtschaftsbeziehungen.

1934 26. Januar Einweihung der Gas- und Luftschutzschule in Neufahrwasser.

1934 5. Februar Auflösung der Vereinigung der Danziger katholischen Jugend.

1934 10. Februar Senat beschließt Gründung einer jüdischen Schule.

1934 16. Februar Dem polnischen Gymnasium werden öffentliche Rechte zuerkannt.

1934 26. Februar »Danziger Volkszeitung« wegen Artikels: »Die Wahrung der Danziger Verfassung, eine theoretische Erörterung« beschlagnahmt. Infolge polnischer Einfuhrsperre werden 1600 Arbeiter »brotlos«.

1934 1. Mai Auf der Maifeier mahnt Gauleiter Albert Forster Polen zu einer wirtschaftlichen Verständigung mit Danzig vor 12000 Teilnehmern auf dem Kleinen Exerzierplatz an der »Halben Allee« in Langfuhr.

1934 2. Mai Beschwerde der Zentrumspartei beim Hohen Kommissar wegen Verbots der »Danziger Volkszeitung«.

1934 1. Juni Der Hohe Kommissar, interessiert an jüdischen Fragen, führt Unterredung mit A. H. Guttmann vom Jewish Foreign Committee in London.

1934 2. Juni Der jüdische Rechtsanwalt Dr. Neumann als Vertreter Danzigs nach Genf zur Tagung der Völkerbundsligen entsandt.

1934 3. Juni Tag der Luftfahrt in Danzig. Errichtung eines Fliegerlagers. Taufe von zwei Segelflugzeugen.

1934 18. Juni Ausgrabungen auf dem Schloßberg in Zoppot. Burgwall aus der Zeit um 750 bis 1000 n. Chr. wird freigelegt.

1934 19. Juni »Fest des Meeres« in Gdingen.

1934 23. Juni Staatlicher Arbeitsdienst eingeführt. Dienstpflicht vom siebzehnten bis zwanzigsten Lebensjahr. Eröffnung der Deutschen Luftfahrt-Ausstellung.

1934 27. Juni »Danziger Volksstimme« auf sechs Monate verboten.

1934 1. Juli Einweihung der Jahn-Kampfbahn (»Albert-Forster-Stadion«).

1934 28. Juli 300 Jahre Westerplatte. »Von der einstigen Sandbank zum Seebad«.

1934 4. August Segelschulschiff »Deutschland« läuft Danziger Hafen an.

1934 10. August Danzig schließt mit Polen sechs Wirtschafts-Abkommen.

1934 17. August Auswanderung Danziger Juden nach Palästina.

1934 18. August »Fest der polnischen Soldaten« auf der Westerplatte.

1934 21. August Sasper Wiesen trockengelegt. Die Redefka umgeleitet. Saspe wird entwässert. Verbot des Allgemeinen Arbeiterverbandes vom Oberverwaltungsgericht aufgehoben.

1934 27. August Auflösung der Danziger Arbeitgeberverbände. An ihre Stelle tritt die »Deutsche Arbeitsfront«.

1934 2. September Englisches Parlamentsmitglied informiert sich über Nöte und Interessen der jüdischen Bevölkerung in Danzig. Danzig auf der Jüdischen Weltkonferenz in Genf vertreten.

1934 8. September Auf Grund einer Danzig-polnischen Übereinkunft wurde der Holländer Dr. Nederbragt zum Präsidenten des Danziger Hafen-Ausschusses gewählt.

1934 10. September Danziger Juden fordern normale Lebensbedingungen.

1934 15. September Stapellauf des Saugbaggers (des größten der Welt) »Chien She« auf der Schichauwerft in Gegenwart des chinesischen Gesandten.

1934 24. September Zwangsurlaub des Senatspräsidenten Dr. Rauschning im Konflikt mit Gauleiter des NSDAP, Albert Forster.

1934 28. September Ende der »Danziger Landeszeitung« mit Abschiedsartikel »Schuld und Aufgabe in Danzig«.

1934 29. September Abschiedsausgabe der »Danziger Allgemeinen Zeitung«. Allgemeine Tendenz zur Eliminierung der Oppositionspresse.

1934 24. Oktober Gewerbliche Betriebszählung stellt 14148 Gewerbetreibende mit 62553 Beschäftigten fest.

1934 29. Oktober Aufsichtsratssitzung des Verbandes der Polen, der in Danzig 19 Heime unterhält und 5789 Mitglieder zählt.

1934 24. November Rücktritt des Senatspräsidenten Dr. Rauschning.

1934 29. November Vizepräsident Greiser zum Präsidenten des Senats gewählt.

1934 1. Dezember Neues Staubecken in Gischkau mit Fassungsvermögen von 360000 Kubikmetern. Eine halbe Million Gulden für Ehestandsdarlehen ausgegeben.

1934 2. Dezember Palästina-Zertifikate für Danzig zwecks Einwanderung nach Palästina.

1934 12. Dezember Polnische Presse führt Klage darüber, »daß Danzig heute nicht nur ideenmäßig, sondern auch verwaltungstechnisch eine Vertretung Berlins« geworden sei.

1934 20. Dezember Danzig selbständiger Teilnehmer bei den nächsten Olympischen Spielen. Anmeldung eines Danziger Olympischen Komitees beim internationalen Komitee in Lausanne. Flucht aus dem Danziger Gulden. Die Golddeckung der Bank von Danzig innerhalb zweier Wochen von 63,4 auf 55,3 Prozent gesunken.

1934 21. Dezember Errichtung einer staatlichen Akademie für praktische Medizin. Künstlerischer Leiter des Danziger Rundfunks beurlaubt.

1934 27. Dezember Neue Sechs- und Dreißig-Pfennig-Briefmarken, vorläufig durch Überdruck ausgegeben.

1935 3. Januar Vor drei Monaten wurde der Danziger Staatliche Hilfsdienst ins Leben gerufen. Am 6. November wurden die Lager Zoppot und Jakobswall mit zusammen 200 Mann belegt. Dieser Tage wurden 1080 Hilfsdienstwillige eingezogen und in den Lagern Prausterkrug, Schwarzhütte, Bodenwinkel und Hochzeit untergebracht.

1935 5. Januar Die Schuhmacher-Innung feiert ihr 550jähriges Bestehen. Die Meisterstammrolle aus dem Jahr 1597, die die Namen aller Meister enthält, ist heute noch in Gebrauch. Der Schusterhof, in niederländischem Renaissancestil erbaut, ist ein Symbol der Zunft.

1935 15. Januar Im Jahr 1934 wurden in Danzig 60575 Wohnungen gezählt. 62 wurden baupolizeilich aufgelassen.

1935 22. Februar Auf Antrag der NSDAP beschließt der Volkstag mit 41 gegen 12 Stimmen, bei 3 Stimmenthaltungen, seine Auflösung.

1935 26. Februar Ausschreibung der Wahlen zum Volkstag am 7. April gemäß Artikel 3 der Verfassung im Staatsanzeiger.

1935 25. März Der Polizeipräsident verbietet die sozialdemokratische Zeitung »Danziger Volksstimme« für vier Tage. Die »Danziger Volkszeitung« des Zentrums wird wegen Berichten über Behinderungen von Wahlveranstaltungen des Zentrums verwarnt.

1935 1. April Die polnische Danziger Zeitung »Gazeta Gdańska« wird wegen angeblicher Störung der Beziehungen zwischen Danzig, Polen und dem Völkerbund verboten.

1935 5. April Nach Joseph Goebbels und Rudolf Heß, dem Stellvertreter Hitlers, spricht der preußische Ministerpräsident Hermann Göring in Danzig als Wahlredner der NSDAP zur bevorstehenden Volkstagswahl.

1935 7. April Ergebnis der letzten Volkstagswahl in Danzig:
NSDAP 139 200 Stimmen 44 Sitze, SPD 37530 Stimmen 12 Sitze, Zentrum 30059 Stimmen 3 Sitze, Kommunisten 6880 Stimmen 2 Sitze, Polen 8100 Stimmen 2 Sitze.

1935 27. April Gesamtkosten des neuen Straßenbahndepots in Langfuhr werden auf 1,4 Millionen Gulden veranschlagt.

1935 9. Mai Luftschutzübung »Fliegerangriff auf Langfuhr« mit Probealarm und Brandbekämpfung vom Danziger Luftschutzbund veranstaltet. Der in Zoppot stationierte Arbeitsdienst ist mit dem Abbruch der Ziegeleigebäude und der Zuschüttung des Ziegeleiteiches zwecks Anlage eines »Thingplatzes« beschäftigt.

1935 2. Mai Guldenabwertung. 100 Gulden = 100 Zloty. Neue Goldbasis 57,63 Prozent.

1935 23. Mai Einführung einer Erbhofverordnung für die Freie Stadt Danzig.

1935 7. Juni Schwere Unwetter richten Überschwemmungen und Umweltschäden an.

1935 12. Juni Einrichtung einer Devisenstelle bei der Bank von Danzig, deren Aufgabe es ist, Genehmigungen zum Erwerb und zur Verwendung aller ausländischen Zahlungsmittel sowie von Gold und Edelmetallen zu erteilen.

1935 29. Juni Schließung des Staatstheaters für die Spielzeit 1935/36 wegen Umbaues.

1935 im Juli Der auf der Schichauwerft gebaute Saugbagger »Chien She« ist nach erfolgreichen Probebaggerungen von China endgültig übernommen worden.

1935 25. Juli Hauptprobe für die Aufführung der »Meistersinger« der Zoppoter Waldoper.

1935 1. August Senatspräsident Greiser erklärt den Staatsnotstand und ist bereit, mit Polen über zoll- und wirtschaftspolitische Streitfragen zu verhandeln.

1935 1. September Flottenbesuch durch den deutschen Panzerkreuzer »Admiral Scheer«.

1935 16. Oktober Landessender Danzig bezieht neue Senderäume in der ehemaligen Oberpostdirektion am Winterplatz. Verlängerung des Hafenabkommens zwischen Danzig und Polen und Vereinbarungen über die Normalisierung des Wirtschaftslebens.

1935 30. Oktober Abschiedsparade der Danziger Landespolizei am Hohen Tor.

1935 14. November Der erste Zivilsenat des Obergerichts beanstandet auf die Wahlanfechtung der Oppositionsparteien das Ergebnis der Volkstagswahl in 18 Wahlbezirken. Der NSDAP werden anstelle der falsch ausgezählten 139423 Stimmen 10804 Stimmen weniger zuerkannt.

1935 1. Weihnachtsfeiertag Das neue Haus des Staatstheaters eröffnet mit Goethes »Faust« die unterbrochene Spielzeit.

1935 im Dezember Schon nach der Abberufung des wegen seiner antinationalsozialistischen Einstellung bekanntgewordenen Hohen Kommissars Lester, die auf Druck Berlins und der Danziger Nazis erfolgt war, wurde deutlich, daß der Nachfolger sich einer weiteren und sogar rascheren Gleichschaltung nicht mehr widersetzen würde. Die große amerikanische Tageszeitung »New York Times« schrieb damals: »Die Hitlerisierung Danzigs ist schon fast vollkommen.« Die ganze Welt war einhellig dieser Meinung, nur die polnischen Behörden mit Beck an der Spitze sahen dies nicht. Sie hatten die Worte Forsters nicht vernommen, als er sagte: »Der Völkerbund hat hier nichts zu sagen. Er muß mit seinen Wurzeln restlos ausgerottet werden. Und mit ihm alle anderen. Ich will ganz offen reden: Mit ihm auch Polen.«
Warnende Worte, die der Vertreter Polens in Danzig, Dr. Strasburger, an die Adresse Polens richtete, fanden kein Gehör bei dem damaligen Leiter der polnischen Außenpolitik. Dieser war vielmehr der Meinung, daß Strasburger nicht fähig sei, seine Politik zu vertreten und löste ihn von seinem Posten ab. In den Erinnerungen Strasburgers finden wir den Satz: »Warschau ließ eine Stärkung des Einflusses der NS-Partei in Danzig zu, ja es half sogar dabei.«

1936 im Februar Die Verkehrsverhältnisse innerhalb der Stadt sollen für den Kraftfahrzeugverkehr durch Verlegen von Kleinpflaster in der Langgasse verbessert werden. Pläne für einen Neubau der Milchkannenbrücke zwecks Verbesserung der Verkehrsverhältnisse der Straßenbahnen wurden der Stadtbürgerschaft vorgelegt. Der Seebadeort Heubude wurde an das Wasserleitungsnetz angeschlossen.

1936 im März Auf dem Heubuder Heidsee wurde mit der Eisernte begonnen. Mit dem Aufbrechen der Eisdecke der Toten Weichsel zwischen der Eisenbahnbrücke und Östlich-Neufähr wurde begonnen, um die Dampferfahrt zwischen Danzig und Neufähr wieder aufzunehmen.

1936 im März Den Tourendienst der Strecke Danzig (Gdingen)–London übernahm der neue Dampfer »Baltrover« anstelle der

»*Baltonia*« für den Post-, Passagier- und Frachtverkehr. Die »Baltrover« ist 117 Meter lang und 4850 Bruttoregistertonnen groß.

1936 17. Mai Der auf der Schichauwerft gebaute Öltank-Dampfer »Paul Harneit« für die deutsch-amerikanische Petrol-Gesellschaft Hamburg ist vom Stapel gelaufen.

1936 29. Mai Senator a. D. Dr. Curt Blavier wurde in seinem Büro des Haus- und Grundbesitzervereins von der Politischen Polizei in »Schutzhaft« genommen, wegen seines Auftretens in der Protestversammlung im St. Josefshaus am gestrigen Tage, insbesondere wegen der Behauptung, die Regierung handle zum Nachteil der Bürger, die den Nationalsozialismus ablehnen, und mißbrauche den Machtapparat. Die Zeitung »Neue Zeit« wurde für acht Monate verboten.

1936 3. Juni Das sozialdemokratische Presseorgan, die »Danziger Volksstimme« wurde wegen Darlegungen gegen Senatspräsident Greiser für zwei Monate verboten.

1936 im Juni Der Paramentenschatz, einer der kostbarsten Kunstschätze der Stadt, wurde im Stadtmuseum von Professor Mannowsky ausgestellt.

1936 9. Juni Ziel der Danzig-polnischen Verhandlungen in Zoppot ist es, den Handel von und über Danzig mit Polen im Rahmen der polnischen Devisenbewirtschaftung sicherzustellen und einen unbehinderten Reiseverkehr zu garantieren.

1936 12. Juni Parteiversammlung der Deutschnationalen im St. Josefshaus in der Töpfergasse. Dazu Ernst Sodeikats Studie »Der Nationalsozialismus und die Danziger Opposition« in »Vierteljahreshefte für Zeitgeschichte«, 1966, Heft 2, S. 139-174: »Am 12. Juni kam es nach einer Versammlung der Deutschnationalen im St. Josefshaus zu einem Terrorakt, der einen Höhepunkt der Terrorwelle darstellte. Kurz nachdem die Kundgebung geschlossen war, waren Schüsse und lautes Schreien zu hören. Im gleichen Augenblick begannen die im großen Hausflur befindlichen Besuchermassen fluchtartig zurückzuweichen. Rufe nach Hilfe und Polizei ertönten. Mehr als hundert Nationalsozialisten, die Zivilkleidung trugen, waren widerrechtlich in das Gebäude eingedrungen. Mit unerhörter Rohheit schlugen die Eindringlinge, die mit Übungshandgranaten, Totschlägern und Gummischläuchen bewaffnet waren, auf die zurückflutenden Menschenmassen ein. Auch Frauen und Greise wurden nicht geschont. Über 50 Personen mußten mit Krankenautos in die Krankenhäuser gebracht werden. Bei dem Überfall war der SA-Mann Günter Deskowski gestorben. Von medizinischer Seite wurde als Todesursache angegeben: ›Aortitis luetica‹ (syphilitische Gefäßentzündung); es hieß weiter in dem Befund: ›Kleine Beule auf dem Kopf, die nicht Ursache des Todes ist. Keine Gehirnerschütterung. Akutes Lungenödem durch überstarke Inanspruchnahme des Kreislaufes.‹ Dennoch behaupten die Nationalsozialisten, es sei eine ›bestialische Bluttat an einem Nationalsozialisten‹ begangen worden. Hitler schickte sofort ein Telegramm nach Danzig, in dem er gleichfalls die Deutschnationalen als Mörder brandmarkte und dem SA-Sturm, dem Deskowski angehört hatte, dessen Namen verlieh. Forster veranstaltete beim Begräbnis dieses SA-Mannes ein großes Schaugepränge im Stile eines Staatsbegräbnisses. Der Stabschef der SA, Viktor Lutze, überbrachte den ›Kranz des Führers für den gefallenen SA-Mann Günter Deskowski‹. Es paßte sich diesem Stil an, daß am Beerdigungstage Deskowskis die Staatsgebäude halbmast flaggten und in den Schulen Gedenkfeiern veranstaltet wurden. Das war aber nur der Anfang einer geradezu beispiellosen Kampagne, in der vor keiner Verdrehung, Lüge und Bedrohung zurückgeschreckt wurde. In einem ›Aufruf an alle Parteigenossen, SA-, SS- und NSSK-Männer‹ behauptet Forster zunächst, daß die gegnerischen Parteien in Danzig das nationalsozialistische Deutschland beleidigten und seine Führer beschimpften sowie ›in echt jüdischer Art‹ über führende Männer der Bewegung und des Staates in Danzig Lügen verbreiteten, Unruhe stifteten und die ›Einigkeit aller anständigen Deutschen in Danzig zerstören wollten‹. Dann fährt er fort: *Nationalsozialisten! Es ist nicht das erste Mal in der Geschichte der Danziger Bewegung, daß wir uns in so einer Lage befinden. Was haben wir früher getan? Wir haben uns unserer Haut gewehrt. Das gleiche tun wir auch jetzt. Wir dulden es nicht mehr, daß die deutsche Bevölkerung in Danzig weiter von diesen Volksverderbern aufgehetzt wird, wir lassen es nicht mehr zu, daß unser Führer beleidigt wird, wir machen rücksichtslos Front gegen jeden von diesen Parteien verursachten Terror. Wir lassen uns nicht ohne weiteres überfallen und zusammenschlagen. Das Leben unserer Männer, die für anständige Ziele, für hohe Ideale und für ein großes, freies Deutschland kämpfen, ist uns wichtiger, als die Tätigkeit vaterlandslo-*

ser, volksverräterischer und zerstörender Parteihetzer. Das deutsche Danzig und die übrige Welt haben wieder einmal ein sichtbares Beispiel dafür gegeben, wohin das Treiben dieser dunklen Gestalten führt. Die nationalsozialistische Bewegung ist entschlossen, die Einigkeit aller anständigen Deutschen in Danzig zu wahren und die Ruhe und Ordnung unter allen Umständen aufrecht zu erhalten. Danzig, den 13. Juni 1936 Heil Hitler! Albert Forster, Gauleiter von Danzig.« (Zitiert nach: Wolf Runge »*Aus Danzigs schwerster Zeit 1933–1945*« in UNSER DANZIG, Nr. 1/2, 1984.)

1936 27. Juni Zur Anlage eines neuen Stadtparks entlang der Einhornstraße am Langgarter Tor wurden 200 Bäume und Sträucher gepflanzt.

1936 17. August Der Senat hat aus Anlaß des 150. Todestages Friedrichs des Großen angeordnet, daß in sämtlichen Schulen mit deutscher Umgangssprache auf die Bedeutung dieses Tages hingewiesen wird. »Die Danziger Festungswälle wissen von dem 23jährigen Kronprinzen Friedrich zu erzählen.« Auf einer Inkognitoreise besuchte er die Stadt Danzig, wo er auf den Wällen von einer Schildwache um ein Haar erschossen wurde.

1936 18. August Auf einer danzigfeindlichen Kundgebung von 8000 Rechtsextremisten in Posen wurden Transparente mit den Parolen mitgeführt: »Danzig war und wird polnisch bleiben« und »Danzig muß polnisch werden«.

1936 4. September Besuch des Reichsjugendführers Baldur von Schirach zur Inspektion der Hitlerjugend und des Bundes deutscher Mädel in Danzig.

1936 20. September Klage auf Aufhebung des Verbots der KPD in letzter Instanz zurückgewiesen.

1936 15. Oktober 120 Sozialdemokraten in Schutz- und Polizeihaft genommen. Die SPD wird aufgelöst und verboten.

1936 16. Oktober Am Werdertor wird fleißig gebuddelt. Es geht um die Begradigung der Strecke zwischen der Plehnendorfer Chaussee und der Werdertorbrücke. Rückgang der Arbeitslosigkeit von

14610 im September 1935 auf 8906 im September 1936. Auf der Halbinsel Hela wurde das Erscheinen von Polarvögeln als Zeichen für einen frühen Winter gedeutet.

1936 27. Oktober Danzig-polnische Verhandlungen über das bereits unterzeichnete Sozialversicherungsabkommen, das die Gegenseitigkeit in der Sozialversicherung garantiert. Die »Woche des deutschen Buches« wird mit einer Buchausstellung in der Kunstkammer eröffnet.

1936 9. November »Gazeta Handlowa« wünscht polnische Vertretung im Direktorium der Bank von Danzig.

1936 30. November Senator Dr. Kluck zurückgetreten. Staatsanwaltschaft beantragt Aufhebung der Immunität der Abgeordneten Dr. Stachnik (Zentrum) und Brill (Sozialdemokraten) zwecks Anklage wegen »staatsfeindlicher Betätigung«.

1937 26. Januar Danzig gedenkt des 250. Todestages des Astronomen Johannes Hevelius. Empfang deutscher Reichsarbeitsdienstführer in Danzig. »Entrümpelung« durch den Luftschutzbund in der Danziger Innenstadt bereitet Schwierigkeiten, da die Dachböden zum Teil bewohnt sind.

1937 28. Januar Entspannung um Danzig. Erklärung des Senatspräsidenten Arthur Greiser über die Ratssitzung des Genfer Völkerbundes. Loyale Koordination zwischen der Danziger Regierung und dem Völkerbund. Berichte des polnischen Außenministers Beck und des britischen Außenministers Eden über Aufgaben des Völkerbundkommissars in der Freien Stadt Danzig.

1937 2. Februar Kundgebung der Danziger Beamten. Volkstagspräsident Beyl spricht über das Thema: »Weltkampf gegen den Bolschewismus«.

1937 15. Februar Der 4. Reichsberufswettkampf in der Fortbildungsschule eröffnet.

1937 18. Februar Der Schweizer Burckhardt zum neuen Völkerbundkommissar in der Freien Stadt Danzig ernannt.

1937 20. Februar Mandatsniederlegung des Abgeordneten Dr. Blavier. Nach Ablehnung der Nachfolge durch Professor Kalähne rückt als Listenbewerber der Schlosser Paul Jonas nach.

1937 10. März Präsident des Senats, Arthur Greiser, im Ersten Weltkrieg als Marineflieger in Flandern eingesetzt, übergibt dem französischen Konsul in der Freien Stadt Danzig, Baron de la Tournelle, eine Reihe von Ausweispapieren französischer Kriegsflieger, die er bei gefallenen Gegnern gefunden hatte, mit der Bitte, diese den Angehörigen auszuhändigen.

1937 10. März Direktor Lotsch, der bis zu Beginn vergangenen Jahres stellvertretendes Vorstandsmitglied der »Weichsel AG« war, ist kurz nach Vollendung seines siebzigsten Lebensjahres verstorben. Im Jahr 1904 trat er in die Dienste der Schiffswerft Klawitter ein.

1937 12. März Schwere Schäden durch Hochwasser der Weichsel und Brahe in Pomerellen eingetreten.

1937 27. März Berufung des Zentrumsführers Dr. Stachnik, der wegen »Pressevergehens« zu sechs Monaten Gefängnis verurteilt worden war, verworfen. Urteil rechtskräftig.

1937 27. März Das Frische Haff eisfrei. Fischer wieder zum Fang ausgefahren.

1937 27. März »Danziger Volkszeitung« für sechs Monate verboten. Veröffentlichungen seien geeignet gewesen, die guten Beziehungen zwischen der Freien Stadt Danzig und dem Deutschen Reich zu beeinträchtigen.

1937 16. April Senatspräsident Greiser begrüßt den neuen Völkerbundkommissar im Rechtstädtischen Rathaus. Zur Begrüßung u. a. erschienen, der diplomatische Vertreter der Republik Polen in Danzig, Chodacki, der Generalkonsul des Deutschen Reiches, von Luckwaldt, der britische Generalkonsul Robinson, der schweizerische Konsul Dr. Regli, der Präsident des Hafenausschusses, Dr. Nederbragt, Niederlande, und Staatsrat Dr. Böttcher von der auswärtigen Abteilung des Senats der Freien Stadt Danzig. Professor Burckhardt schloß seine Erwiderung mit einem Hoch auf die Freie Stadt Danzig.

1937 25. Mai Gegen 23 Uhr wird in der Nähe seines Hauses in Oliva der sozialdemokratische Volkstags-Abgeordnete Hans Wiechmann festgenommen. Das spurlose Verschwinden des Oppositionspolitikers ruft einen Sturm der Entrüstung in der Weltpresse hervor. Der amtierende Hohe Kommissar des Völkerbundes, Carl J. Burckhardt, interveniert beim Danziger Senat. (Carl J. Burckhardt, »Meine Danziger Mission 1937–1939«, dtv dokumente, München, Mai 1962.)

1937 16. Juni Der Landesführer des Windhorstbundes, Riedel, wurde wegen »Verunglimpfung der nationalsozialistischen Bewegung« auf einer Versammlung im »Kreuzbundheim« in der Breitgasse, und weil er die Danziger Kriminalpolizei eines politischen Verbrechens an Wiechmann bezichtigte, zu sechs Monaten Gefängnis verurteilt.

1937 im Juni Bei einem ungewöhnlichen Niedrigwasser der Ostsee beobachteten Fischer bei Rozewie (Rixhöft) einen versteinerten Wald am Ufer der Putziger Bucht.

1937 30. Juni Pfarrer Kurt Walter von der Lutherkirche in Langfuhr wurde zu drei Monaten Gefängnis und einer Geldstrafe von 1800 Gulden verurteilt, weil er zu einer Fürbitte für aus politischen Gründen verhaftete Pfarrer aufgerufen hatte. Der Verhandlung wohnten zahlreiche Zuhörer bei, von denen mehrere »wegen ungebührlichen Benehmens« beim Verlassen des Gerichtssaals festgenommen wurden.

1937 19. Juli Parzival-Aufführung auf der Zoppoter Waldoper. Tanzturnier um die Weltmeisterschaft der Amateure anläßlich der »Internationalen Sportwoche« in Zoppot.

1937 24. Juli Zum erstenmal wird eine Fernsehsendung in Danzig vorgeführt. Ein auf der Klawitterwerft gebautes Dock wurde von drei Schleppern aus dem Hafen bugsiert und von einem reichsdeutschen Schlepper nach Memel übergeführt. Erste Fernsehaufnahmen vom deutschen Flottenbesuch in Danzig.

1937 15. September Zwei polnische Zeitungen, »Illustrowany Kurjer Codzienny« und »Kurjer Baltycki« in Danzig beschlagnahmt.

1937 4. Oktober Mit dem Abbruch der alten Milchkannenbrücke wird der Fahr- und Fußgängerverkehr auf der Nordseite der neuerbauten Brücke freigegeben.

1937 10. Oktober Die beiden letzten kommunistischen Abgeordneten des Volkstages distanzieren sich von der eigenen Partei und führen ihr Mandat (Langnau und Serotzki) als fraktionslose Abgeordnete fort.

1937 11. Oktober Reichsorganisationsleiter Dr. Ley spricht in Danzig zum Gauparteitag der NSDAP. Gauleiter Forster führt u. a. aus: »Unser nächstes Ziel müßte sein, die Parteien als Ursache jeden Bruderstreits zu liquidieren und zu beseitigen. Bis auf eine Partei, die als Gegner von uns heute noch übrig ist, nämlich das Zentrum, sind alle anderen politischen Organisationen beseitigt.« (Lebhafter Beifall).

1937 14. Oktober Zahlreiche Danziger begeben sich auf eine »KdF-Reise« nach Madeira. Protestnote des Senats an den Vatikan gegen Errichtung von zwei polnischen Personalpfarreien an der Christkönigkirche, Sandgrube 5, und an der St. Stanislauskirche, Danzig-Langfuhr, Heeresanger 11.

1937 16. Oktober Stapellauf des Eisbrechers »Ostpreußen«, der auf der Danziger Schichauwerft gebaut wurde. Zur gleichen Zeit findet auf der Nachbarwerft, der »Danziger Werft«, die Schiffstaufe des Motorschiffes »Djebel Nador« statt, das als Kühlschiff für den Verkehr zwischen Marokko und Marseille bestimmt ist.

1937 20. Oktober Nach dem Beispiel in Langfuhr werden jetzt auch auf dem Danziger Wochenmarkt in der Altstadt die Marktstände der jüdischen Händler von jenen der nichtjüdischen Standinhaber getrennt und ihnen ein besonderer Platz zwischen Ecke Häker- und Dienergasse zugewiesen.

1937 21. Oktober Die Danziger Zentrumspartei wird (als letzte der Oppositionsparteien) polizeilich aufgelöst.

1937 23. Oktober Ausschreitungen gegen jüdische Ladengeschäfte in der Altstadt werden vom Presseamt der NSDAP »mißbilligt«. Die Plünderer werden gerichtlich zur Rechenschaft gezogen.

1937 29. Oktober Im Rahmen der Städtepartnerschaft zwischen Danzig und Magdeburg wird die Langfuhrer Ringstraße in Magdeburger Straße umbenannt.

1937 30. Oktober Vermehrter Warenumschlag im Danziger Hafen durch Erhöhung der Kohlen- und Holzausfuhr (von Sept. 1936 bis Sept. 1937) sowie der Erzeinfuhr. Dagegen Abnahme des Getreideexports und des Heringsimports. Neuinvestitionen im Hafen für 7,6 Mio. geplant.

1937 im November Die zunehmende Judenhetze hatte von den im August in Danzig lebenden 10448 Juden bis 1937 ca. 3000 veranlaßt, die Stadt zu verlassen. »Vom November 1937 bis zum Sommer 1938 verließen weitere 2000 Juden Danzig. Administratives Drängen auf Arisierung des Geschäftslebens gekoppelt mit einem von der SA erzwungenen Boykott ließen die Verhältnisse für Juden immer unerträglicher werden.«*

1938 10. Januar Sonderausstellung zum Gedächtnis des 1863 in Danzig geborenen Dichters und Zeichners Paul Scheerbart im Landesmuseum Schloß Oliva aus Anlaß des 75. Geburtstages.

1938 im Januar Marchese Giustiniani, langjähriger Kabinettschef des Völkerbundkommissars, verläßt Danzig.

1938 im Januar Polnische akademische Korporationen fordern in der Danziger Frage *»eine Politik der Kraft und der vollendeten Tatsachen«*. Polen kritisiert erhöhte Einfuhr deutscher Textilwaren in Danzig.

1938 im Februar Mit der Eröffnung der Linie Danzig–Oslo gehen 62 Schiffahrtslinien von Danzig aus. Zur Wiederkehr des 150. Geburtstags Schopenhauers werden eine Büste in der TH Langfuhr und eine Gedenktafel an seinem Geburtshaus in der Heiligengeistgasse 114 enthüllt. Die Landespostdirektion legt Schopenhauer-Briefmarken vor.

* Katalog der Ausstellung »Danzig 1939: Schätze einer zerstörten Gemeinde« des Jüdischen Museums New York, die im Jahr 1982 in Braunschweig und Bonn und vom 31. Januar bis 27. Februar 1983 in der Paulskirche in Frankfurt am Main gezeigt wurde.

1938 4. März Beitritt der Freien Stadt Danzig zu dem zwischen der Republik Polen und den Vereinigten Staaten von Nordamerika geschlossenen Übereinkommen über die gegenseitige Anerkennung von Schiffsvermessungszeugnissen.

1938 2. April Stapellauf des für China bestimmten Saugbaggers »Fu Shing« auf der Schichauwerft.

1938 7. April Ausstellung zur Erinnerung des 1391 ermordeten schottischen Kreuzfahrers William Douglas im Langgasser Tor.

1938 16. April Übernahme des auf der Danziger Werft gebauten Motorschiffes »Ulm« durch den Norddeutschen Lloyd, Bremen.

1938 2. Juni Stapellauf des holländischen Motorschiffs »Arendskerk« auf der Schichauwerft. Auf der Danziger Werft läuft der erste in Auftrag gegebene Motorlogger (Trawler) vom Stapel.

1938 3. Juni Auffindung frühgermanischer Grabstätten in Sukschin und Mariensee auf der Danziger Höhe. Die Freie Stadt Danzig tritt dem deutsch-polnischen Wirtschaftsabkommen bei.

1938 14. Juni Einweihung der Pauluskirche am Hohenfriedberger Weg in Langfuhr.

1938 14. Juni Nach der Demission des katholischen Bischofs O'Rourke wird Dr. Carl Maria Splett zu seinem Nachfolger ernannt.

1938 20. Juni Uraufführung des Ufa-Films »Heimat« in Anwesenheit der Hauptdarstellerin Zarah Leander anläßlich der »Gaukulturwoche«.

1938 30. Juni Das polnische Segelschulschiff »Dar Pomorza« wird auf der Danziger Werft überholt.

1938 2. Juli Reise des Hohen Kommissars des Völkerbundes, Dr. Burckhardt, durch Polen.

1938 2. Juli Grundstein der Jugendherberge »Paul Beneke« auf dem Bischofsberg gelegt.

1938 18. Juli Eröffnung eines Museums im »Lachs-Haus« in der Breitgasse Nr. 51/52 anläßlich des 340jährigen Jubiläums der Danziger Likörfabrik »Der Lachs« (»Danziger Goldwasser«).

1938 2. August Die Überseedampfer »Franconia« mit 370 Amerikanern und »Orion« mit englischen Touristen gehen auf Ostseekreuzfahrt auf der Zoppoter Reede vor Anker.

1938 6. August Ausstellungseröffnung »Danzig und die Malerei des 19. Jahrhunderts« durch Museumsdirektor Prof. Dr. Drost im Stadtmuseum.

1938 10. August Duff Cooper, Erster Lord der Britischen Admiralität, besucht Danzig mit der Yacht »Enchantress«.

1938 20. August Fertigstellung des Haffabschlußdeiches. Stobbendorfer Winkel vom Frischen Haff abgetrennt. Erweiterung des Freistaatgebiets um ca. 1000 ha.

1938 24. August Weihe des Bischofs Dr. Splett. Austausch der Ernennungs-Bulle und der Staatlichen Präsentations-Urkunde. Britischer Überseedampfer »Arandora Star« auf der Reede von Danzig.

1938 31. August »Holländischer Abend« beim Präsidenten des Hafen-Ausschusses, Nederbragt.

1938 2. September Novellierung des Personenstandsgesetzes. Einführung eines beim Standesamt zu führenden Familienbuches.

1938 9. September Polnischer Auftrag zum Bau von 60 für Warschau bestimmte Straßenbahnwagen an die Danziger Waggonfabrik.

1938 10. September Restauration der Kreuzigungsgruppe der Marienkirche.

1938 11. September Kritik von polnischer Seite wegen zollfreien Imports von 50 Mercedes-Personenwagen nach Danzig.

1938 18. September Eröffnung der Danziger Luftschutzwoche.

1938 23. September Überholung des polnischen Passagierschiffs »Kosciuszko« auf der Danziger Werft.

1938 26. September Hitler erklärt in einer Sportpalastrede in Berlin die Notwendigkeit Polens, einen Zugang zum Meer zu besitzen. Positive Reaktion der polnischen Presse.

1938 1. Oktober Schiffahrtslinie Danzig–Gdynia–Tunis–Malta eröffnet.

1938 4. Oktober Ablehnung des polnischen Antrags auf Überlassung eines Grundstücks in Zoppot für den Bau einer Kirche.

1938 12. Oktober Indienststellung des Zollkreuzers »Hochmeister«. Aufnahme regelmäßiger Schiffsverbindung der Linie Danzig–Gdynia–Neufundland–Kanada durch die Reederei »Bergtrans«.

1938 17. Oktober Stapellauf des polnischen U-Boots »Semp« in Rotterdam.

1938 30. Oktober »Woche des Buches« mit Buchausstellungen und Dichterlesungen in Danzig. Edition von drei Gedichtbänden: Martin Damss »An dem großen Strom«, Hansulrich Röhl »Draußen im Dorf« und Erich Post »Im alten Hof«.

1938 2. November Enthüllungen der »Gazeta Gdanska« über den »Verkauf« des Hauses des jüdischen Politikers Julius Jewelowski an die NSDAP. Jewelowski gehörte der Deutsch-Liberalen Partei an und war langjähriger Senator. Er erwarb sich Verdienste um die Danziger Wirtschaft.

1938 12./13. November In den Pogromen der Kristallnacht zu Danzig werden Massenverhaftungen vorgenommen, jüdisches Eigentum beschädigt und die Synagogen in Langfuhr und Zoppot in Brand gesteckt. »Im Laufe dieser Nächte des Terrors und innerhalb weniger Tage danach flohen etwa 1500 Juden über die polnische Grenze. Von nun an waren sich die Danziger Juden dessen bewußt, daß ihre Emigration höchst dringlich geboten war. Weiterer Druck auf sie erfolgte durch die Einführung der Nürnberger Gesetze in Danzig, wodurch nationalsozialistische Rassenlehren zum Gesetz des Landes wurden.«*

1938 21. November Nürnberger Judengesetzgebung eingeführt.

1938 26. November Fertigstellung des Umbaues der Talsperre Straschin und des Kraftwerkes Prangschin. Einführung eines Pflichtjahres für Land- und Hauswirtschaft.

1938 27. November Kolonialwoche in Danzig mit Kundgebung im »Danziger Hof« mit Frau Eva Mac Lean.

1938 30. November 200 Jahre St. Katharinen-Glockenspiel.

1938 2. Dezember Minister Chodacki und Vertreter aus polnischen Schiffahrtskreisen besichtigen das auf der Danziger Werft in Bau befindliche Motorschiff »Bielsko«.

1938 5. Dezember Polnischer Dampfer »Tczew« im Danziger Hafen havariert.

1938 13. Dezember Dr. Moczynski und Kierski, Führer der polnischen Minderheit, verlassen Danzig.

1938 16. Dezember Fortsetzung von Maßnahmen gegen Danziger Juden.

1938 17. Dezember Juden reagieren mit Entschluß auszuwandern.

1938 im Dezember Restauration des Hochaltars und Weihe der Kemper-Orgel in St. Marien.

1938 21. Dezember Richtfest des Neubaus für den »Danziger Vorposten«, des Presseorgans der NSDAP.

* Katalog der Ausstellung »Danzig. 1939: Schätze einer zerstörten Gemeinde.«

Parade der Danziger SS-Heimwehr vor Gauleiter Forster im August 1939.

1939 13. Januar Von der Danziger Zahnärzte-Kammer wird mitgeteilt: »Durch geeignete Maßnahmen sind vom 1. Januar 1939 Juden aus der Behandlung der Sozialversicherten im Gebiet der Freien Stadt Danzig ausgeschaltet. Um zahnärztliche Hilfe für die jüdischen Patienten zu gewährleisten, ist seitens der Zahnärzte-Kammer der Zahnarzt Dr. Landecker, Zoppot, Sedanstraße 2, mit der Behandlung der jüdischen Versicherten beauftragt worden. Die anderen bisher tätigen jüdischen Zahnärzte haben Danzig bereits verlassen oder beabsichtigen dieses im Laufe der nächsten Zeit zu tun. Den der Kassen-Zahnärztlichen-Vereinigung Danzigs angehörenden deutschen Zahnärzten ist die Behandlung von jüdischen Kassen- und Privatpatienten untersagt.«

1939 22. Januar Gestern wurde gegen 22.03 Uhr über Langfuhr in südlicher Richtung ein großes Meteor beobachtet, das die Zimmer der Häuser taghell erleuchtete. Das Meteor war zuerst als strahlend weiße Sonne sichtbar, taumelte in »Flugzeugkurven« langsam herab, nahm schließlich rötliche Färbung an, um dann ganz zu verlöschen.

1939 25. Januar Wegen Baufälligkeit wurden die beiden in 20 Meter Höhe über dem Mitteleingang der St. Johanniskirche angebrachten Sonnenuhren entfernt. Die eine der 15 Zentimeter dicken Sandsteinplatten war bereits verwittert und in vier Teile zerborsten.

1939 25. Januar Zwischen Danzig und Polen wurde ein Abkommen geschlossen zur Vermeidung einer Doppelbesteuerung auf dem Gebiet der Wechselstempelabgaben.

1939 25. Januar Im Saal der Naturforschenden Gesellschaft in der Frauengasse sprach auf Einladung des Westpreußischen Geschichtsvereins Dr. Schieder (Königsberg) über das Thema: »Staats- und Gesellschaftslehre Bartholomäus Keckermanns aus Danzig«.

1939 10. Februar An der großen Orgel der Marienkirche eröffnete Franz Kessler eine Reihe künftig vierzehntägig stattfindender Orgelkonzerte mit einer Folge von Werken Bachs, darunter die bekannte d-Moll-Tokkata. Eine ansehnliche Hörerzahl besuchte diese Vesper, bei der Bischof Beermann das Amt des Liturgen versah.

1939 11. Februar Armeeinspektor General Sosnkowski erklärte in einer Rede in Gdingen, daß die Großmacht Polen zu einer Seemacht werden müsse. Polen werde noch große Anstrengungen machen müssen, um seine Seegeltung zu befestigen, seine Handelsflotte auszubauen und eine eigene Schiffsbauindustrie zu schaffen.

1939 9. März Im polnischen Sejm in Warschau antwortete Ministerpräsident Skladkowski sowie Außenminister Beck auf Interpellationen wegen der Vorfälle an der Technischen Hochschule in Danzig, wo es im Februar im »Café Langfuhr« und in der TH zu bedauernswerten Zwischenfällen unter Studenten polnischer und deutscher Nationalität gekommen sei, denen aber lediglich lokaler Charakter zuzumessen sei.

1939 21. März Auf dem Bischofsberg fand die Richtfeier der »Paul-Beneke-Jugendherberge«, der »größten und schönsten Jugendburg im Ostland« statt.

1939 21. März Anschluß Danzigs ans Reich von Polen verurteilt.

1939 21. März In Gdingen wurde, wie die »Gazeta Morska« meldet, der bekannte Jude Julius Jewelowski, »der früher in Danzig eine Rolle spielte« und noch Besitzer des Gutes Kl. Katz ist, verhaftet. Er wird beschuldigt, durch Holzgeschäfte des Gutswaldes den Fiskus sowie eine Anzahl von Privatpersonen geschädigt zu haben.

1939 22. März Der Senat hat im Gesetzblatt der Freien Stadt Danzig eine Rechtsverordnung betr. die Verlängerung der Amtsdauer des z. Z. bestehenden Volkstages auf weitere vier Jahre veröffentlicht. Zur Begründung wurde u. a. erklärt: »Die Zusammensetzung des jetzigen Volkstages entspricht der Stimmung der Bevölkerung.«

1939 23. März Zum Zweck der sog. Liquidation der Danziger Judengemeinde hat der Senat in einer Verordnung vom 14. März 1939 mehrere, die Autonomie der jüdischen Kultus-Vereinigung beschränkende Maßnahmen angeordnet.

1939 26. März Abbruch der deutsch-polnischen Danzig-Gespräche.

1939 28. März Die polnische Regierung beabsichtigt das Eisenbahnnetz in Pomerellen als zweigleisige »Kohlenmagistrale« auszubauen. Die Investitionen auf dem Streckenabschnitt Gdingen – Bromberg betragen 8 Millionen Zloty. Der Ausbau des Eisenbahnknotenpunktes Gdingen ist mit einem Aufwand von 2,4 Millionen Zloty veranschlagt worden.

1939 31. März Zu dem bevorstehenden Besuch des polnischen Außenministers Beck in London gibt der britische Ministerpräsident Chamberlain vor dem Unterhaus die erwartete Garantie-Erklärung für Polen ab.

1939 13. April Aus Zügen der polnischen Staatsbahn werden während der Durchfahrt durch Danziger Staatsgebiet Flugzettel geworfen, die ein nach der bekannten »Rota«-Melodie zu singendes Hetzlied gegen Danzig, das von Polen als polnische Stadt beansprucht werde, enthalten. Der Danziger Senat hat gegen diese Provokation scharfen Protest erhoben.

1939 15. April Die alten Friedhöfe von St. Katharinen und St. Bartholomäi am Horst-Hoffmann-Wall (ehem. Nordpromenade) sind eingeebnet worden. Sie sollen eine öffentliche Grünanlage als ein Teilstück des bereits vorhandenen »Grüngürtels« bilden.

1939 28. April Hitler kündigt vor dem deutschen Reichstag den englisch-deutschen Flottenvertrag und das Freundschaftsabkommen mit Polen auf. Zur Danzig-Frage erklärt er: »Danzig ist eine deutsche Stadt und will zu Deutschland!«

1939 19. Mai Eisenbahnkatastrophe am Olivaer Tor. Warschauer D-Zug entgleist wegen zu hoher Geschwindigkeit. Sachschaden über eine halbe Million Zloty.

1939 20. Mai Nach einer Demonstration vor dem polnischen Zollamt in Kalthof wird in der folgenden Nacht ein Danziger Staatsangehöriger von dem Chauffeur des polnischen Legationsrats Perkowski erschossen. Die Danziger Regierung wendet sich in einer scharfen Note an die polnische diplomatische Vertretung.

1939 5. Juni Reichsarbeitsdienstführer inspiziert in Danzig Arbeitsdienstlager und spricht in der Messehalle auf einer Großkundgebung zu Arbeitsdienstführern.

1939 17./18. Juni Reichspropaganda-Minister Goebbels spricht auf einer Kulturtagung im Danziger Staatstheater aus Anlaß der diesjährigen »Gaukulturwoche«. Danzig sei über Nacht zu einem internationalen Problem geworden. Wörtlich führt er aus: »Die polnischen Scharfmacher fordern neuerdings von Deutschland Ostpreußen und Schlesien. Polens Grenze soll die Oder sein!«

1939 24. Juni Weichselland-Sängerfest in Danzig eröffnet.

1939 26. Juni Die polnische See- und Kolonialliga feiert die »Woche des Meeres« in Gdingen unter der Parole: »Wir lassen uns nicht von der Ostsee verdrängen.«

1939 2. Juli Suppenküche für bedürftige Juden eröffnet.

1939 4. Juli Die polnische Presse fügt ihrer Meldung über den Besuch des diplomatischen Vertreters Polens in Danzig, Minister Chodacki, in Warschau die Meldung an, daß Polen an die Danziger Regierung eine Note gerichtet habe, in der »die militärischen Maßnahmen in Danzig« berührt werden.

1939 5. Juli Verstärkter Lufthansa-Flugverkehr über Danzig. Außerordentliche Zunahme des Luftverkehrs nach Berlin. Anschlüsse an das gesamte europäische Luftverkehrsnetz.

1939 8./9. Juli Londoner Pressemeldungen deuten darauf hin, daß die englische Regierung Polen zur Aufnahme von Verhandlungen zum Zweck der friedlichen Lösung der »Danziger Frage« bestimmen möchte.

1939 10. Juli Gauleiter Forster fordert die Aufhebung des widerrechtlich von Polen auf Danziger Boden an der Hafeneinfahrt, der Westerplatte, unterhaltenen Munitionsbeckens, das eine ständige Bedrohung für den Hafen und die Stadt Danzig sei.

1939 10. Juli Deutsche Sturzkampfbomber auf der Brüsseler Luftfahrt-Ausstellung.

1939 12. Juli Die Zoppoter Waldoper führt im Rahmen der »Richard-Wagner-Festspiele« »Der Ring des Nibelungen« auf.

1939 14. Juli Gauleiter Forster von Danzig wird auf dem Berghof in Bayern von Hitler zu einer »längeren Aussprache« empfangen.

1939 19. Juli Rydz-Smigly, Marschall von Polen, erklärt in Krakau gegenüber einem amerikanischen Journalisten, daß »Polen bereit sei, alles zu tun, um die Danziger Frage friedlich zu lösen. Wenn aber Deutschland bei dem Projekt des Anschlusses beharre, so werde Polen selbst dann kämpfen, wenn es keine Verbündeten« haben sollte.

1939 19. Juli Der »Kurjer Polski« sagt es kurz und bündig: »Danzig geben wir nicht her.«

1939 19. Juli Ein Danziger Zollbeamter wurde auf Danziger Gebiet bei einem Patrouillengang in der Nähe des Grenzorts Postelau von einem polnischen Beamten angegriffen und hat diesen in Notwehr angeschossen.

1939 22./23. Juli Neue Grenzzwischenfälle melden die »Danziger Neueste Nachrichten«. »Ein Danziger Zollbeamter von den Polen verhaftet. Polnische Studenten wegen unerlaubten Grenzübertritts festgenommen. Schießbefehl für polnische Grenzbeamte.«

1939 1. August Heißester Tag dieses Jahres führt zu außerordentlicher Belebung des Seebadestrandes. 5538 Badende in der Seebadeanstalt Heubude registriert.

1939 11. August Großkundgebung mit Zehntausenden auf dem Langen Markt. Gauleiter Forster stellt den polnischen Ankündigungen »Danzig in Trümmer zu schießen« den Anspruch der Danziger auf »Heimkehr ins Reich« gegenüber.

1939 11. August Hitler droht Danziger Völkerbundkommissar Vergeltung an.

1939 15. August In der Frauengasse wurden mehrere altertümliche Beischläge erneuert. Die schönste der alten Danziger Gassen soll einen Anziehungspunkt für den Fremdenverkehr bilden.

Ein Staatsstreich und Verfassungsbruch*

1939 18. August bis 1. September Forster seinerseits bemühte sich ebenfalls um die Gewährleistung der »Sicherheit« Danzigs. Mit Schiffen des Seedienstes reisten junge als Touristen getarnte Männer an, welche von den erstaunten Danzigern kurze Zeit später in SS-Uniform wiedererkannt wurden. Auf dem linken Ärmel trugen sie einen Streifen mit der Aufschrift »SS-Heimwehr Danzig«. Das waren deutsche Soldaten, Angehörige der späteren Waffen-SS. Ihr Kommandeur war Obersturmbannführer Goetze. Diesem händigte Forster am 18. August 1939 eine Standarte aus und sagte bei dieser Gelegenheit: »Wir haben alles getan, daß Danzig und seine Bevölkerung nicht wehrlos geblieben sind.« Und an anderer Stelle fügte er hinzu: »Der polnische Staat, der vom Völkerbund für Danzigs Schutz ausersehen worden war, ist jetzt zum realen Angreifer geworden!« In den letzten Augusttagen lief in Neufahrwasser der »Nestor« der deutschen Kriegsflotte, das Panzerschiff »Schleswig-Holstein«, ein, das bereits 1914 außer Dienst gestellt werden sollte. Es machte unweit der Westerplatte fest, die Polen kraft Versailler Vertrag zur Verfügung gestellt worden war und wo es das Recht besaß – soweit ich mich erinnere –, 120 Soldaten und einige Offiziere zu stationieren. Nachts herrschte reges Leben auf dem Gelände der Danziger Werft. Durch

* Rudolf Gamm, »Hakenkreuz über Danzig«, 1960, Warschau.

die Straßen fuhren unablässig festverschlossene Lkw. In Autos befanden sich Beamte der Danziger Kripo und der Gestapo in Zivil. Auf dem Seeweg wurden Geschütze, Scheinwerfer für die Luftabwehr, Feldküchen, Munition u. ä. herangeführt. Auf einer neuen Pontonbrücke über die Weichsel in der Nähe von Käsemark-Rotebude kamen aus Ostpreußen große Pferdetransporte, die auf Gütern im Gebiet der Freien Stadt einquartiert wurden. Deutlich war zu erkennen, daß drohende Wolken aufgezogen waren. Zur gleichen Zeit aber spielte Hitler der Welt weiter die Komödie desjenigen vor, der den Frieden will und Polen als Aggressor hinstellt. Im Radio erklang Tag für Tag der »Marsch der Deutschen in Polen«. Der durch SA-Abteilungen verstärkte Danziger Zoll bewachte die Danziger Grenzen und erhielt die Aufgabe, sofort nach Beginn der Kriegshandlungen gegen die polnische Minderheit in Danzig und die polnischen Zollinspektoren an der Grenze vorzugehen. Die Ermordung polnischer Zollinspektoren und Eisenbahnbeamter auf dem Bahnhof Simonsdorf sowie der schwangeren Frau des Bahnhofsvorstehers in Liessau war das Werk der SA aus dem Großen Werder. Am 24. August 1939 war in der Presse folgender Beschluß des Senats erschienen: »Der Senat beschließt ein Gesetz, das den Gauleiter der NSDAP zum Staatsoberhaupt bestimmt.« Es folgen die Unterschriften der Mitglieder des Senats: Greiser, Huth, Wierzinski-Keiser, Dr. Schimmel, Boeck, Dr. Hoppenrath, Rettelski, Dr. Großmann. Der Text hatte folgenden Wortlaut:

»Gesetz über Vollmachten

Aufgrund von Punkt 1 und § 2 des Gesetzes über die Behebung der Not von Volk und Staat vom 24. 6. 1933 (Ges. Bl. S. 273) sowie des Gesetzes über die Verlängerung dieses Gesetzes vom 5.5.1937 (Ges. Bl. S. 358) wird kraft Gesetzes folgendes angeordnet:

Artikel 1

Der Gauleiter von Danzig ist Staatsoberhaupt der Freien Stadt Danzig.

Artikel 2

Diese Verordnung tritt mit Wirkung vom 23. August 1939 in Kraft.«
Und hier ein Auszug aus dem Schreiben des Präsidenten des Senats an Gauleiter Forster: »Der Senat hat mich ermächtigt, Sie zu bitten, sehr geehrter Herr Gauleiter, dieses Amt sofort anzunehmen, um in diesen schweren, aber schönen letzten Tagen vor der Entscheidung

der so oft unterstrichenen und immer bestehenden Einheit von Partei und Staat Ausdruck zu verleihen.

Heil Hitler!
gez. Greiser, Präsident des Senats der
Freien Stadt Danzig.«

Forster beeilte sich, folgendes Antwortschreiben zu übermitteln: »Die Senatsverordnung sanktioniert nur einen Zustand in rechtlicher Hinsicht, der praktisch seit der Machtergreifung durch die NSDAP besteht. Heil Hitler! gez. Albert Forster.«

Das Danziger NSDAP-Organ »Danziger Vorposten« veröffentlichte am 24. August 1939 nachstehenden Artikel seines Hauptschriftleiters Wilhelm Zarske: »Der Beschluß des Senats in diesen letzten entscheidenden Tagen des Kampfes um Danzigs Freiheit und Rückkehr ins Reich legalisiert durch die Ernennung des Gauleiters zum Staatsoberhaupt formell einen Zustand, der bereits seit dem Augenblick bestanden hat, als in Danzig eine nationalsozialistische Regierung gebildet wurde. Die Einheit von Partei und Staat, die in den letzten Jahren in allen Bereichen des politischen Lebens sichtbar war und die dadurch in Erscheinung trat, daß es in innenpolitischen Angelegenheiten keinen Unterschied mehr zwischen der Freien Stadt und dem Reich gab, ist nun auch äußerlich dadurch dokumentiert worden, daß der Führer der Partei in Danzig nominell verantwortlicher Leiter der Staatsgeschäfte geworden ist. Außer diesem formellen Aspekt bedeutet der Staatsbeschluß eine persönliche Anerkennung für Gauleiter Forster, und das besonders zum gegenwärtigen Zeitpunkt, da das Geschick Danzigs sich entscheidet. Das Ziel, das sich die NSDAP in Danzig seit dem Augenblick gesteckt hat, als Albert Forster mit einem Sonderauftrag versehen hier eintraf, ist seiner Verwirklichung jetzt sehr nahe gerückt.
In diesen unvergeßlichen schwierigen Kämpfen erwies sich Gauleiter Forster als die personifizierte Energie. Seine inhaltsschweren Entscheidungen waren durchdrungen von eisernem Willen und Konsequenz. Selbst in schwierigsten Situationen stellte er sich stets dem Volk; er wird auch für die Regierungsarbeit, in die ihn der Wille des Volkes und der Partei berufen hat, einstehen.
Oft schon ist gesagt worden, daß Danzig lange auf die Erfüllung des Volkswillens, ein Teil Großdeutschlands zu werden, hat warten müssen. Voller Hoffnung haben wir alle auf diesen Tag gewartet. Wann er kommen wird, wissen wir nicht. Der Kampf zum Danzigs Rückkehr

ins Reich ist nichts anderes als die Wiedergutmachung eines Unrechts. Dieses Danzig angetane Unrecht muß auf jeden Fall seine Sühne finden.
Die deutsch-polnische Verständigungspolitik, wie sie von Adolf Hitler im Blick auf die Zukunft geführt worden ist, konnte niemals eine Grundlage sein, auf der die Bestimmungen des allgemeinen Völkerrechts außer Kraft gesetzt werden können. Danzig sollte nach dem Willen des Führers im Rahmen der deutsch-polnischen Zusammenarbeit in den Schoß des großdeutschen Vaterlandes heimkehren. Wenn das nunmehr auf andere Weise geregelt wird, dann ist das nur Schuld der Polen. Der Führer und auch sein Bevollmächtigter in Danzig konnten nicht voraussehen, daß die reale, für Polen vorteilhafte Politik mit einem derartigen Haß beantwortet werden würde.«
Es würde weit über den Rahmen dieses Buches hinausgehen, wollte ich diesen verlogenen Artikel auch noch kritisch beleuchten, der in wahrhaft byzantinischer Weise das neue »Staatsoberhaupt« rühmt. Der Autor, ein offizieller »Lobhudeler« Forsters, mußte kurz nach Kriegsausbruch den Sessel des Hauptschriftleiters freimachen... Vielleicht hat der Kriegsverlauf den jungen Mann von seinem falschen Glauben an den Nationalsozialismus geheilt und belehrt, daß die von ihm so wütend bekämpfte Opposition recht gehabt hatte.
So kam es zu den Ereignissen des 1. September 1939, der in die Weltgeschichte als nationaler Trauertag eingehen sollte. Um 4.45 Uhr morgens eröffnete der Kreuzer »Schleswig-Holstein« das Feuer auf die Westerplatte. Die historische Stunde hatte geschlagen. Gleichzeitig war von der Altstadt her heftiges Maschinengewehrfeuer zu hören. Dort begann der Kampf um die Polnische Post am Heveliusplatz. Dieses Gebäude war der einzige Punkt in der Stadt, wo starker Widerstand geleistet wurde. In aller Frühe wurde vom Danziger Sender bereits folgende Proklamation Forsters verlesen: »Danziger Männer und Frauen! Die Stunde, auf die wir 20 Jahre lang mit Sehnsucht gewartet haben, hat geschlagen. Am heutigen Tage kehrt Danzig zurück in das großdeutsche Reich. Unser Führer Adolf Hitler hat uns befreit. Auf allen öffentlichen Gebäuden Danzigs wehen ab heute früh zum ersten Male die Flaggen des deutschen Reiches. Sie flattern auch von den ehemals polnischen Gebäuden und überall im Hafen. Vom Turm des alten Rathauses und der ehrwürdigen St. Marienkirche läuten die Glocken die Stunde der Befreiung Danzigs ein. Wir danken dem Herrgott, daß er unserem Führer die Kraft und die Möglichkeit gegeben hat, uns aus den Ketten des Versailler Diktats

zu befreien. Wir Danziger sind unermeßlich glücklich, Bürger des Reiches geworden zu sein. Danziger! In dieser feierlichen Stunde wollen wir uns alle die Hand reichen und unserem Führer das Versprechen geben, alles zu tun, was in unserer Macht steht! Alles für unser herrliches Großdeutschland! Es lebe unser großdeutsches Vaterland! Es lebe unser geliebter Führer Adolf Hitler!« Schon um 5 Uhr morgens waren Spezialkolonnen in der Stadt aufgetaucht, welche die Aufgabe hatten, diese Proklamation und ein Plakat mit dem Text eines Grundgesetzes über die Änderung des Status der Freien Stadt Danzig anzuschlagen. Gleichzeitig sandte Forster an Hitler folgende telegrafische Erklärung: »Mein Führer! Soeben habe ich nachstehendes Grundgesetz unterschrieben, das damit in Kraft getreten ist und die Vereinigung Danzigs mit dem Reich betrifft. Grundgesetz der Freien Stadt Danzig betreffend die Vereinigung Danzigs mit dem Deutschen Reich vom 1. September 1939. Artikel 1: Die Verfassung der Freien Stadt Danzig wird mit sofortiger Wirkung aufgehoben. Artikel 2: Die gesamte Legislative und Exekutive liegt ausschließlich in den Händen des Staatsoberhauptes. Artikel 3: Die Freie Stadt Danzig mit ihrem Territorium und ihrer Bevölkerung wird mit sofortiger Wirkung Bestandteil des Deutschen Reiches. Artikel 4: Bis zur endgültigen Einführung der deutschen Gesetzgebung bleiben mit Ausnahme der Verfassung sämtliche Gesetze in Kraft. Ich bitte Sie, mein Führer, im Namen Danzigs um Bestätigung dieses Grundgesetzes sowie um Erlaß eines Staatsgesetzes über die Vereinigung Danzigs mit dem Deutschen Reich. In Ergriffenheit gelobt Danzig Ihnen, mein Führer, Dankbarkeit und ewige Treue. Heil mein Führer!

gez.: Albert Forster
Gauleiter«

Hitler antwortete sogleich mit einem kurzen Telegramm nachstehenden Inhalts: »Ich nehme die Proklamation der Freien Stadt Danzig über die Heimkehr ins Deutsche Reich zur Kenntnis. Ich danke Ihnen, Gauleiter Forster, sowie allen Danziger Männern und Frauen für ihre unbeirrbare Treue, die sie viele Jahre hindurch bewiesen haben. Großdeutschland heißt Euch von ganzem Herzen willkommen. Das Gesetz über die Wiedervereinigung wird sofort erlassen werden. Ich ernenne Sie zum Chef der Zivilverwaltung des Gebietes der Stadt Danzig.

Berlin, den 1. September 1939 gez.: Adolf Hitler.«

Erteilen wir noch für einen Moment Wolfgang Diewerge das Wort: »Während noch um das Gebäude der Polnischen Post auf dem Heveliusplatz gekämpft wurde, versammelten sich bereits Menschenmassen auf den Straßen um die Lautsprecher und vor den roten Plakaten mit dem Text des Aufrufs, der am frühen Morgen von der Partei überall angeklebt worden war.« Wenn man diesen Bericht liest und das Verhalten Forsters analysiert, dann sollte man folgende Tatsachen nicht außer acht lassen: Schon beim ersten Schuß auf die Westerplatte werden von der NSDAP in Danzig zuvor angefertigte Plakate mit Forsters Proklamation, jedoch mit Datum vom 1.9.1939, an die Anschlagsäulen geklebt. Während Forster ins Mikrofon spricht, arbeiten schon die schnellen braunen Klebekolonnen. »Der Führer hat immer recht« – so lautet einer der stets wiederholten Nazi-Slogans. Wahrscheinlich hat er in seiner unfehlbaren Intuition auch Tag und Stunde des polnischen Überfalls vorausgesehen! (so Gamm)

1939 19./20. August Fahnenübergabe an den Kommandanten der »SS-Heimwehr Danzig«, O.-Sturmbannf. Goetze, und Defilee der Gruppe vor 50000 Zuschauern auf dem Maifeld an der Halben Allee. Gauleiter Forster: »Noch vor acht Wochen wäre Danzig und seine Bevölkerung einem polnischen Überfall schutzlos ausgeliefert gewesen.«

1939 19./20. August Plan für ein großes Opernhaus am Olivaer Tor vorgelegt.

1939 19./20. August Unter den neuverpflichteten Mitgliedern des Schauspiels am Danziger Staatstheater stellen sich u. a. Ewald Rosen und Dieter Borsche vor.

1939 21. August Walfangschiff »Unitas« läuft auf der Schichauwerft »glücklich vom Stapel«.

1939 23. August Hitler-Stalin-Pakt in Kraft. Forster Staatsoberhaupt der Freien Stadt Danzig.

1939 25. August Das deutsche Kriegsschiff »Schleswig-Holstein« läuft um 8 Uhr zu einem Freundschaftsbesuch der Freien Stadt in den Danziger Hafen ein.

Relation eines deutschen Offiziers über die Kämpfe auf der Westerplatte im September 1939*

1939 25. August »...Nach dem Festmachen begibt sich der Kommand[ant] von Bord. Der Eindruck eines Besuches bleibt bewahrt. Von der Besatzung darf niemand von Bord. Unser Liegeplatz ist direkt gegenüber der ›Westerplatte‹. Dichter Wald verhindert jedes Einsehen der Anlagen. Mit Anbruch der Dunkelheit werden Vorbereitungen für einen Überfall durch unseren Stoßtrupp getroffen. Im Schutze des Schiffes gehen die Männer von Bord in einen gegenüberliegenden Garten, um die ›Westerplatte‹ von der Landseite anzugreifen. Um 04.30 h sollte der Angriff stattfinden. Gegen 21.00 h erfahre ich durch den Adju[tanten], daß das Unternehmen abgeblasen ist. Warum? Man hofft sicher noch im letzten Augenblick mit der Vernunft der Polen.«

* »Die am 1. September 1939 frühmorgens um 4.45 Uhr vom Panzerschiff ›Schleswig-Holstein‹ auf das polnische ›Militärtransitlager auf der Westerplatte‹ gerichteten Salven eröffneten in Danzig den Zweiten Weltkrieg. Über die heldenhafte Verteidigung der geringen Besatzung der Westerplatte, die 182 Leute, darunter 6 Offiziere, zählte, ist schon viel in der polnischen sowie in der deutschen Literatur geschrieben worden. Viele Publikationen, die fast ausschließlich aus den Jahren 1939 und 1940 stammen, haben die sieben Tage andauernden Kämpfe oft ungenau dargestellt. Bisher fehlten immer noch von deutscher Seite aus unmittelbare Relationen über die Kämpfe auf der Westerplatte. Es ist bekannt, daß mindestens zwei solcher Relationen existierten. Die erste war während der Feuerkämpfe von dem Oberleutnant d. R. Oberbaurat Dipl.-Ing. Walter Schmidt, geschrieben, welcher im September 1939 in Neufahrwasser, nahe dem Hafenkanal gegenüber der Westerplatte wohnte und den Verlauf der Kämpfe aus dem Kellerfenster beobachtete. Diese Relation ist verlorengegangen. Die zweite Relation dagegen von dem unmittelbaren Zeugen und Beobachter der Kämpfe, dem Obermusikmeister der Kapelle des Panzerschiffes ›Schleswig-Holstein‹, des damals siebenundzwanzigjährigen Offiziers Willi Aurich ist erhalten geblieben (obwohl nicht ganz) und ist Gegenstand dieser Publikation. Während der Kämpfe hatte er seine zugewiesene Kampfstellung im Schiffslazarett, und von dort aus konnte er den Verlauf der Kriegshandlungen ruhig beobachten und dieselben während der Kämpfe notieren. Die ins Reine abgeschriebene Relation verblieb in Zoppot in der Wohnung des Hauptwachtmeisters der deutschen Polizei in Danzig, Albert Fenske, und wurde im Jahre 1945 in Zoppot unter seinen Sachen gefunden und den Beständen der Danziger Bibliothek der Polnischen Akademie der Wissenschaften übergeben (heutige Signatur Ms 5071). Die Handschrift ist sauber, leserlich und sorgfältig mit ausgearbeiteten, einheitlichen Buchstaben der deutschen gotischen Schrift geschrieben. Es fehlen darin fast ausschließlich Streichungen, Verbesserungen oder Vervollständigungen. Ihr Inhalt hat außer der Beschrei-

1939 26. August »An unserer Lage hat sich noch nichts geändert. Um 09.30 h spricht der Kommand[ant] zur Besatzung. Er schildert kurz unsere Lage, spricht der Besatzung seine Anerkennung für ihr ruhiges Verhalten aus und ermuntert sie zum weiteren Aushalten. Zu den Off[i]z[ieren] spricht er anschl[ießend] etwas eingehender; unter anderem teilt er uns mit, daß die Flotte den Mob[ilmachungs]befehl erhalten hat, und daß mit Anbruch der Dunkelheit wieder volle Kriegswache geht, da wir auch weiterhin auf der Hut sein müssen. Um 14.30 h wird zum Zeitvertreib auf dem Pier in einem Schuppen Kino veranstaltet (Der Florentiner Hut). Dazu erscheinen die Leute des Stoßtrupps in Sportzeug, um nicht die Bevölkerung, welche zahlreich unser Schiff umlagert, durch ihr Feldgrau aufmerksam zu machen.«

1939 27. August »Flaggenparade mit Musik. Die Polen werden sich sicher über unser Verhalten wundern! Um 09.00 h wieder Ansprache des Kommand[anten] u[nter] a[nderem] sagt er, daß Verhandlungen im Gange sind, die bestehenden Spannungen auf friedlichem Wege zu lösen. Von 13.00–14.00 h spielten wir auf der Hütte. Nachmittags dürfen wir dann für einige Stunden an Land. Das Schiff hat auf einen anderen Liegeplatz verholt, und zwar weiter nach Danzig. Jetzt haben wir die Westerplatte vor uns!«

1939 28. August »Wir liegen jetzt etwas besser, so daß wir nach der Flaggenparade an Land können zum Exerzieren. Unser Liegeplatz ist jetzt an der Landseite der Westerplatte. Nachmittags konnten wieder die wachfreien Leute an Land. Ich ging mit Ob[er]l[eu]t[nant] Schäfer, und nachdem wir uns die Stadt angesehen hatten, tranken wir bei Bodenburg ein Gläschen Bier.«

bung der Kriegsereignisse den Charakter rein persönlicher Notizen. Die Beschreibung der Kriegshandlungen ist objektiv und mit großer Unparteilichkeit wiedergegeben. Dieselbe bringt eine Menge Einzelheiten, die aus polnischen Relationen nicht bekannt sind. Diese Publikation enthält den Originaltext in deutscher Sprache mit Auflösung aller Abkürzungen in viereckigen Klammern, dann die Übersetzung in polnischer Sprache, wobei der Übersetzer sich bemüht hat, nicht nur den Inhalt derselben, sondern auch den Ausdrucksstil des Verfassers möglichst treu wiederzugeben.« Prof. Dr. Marian Pelczar, Direktor der Danziger Bibliothek der Polnischen Akademie der Wissenschaften (Biblioteka Gdańska PAN).

1939 28. August Besuch von Minister Marian Chodacki, Generalkommissar der Republik Polen an Bord der »Schleswig-Holstein«, am 28. August 1939. »Das Protokoll forderte bei einem Besuch fremder Kriegsschiffe in Danzig eine Visite des Kapitäns beim Hohen Kommissar des Völkerbundes, beim Präsidenten des Senats und beim polnischen Generalkommissar, dann einen Gegenbesuch dieser Persönlichkeiten an Bord sowie Empfänge bei ihnen... »Burckhardt und Greiser haben prächtige Mittagessen veranstaltet. Ich konnte und wollte nicht dem vorgeschriebenen Protokoll Folge leisten. Ich mußte aber den Gegenbesuch an Bord machen. Am nächsten Tag war ich also an Bord des Panzerschiffes. Ich erlebte dort die schwersten Stunden meines Lebens: zweimal mußte ich an den Läufen der schweren Geschütze vorbei und dann ein Glas Sekt trinken...«, soweit Minister Chodacki, der Vertreter der Republik Polen.

1939 29. August »Von dem ›Gläschen‹ Bier von gestern bin ich krank, denn es ist nicht bei einem Gläschen geblieben. Nach einer Weile setzten sich drei Herren zu uns, und dann...? Ergebnis: heute krank. Zu allem Unglück ist auch heute noch große Flaggenparade zum Gedenken an Tannenberg. Als sie vorbei ist, bin ich froh. Anschl[ießend] gehe ich in die Koje.«

1939 30. August »Mein Befinden ist heute schon wieder etwas besser. Ich hoffe morgen wieder Dienst tun zu können. An unserer Lage hat sich nichts geändert. Die Zeitungen berichten von immer neuen Greueltaten in Polen.«

1939 31. August »Flaggenparade, danach wieder Exerzieren an Land. Um 11.00 h kommen zwei Herren vom Landessender Danzig an Bord, um mit mir über ein Konzert am Sonntag zu sprechen. Um 14.00 h fahre ich an Land, um die Spielfolge einzureichen. Unsere Lage scheint sich zu verschärfen, denn der Adju[tant] machte einige Andeutungen. Hoffentlich fällt bald die Entscheidung!«

1939 31. August Die »Danziger Neueste Nachrichten« melden: »Polnische Zerstörer ›Grom‹, ›Blyskawica‹ und ›Wicher‹ oder (›Bursza‹) haben gestern mittag Gdingen verlassen und mit Höchstfahrt laufenden Kurs auf den Sund genommen.«

1939 1. September Beschießung des polnischen Munitionsdepots Westerplatte durch das deutsche Linienschiff »Schleswig-Holstein«. Kampf um die »Polnische Post« am Heveliusplatz. Angriff auf Gdingen und Dirschau durch Danziger Landespolizei und »Heimwehr Danzig«. Die ersten Gefallenen werden in der Messehalle aufgebahrt. Hauptbahnhof, Eisenbahndirektion und polnisches Gymnasium besetzt. Zahlreiche Danziger Staatsangehörige polnischer Nationalität interniert.

1939 1. September Neues Staatsgrundgesetz hebt Danziger Verfassung auf und verkündet die Wiedereingliederung Danzigs ins Reich. Einführung der Reichsmark als gesetzliches Zahlungsmittel. Bezugsscheinpflicht für einzelne Warengruppen.

1939 1. September »Es ist jetzt 06.15 h. In unserer Schießerei ist eine kl[eine] Beruhigung eingetreten, und so will ich schnell einige Zeilen schreiben. Um 01.15 h werde ich wach, denn vor meiner Kammer ist ein ziemlicher Lärm. Ich ziehe mich an und stelle fest, daß die Motorräder und das übrige Gerät des Stoßtrupps ausgeladen wird, einige Motorräder hängen gerade am Kran. Also soll es doch losgehen! Um 04.45 h, nachdem alle Mann auf Gefechtsstation sind, legen wir ab und nähern uns der Westerplatte. Nachdem wir einige Meter gefahren sind, kracht der erste Schuß durch die morgendliche Stille. Immer mehr nähern wir uns der Westerplatte, und das Krachen der Geschütze nimmt zu. Ungefähr 300 m vor dem Eingang zur Westerplatte legen wir uns quer über das Fahrwasser, um mit der Breitseite schießen zu können. Am Ufer stehen einige Neugierige, und Berichterstatter und Kameraleute verfolgen den Gang der Handlung. Ich befinde mich im Lazarett, denn es ist meine Gefechtsstation. Wir verfolgen aufmerksam die Wirkung unseres Feuers, denn wir können alles sehr schön einsehen und beobachten. Schon nach den ersten Schüssen geht eine kl[eine] Bootswerft vor der Westerplatte in Flammen auf. Selbige mußte aus dem Weg geräumt werden, um bessere Übersicht zu bekommen. Zu gleicher Zeit gehen auf der Landseite Leute der Polizei vor und beschießen die Westerplatte. Nach unseren ersten Salven stürzen einige kl[eine] Häuser durch den Druck ein. Bei anderen lösen sich die Ziegel. Nach zirka 15 Min[uten] stellen wir unser Feuer ein. Jetzt greift der Stoßtrupp an. Nach anfangs heftigem Gewehrfeuer fallen jetzt nur noch einzelne Schüsse. Von Bord aus können wir das Vorgehen etwas verfolgen. Da fahren auch schon die ersten Sanitätsautos. Zwischendurch sieht man Krankenträger mit Tragbahren zurückkommen. Von meinen Musikern sind auch drei Mann als Hilfskrankenträger dabei. Nach einiger Zeit wird das Feuer beim Stoßtrupp ganz eingestellt, und sie ziehen sich wieder zurück. Gegen 07.30 h erfolgt der zweite Feuerüberfall durch uns. Die Rohre aller Kaliber werfen hinaus, was sie schaffen können. Die Bedienungsmannschaften arbeiten mit Eifer. Nach ungefähr einer halben Stunde stellen wir das Feuer wieder ein, und der Stoßtrupp geht wieder vor. Wird er es dieses Mal schaffen? Unsere Vorbereitung war lang und intensiv. Hinderlich ist der dichte Wald. Sowie eine Granate an einen dünnen Zweig kommt, krepiert sie schon. Wieder ist heftiges Gewehrfeuer zu hören. Die Polen verteidigen sich hartnäckig, und nach Aussagen der Verwundeten ist die Sache drüben gut vorbereitet. Merkwürdigerweise werden wir, außer einigen kl[einen] Kalibern, welche über unser Schiff fliegen, nicht angegriffen. An Bord haben wir einen schweren Fall zu verzeichnen. Ein Kadett ist durch ein Sprengstück der eigenen Kanone schwer verletzt (Brust und Lunge). Nachdem auch dieser Angriff den erhofften Erfolg nicht gebracht hat, ziehen wir uns etwas weiter zurück und verlegen unseren Liegeplatz an den Holzplatz. Aus der Ferne sehen wir schwarzen Rauch der brennenden Werft zum Himmel steigen. Trotz des heftigen Artilleriefeuers ist es uns nicht gelungen, die Westerplatte in unsere Hände zu bekommen. Von der Danziger Polizei wurde uns versichert, daß die Westerplatte in 10 Min[uten] zu nehmen ist. Jetzt ist es 16.10 h, aber es sieht nicht danach aus. Die Zahl der Verwundeten soll 50–60 Mann betragen, Tote zirka 18. 19.40 h. Unsere Verwundeten sind alle in Danzig. Um den Kadett soll es schlimm bestellt sein. ›Die Westerplatte war in 10 Minuten ein Trümmerhaufen‹, so berichten auch die Abendzeitungen. Die Berichterstatter hatten es etwas zu eilig. Wohl haben wir die ›Rote Mauer‹ zum Teil aus dem Wege geräumt und einige Bäume umgelegt, aber die Anlagen selbst werden noch durch Polen verteidigt.«

Der Kampf um die Polnische Post in Danzig *

1939 1. September In den späten Nachmittagsstunden des 31. August 1939 erhält die SS-Heimwehr Danzig ihren Einsatzbefehl: Angriff von Norden zur handstreichartigen Inbesitznahme der Dir-

* Auszugsweise: Wolfgang Vopersal, »Der Kampf um die Polnische Post. Auszug aus der Geschichte der Heimwehr Danzig«, in: »Der Freiwillige«.

schauer Weichselbrücke und Unterstützung des Angriffs der Gruppe Medern. Die Infanteriegeschütz-Kompanie stellt ihren III. Zug für die Niederkämpfung der polnischen Stützpunkte in der Innenstadt ab. Gegen 01.00 Uhr des 1. September 1939 rückt die Kompanie Schulz befehlsgemäß in Richtung Senslau ab, um sich im Raum Rambeltsch-Senslau für den Angriff bereitzustellen. Die beiden Infanteriegeschütz-Züge sind behelfsgemäß motorisiert. Zur gleichen Zeit wird der III. Zug der Kompanie Schulz geteilt. Der 2. Halbzug mit den beiden Minenwerfern wird Richtung Westerplatte in Marsch gesetzt. Er hat den Befehl, den Angriff der Marine-Stoßtrupp-Kompanie des Schulschiffes »Schleswig-Holstein« von der Landseite her zu unterstützen. Der 1. Halbzug mit 2 Infanteriegeschützen (bespannt) marschiert gegen 02.00 Uhr los, um sich dem Kommandeur des Landespolizei-Bataillons, der den Angriff gegen die »Polnische Post« im Herzen der Danziger Altstadt am Heveliusplatz befehligt, zu unterstellen. Das ehemalige Danziger Garnisonslazarett haben die Polen in den letzten Wochen und Monaten nach den Plänen des polnischen Generalstabes zu einem ihrer stärksten Widerstandszentren im Freistaat Danzig ausgebaut. Der massive rote Backsteinbau mit seinen dicken Mauern und starken Decken stellt für sich schon eine gute Verteidigungsanlage dar. Doch die Polen haben sich damit nicht begnügt, haben die Wände mit Panzerplatten bewehrt, die Dachluken in MG-Stände umgewandelt, die Kellerfenster verbarrikadiert, die Fenster durch Sandsäcke gesichert. In dem Augenblick, da die Turmuhr von St. Marien 04.45 Uhr schlägt, zerreißt Geschützdonner die morgendliche Stille. Er jagt die Danziger aus ihren Betten. Die 28-cm-Batterien der in der Danziger Bucht ankernden »Schleswig-Holstein« haben das Feuer auf die polnischen Befestigungen der Westerplatte eröffnet. Die Kämpfe in Polen und der Kampf um Danzig haben begonnen. Die sich rund um die »Polnische Post« versammelnden Kräfte des Danziger Selbstschutzes, es sind dies 1 Hundertschaft des Danziger Polizeihilfsdienstes (SA-Männer) unter Hauptmann der Schutzpolizei Tornbaum aus der Kaserne Samtgasse, die Besatzung des 2. Polizei-Reviers (Schutzpolizei) und 1 Halbzug der Kompanie Schulz/SS-Heimwehr Danzig mit 2 leichten Infanteriegeschützen treten zum Angriff gegen die »Polnische Post« an. Bis zum Mittag betragen die deutschen Verluste zwei Gefallene und sieben Verwundete des Danziger Polizeihilfsdienstes. Die heranbefohlene Danziger Pionierkompanie (Hauptmann Stahlberg) beginnt vom 2. Polizeirevier aus einen Stollen gegen die »Polnische Post« vorzutreiben. Am

Ende des Stollens wird eine Sprengladung verdämmt, um zum Angriffszeitpunkt gezündet zu werden. Sie soll eine Bresche in das Gemäuer reißen und einen besonders stark befestigten Teil des Kellergeschosses abquetschen. Der Minenwerfer »Iwan« wird von der Westerplatte abgezogen, um mit seinen schweren Brocken den roten Backsteinbau sturmreif zu schießen. Aber nach wenigen Probeschüssen muß der Werfer sein Feuer einstellen. Es liegt wegen der mangelhaften Optik zu ungenau und gefährdet die umliegenden Wohnbauten. MG-Truppen bauen ihre Waffen in den geräumten Häusern auf, um beim Angriffsbeginn mit ihrem Feuer auf die Fenster der Post die polnische Besatzung niederzuhalten. Der Angriff ist für 17.00 Uhr angesetzt. Als Angriffszeichen gilt die Zündung der von den Pionieren unter dem Gebäude angebrachten Sprengladung. Eine schwere Detonation erschüttert den Boden, dann folgt sekundenlang lähmende Stille, die aber schlagartig von schwerem Maschinengewehrfeuer unterbrochen wird, in das sich die Abschüsse der Geschütze mischen. Von nun an jagt Schuß auf Schuß aus den Rohren der leichten Infanteriegeschütze und der Feldhaubitze. Krachend schlagen die Granaten in die Vorderfront der polnischen Bastion und reißen ein scheunentorgroßes Loch in das Mauerwerk. Der aus Ziegelpfeilern und eisernen Stangen bestehende Zaun wird umgelegt. Granatsplitter und Steinbrocken schwirren durch die Gegend und klatschen auf Dächer und gegen Hauswände. MG-Garben prasseln in die Fensterhöhlen. Querschläger zischen über den Heveliusplatz. Die Polen feuern zurück. Das zusammengefaßte Feuer aller Waffen zwingt die Polen, die oberen Stockwerke zu räumen. Sie ziehen sich in die Keller zurück und kämpfen weiter. An eine Aufgabe des Kampfes denken sie nicht. Stoßtrupps der Landespolizei und des Danziger Polizeihilfsdienstes gehen im Schutz der Straßenpanzerwagen gegen das polnische Postamt vor. Neue militärische Maßnahmen werden erforderlich. Um 18.00 Uhr greifen die Stoßtrupps mit Unterstützung aller Waffen nochmals an. Aus den unteren Stockwerken quellen dicke Rauchsäulen aus den zerborstenen Fenstern. Stichflammen zucken nach draußen. Die im Gebäude befindlichen Benzinvorräte sind explodiert. Die Stoßtrupps dringen über die geschlagene Bresche in das Gebäude ein, durchkämmen die oberen Stockwerke und greifen die sich im Keller verschanzten Polen an. Da erschallen die ersten Rufe: »Wir wollen uns ergeben!« Nach 13 Stunden Kampf bricht der polnische Widerstand zusammen. Mit hocherhobenen Armen kommen die tapferen Verteidiger aus ihren Verstecken und treten in den Hof des Postgebäudes. Es sind 30 Mann. Acht weitere Polen werden als Verwundete geborgen. Unter den Überlebenden befinden sich auch eine Frau und ein schwerverwundeter 11jähriger Junge. Um 18.30 Uhr hissen Landespolizisten auf dem Gebäude die Hakenkreuzfahne. Sie kündet den Danzigern, daß auch das letzte polnische Widerstandszentrum in ihrer Stadt bezwungen ist. Die evakuierte Zivilbevölkerung kehrt in ihre Wohnungen zurück. Die Kinder belagern die Panzerspähwagen. Eine erste Vernehmung der polnischen Gefangenen erklärt ihren hartnäckigen Widerstand. Man hatte ihnen gesagt, polnische Kavallerie müsse jeden Augenblick in Danzig einrücken und sie entsetzen. Nach der Einnahme wird das Gebäude gründlich durchsucht. Es werden vorgefunden: 3 leichte Maschinengewehre, 44 gefüllte und 13 leere Rahmen für leichte Maschinengewehre, 30 polnische Armeepistolen, 1 Trommelrevolver, 1 Sack Infanterie- und Pistolenmunition, 150 Eierhandgranaten, 2 Höllenmaschinen und die Handwaffen der insgesamt 38 Gefangenen. Des weiteren entdeckt man militärische Anweisungen, Befehle und Operationsanordnungen. Sie beweisen, daß Polen im Gebiet des »Freistaates Danzig« seit einiger Zeit militärische Stützpunkte eingerichtet hatte. Nach Beendigung des Kampfes wird der Zug Walter der SS-Heimwehr sofort abgezogen und gelangte auf der Westerplatte zu neuem Einsatz. Bei dem Angriff auf die »Polnische Post« fiel aus seinen Reihen der SS-Rttf. Hans Teynor, der SS-Ostuf. Walter wurde schwer verwundet. Ein Nachtrag: Günter Grass schrieb in der »Süddeutschen Zeitung« Nr. 10 vom 12./13. Januar 1974 unter der Überschrift: »Rückblick auf die Blechtrommel – oder: Der Autor als fragwürdiger Zeuge –« ein Versuch in eigener Sache: »Die Arbeit an der Schlußfassung der Kapitel über die Verteidigung der ›Polnischen Post‹ in Danzig machte im Frühjahr 1958 eine Reise nach Polen notwendig. Höllerer vermittelte, Andrzej Wirth schrieb die Einladung, und über Warschau reiste ich nach Gdansk. Mutmaßend, daß es noch überlebende ehemalige Verteidiger der ›Polnischen Post‹ gäbe, informierte ich mich im polnischen Innenministerium, das ein Büro unterhielt, in dem Dokumente über deutsche Kriegsverbrechen in Polen gestapelt lagen. Man gab mir Adressen von drei ehemaligen polnischen Postbeamten (letzte Anschrift aus dem Jahr 1949), sagte aber einschränkend, diese angeblich Überlebenden seien von der polnischen Postarbeitergewerkschaft (und auch sonst offiziell) nicht anerkannt worden, weil es im Herbst 1969 nach deutscher und polnischer Fassung öffentlich geheißen habe, alle seien erschossen worden: standrechtlich. Deshalb habe man auch alle Namen in die steinerne Gedenkplatte gehauen, und wer in Stein gehauen ist, lebe nicht mehr. In Gdansk suchte ich Danzig, fand auch zwei der ehemaligen polnischen Postbeamten, die mittlerweile auf der Werft Arbeit gefunden hatten, dort mehr als auf der Post verdienten und eigentlich zufrieden waren mit ihrem nicht anerkannten Zustand. Doch die Söhne wollten ihre Väter heldisch sehen und betrieben (erfolglos) deren Anerkennung: als Widerstandskämpfer. Von beiden Postbeamten (einer war Geldbriefträger gewesen) erhielt ich detaillierte Beschreibungen der Vorgänge in der ›Polnischen Post‹ während der Verteidigung. Ihre Fluchtwege hätte ich nicht erfinden können. In Gdansk suchte ich Danzig, fand auch zwei, sprach ich auf Friedhöfen mit anheimelnden Grabsteinen, saß ich (wie ich als Schüler gesessen hatte) im Lesesaal der Stadtbibliothek und durchblätterte Jahrgänge des ›Danziger Vorposten‹, roch ich Mottlau und Radaune. In Gdansk war ich fremd und fand dennoch in Bruchstücken alles wieder: Badeanstalten, Waldwege, Backsteingotik und jene Mietskaserne im Labesweg, zwischen Max-Halbe-Platz und Neuer Markt, auch besuchte ich (auf Oskars Anraten) noch einmal die Herz-Jesu-Kirche, der stehengebliebene katholische Mief. Und dann stand ich in der Wohnküche meiner kaschubischen Großtante Anna. Erst als ich ihr meinen Platz zeigte, glaubte sie mir: ›Nu Ginterchen, biss abä groß jeworden.‹ Dort blieb ich einige Zeit und hörte zu. Ihr Sohn Franz, ehemals Angestellter der ›Polnischen Post‹, war nach der Kapitulation der Verteidiger tatsächlich erschossen worden. In Stein gehauen fand ich seinen Namen auf der Gedenkplatte anerkannt.«

Jan Gdaniec II *

1939 1. September Geboren am 9. Juli 1915 in Danzig. Danziger Staatsangehörigkeit. Besuch einer polnischen Grundschule und des polnischen Gymnasiums in Danzig. Beschäftigt gewesen bei der Firma Gische, Porzellan GmbH, Hopfengasse 109. Mitglied der Gmina Polska, des Polenbundes, der Vereinigung kaufmännischer Angestellter, des katholischen Jungmännervereins, des Sokół, der Sportklubs »Gedania« und »Orzeł« sowie der Gesangvereine »Cecylia« und »Moniuszko«. Wohnhaft früher Pfefferstadt 43, später Elbląska 53. Häftling in den Lagern Neufahrwasser und Stutthof, Dachau, Buchen-

* Auszug aus: »Danzig: 1939« von Brunon Zwarra, Gdansk.

wald, Auschwitz und Leitmeritz. Seine Erinnerungen wurden 1975 aufgezeichnet. Verstorben am 18. März 1983. »Die finanzielle Situation zu Hause war vor Kriegsausbruch außerordentlich schwierig, weil die Nazis vor unserem kleinen Lebensmittelgeschäft schon längere Zeit unsere alte deutsche Kundschaft am Betreten des Ladens unter Drohungen hinderten. Zwar gab es einige Deutsche, die sich nicht abschrecken ließen, aber das waren zu wenige, um unseren Eltern und den zahlreichen Geschwistern den Unterhalt zu sichern. Eine große Hilfe stellte damals die von der polnischen Volksgruppe eingeleitete Aktion ›Polen kaufen nur bei Polen‹ dar, die eine wirksame Unterstützung der polnischen Kaufmannschaft in Danzig zum Ziel hatte. – Ich war Mitglied der geheimen militärischen Organisation ›Orzeł‹. Am Dienstag, den 29. August 1939, erhielt ich einen Stellungsbefehl zum Sammelpunkt in Oxhöft. Dort erreichte uns ein weiterer Befehl, nach Danzig zurückzukehren, wo wir für den Fall eines Nazi-Überfalls auf weitere Befehle warten sollten. Danach sollten wir unseren in Danzig einrückenden Truppen Hilfe leisten. Waffen wurden uns nicht gegeben, weil unsere Ausrüstung angeblich noch vorbereitet würde. Nach einem längeren Zustand angespannten Abwartens trat in Danzig in den letzten Stunden des 31. Augsut eine unheilverkündende Ruhe ein. Es war die Ruhe vor dem Sturm. Man fühlte, daß ›etwas in der Luft‹ lag. Als wir am *1. September* durch Schüsse geweckt wurden, sagte meine Mutter, daß nun der Krieg ausgebrochen sei. Ich wollte sie beruhigen. Sie empfahl uns jedoch, in die nahegelegene St. Josephskirche zu gehen, um zu beichten und zu kommunizieren. Während unseres Gesprächs schaute ich einen Augenblick lang durch das Fenster und sah, wie ein Mann die Straße entlang geführt wurde. Ich erkannte in ihm unseren Abgeordneten Antoni Lendzion. Kurz darauf wurde auf demselben Wege Zygmunt Grimsmann vorbeigeführt. Wir gingen zum Bahnhof, wo wir schon von weitem eine aus SA und Polizei gebildete Sperre erkennen konnten. Rasch kehrten wir um und gingen zur Kirche, wo wir einige polnische Freunde trafen. Nach kurzer Beratung beschlossen wir, gemäß unseren Befehlen die weitere Entwicklung der Ereignisse zu Hause abzuwarten. Infolge der ungeheueren Spannung hatten wir vergessen, die Sakramente zu empfangen. Als wir wieder die Straße betraten, bemerkten wir, daß wir verfolgt wurden. Ich beschloß, mit meinem Bruder gemeinsam in Richtung Theater zu gehen. Zunächst blieben wir einen Augenblick an der nahegelegenen Bedürfnisanstalt stehen und gingen dann in verschiedene Richtungen auseinander, um auf Umwegen nach Hause zu gelangen. Unsere Wohnung fanden wir durchwühlt vor, was soviel bedeutete, daß eine Durchsuchung stattgefunden hatte. Die Eltern waren fort; daher schlossen wir uns ein. Um zu erfahren, was in der Welt vor sich ging, wollte ich mit unserem kleinen Detektorapparat den Danziger Sender abhören. Zu meinem Erstaunen hörte ich eine Stimme, die in kaschubischer Sprache die neue deutsche Ordnung pries und – soviel verstand ich in meiner immer größer werdenden Erregung – die günstigen Preise erwähnte! Das Abhören der Sendung wurde dann durch Klopfen an der Tür unterbrochen. Wir vermuteten wieder Nazis, weshalb wir uns still und abwartend verhielten. Es wurde jedoch nicht versucht, in die Wohnung einzubrechen, und wir beschlossen nach längerem Abwarten, die quälende Ungewißheit zu beenden. Wir dachten an die Worte der uns wohlgesonnenen deutschen Nachbarin Frau Kaschubowski, die eines Tages vor dem Krieg zu meiner Mutter gesagt hatte: ›Sagen Sie Ihren Söhnen, daß es bald anfängt, zu donnern. Sie sollen keinen Widerstand leisten. Es hat keinen Zweck.‹ *) Da wir keine Hoffnung mehr hatten, meldeten wir uns bei der NSDAP-Ortsgruppe. Dort wurden wir höflich empfangen, und es wurden uns sogar Zigaretten angeboten. Eine Stunde später fuhr ein bereits teilweise mit Landsleuten besetzter Lkw vor. Wir mußten dazusteigen und wurden zu dem unweit befindlichen Polizeirevier in der Elisabethkirchengasse gebracht, wo sich ebenfalls schon Polen befanden. Von dort aus wurden wir zur Viktoria-Schule transportiert. Am Eingang gingen wir an einer Gruppe Deutscher in gelben Uniformen vorbei. Plötzlich erschallte der Ruf: ›Paßt auf! Da kommen die polnischen Säue!‹ *) Ich erlangte das Bewußtsein erst wieder auf dem Hof, wo ich von einem SA-Mann verbunden wurde. Der sagte zu mir: ›Mensch Janek, dich haben sie aber fertiggemacht!‹ *) Mein Kopf war durch einen Kolbenhieb aufgeschlagen. Trotzdem mußte ich mich wie die anderen vor eine Mauer stellen. Dann mußte ich in der Schlange zu einem Tisch vorrücken, hinter dem ein Beamter saß. Ich gab meine Ausweise und Habseligkeiten ab. Danach wurden wir in einen Klassenraum gebracht. Durch das Fenster dieses Zimmers erkannte ich am nächsten Tage den Pfarrer Komorowski beim Zusammenfegen von Müll auf dem Schulhof. Am gleichen Tage wurden die Handwerker aufgerufen, unter denen ich meinen Bruder erkannte. Die ganze Gruppe wurde anschließend abgeführt. Nachts hörte man die Schreie der während der Vernehmungen mißhandelten Landsleute. Eines Tages sah ich, wie nach einem solchen Verhör der mir bekannte Kempiński vorbeigeführt wurde. Er zitterte wie im Fieber. Ich kam von dort zuerst in das Lager Neufahrwasser, von wo aus wir täglich zu Aufräumungsarbeiten nach der Westerplatte geführt wurden. Aus dieser Zeit erinnere ich mich an einen Fall von Mißhandlung eines Gefangenen im Ornat durch einen SA-Mann. Zusammen mit meinem Vater und älteren Bruder Andrzej kamen wir später zu dem deutschen Bauern Waschke nach Ohra-Altdorf. Dieser holte uns gemeinsam mit vielen anderen Bauern vom Heumarkt ab. Die anderen nahmen auch polnische Kriegsgefangene mit. Ich erinnere mich, daß ein gewisser Block und ein Bäcker Pettke dabei waren. Der deutsche Bauer hat sich uns gegenüber korrekt verhalten. Im November kamen wir wieder nach Neufahrwasser. Dort verbrachten wir das Weihnachtsfest. Ich war zusammen auf einer Stube mit dem alten Herrn Jedwabski, der eine führende Rolle im Polenbund gespielt hatte. Ich spielte am Heiligen Abend polnische Weihnachtslieder auf der Mundharmonika. Der Kollege Jerzy Piotrowski hatte sich als Filmstar verkleidet. In einer anderen Stube befand sich der allen gut bekannte Pfarrer Szymański. Von Kollegen erfuhr ich, daß dieser trotz Verbot den Landsleuten die Beichte abnahm. Ich weiß nicht mehr genau, wann auf dem Sportplatz in Neufahrwasser die Selektion vorgenommen wurde. Dies geschah durch den Lagerkommandanten Pauly persönlich, der diejenigen Polen in die größere Gruppe einteilte, die in das Umschulungslager Riesenburg geschickt werden sollten. Zu der kleineren Gruppe kamen dagegen jene, die nach Stutthof sollten. Diese wurden als ›Erzpolacken‹ *) bezeichnet. Dazu rechnete man auch mich. Nach Stutthof kam ich gemeinsam mit meinem Bruder Andrzej. Dort trafen wir auch meinen Vater wieder, während der Bruder Władek nicht dabei war. Mein Vater starb am 14.4.1940, und Andrzej wurde am 19. April in das Lager Sachsenhausen abtransportiert. Ich wurde im Mai des gleichen Jahres zu einem Kommando nach Elbing abgestellt, wo ich in einer Pinselfabrik arbeitete. Von dort aus begann dann meine Wanderung durch eine Anzahl weiterer Lager.«

Die mit einem *) versehenen Passagen sind im Originaltext ebenfalls in deutscher Sprache abgedruckt worden.

Brunon Kobiella *

1939 1. September Geboren am 25. Oktober 1916 in Danzig. Danziger Staatsangehörigkeit. Besuchte das polnische Gymnasium in

* Auszug aus: »Danzig: 1939« von Brunon Zwarra, Gdansk.

Danzig. Mitglied der Gmina Polska, des ZZP, des Sportklubs »GEDANIA«, des ZHP und des Moniuszko-Chores. Er war beschäftigt bei der PKP auf dem Troyl als Kanzlist. Wohnhaft gewesen in Danzig, Schüsseldamm 5b, nach dem Krieg in Gdańsk-Przymorze, ul. Chłopska 12M. Lagerinsasse in Grenzdorf, Stutthof und Sachsenhausen. Verstorben am 13. November 1978. Seine Erinnerungen stellte er im Jahre 1975 zur Verfügung.

»Am Freitag, den 25. August 1939, erschien in meiner Wohnung ein Mann in Zivil und befahl mir, mich unverzüglich beim Arbeitsamt zu melden. Auf die Frage, worum es sich handelte, erklärte er, es seien gewisse Formalitäten zu regeln. Ich erwiderte darauf, daß ich die Sache innerhalb einer Stunde erledigen würde. Mir gefiel diese Vorladung nicht. Ich hatte das Gefühl, daß irgend etwas im Busch sei. Meiner Mutter sagte ich, mein Vater möge sich an das polnische Generalkommissariat wenden, wenn ich nach einer Stunde nicht zurück sein sollte. Vor unserem Hause erwartete mich der Deutsche, und auf der gegenüberliegenden Straßenseite bemerkte ich noch zwei weitere verdächtige Gestalten. Plötzlich trat der mir bereits bekannte Zivilist auf mich zu, zeigte seinen Polizeiausweis und befahl mir, ihm zu folgen, da ich verhaftet sei. Ich wollte dies noch meiner Mutter mitteilen, aber der Polizist ließ mich nicht mehr zurückgehen. Er deutete auf seine Pistole und warnte mich vor einem Fluchtversuch. Man führte mich in den vierten Stock des Polizeipräsidiums, wo sofort mit dem Verhör begonnen wurde. Die Polizisten in Zivil wollten wissen, welchen polnischen Organisationen ich angehörte und welche politischen Anweisungen ich in letzter Zeit erhalten hätte. Ich hatte keine Ahnung, worum sich das alles drehte und bestritt die verschiedenen mir gegenüber vorgebrachten Behauptungen. Danach wurde ich in das neben dem Präsidium befindliche Gefängnis gebracht und in einer kleinen Zelle untergebracht. Als mir zum Mittagessen Kartoffeln und Heringe vorgesetzt wurden, rührte ich nichts an, da ich eine Provokation befürchtete. Ich argwöhnte, man wollte mich mit Durst quälen und auf diese Weise irgendwelche Informationen herausholen. Abends wurde ich wiederum zum Verhör vorgeführt, wobei wieder dieselben Polizisten anwesend waren. Diesmal wollten sie mich mit Geschrei und Schlägen zwingen, nähere Angaben über unsere Organisationen und über militärische Übungen zu machen. Ich wurde ziemlich lange gequält und sollte dann unvermittelt ein Protokoll über das Verhör unterschreiben. Aber ich ließ mich nicht einschüchtern und las trotz der Drohungen zunächst den Text durch. Danach strich ich das ganze Protokoll durch, weil nicht das darin stand, was ich ausgesagt hatte. Zwei Stunden später wurde ich erneut verhört und sollte wiederum unterschreiben, aber ich stritt nochmals alle Behauptungen ab und unterschrieb nicht. Die Verhöre wiederholten sich in dieser Nacht noch mehrfach, zuletzt am frühen Morgen. Ich hatte mich überzeugt, daß die Nazis keinerlei Beweise über meine Aktivitäten besaßen und daher so hartnäckig um meine Aussage bemüht waren. Das Frühstück rührte ich ebenfalls nicht an. Gegen Mittag wurde ich wieder vorgeführt. Diesmal entschuldigten sich die Beamten und erklärten, daß es sich um einen Irrtum gehandelt hätte. Ich sei nun frei. Der mich verhört hatte, wollte mir sogar die Hand geben, aber diese Geste ignorierte ich. Wie ich später von meinem Vater erfuhr, hatte er meine Verhaftung sogleich im Generalkommissariat gemeldet, von wo man sich um Informationen aus dem Polizeipräsidium bemühte. Die Nazis hatten bestritten, daß es sich um eine Verhaftung gehandelt hätte, und behauptet, daß ich mich überhaupt nicht dort befunden hätte. Daraufhin soll Minister Chodacki gedroht haben, daß 10 Deutsche in Polen auf die gleiche Weise verhaftet werden würden, wenn ich nicht wieder freigelassen werden sollte. Das wirkte. Nach Rückkehr zur Arbeit wurde ich in die benachbarte Dienststelle Kaiserhafen versetzt. Außerdem erhielt ich den Befehl, weitere Aufträge zu Hause abzuwarten und mich zu eventueller Hilfeleistung bereitzuhalten. Den letzten Augustabend verbrachte ich zu Hause gemeinsam mit meinem Vater, meinem Bruder Stefan sowie Herrn Gostkowski, einem Bediensteten der Polnischen Post. Wir hörten die Rundfunknachrichten ab. Anschließend ging ich mit Gostkowski zu seiner Wohnung am Kassubischen Markt 8, um weiter auf wichtige Nachrichten zu warten. Gegen Morgen wurden wir durch einen entfernten Kanonenschuß geweckt. Gleichzeitig wurde es im Hause laut. Wir hörten Geschrei und immer wieder das Wort ›Polacken‹.*) Dann wurde es wieder ruhiger, und wir gingen etwa um 8 Uhr zu meinem Vater. Unterwegs hörten wir Schüsse von der nahen Polnischen Post. Solange es hell war, rührten wir uns nicht von der Stelle. Wir saßen am Radio und warteten auf die angekündigten Befehle. Gegen Mitternacht wurden wir durch gewaltigen Lärm geweckt. SA-Leute schlugen mit Kolben gegen die Tür und drangen gleich darauf in unser Haus ein. Mit dem Ruf ›Hände hoch‹*) schlugen sie sofort auf meinen Vater und mich ein. Die Wohnung durchsuchten sie nur oberflächlich und fanden den zuvor von mir versteckten Gostkowski nicht. Nach Versiegelung der Wohnung wurden wir in das Polizeirevier Elisabethkirchengasse gebracht. Dort wurden wir wieder geschlagen. Die Nazis warteten auf einen Polizeitransporter, denn ich hörte, wie sie sagten: ›Die Hunde sind zu allem fähig! Sie können nicht zu Fuß gehen!‹ Mit uns fuhren SS-Leute, die uns ebenfalls verprügelten, wobei ich einen Nasenbeinbruch davontrug. Wir wurden zur Viktoriaschule gebracht, wo wir von SA-Leuten erwartet wurden. Ich mußte stehenbleiben und wurde mit einer Art Feder geschlagen. Trotz der späten Nachtstunden befanden sich auf dem Schulhof zahlreiche Landsleute. An den Tischen ›amtierten‹ Nazis, die unsere Angaben notierten und Dokumente sowie Habseligkeiten einsammelten. Ich wurde anschließend zum Kesselraum gebracht und mit Fußtritten hineingestoßen. Am nächsten Morgen wurden wir auf den Hof geführt und mußten uns an einer Mauer aufstellen. Dort erkannte ich einen Postbediensteten mit einem durchgebluteten Kopfverband. Einige Zeit danach brachte man mich in das erste Stockwerk der Schule, wo die Verhöre stattfanden. Während des Wartens vor der Wand des Korridors mußten die Hände hochgehalten werden. Ich war von den Schlägen so fertig, daß ich nach kurzer Zeit die Besinnung verlor. Dank der Unterstützung von seiten meines Freundes Anton Leszczynski kam ich bald wieder zu mir. Während des Verhörs wurde ich über meine Zugehörigkeit zu militärischen Organisationen und Übungen befragt. Mir wurde eine Mitgliederliste einer dieser Organisationen vorgelegt, auf der mein Name stand. Ich stritt alles ab und erhielt dafür wieder Schläge. Als ich zu Boden fiel, bemerkte ich zahlreiche Blutlachen, und als ich mich wieder erhob, wurde ich gefragt: ›Sind Sie Pole?‹*) ›Jawohl‹,*) antwortete ich. ›Ich frage Sie zum letzten Male, ob Sie Pole bleiben wollen?‹,*) fragte er in drohendem Ton und fuchtelte mit seiner Pistole. ›Wenn Sie Deutscher sind, können Sie dann Pole sein? Kann man aus Semmeln Butter machen?‹,*) antwortete ich. Unversehens erhielt ich nun einen Schlag mit der Säbelscheide, die dabei auf meinem Kopf zersprang. Der das Verhör führende Kerl zog die Pistole und machte dabei eine Handbewegung, als ob er schießen wollte. Als ich verzweifelt rief: ›Schießen Sie! Tun Sie, was Ihr Gewissen Ihnen diktiert‹,*) beeilte er sich, die Pistole wieder einzustekken und schrie: ›Hau ab!‹*) Beim Verlassen dieses Ortes des Schrekkens hörte ich, wie einer sagte: ›Das ist ein Kerl!‹*) Dann war ich wieder auf dem Hof und wurde in den Keller zurückgejagt. Gegen Abend sah ich durch das vergitterte Fenster Flugzeuge im Anflug. An einem anderen Tage bemerkte ich zu meinem Erstaunen polnische Soldaten auf dem Schulhof. Am 13. September wurde eine Gruppe Landsleute zu einem Transport zusammengestellt. Da auch mein Bruder Stefan dazugehörte, stellte ich mich ebenfalls dazu. Zuerst wurden wir zur Entlausung nach Neufahrwasser gebracht und von dort aus in das Lager Grenzdorf, von wo aus ich zweimal in jenem Herbst zur Arbeit bei deutschen Bauern eingesetzt wurde. Im Oktober 1939 erkrankte ich und kam mit anderen Kranken in eine Krankenbaracke. Eines Tages hörte ich durch die Holzwand, wie einer sagte: ›Der Alte hat befohlen, alle Kranken zu erschießen.‹*) Erschrocken stand ich trotz meines Fiebers schnell auf, ergriff den in der Ecke stehenden Besen und meldete dem gerade vorübergehenden SS-Mann in strammer Haltung, daß ich mit dem Saubermachen der Stube beschäftigt sei. Der warf mich gleich zur Tür hinaus. Die Kranken wurden kurz danach mit einem Lkw abtransportiert und kehrten nicht wieder ins Lager zurück. Anfang März wurde ich ins Lager Stutthof gebracht und am 19. April mit einem Transport in das Lager Sachsenhausen überstellt.« (Brunon Zwarra)

Die mit einem *) versehenen Passagen sind im Originaltext ebenfalls in deutscher Sprache abgedruckt worden.

1939 2. September »01.40 h. Soeben wache ich auf durch eine Schießerei, welche auf der Westerplatte vor sich geht. Da ›Alarm‹ durchs Schiff gegeben wird, gehe ich ins Lazarett. Da weiter nichts geschieht, gehe ich um 02.15 h wieder schlafen. 11.50 h. Durch unsere 28-cm-Geschütze senden wir nach Gdingen unsere Visitenkarte, denn zu diesem Zweck haben wir nach unserem jetzigen Liegeplatz verholt. Durch einen Krankenträger erfahre ich, daß die nächtliche Schießerei auf einen Ausfallversuch der Polen entstanden ist, von der SS und Polizei aber abgeschlagen wurde. In der Stadt wird ebenfalls noch hartnäckig gekämpft, denn die Polen halten die Poln[ische] Post noch besetzt. Diese und die Westerplatte sollten der Ausgangspunkt für die Übergriffe auf Danzig werden. 12.50 h. Die Beschießung von Gdingen durch unsere 28er hält noch an. Gegen 13.30 h wird das Feuer eingestellt, denn wir haben keine Verbindung mehr mit dem Beobachter. Etwa 2 St[un]d[en] später kommt L[eutnan]t z[ur] S[ee] Harney an Bord. Er hatte die Beobachtung in der Nähe von Zoppot. Er erzählt uns, daß er plötzlich unter Beschuß der Polen kam. Eine Granate ist 2 m von seiner Beobachtungsstelle eingeschlagen, dabei wurde ein Funker tödlich verletzt, 1 verwundet. Vom Stoßtrupp war Ob[er]l[eutnan]t Schuck an Bord, und von ihm erfuhren wir genau unsere Verluste. Demnach beträgt die Zahl der Toten 14, vermißt werden 4 und verwundet 52. Der Stoßtrupp-Führer Ob[er]l[eutnan]t Henningsen, welcher gleich beim ersten Angriff verwundet wurde, ist seinen Verletzungen erlegen. 18.00 h. Wir stehen an Oberdeck. Ein Mann zeigt zum Himmel. In beträchtlicher Höhe 3, 6, 9, 12 Punkte. Immer mehr werden es. Es sind die gemeldeten Sturzbomber, welche nun gegen die Westerplatte angehen, im ganzen 60. Schnell nähern sie sich ihrem Ziel. Der erste neigt sich plötzlich ganz steil nach vorn, so daß er fast senkrecht steht. Im Sturz läßt er seine ›Eier‹ fallen, es sind 3, eine größere und 2 kleinere Brandbomben. So ziehen alle 60 über die Westerplatte und erfüllen ihre Aufgabe. So schnell sie gekommen sind, verschwinden sie auch wieder, nachdem sie sich gesammelt haben. Gewaltige Detonationen erfolgen, der Himmel bezieht sich mit aufsteigendem Rauch. An Bord ist alles der größten Zuversicht, denn das muß das Ende der Westerplatte sein.«

1939 2./3. September Am Abend des 1. September ergeben sich die bewaffneten Postbeamten der Polnischen Post am Heveliusplatz.

1939 3. September »Um 04.00 h werde ich wach durch den Lärm des Wachwechsels. Ich gehe auf die Brücke; auf der Westerplatte wird mit Leuchtspurmunition geschossen. Sind die Polen noch nicht mürbe? Angezogen lege ich mich wieder schlafen. Im Laufe des Vormittags hört man von verschiedenen Seiten, daß auf der Westerplatte noch reges Leben herrscht. L[eutnan]t z[ur] S[ee] Böning wird vom Kommand[anten] losgeschickt, um etwas über die Wirkung des Bombenangriffs aus der vorderen Linie zu erfahren. Ein Bunker soll eingestürzt sein. Nach den verschiedenen Aussagen muß die Westerpl[atte] eine halbe Festung sein, und nicht wie vertraglich festgelegt ein kl[einer] Stützpunkt mit einer beschränkten Zahl von Besatzung. Aus Rosslau ist über Nacht ein Pionierbataillon, ein Spezialtrupp für Erstürmungen, nach Königsberg gebracht worden. Sie werden noch heute hier eintreffen, und dann der Westerplatte mit Flammenwerfern und ähnlichem Spezialgerät zu Leibe rücken. 16.30 h. Der Kommand[ant] spricht mit den Offizieren über die Lage. Da uns England den Krieg erklärt hat, will der Führer schnell mit Polen fertig werden. Morgen sollen unsere toten Kameraden beigesetzt werden.«

1939 3. September Kriegserklärung Englands und Frankreichs an Deutschland.

1939 3. September Polnische Armee in Pomerellen eingeschlossen.

1939 4. September »Um 24.00 h werde ich wach vom Lärm des Wachwechsels. Ich ziehe mich an und gehe vor meine Kammer. In Richtung Gdingen–Oxhöft liegt ein roter Feuerschein am Himmel. Gestern abend hat es angefangen zu brennen. Anschließend lege ich mich wieder bis 07.10 h schlafen. 08.30 h alle Mann auf die Schanze. Der Kommand[ant] schildert uns kurz die allgem[eine] Lage und unsere eigene. Bei dem Bombenangriff soll nur eine Kaserne einen Treffer bekommen haben. Um 14.00 h bin ich mit dem Kommand[anten] u[nd] Adju[tanten] zum Waldfriedhof ›Silberhammer‹ gefahren, um an einer Trauerfeier von 17 gefallenen SS- und Heimwehrmännern teilzunehmen.«

1939 5. September »Gegen 10.00 h feuert eine Haubitzbatterie auf die Westerplatte. Um 15.00 h Beisetzung unserer Gefallenen auf dem Friedhof ›Silberhammer‹: vom Stoßtrupp 6, der Funker Schumann von uns und weitere 20 Angehörige der SS und Polizei.«

1939 6. September »Um 09.00 h mit dem Ob[er]st[a]bsarzt zur Stadt, um durch die Krankenhäuser zu fahren und unsere Verwundeten zu besuchen. Gegen 13.00 h sind wir wieder an Bord. Heute morgen wurde versucht, einen Benzintank auf die Wester[platte] zu schieben und diesen dann in Brand zu setzen, um die Bäume abzubrennen. Leider geriet der Wagen zu früh in Brand. Um 16.00 h wird der Versuch wiederholt, jedoch ohne Erfolg, denn die Bäume sind zu grün, und außerdem ist es überwiegend Laubwald.«

1939 7. September »04.10 h Lärm vor meiner Kammer weckt mich. Ich bin im Begriff aufzustehen, als der Läufer kommt und meldet: ›Alle Mann auf Gefechtsstation.‹ Ich ziehe mich schnell an. Als ich die Kammer verlassen will, kann ich das Schott nicht öffnen. Die Soldaten haben die ganze Flack-Munition davorgestapelt. Da das Gefecht gleich beginnen soll, bleibt keine Zeit selbige wegzuräumen. Ich stecke meine beiden Beine durchs Bullauge und lasse mich von den Soldaten hinausziehen. Gerade erreiche ich das Lazarett, da geht der erste Schuß los. Wir sind wieder bis nahe an die Westerplatte herangefahren. Nun feuern wieder alle Kaliber auf dieses Stückchen Land (60000 qm), welches uns erst als Nebenaufgabe zugedacht war und nun zu unserer Hauptaufgabe geworden ist. Wir feuern nahezu 2 St[un]d[en]. Die Flaks haben sich als Ziel einen Bunker gewählt, welchen sie in schneller Salvenfolge mit ihren 8,8-cm-Geschossen eindecken. Wir stehen vor dem Lazarett und können alles gut beobachten. Der Bunker hält aber stand, so daß nach einiger Zeit die 15 cm mit zur Hilfe genommen werden. Als sich die Rauchwolken verzogen haben, sehen wir, daß das Dach eingestürzt ist. Zwischen den einzelnen Feuerüberfällen von uns gehen die Pioniere vor. Ein Wachhaus der Danziger Polizei wird gesprengt, um den Weg frei zu machen. Deutlich sehen wir sie arbeiten. Andere versuchen mit Flammenwerfern den Wald in Brand zu setzen – vergebens, die Bäume brennen nicht. Gegen 08.10 h gehen wir auf unseren alten Platz zurück. Nach inzwischen eingelaufenen Meldungen soll der Erfolg diesmal größer sein, und Tote hat es auf unserer Seite auch nicht gegeben. Als wir fest sind, steigen wieder schwarze Rauchwolken zum Himmel. Man versucht immer noch, die Bäume mit Öl und Benzin zum Brennen zu bringen. 10.30 h. Ich bin gerade auf der Brücke und beobachte durchs Glas die Vorgänge auf der Westerplatte. Von der Signalbrücke ertönt plötzlich der Ruf: ›Die Westerplatte hat weiße Flagge gehißt.‹ Allgemeines Erstaunen, jedoch glaubt niemand so recht daran; vielmehr vermuten wir eine Falle dahinter. Nach einiger Zeit sehe ich aber selber, wie etwa 50–60 Soldaten mit erhobenem Arm durch den Haupteingang kommen. Wie wir später erfahren, befindet sich unter ihnen der Kommandeur und andere Offiziere. Langsam kommen sie, immer noch mit erhobenen Armen nach vorn. Der Kommandant ist auch gleich mit einem Auto hingefahren. Einige Zeit später fahren auch schon zwei Sanitätskraftwagen auf die Westerplatte und holen unsere Toten, soweit sie nicht von uns geholt werden konnten. Sicher werden sie auch die polnischen Verwundeten und Toten mitnehmen. Nachdem die Übergabeverhandlungen geklärt sind, gehen unsere Ärzte auch gleich mit und helfen den Polen an Ort und Stelle. Nach und nach kommen alle Polen mit erhobenen Armen von der Westerplatte. Als ich gegen 16.00 h mit einigen anderen Kameraden zur Westerplatte fahre, stehen die Gefangenen angetreten zum ›Marsch nach Berlin‹, nur etwas anders, als sie es sich vorgestellt haben. Ein Marinesoldat, welcher auch

Der Kommandeur der Danziger Einheiten, General Friedrich Eberhardt, salutiert vor Major Henryk Sucharski in Anerkennung für die Tapferkeit der Verteidiger der Westerplatte.

etwas deutsch sprechen kann, hat die Aufsicht bei dem Abtransport. Immer noch kommt die Besatzung der Westerplatte in größeren Trupps heran. Vor bereitgestellten Autobussen stehen sie und warten auf den Abtransport. Manche machen ein ganz vergnügtes Gesicht, während andere uns grimmig ansehen. Fast alle haben ein Stück Speck in der Hand und futtern. Wahrscheinlich ist es nach einigen Tagen das erste vernünftige Essen, was ihnen die ›bösen Deutschen‹ gegeben haben. Nachdem der Kommandeur noch einmal in Begleitung von deutschen Soldaten auf die Westerplatte gegangen ist und die Versicherung geben mußte, daß keinerlei Minen oder ähnliche Sprengkörper vergraben sind, übergibt er die Westerplatte an den kommandierenden General von Danzig, General Eberhardt. Einige Meter vor dem Eingang zur Westerplatte werden wir von einem SS-Posten angehalten, welcher uns sagt, daß auf Befehl von General Eberhardt niemand die Westerplatte betreten darf. Etwas verärgert fahren wir wieder zurück.«

1939 8. September Die polnische Besatzung des Munitionsdepots Westerplatte kapituliert.

1939 8. September »Um 07.00h verholen wir in das Munitionsbecken. Wir legen mit der B[ack]b[ord]seite an, damit wir nun die St[euer]b[ord]batterie zum Schießen nehmen können. Auf der Fahrt sehen wir die Wirkung unseres Feuers aus nächster Nähe, welche weitaus größer war als wir dachten. Zwischen den abgeschossenen Bäumen sehen wir die beschädigten Bunker. Auf dem vordersten weht die deutsche Kriegsflagge! Nach dem Festmachen feuert unsere m[ittlere] A[rtillerie] nach Hoch Redlau und Oxhöft. Der Beobachtung nach liegt das Feuer gut. Auf der Hütte steht ein poln[isches] M[aschinen]g[ewehr] und ein kl[eines] Geschütz. Die Soldaten studieren eifrig daran herum.«

1939 9. September »08.15h alle Mann auf der Schanze antreten. Der Kommand[ant] gibt wieder einen Überblick über die allgem[eine] Lage. Er schildert uns die Übergabe der Westerplatte, und daß die Polen bereits am 2. IX. moralisch soweit gewesen sind, sich zu ergeben. Für heute nachmittag kündigt er den Besuch des Ob[erbefehlshabers] d[er] M[arine] an. Gegen 14.00h erschien der Ob[erbefehlshaber] d[er] M[arine]. Nachdem er die einzelnen Divisionen abgeschritten hatte, hielt er auf der Schanze eine kurze Ansprache, worin er den Einsatz des Schiffes und des Stoßtrupps würdigte. Um 17.00 h fahren wir an Land zur Beisetzung unserer restlichen 9 Gefallenen, welche teilweise erst nach der Übergabe der Westerplatte geborgen werden konnten.«

1939 10. September »Am Vormittag und Nachmittag beschießt unsere s[chwere] A[rtillerie] wieder poln[ische] Stellungen bei Oxhöft. Um 16.00 h haben wir Gelegenheit, die Westerplatte zu besichtigen. Ich ziehe mit 20 Mann der Division los, da die Männer nicht allein gehen dürfen. Wenn man jetzt die Anlagen sieht, muß man sich doch wundern, wie die Polen sich so lange halten konnten. Abgesehen von 3 Bunkern ist die Westerplatte nicht sehr stark befestigt. Die Kaserne ist auch zum Widerstand eingerichtet, jedoch ist sie bei den verschiedenen Angriffen sehr in Mitleidenschaft gezogen worden. Eine Bombe hat das Treppenhaus zerstört. Innen sieht es furchtbar aus. Die Schränke sind zerschlagen. Radioapparate und andere Geräte sind zerstört. Auf dem Fußboden liegt alles zerstreut. Telefone sind unbrauchbar gemacht. Ich sammle mir einige Briefe auf, denn mich interessieren die Marken. Als ich die vielen Briefe und Fotografien sehe, denke ich plötzlich an die vielen Frauen, Mütter und Bräute, welche vergebens auf die Rückkehr der Soldaten warten werden. Aber uns geht es ja auch so. Vor der Kaserne finden wir einen Toten. Er ist in einem weißen Laken eingewickelt, aus welchem nur das Gesicht schaut. Am Kopf ist das Laken stark verblutet. Wahrscheinlich hat er einen Kopfschuß bekommen, und seine Kameraden haben ihn gleich vor der Kaserne verscharrt. Kurz hinter der vordersten Verteidigungslinie der Polen steht ein kl[eines] Wachhaus, welches auch ziemlich stabil gebaut ist. Auch hier sieht man die Spuren des Kampfes. Hinter dem Kommandeurs-Haus liegt ein größerer Bunker, welcher von den Fliegern völlig zerstört worden ist. Drinnen liegen noch 4 Polen, und da sie eingeklemmt sind und nicht herausgeholt werden können, begießen einige Sanitäter die mit Benzin, um sie zu verbrennen. Vor dem Bunker haben sie ein Grab ausgehoben, wo zwei Polen begraben werden. Ich sage den Leuten, daß vor der Kaserne auch noch ein Toter liegt. Die vorderste Linie ist gut angelegt. Ein hoher Wall mit einem Graben. Von hier aus kann man das vor sich liegende Gelände gut in Schach halten, und hier sind auch unsere meisten Leute gefallen. Der Wald, welcher hier ziemlich dicht ist, ist mit Stolperdraht durchzogen. An einer Stelle ist eine Schneise herausgeschlagen, und hier ist auch kein Stolperdraht. Diesen freien Weg haben aber die Polen von ihrer Stellung mit ihren Maschinengewehren beherrscht. Über die ganze Westerplatte zerstreut liegen gut getarnte Unterstände und Maschinengewehrnester sowie Schützenlöcher. Munition und Eierhandgranaten liegen genug herum. An einer Stelle stehen viele Kisten mit Munition für Pak. Wahrscheinlich hat hier eine Pak[artillerie] gestanden. Bombentrichter sind überall zu sehen, und man kann erkennen, wie gründlich unsere Stukas die Westerplatte durchgekämmt haben. Verhältnismäßig haben die Polen jedoch nicht viel Verluste gehabt, und man kann wohl sagen, daß sie sich tapfer gehalten und geschlagen haben. Die Besatzung betrug 5 Offiziere und 200 Unteroff[i]z[iere] und Mannschaften. Vertraglich durften sie aber nicht so stark sein, und man erkennt, daß von hier und der Polnischen Post der Überfall auf Danzig geplant war.«

1939 10. September Westpreußen von deutschen Truppen eingenommen.

1939 11. September »Heute haben wir frische Munition bekommen, denn unser Bestand ist ziemlich gelichtet. Nachmittags beschießen wir wieder die poln[ischen] Stellungen bei Oxhöft und auf Hela. Gdingen schonen wir, denn wie verlautet, wollen wir die Hafenanlage, welche sehr gut und modern sein soll, heil in unsere Hände bekommen. Da einige Musiker noch nicht die Westerplatte besichtigt haben, bitten sie mich, daß ich noch einmal mitgehe. Ich trabe dann auch mit ihnen los. Vor dem gr[oßen] Bunker schaufeln zwei Männer Gräber, denn die Polen aus dem eingestürzten Bunker sollten begraben werden, da sie nicht verbrannt sind. Der Tote an der großen Kaserne war auch vergraben. Gegen 16.00 h sind wir wieder an Bord.«

1939 12. September »Heute wollten wir eigentlich wieder schießen, aber da es die ganze Nacht geregnet hat ist die Sicht schlecht, und bis z[ur] Z[eit] (08.20 h) ist noch kein Schuß gefallen. Post habe ich seit unserem Auslaufen aus Kiel noch keine bekommen. Der Ob[er]st[abs]arzt hat mir auch eine schöne Aufgabe ›abgetreten‹. Ich muß sämtliche Toten und Verwundeten mit näheren Angaben über Art der Verletzung in Listen eintragen.«

1939 13. September »10.30 h mit dem Pfarrer nach Zoppot zum Stoßtrupp gefahren, denn ich wollte den Komp[anie]-Feldw[ebel] wegen den Verlustmeldungen sprechen. 14.00 h–15.45 h kann ich seit langer Zeit wieder Probe abhalten. Um 17.00 h fahre ich wieder mit dem Pfarrer zum Reservelazarett ›Althof‹, um den Verwundeten Zeug und Stiefel zu bringen. Unterwegs treffen wir sie schon, denn sie befinden sich auf dem Weg zum Transportschiff ›Berlin‹. Wir händigen ihnen auf der Straße ihre Sachen aus. Auf dem Rückweg kehren wir noch im ›Astoria‹ ein, wo wir einige Leute vom Stoßtrupp treffen und uns von ihrem Angriff auf die Westerpl[atte] erzählen.«

1939 14. September »08.00 h Flaggenparade, anschl[ießend] ½ St[un]d[e] vor dem Schiff gespielt. 09.15–11.00 h Probe. Allmählich tritt wieder etwas geregelter Dienst ein.«

1939 14. September Nach knapp zweiwöchigen Kämpfen um die Oxhöfter Kämpe wird die Stadt Gdingen kampflos an Generalmajor Erhard übergeben.

1939 15. September »Von 10.00 h–11.30 h spielen wir vor dem Lazarettschiff. Die Verwundeten stehen auf den Seitendecks und spenden uns reichen Beifall. Der Chefarzt spricht uns anschließend seinen Dank aus.«

1939 16. September »Flaggenparade, anschl[ießend] Probe. 11.15 h die Offiziere zum Komm[an]d[ant]. Er schildert uns kurz die Lage. Nach dem Essen sehen wir einen Ufa-Film über den Krieg, unter anderem auch die Beschießung der Westerplatte durch die ›Schleswig-Holstein‹. Die Aufnahmen waren zum Teil an Bord aufgenommen, denn wir hatten Filmleute in Swinemünde an Bord bekommen. Da Gdingen gestern frei geworden ist, fahren um 15.00 h 7 Off[i]z[iere], darunter auch ich, zur Besichtigung dort hin. Es geht hier schon alles seinen gewohnten Gang weiter, und überall ist man mit Aufräumungsarbeiten beschäftigt. Die Polen müssen selber alles wegräumen. Hinter einem Gitter stehen die Gefangenen und erzählen mit ihren Angehörigen. Auf den Straßen stehen die Frauen vor den Geschäften, um Nahrungsmittel zu empfangen, denn die deutsche Organisation ist schon am Werk. Neue Straßenschilder werden angebracht, und sieht man auch Männer, welche von den öffentlichen Gebäuden den polnischen ...«

1939 17. September Rote Armee marschiert in Ostpolen ein.

1939 19. September Hitler hält triumphalen Einzug in Danzig. Reichsgau »Danzig-Westpreußen« gebildet unter Führung Forsters.

1939 20. September »...zäh und hartnäckig bis zum Schluß gehalten haben. Um 10.00 h soll der Führer von der Westerplatte kommend an unserem Schiff vorbeigehen. Die Vorbereitungen sind getroffen, jedoch wird im letzten Augenblick wieder alles rückgängig gemacht. 16.10–17.10 h vor dem Lazarettschiff gespielt.«

1939 21. September »Flaggenparade. Um 09.50 h angetreten, denn heute soll der Führer kommen. Der S[ee]b[efehlshaber] ›O[st]‹, der Kommandant und der A[rtillerie]o[ffizier] begleiten ihn über die Westerplatte, um Erklärungen zu geben. Gegen 10.45 h kommt der Führer von der Westerplatte und geht langsam an unserem Schiff vorbei. Mit einem Räumboot fährt er dann hinüber an Land, wo das Begleitkommando wartet. Außer den vielen Autos befinden sich darunter zwei kl[eine] Panzerwagen und zwei kl[eine] Lastautos mit Flak. Anschl[ießend] fährt der Führer nach Gotenhafen und Oxhöft. Nachmittags mit dem L[eutnant] I. noch einmal über die Westerplatte geschlendert. Die ›Schlesien‹ ist hier auch heute gegen 11.00 h eingelaufen, und hat uns gegenüber festgemacht. Nachmittags haben beide Schiffe ›Hela‹ beschossen.« (Biblioteka Gdańska PAN)

1939 27. September Polen kapituliert. Am folgenden Tag wird das Land in deutsche und sowjetische Interessensphären aufgeteilt.

1939 1. Oktober Bedingungslose Kapitulation der letzten polnischen Truppen auf der Halbinsel Hela.

1939 4. Oktober Der ehemalige »KdF«-Dampfer »Wilhelm Gustloff« wird als Rotkreuz-Schiff im Danziger Hafen (Neufahrwasser) eingesetzt.

1939 31. Oktober Gauleiter Albert Forster wird Reichsstatthalter des Reichsgaues Danzig-Westpreußen. (Eingeführt von Reichsminister Dr. Frick.)

1939 1. November Wiedereinführung der Selbstverwaltung der Stadt Danzig. Stadtkommissar Lippke zum Oberbürgermeister bestellt.

Am 19. September 1939 besuchte Adolf Hitler Danzig. In der Mitte Keitel, daneben Forster.

1939 25. November Ausbürgerung der Danziger Bürger polnischer Nationalität. Deportation von Polen aus »Eingegliederten Ostgebieten«.

1939 27. November Die Geheime Staatspolizei (Gestapo) wird in Danzig, Neugarten Nr. 27, für den Reichsgau Danzig-Westpreußen eingeführt.

1939 28. November Der Dampfer »Potsdam« bringt 1900 baltendeutsche Umsiedler nach Gotenhafen.

1939 30. November Auf Anordnung des Bezirkswirtschaftsamts wird die »Reichskleiderkarte« in Danzig eingeführt.

1939 18. Dezember Zum Schutz vor feindlichen Luftangriffen wird die »Allgemeine Verdunkelung von Wohn- und Diensträumen, Werkstätten, Hotels, Gaststätten usw.« angeordnet. Nur die Straßen bleiben beleuchtet.

1939 20. Dezember New York. Der Überseedampfer »Columbus« wurde, um der drohenden Aufbringung durch feindliche Kriegsschiffe zu entgehen, von der Besatzung versenkt. (1922 Stapellauf in Danzig.)

1940 14. Januar Vortrag im Stadtmuseum von Prof. Dr. Drost über die Danziger Ornamentik vom 15. bis 18. Jh., mit Lichtbildern. (Die kunstgewerbliche Abteilung des Stadtmuseums wurde wegen des andauernden Krieges geschlossen.)

1940 15. Januar Auf die sogenannte »Reichsseifenkarte« wird ein Stück Einheitsseife pro Person abgegeben.

1940 17. Januar Forster spricht zum erstenmal in Gotenhafen auf einer Großkundgebung vor zwangsumgesiedelten Baltendeutschen.

1940 18. Januar In Zoppot werden 1100 ehemalige polnische Staatsangehörige als »Volksdeutsche« anerkannt und erhalten entsprechende Abzeichen und Ausweise.

1940 20./21. Januar Oberst Groddeck übergab mehreren Persönlichkeiten die Reproduktion einer Federzeichnung, die der Kunstmaler und Unteroffizier Herbert Wentscher von den schweren Kämpfen des Danziger Infanterieregiments bei der Erstürmung der Höhen von Oblusch und dem Kriegshafen Oxhöft am 18./19. September 1939 gefertigt hatte.

1940 20./21. Januar Wie die »Danziger Neueste Nachrichten« melden, haben die »Ostdeutschen Monatshefte« mit dem 20. Jahrgang ihr Erscheinen eingestellt.

1940 23. Januar Starke Schneeverwehungen führen zu einem Zusammenbruch des Straßenverkehrs, Einstellung des Autobusverkehrs und blockierten Straßenbahnstrecken.

1940 9. Juli Zwischen Langfuhr und Oliva soll als Monumentalbau, entsprechend den Vorbildern der mittelalterlichen Ordensburgen, eine Kriegsschule entstehen.

1940 20./21. Juli »Danziger Kanzelhäuser im Spiegel der Geschichte«. Eine Reportage der »Danziger Neueste Nachrichten« mit den Abb. der Kanzelhäuser an der Trinitatiskirche, Nonnenhof 4, Spendhausneugasse 2, und auf dem Hof des Hospitals zum Heiligen Geist in der Tobiasgasse. (Zu den sechs aus dem frühen 17. Jh. noch erhalten gebliebenen Kanzelhäusern gehörten die im Kneiphof, Fleischergasse 89, und Baumannshof, mit dem Eingang in der Fleischergasse 31.)

1940 25. Juli Parade der siegreichen Danziger Truppen des Frankreichfeldzuges auf dem Langen Markt vor ihrem Befehlshaber, Generalmajor Eberhardt.

1940 28. Juli Wegen der Vorbereitungen zum »Fliegenden Holländer« findet die letzte Vorstellung der Zoppoter Waldoper des »Tannhäuser« statt.

1940 3./4. August Schwere Bauschäden an der Johanniskirche, die nach dem vergangenen Winter aufgetreten sind, sollen behoben werden. Bei Bohrungen wurde das Profil der Torfschicht entdeckt, auf dem der Sakralbau ruht.

1940 24./25. August Zur Eröffnung der neuen Spielzeit des Staatstheaters 1940/41 stellen sich zahlreiche Künstler vor, unter ihnen Karl Tutein, als Staatskapellmeister und Leiter der städt. Sinfoniekonzerte.

1940 29. August Liebesgaben-Sammelstelle für Frontsoldaten des Roten Kreuzes in Zoppot eröffnet.

1940 29. August Zum ersten »Opfergang« des Winterhilfswerks 1940/41 wurde bereits der 8. September bestimmt. (Ein Monat früher als im vergangenen Jahr.)

1940 30. August Die Danziger Werft wird als deutsche Aktiengesellschaft eingetragen. Dem Vorstand gehören an: Dipl.-Ing. Günter Woerman, Max Tradt und Ernst-Georg Lotsch.

1940 27. September Drei-Mächte-Pakt zwischen Berlin, Rom und Tokio unterzeichnet.

1940 4. Oktober Zum 75. Geburtstag des Dramatikers und Danziger Ehrenbürgers Max Halbe werden Glückwunschbriefe der Dichter Gerhart Hauptmann, Hans von Hülsen und Herbert Günther abgedruckt. Max Halbe liest aus eigenen Werken im »Reichssender Danzig«.

1940 22. Oktober Ausstellung des Danziger Paramentenschatzes im Stadtmuseum in der Fleischergasse. »Das früheste Danziger Stück ist der sogenannte Papageienstoff in Chinaseide mit arabischer Inschrift. Neun weitere kostbare Streifenbrokate aus dem 13. Jh. sind wahrscheinlich in Persien für Syrien oder Ägypten gewebt worden. Weitaus zahlreicher sind aber die Brokate vom Hauptsitz der europäischen Seidenweberei aus Lucca in der Toskana (14. Jahrhundert).«

1940 24. Oktober Goebbels spricht in der Sporthalle aus Anlaß der 10-Jahres-Feier der Übernahme der Danziger NSDAP (Nationalsozialistische Deutsche Arbeiterpartei) durch Gauleiter Albert Forster.

1940 7. November Erstaufführung des Tonfilms »Das Herz der Königin«, mit Zarah Leander und Willy Birgel, im Ufa-Palast.

1940 1. Dezember 300-Jahr-Feier des »Schlüterhauses« in der Jopengasse. (1640 von Andreas Schlüter d. Ä. erbaut.)

1940 23. Dezember Im Großen Remter des ehemaligen Franziskanerklosters (Stadtmuseum) findet eine Ausstellung des Pelpliner Domschatzes, einzigartiger Werke der Danziger Goldschmiedekunst, statt.

1941 13. Januar Im gesamten Gebiet des Reichsgaues Danzig-Westpreußen werden Lebensmittelkarten für Fleisch und Fett ausgegeben.

1941 24. Februar Die Marineärztliche Akademie wird von Kiel nach Danzig verlegt.

1941 25. Februar Der Zuzug nach Danzig wird wegen erheblichen Wohnungsmangels behördlich eingeschränkt. Für den Bezug von Kohlen und Brennstoffen haben sich alle Haushalte und gewerblichen Betriebe bei ihrem Kohlenhändler für die Belieferung in den Berechtigungsnachweis der »Kundenliste« einzutragen.

1941 2. März Die ersten Bessarabiendeutschen werden im Zuge ihrer Umsiedlung im Reichsgau Danzig-Westpreußen angesiedelt.

1941 3. März 150-Jahr-Feier der Ressource »Concordia«, einer Vereinigung vornehmlich der Danziger Kaufmannschaft, um den hanseatischen Geist aufrechtzuerhalten.

1941 9. Juli Südlich der schwedischen Insel Oeland gerieten die Schiffe des »Seedienstes Ostpreußen«, »Hansestadt Danzig«, »Preußen« und »Tannenberg« in ein schwedisches Minenfeld und versanken.

1942 »Während des letzten Krieges saß ich einmal in der Glockenkammer des Turmes von St. Katharinen in Danzig. Dort war die Tastatur des berühmten Glockenspiels. Der Organist erlaubte mir, einen Choral auszusuchen, den er dann auf den Glocken spielte. So verkündete er mit gewaltigem Klang hoch über der Stadt ›Nun danket alle Gott‹. Hin und wieder trat ich dabei an die Brüstung des Turmes und schaute hinunter. Die Glocken dröhnten mir in den Ohren und auch im Herzen, und der Klang des Evangeliums erfüllt mich so, daß kein anderer Ton mehr störend dazwischen treten konnte. Tief unter mir, ganz tief unter mir, sah ich die Männer beim Bau eines Luftschutzbunkers. Die Bosch-Hämmer dröhnten, die Bagger rasselten, der Verkehr brandete, und ich sah niemanden, der aufgeblickt und der auf das gehört hätte, was mich sozusagen bis zum Bersten erfüllte. Inmitten der Geräusche dort unten blieb alles unhörbar, was uns da in der Höhe umbrandete. Wenn wir einmal am Tag dieses Glockenspiel des Evangeliums vernommen haben, dann gehen wir auch anders in das Rattern der Bosch-Hämmer und in den Streß hinein, mit dem der Arbeitstag uns überfallen will. Wir sind dann gefeit, denn wir wissen nun, daß eine Hand auf uns gelegt ist, und niemand kann uns aus dieser Hand reißen. Der Ruf einer Stimme wird immer mit uns gehen.«*

1942 12. Juli Die Freie Stadt Danzig wird im Zweiten Weltkrieg zum erstenmal aus der Luft angegriffen. In der Plankengasse wird ein Wohnhaus zerstört. Von der Plattform der Marienkirche werden die Flugzeuge von der Flak vergeblich beschossen.

1942 In Chikago erscheint das Buch des emigrierten Danzigers Hans L. Leonhardt (Lazarus) »Nazi Conquest of Danzig«. Es schildert aufgrund eigener Anschauung und heute kaum mehr zugänglichen Quellenmaterials die Eroberung Danzigs durch die Nationalsozialisten in den Jahren 1933–1939.

1942 »Aus luftiger Höhe von dem Glockenspiel, klang weich der erste Choral auf die alte Stadt« verkündete die »Danziger Neueste Nachrichten« am 14. April 1910. Das Charillon von St. Katharinen fand 1942 ein kriegsbedingtes Ende. Das aus 37 Glocken bestehende Spiel wurde demontiert, um die Glocken für Kriegszwecke zu verwerten.

* Pastor Helmut Thielicke, St. Michaelis, Hamburg, in einem Vortrag vom 29. Februar 1972.

1943 30. Januar Die 6. Armee, starke Teile der 4. Panzer-Armee sind in Stalingrad eingeschlossen. Eine der 22 eingekesselten Divisionen ist die in der »Nordriegelstellung« eingesetzte Danziger Inf. Div. (mot.) mit dem Danziger Grenadierregiment Nr. 120. Zu den Menschenopfern zählen 146000 Gefallene und Vermißte und 90000 Kriegsgefangene.

1943 Teheran-Konferenz zwischen Roosevelt, Churchill und Stalin. Der USSR wird die Curzon-Linie von 1920 als Westgrenze zugestanden. (Churchill verspricht 1944, Polen durch deutsche Gebiete zu entschädigen.)

1943 8. Februar Eröffnung der Kunstausstellung »Danziger Maler« im Schloßmuseum Breslau.

1943 24. Juli Letzte Deportationen Danziger Juden. Überlebende in der Milchkannengasse und auf der Speicherinsel interniert.

1944 In der Ägäis wird das U-Boot 407, bei dessen Indienststellung die Stadt Danzig Pate stand, von 9 feindlichen Zerstörern angegriffen und durch Rammstoß von einem polnischen Zerstörer versenkt. Die Verbundenheit der Mannschaft mit der Patenstadt wurde durch ein von zwei Löwenfiguren gehaltenes Danziger Wappen ausgedrückt, das an der Vorderseite des Kommando-Turms angebracht war.

1944 30. November Todestag des am 4. Oktober 1865 in Güttland an der Weichsel geborenen Dramatikers des Naturalismus, Max Halbe, auf Schloß Neu-Ötting in Oberbayern. Max Halbe war Ehrenbürger von Danzig. Die Stadt Danzig und das Mündungsgebiet der Weichsel spielten eine Hauptrolle in seinem schriftstellerischen Werk.

1944 Das »Kulturwerk deutsches Ordensland« veranstaltet im Danziger Stadtmuseum eine letzte Kunstausstellung über westpreußische Malerei mit insgesamt 329 Exponaten.

1945 20. Januar Die Glocken der Danziger Marienkirche läuten zum letztenmal bei der Totenfeier für Generalsuperintendent D. Dr. Kalweit.

1945 29. Januar Am 29. Januar 1945 lief das U-Boot »3520« mit etwa 100 Personen an Bord (Besatzungsmitglieder und Angehörige) aus Danzig Richtung Kiel aus. Am 31. Januar 1945 lief es in der Eckernförder Bucht auf eine Mine und sank mit der gesamten Besatzung.

1945 30. Januar Untergang der »Wilhelm Gustloff« mit ca. 6000 Flüchtlingen und Verwundeten durch Torpedoangriff eines sowjetischen U-Boots in der Ostsee. Weniger als 1000 Schiffbrüchige werden gerettet.

1945 9. März Die Marienburg wird von den letzten deutschen Verteidigern aufgegeben.

1945 9. März Schwere Bombardierungen und Luftangriffe auf Danzig verursachen mehrere Brände. Es brannte der Saalbau des Friedrich-Wilhelm-Schützenhauses, der mit ostpreußischen Flüchtlingen belegt war, das Kriegsgefangenenlager auf dem Bischofsberg, eine Baracke des Stadtkrankenhauses, ein Kohlenlager am »Rähm« und ein Gebäude in der Dellbrückallee. Sprengbomben zerstörten einen Teil der Hauptfeuerwache in der Hundegasse.

1945 16. März Weitere schwere Luftangriffe verursachten eine Reihe von Großbränden. Der Häuserblock zwischen Hundegasse, Melzergasse, Ketterhagergasse und dem Vorstädtischen Graben brannte ab. Ein weiterer Blockbrand vernichtete eine Reihe von Lagerhäusern auf der Speicherinsel. Weitere Brände entstanden auf Mattenbuden, Langgarten, in der Breitgasse, Wallgasse und Heiligengeistgasse.

1945 18. März Im Verlauf der Bombardierungen der Stadt wurden unter anderem das Rechtstädtische Rathaus, das Stadtmuseum, die Stadtsparkasse, das Telegraphenbauamt und der Güterbahnhof am Leege Tor schwer beschädigt. Auf der Speicherinsel brannte ein Areal von Häusern und Speichern nieder.

1945 22. März Führerhauptquartier. »Das Oberkommando der Wehrmacht gibt bekannt: Von der Front zwischen Riesengebirge und Stettiner Haff werden nur südlich Forst und nördlich Frankfurt an der Oder erfolglose Aufklärungsvorstöße des Gegners gemeldet. Die Abwehrschlacht an der Danziger Bucht nahm unter beiderseits hohen Verlusten an Heftigkeit zu. In Westpreußen dehnte der Feind seine Angriffe auch auf den Raum beiderseits Hohenstein aus. In schweren Kämpfen wurde der Durchbruch auf Gotenhafen und Danzig nach Abschuß von 49 Sowjetpanzern bei geringem Geländeverlust wiederum verhindert. Unsere Truppen am Frischen Haff hielten, von eigenen Seestreitkräften unterstützt, dem ununterbrochenen Ansturm vielfach überlegener Gegner stand und vernichteten erneut 36 Panzer.«

1945 23. März Bei einem Luftangriff in den Morgenstunden wurden der Flughafen Langfuhr, das Städtische Krankenhaus in der Delbrückallee und das Marinekohlenlager in Neufahrwasser erheblich betroffen. In der Wollwebergasse wurde durch den Brand der Handwerkskammer das Große Zeughaus stark gefährdet. Auch das Heiliggeisthospital mit dem alten Kanzelhaus in der Tobiasgasse und die Lackfabrik Daol in Oliva wurden in Brand geschossen.

1945 23. März Letzte Ausgabe einer deutschen Tageszeitung in Danzig.

1945 24. März Flugblatt fordert die Kapitulation Danzigs. ▶

1945 24./25. März Führerhauptquartier:* »Jeder Quadratmeter Danzigs ist zu verteidigen.« Weit zweckmäßiger wäre es gewesen, die kämpfende Truppe auf die Weichsellinie zurückzunehmen und im Verein mit den ostpreußischen Truppen das Weichsel-Nogat-Delta und die weiter östlich gelegenen Landstriche unter Zuhilfenahme von Überschwemmungen der tiefliegenden Gebiete zu halten. Alle diese Vorschläge stießen auf Ablehnung. Die Festungen Danzig und Gotenhafen sollten laut Führerbefehl bis zum letzten gehalten werden. Nicht nur Deutsche, sondern auch Ausländer wurden eingesetzt, um rings um Danzig Gräben auszuheben und Panzersperren anzulegen. Die Verpflegung dieser Arbeiter war sehr mangelhaft,

* In der vom Bundesministerium für Vertriebene herausgegebenen Dokumentation der Vertreibung der Deutschen aus Ost-Mitteleuropa ist dieser Bericht des früheren Redakteurs der »Danziger Neuesten Nachrichten«, Friedrich von Wilpert, der zuletzt Ordonnanzoffizier des Befehlshabers im Raum Danzig-Gdingen war, enthalten.

Marschall Rokossowski

an die Garnisonen

von Danzig und Gdingen

Generale, Offiziere und Soldaten der 2. deutschen Armee!

Meine Truppen haben gestern am 23. März Zoppot genommen und die eingeschlossene Kräftegruppe in zwei Teile aufgespalten. Die Garnisonen von Danzig und Gdingen sind voneinander getrennt. Unsere Artillerie beschießt die Häfen von Danzig und Gdingen und die Einfahrten zu denselben. Der eherne Ring meiner Truppen um Euch verengt sich immer mehr.

Unter diesen Umständen ist Euer Widerstand sinnlos und wird nur zu Eurem Untergang sowie zum Untergang von Hunderttausenden Frauen, Kindern und Greisen führen.

Ich fordere Euch auf:

1. **Unverzüglich den Widerstand einzustellen und Euch mit weissen Fahnen einzeln, gruppen-, zug-, kompanie-, bataillons- und regimentsweise gefangenzugeben.**
2. **Allen, die sich gefangengeben, garantiere ich das Leben und die Belassung des persönlichen Eigentums.**

Alle Offiziere und Soldaten, die die Waffen nicht strecken, werden bei dem bevorstehenden Sturm vernichtet.

Euch wird die volle Verantwortung für die Opfer der Zivilbevölkerung treffen.

Der Befehlshaber der Truppen der 2. Bjelorussischen Front
Marschall der Sowjetunion
K. Rokossowski

Den 24. 3. 1945.

Blick von der Speicherinsel auf Danzig.

ebenso ihre Unterbringung und Bekleidung. Das Wetter war bis weit in den März hinein winterlich und sehr kalt. Alle irgendwie verfügbaren Räumlichkeiten waren, soweit die Truppe sie nicht benötigte, mit Flüchtlingen, Fremdarbeitern und Verwundeten belegt. Beim Herannahen der Front aus dem Osten gegen das Weichsel-Nogat-Delta waren die dort befindlichen Ortschaften zum größten Teil evakuiert worden, und in bitterkalten Tagen auf schneeverwehten Wegen hatten die Trecks ihre Fahrt nach Westen angetreten. Sie folgten den z. T. bereits vorher abgegangenen ostpreußischen Trecks, kamen aber nicht weit. Trecks aus der Gegend von Neuteich und Tiegenhof gelangten nur bis in die Gegend von Mariensee und blieben dort wochenlang liegen, bis die vorstoßenden russischen Panzerspitzen sie zur Flucht nach Danzig nötigten. Dadurch verschlechterte sich die Ernährungslage im Danziger Gebiet schlagartig. Wieviel Menschen sich damals in Danzig aufhielten, hat sich niemals zuverlässig feststellen lassen. Am 17. März wurde eine Volkszählung veranstaltet, die aber natürlich nur sehr unzureichend durchgeführt werden konnte. Der Gauleiter schätzte damals die Bevölkerung des Brückenkopfes Danzig/Gotenhafen auf 600000 bis etwa eine Million Menschen. Da es nicht gelungen war, die fruchtbaren landwirtschaftlichen Gebiete im Werder und in der Niederung in die Verteidigungszone einzubeziehen, reichten die Vorräte im Festungsbereich selbst natürlich nicht aus, um eine monatelange Belagerung – selbst wenn diese militärisch möglich gewesen wäre – durchzuhalten. Anfang März lagen in Danzig selbst rund 16000 Verwundete, im gesamten Festungsbereich rund 20000. Täglich kamen aus Ostpreußen und Kurland rund 1000 Verwundete hinzu und weitere rund 800 aus Westpreußen. Ein Teil von ihnen wurde zusammen mit Flüchtlingen täglich über See weggeschafft, aber der Zugang war erheblich größer als der Abgang. Am 22. März erreichten die sowjetischen Truppen über Groß-Katz das Meer zwischen Adlerhorst und Zoppot. Damit war die »Festung Gotenhafen« von der »Festung Danzig« getrennt. Der Endkampf beider »Festungen, die keine waren«, vollzog sich von nun an gesondert. In der Nacht vom 24. zum 25. März kam aus dem Führerhauptquartier der Befehl: »Jeder Quadratmeter des Raumes Danzig/Gotenhafen ist entscheidend zu verteidigen.« Dieser Befehl des Führers war das Todesurteil für Danzig. Schweres Artilleriefeuer lag auf der Stadt, zweimotorige russische Bomber warfen ihre Spreng- und Brandbomben in die engen Straßen. Mehrere Tage lang stand eine Wand aus Rauch und Feuer 4000 bis 5000 Meter hoch über Danzig. Im Hafen erhielten zwei Munitionsdampfer Artillerietreffer und brannten unter ständigen Explosionen aus. Der Danziger Hafenkanal wurde durch Versenkung eines großen Schiffes gesperrt, nachdem alle noch manövrierfähigen Schiffe ausgelaufen waren. Am 26. März wurden auch die Hafenanlagen in Gotenhafen gesprengt bzw. durch Versenkung von Schiffen unbrauchbar gemacht. Um die Jahreswende 1944/45 war es allen Einsichtigen klar, daß die Übermacht der sowjetischen Heere mit den uns zur Verfügung stehenden militärischen Kräften nicht aufgehalten werden konnte; die deutsche 2. Armee, die für die Verteidigung Westpreußens in Frage kam, hatte keine Aussicht mehr, von Westen her Ersatz zu bekommen. Andererseits setzte der Russe nach und nach nicht weniger als zehn kampfkräftige Armeen, darunter erstklassige Panzer-Armeen, gegen die 2. deutsche Armee ein. Eine geringe Aussicht, den Danziger Raum noch für einige Zeit zu schützen, hätte sich dann geboten, wenn die oberste Führung sich entschlossen hätte, von vornherein die 2. Armee auf Danzig zurückzunehmen und sie dort gewissermaßen in einer Igelstellung mit Nachschubmöglichkeiten über See zu belassen. Dann hätten die in Ostpreußen und Kurland stehenden Armeen über See nach Danzig zurückgeführt werden können, und es wäre den

Russen nicht ganz leicht geworden, diese Igelstellung an der Weichselmündung zu überwältigen. Die oberste Führung aber entschied anders: Die 2. Armee wurde wie ein Gummiband auseinandergezogen, um den gegen Berlin vorstoßenden russischen Kräften Flankenschwenkungen nach Norden gegen Westpreußen und Pommern zu verwehren. Diese Aufgabe war unlösbar, denn der Russe konnte, wo er wollte, die auseinandergezogenen dünnen deutschen Linien durchstoßen und die Armee aufspalten. Das geschah denn auch prompt. Anfang März 1945 stieß der Russe östlich von Köslin bis über die Bahn vor und verwandelte damit Westpreußen mit Ostpommern in einen Kessel, dessen Verbindung mit dem Reich nur noch über See möglich war. Einige Tage später folgte ein tiefer Einbruch in Richtung Pr. Stargard, das nach Straßenkämpfen genommen wurde. Nun versuchte die Führung der 2. Armee (Generaloberst Weiß), die Reste der Armee doch noch in den Danziger Raum zurückzuführen. Die Durchführung begegnete aber größten Schwierigkeiten, da nicht mehr genügend Treibstoff vorhanden war, um Panzer, Sturmgeschütze usw. zu versorgen. Viele dieser schweren Waffen mußten daher gesprengt werden. Als an den Feldbefestigungen des äußeren Verteidigungsrings von Danzig/Gotenhafen die ersten Panzer auftauchten, waren sich die Verteidiger durchaus im unklaren darüber, ob es sich um zurückgehende deutsche Panzer oder angreifende sowjetische handelte, denn vielfach waren die russischen Panzer den deutschen Trossen und der zurückgehenden deutschen Kampftruppe weit voraus – ein heilloses Durcheinander, das sich nur unter schwersten Verlusten unsererseits allmählich klärte. Im Bereich der zu Festungen erklärten Städte Danzig und Gotenhafen (Gdingen) gab es außer dem Volkssturm eigentlich nur Genesungskompanien, im Erdkampf eingesetzte Marine und andere Formationen, deren Kampfkraft sehr gering war. Dazu wurden noch kampffähigere Formationen wie die »Feldherrnhalle« weniger aus militärischen als politischen Gründen auf dem Seewege von Danzig abgezogen, um mit ihnen im Reich neue Truppenverbände aufzustellen. General der Infanterie Specht, der Befehlshaber im Festungsbereich, war darüber verzweifelt; seine Einwendungen blieben aber erfolglos. Die Oxhöfter Kämpe bei Gotenhafen, auf der sich beim Ausbruch des Zweiten Weltkrieges die Polen verzweifelt gewehrt hatten, bis sie überwältigt wurden, sah jetzt den Endkampf der deutschen Truppen im Raum von Gdingen. Die Übermacht der russischen Artillerie war so groß, daß jeder Widerstand aussichtslos wurde. Es gelang in einer Nacht, die letzten Reste der in Oxhöft fechtenden Truppen nach Hela herüberzuholen. Damit war auch dieser Teil der Tragödie abgeschlossen. Das Verhältnis zwischen der NSDAP und ihren Organisationen auf der einen und der Wehrmacht auf der anderen Seite war ein gespanntes. Flüsterparolen der NSDAP suchten die Verantwortung für den verlorenen Krieg auf »Verräter« in der Wehrmacht abzuwälzen, die angeblich die Pläne des Führers sabotiert hätten. Umgekehrt wuchs die Erbitterung der Truppe über das Verhalten gewisser führender Persönlichkeiten der Partei, die nach außen hin zwar den »Kampf bis zum Endsieg« propagierten und jeden für einen Verräter am deutschen Volk erklärten, der an diesem Endsieg zweifle oder sich den ihm auferlegten Verpflichtungen zu entziehen suche, die selbst aber gar nicht daran dachten, mit gutem Beispiel voranzugehen. Verallgemeinerungen sind immer schädlich und irreführend. Es hat auch in der NSDAP eine ganze Reihe von Männern und Frauen gegeben, die ihrem Ideal getreu sich selbst im Dienst für die Allgemeinheit aufgeopfert haben. Aber ausschlaggebend blieb doch das Verhalten der führenden Persönlichkeiten mit dem Gauleiter Forster an der Spitze. Ich hatte Gelegenheit, ihn auf Hela aus nächster Nähe zu beobachten, denn sein Sonderzug stand unmittelbar vor unserem Bunker, und jedesmal, wenn die Halbinsel unter Beschuß lag oder ein Fliegerangriff kam, erschien der Gauleiter in unserem Bunker, »um sich nach der Lage zu erkundigen«. Als Gotenhafen zu einer wahren Hölle geworden war und verzweifelte Flüchtlingsmassen jede Gelegenheit zu ergreifen suchten, um mit einem Schiff oder Boot das Land zu verlassen, da bekam Gauleiter Forster es fertig, ein solches Fahrzeug für sich mit Beschlag zu belegen, um noch seine Möbel abzutransportieren! Ein junger Marineoffzier weigerte sich dann allerdings, dem Befehl des Gauleiters zu folgen. Forster war ob dieser Weigerung empört und erklärte, der Marineoffizier werde schon noch merken, was es bedeute, sich gegen ihn, den Gauleiter, aufzulehnen. Als über den Rundfunk die Weisung des Führers bekanntgegeben wurde: »Jeder Gauleiter kämpft bis zum letzten in seinem Gau«, da erklärte Forster dem General Specht, sein Gau sei ja jetzt in die militärischen Operationen restlos einbezogen, er habe daher hier keine Aufgabe mehr und werde den Führer bitten, ihn mit einem Sonderauftrag nach Süddeutschland zu beordern, wo er ja auch eigentlich zu Hause sei. General Specht war darüber so empört, daß er dem Gauleiter erwiderte: »Wir haben hier im Gegensatz zu Ihnen, Herr Gauleiter, noch sehr viel zu tun, nicht zuletzt auch mit dem

Abtransport der Flüchtlinge. Sie gestatten, daß ich wieder an meine Arbeit gehe!« Das Verhältnis zwischen NSDAP und Wehrmacht wurde ferner sehr stark belastet durch die Werwolf-Propaganda und die Tätigkeit der nationalsozialistischen Führungsoffiziere, die für die Moral von Truppe und Bevölkerung zuständig waren. Am Anfang der Großen Allee in Danzig wurden Soldaten aufgehängt mit Plakaten wie etwa: »Ich bin Dauerversprengter«, um abschreckend zu wirken. Wo es auf den mit Trossen und Flüchtlingswagen heillos verstopften Straßen zu Stockungen kam, wurden »Schuldige« herausgegriffen und aufgehängt. Wer sich vor dem Volkssturm drückte, wurde als »Verräter am deutschen Volk« und Deserteur behandelt. Dabei dachten aber die führenden Persönlichkeiten der NSDAP durchaus nicht daran, sich auch im Volkssturm einzureihen; sie hatten alle die Gewißheit, im letzten Augenblick einen Platz auf einem Schiff zu erhalten, das sie in die Freiheit bringen würde. Der Gauleiter überreichte Anfang April General Specht auf Hela eine Liste, auf der eine ganze Reihe maßgebender Persönlichkeiten der NSDAP aus der Begleitung Forsters verzeichnet stand, für die Specht die »Ausreisegenehmigung« erteilen sollte. Das war erforderlich nach den damals geltenden militärischen Bestimmungen. Nach außen hin hieß es, alle diese Männer wären kampfunfähig. In Wirklichkeit waren es fast durchweg kampffähige Männer, darunter u. a. sechs junge HJ-Führer, die z. T. als Offiziere Dienst taten. Der »Werwolf« wurde von der Wehrmacht entschieden abgelehnt und als Verbrechen am eigenen Volk bezeichnet, weil die von ihm propagierte Heckenschützentaktik unweigerlich zu Repressalien unserer Gegner führen mußte. Der NS-Führungs-Offizier unseres Stabes, ein junger Lehrer, erklärte ganz offen: »Wenn erst eine Reihe deutscher Geiseln als Vergeltung für die Werwolf-Taten umgelegt sein werden, dann werden auch die der NSDAP ablehnend Gegenüberstehenden einsehen, daß ihnen nichts anderes übrigbleibt, als mitzumachen.« Der Abtransport der Flüchtlinge erfolgte, solange wir noch die Häfen Gotenhafen und Danzig unter Kontrolle hatten, an Bord großer Schiffe, die in die Häfen selbst einfuhren. Als diese Häfen verlorengingen, wurden die Flüchtlinge hauptsächlich von Nickelswalde-Schiewenhorst an der Weichselmündung eingebootet und nach Hela geschafft. Dort verbrachten sie meist einige Tage im offenen Hafengelände, hatten z. T. schwere Verluste durch Fliegerangriffe und durch Artillerie-Beschuß von der Küste, bis sie mit Sybelfähren auf die zwei bis drei Kilometer außerhalb Helas ankernden Transporter geschafft werden konnten.

Theater und Zeughaus 1945.

Wiederaufgebautes Zeughaus mit neuem Stadttheater.

Wiederholte Luftangriffe haben auch diesen Transportern gegolten. Hela war schließlich mit Menschen so überfüllt, daß die weittragenden Geschütze der Sowjets wahllos die Halbinsel abstreuen konnten und immer Treffer erzielten. Die Ernährungslage auf Hela war kritisch, aber es kam zu keiner Katastrophe, weil u. a. mehrere Tausend Pferde geschlachtet und aufgegessen wurden. Einen Überblick darüber, wieviel Flüchtlinge im Raum Danzig/Gotenhafen und auf Hela durch Feindeinwirkung oder durch die Strapazen der Flucht ums Leben gekommen sind, wird man niemals zuverlässig gewinnen können. Nach der Besetzung Danzigs durch die Russen sind vor allem die dort befindlichen Frauen noch wochenlang mit der Bestattung menschlicher Leichen und tierischer Kadaver beschäftigt worden. Vergewaltigungen und Plünderungen waren an der Tagesordnung. Die Hoffnung, daß die Sieger Danzig und die Danziger anders behandeln würden mit Rücksicht auf die Freistaat-Vergangenheit, hatte getrogen. Eine ganze Reihe von Danzigern, die den Nationalsozialismus entschieden abgelehnt und den Verheißungen der feindlichen Rundfunkpropaganda, ihnen würde nichts geschehen, geglaubt hatten, nahmen sich, erschüttert durch die grausame Enttäuschung, die sie erleben mußten, das Leben. (Friedrich von Wilpert)

1945 24./25. März Durch feindliche Angriffe aus der Luft kombiniert mit Artilleriebeschuß gerieten die Rechtstadt und Teile von Langfuhr in Brand. Flächenbrände wüteten in der Innenstadt. Durch Artilleriefeuer stürzten die Giebelhäuser der engen Gassen in sich zusammen und versperrten so die Durchfahrt ganzer Straßenzüge. Dadurch wurden die Löschfahrzeuge der Feuerwehr zum Teil schwer beschädigt, so daß sie für einen weiteren Einsatz ausfielen. Die Löscharbeiten wurden durch die von Trümmern blockierten Straßen eingeschränkt. Durch gezielten Tieffliegerbeschuß auf die Löschfahrzeuge waren die Verluste an den Fahrzeugen selbst und an Mannschaften erheblich. Infolge der zunehmenden Verschüttung der Straßen der Innenstadt gelang es nicht mehr, die verwundeten Feuerwehrleute zu bergen.

1945 25. März Nachdem am Nachmittag die Wasserversorgung ausgefallen war, konnten die Flächenbrände in der Stadt das Werk der Zerstörung ungehindert vollenden. Die Marienkirche wurde vom Feuer erfaßt. Langgasse, Hundegasse und Langer Markt waren unpassierbar geworden.

1945 25. März Am Abend erhielt die Berufsfeuerwehr den Befehl, die Stadt mit den noch einsatzfähigen Fahrzeugen zu verlassen, da ein weiteres Verbleiben durch den Ausfall der Wasserleitung zwecklos geworden war. Gegen 22 Uhr verließ nun die Feuerwehr die dem Untergang geweihte Stadt und erreichte nach mühevoller Fahrt Heubude, wo an der Straßenkreuzung Heidseestraße/Eulenbruch die durch Tiefflieger in Brand geschossenen Fahrzeuge einer Munitionskolonne in die Luft flogen, wobei die dort stehenden Häuser dem Erdboden gleichgemacht wurden.

1945 26. März Bei Anbruch des Tages setzten ununterbrochene Tieffluganeriffe auf Heubude ein. Rollende Angriffe russischer Flugzeuge auf das mit Flüchtlingen und Soldaten dicht belegte Heubuder Waldgebiet forderten ungeheuere Opfer an Menschenleben und boten Bilder des Grauens.

Die Zerstörung der Stadt Danzig*

1945 im März Die Stadt Danzig war zu Anfang des Jahres 1945 übervoll an Menschen geworden. Unaufhörlich zogen ostpreußische Flüchtlinge mit Pferd und hochbepackten Wagen durch die Stadt hindurch nach Pommern zu oder blieben auch in der Stadt und Umgebung hängen. Man schätzte 400000 Flüchtlinge. Militär und Verwundete strömten herein und wurden untergebracht. Die Gesamtzahl der Köpfe mag im März auf ca. eine Million gestiegen sein. Dafür hatten viele Danziger die Stadt zunächst mit der Bahn, dann mit Schiff verlassen. Ganze Behörden richteten im Westen Ausweichstellen ein, die Technische Hochschule in Schmalkalden, die Gauselbstverwaltung in Schwerin, der Magistrat in Stralsund. Jedoch blieben im allgemeinen die Spitzen der Behörden in der Stadt und versuchten in letzter Stunde, sich zu Schiff in Sicherheit zu bringen. Der Untergang einiger dieser Flüchtlingsschiffe brachte die ersten Schrecken. Die »Wilhelm Gustloff« wurde torpediert und sank am 30. Januar 1945.

* Dies ist der erste Teil eines Augenzeugenberichtes von Wolfgang Drost aus Danzig. Er ist entnommen der beglaubigten Abschrift vom Dezember 1945, veröffentlicht in der »Dokumentation der Vertreibung der Deutschen aus Ost-Mitteleuropa«, Band I/1, herausgegeben vom Bundesministerium für Vertriebene.

Etwa 6000 Menschen, fast ausschließlich Frauen und Kinder, kamen ums Leben. Seit Mitte März hatte wirkungsvoller Artilleriebeschuß eingesetzt. Flieger warfen Bomben mäßigen Kalibers. Eine Anzahl von Häusern war zerstört worden. Das Rechtstädtische Rathaus war ausgebrannt, vom Franziskanerkloster, in dem das Stadtmuseum untergebracht war, blieb nur das gewölbte Erdgeschoß stehen. Weitere Brände, die schließlich kaum mehr bekämpft werden konnten, griffen um sich. Am Morgen des 27. März drangen die Russen von Südwesten und West, von der Petershagener Straße, von Schidlitz und der Großen Allee her in die Stadt ein. Die Vorstädte Langfuhr, Oliva, Zoppot waren einige Tage früher genommen worden, während die Niederstadt jenseits der Mottlau erst ein bis zwei Tage später besetzt werden konnte. Wie es uns am Petershagener Wallgelände erschien, gab es keinen heftigen Widerstand. Zwar hatten Wehrmachtskommandos, Parteistellen und Bürgerschaft mit ungeheurem Eifer die um die Stadt gelegenen Höhen und Wälder durch ein dichtes und breites Netz von Zickzackgräben zur Verteidigung herrichten müssen, Brücken und Bahndämme waren gesprengt worden, die aus der Stadt herausführenden Straßenausgänge waren durch Palisadenwände und Gräben gesichert worden. Aber viele dieser primitiven Verteidigungsstellen wurden gar nicht mehr bezogen. Die Arbeitskolonnen machten sich rechtzeitig aus dem Staube. Wenn auch an manchen Stellen, wie die Gefallenen hinterher bewiesen, gekämpft worden war, so doch nirgends planvoll und mit Festigkeit. Danzig wurde eben im Verlauf jener Rückzugsbewegung preisgegeben, in der die Deutschen nicht direkt flohen, aber aus den ganzen unseligen politischen Verhältnissen heraus nur mit halber Kraft, ohne entschiedenen Willen und größere strategische Maßnahmen kämpften. – Die Stadt Danzig war unmittelbar nach der Einnahme, das sei betont, im großen und ganzen noch erhalten, jedenfalls so, daß die Schäden sich hätten beheben lassen. Am Sonntag, dem 25. März 1945, sah man überall in der Stadt Flugblätter des Generals Rokossowski herumflattern, die im Falle einer Übergabe in üblicher Weise ehrenvolle Gefangenschaft und für die Bürgerschaft Unversehrtheit an Gut und Leben garantierten. So sehr der brennende Wunsch der Danziger darauf ausging, dieses letzte Furchtbare, die sinnlose Zerstörung der schönen alten Stadt zu verhindern, man wußte es: Jeder Versuch, das Verderben aufzuhalten, war umsonst. Von höchster Parteistelle war die Weisung gegeben worden, Danzig, wie so viele andere historische Stätten Deutschlands, bis zur Vernichtung zu verteidigen. General

Weiß, so sagte man, sei schon abgesetzt, weil er die Verteidigung der an Bevölkerung und Verwundeten überfüllten Stadt nicht hatte verantworten wollen. Ein neuer, gefügigerer General war eingesetzt worden. Der Oberbürgermeister war wohl gegen die Verteidigung, der Gauleiter durfte diese Ansicht nicht teilen. So nahm das Schicksal seinen Lauf. Die Bevölkerung saß in den Kellern und Luftschutzräumen oder suchte, aus brennenden Gebäuden vertrieben, irgendwelchen Schutz, als die Russen kamen. Der Einzug der Feinde, vielmehr ihr Einsickern, denn man sah kaum eine geordnete größere Truppenmasse, vollzog sich für die Zivilbevölkerung im allgemeinen unblutig. Es wurde noch nicht systematisch geplündert. Nur die Uhren und augenfälligeren Wertgegenstände wurden sofort abgenommen. Auch begann man damit, Frauen und Mädchen abzusondern und zu vergewaltigen. Noch bevor die ganze Stadt besetzt war, wurde ein großer Teil der Bewohner jeden Alters gezwungen, die Stadt zu verlassen, wie man bedeutete, aus Gründen der Sicherheit. In langen Kolonnen oder kleineren Gruppen, mehr oder weniger scharf bewacht, zogen sie über die großen Verkehrsstraßen nach St. Albrecht, nach Bankau, Karthaus oder suchten die Langfuhr-Olivaer Wälder auf. Die Nächte verbrachten diese Menschen in halbzerstörten Bauernhäusern, Ställen oder im Freien, überall aufgeschreckt von russischen Soldaten, die unaufhörlich Frauen und Mädchen herausholten. Manche dieser nächtlich herumziehenden Menschentrupps legten sich wie große Vogelschwärme auf die Felder nieder. Nebenbei auf der Chaussee hörte man die russischen Soldaten lachen, die sofort wie die Raubvögel in die Menge stießen und ihre Beute herausholten. Das Schreien und Jammern nahm kein Ende. Auch zu blutigen Akten kam es, wenn die Frauen sich weigerten oder Männer sie zu schützen versuchten. Manchmal erhob sich so ein Schwarm voller Verzweiflung und zog mitten in die brennende Stadt zurück. In Matzkau, Praust, Neufahrwasser und anderen Stellen wurden größere Lager gebildet. Die Arbeiten, zu denen ein Teil der Menschen in den Vorstädten und auf dem Lande gezwungen wurde, Aufräumen oder Dienste für die Truppen, waren mäßig. In den Lagern wurde überhaupt nichts getan. Lebensmittel wurden tagelang nicht aufgeteilt, falls nicht gutmütige Soldaten etwas zusteckten, was recht oft vorkam. Überhaupt zeigte sich der russische Soldat, wenn man von den geschlechtlichen Ausschreitungen absehen will, von Haus aus gutmütig. Das Wetter war gut, die Tage warm, die Nächte allerdings kalt, aber noch gerade erträglich. Unausdenkbar die Katastrophe, die eingetreten wäre, wenn sich dieses alles in widriger Winterszeit abgespielt hätte. Nicht alle Hinausgetriebenen blieben in der näheren Umgebung. Männer wie Frauen mußten weitermarschieren, nach Graudenz, Bromberg, Pr. Stargard, in die Neustädter Gegend. Mehrere Tausende wurden aber auch ins Innere Rußlands bis an den Südlichen Abhang des Ural verschleppt, und nur durch zurückkehrende Polen hat man von ihnen erfahren... Die Zahl der insgesamt Umgekommenen läßt sich schwer schätzen. Indessen, wo man auch immer die Verhältnisse überblicken konnte, fand man eine reiche Ernte des Todes. Die Zahl 100000, die Ende April genannt wurde, erscheint glaubhaft. Später im November wurden weitaus höhere Zahlen angenommen, bis zu 300000 Menschen, wobei man natürlich die zu Anfang des Jahres eingetretene Überfüllung der Stadt in Rechnung ziehen muß. Den meisten bei der Besetzung Danzigs Vertriebenen gelang es jedoch, schon nach acht bis vierzehn Tagen, also in den ersten Apriltagen, in die Stadt zurückzukehren. Ihren entsetzten Augen bot sich das Bild einer vollkommenen Zerstörung dar, die also inzwischen durch systematisches Anlegen von Brand bewerkstelligt sein mußte. Kaum ein Gebäude, geschweige denn eine der einst so behaglichen, kunstreichen Straßen war wiederzuerkennen. Wenn von den Häusern noch etwas stand, so waren es bröckelnde Vorderwände mit leeren Fensterhöhlen. Das malerische Gemenge der schon immer baufälligen Hinterhäuser und Höfe war verbrannt und zu einem wüsten Durcheinander zusammengebrochen, aus dem einzelne Teile, Kamine und Mauerspindeln neben verkohlten Baumstrünken in die Lüfte ragten. Aus den Straßen waren Schutthalden geworden, in denen sich die Ziegel oft meterhoch häuften. Zerstörte Kraftwagen lagen hier und dort, auch Leichen von Menschen und Pferden. Ein übler säuerlicher Geruch lag über den erkalteten verkohlten Gegenständen oder stieg beißend aus den noch schwelenden Trümmern heraus. Von den festgefügten berühmten Gebäuden Danzigs, wie dem Zeughaus und dem Grünen Tor, standen nur noch die beschädigten Fassaden, der Vernichtung geweiht, denn jeder stürmische Tag riß Teile herunter, und der Winterfrost wird das Vernichtungswerk vollenden. So steht es um jene bekannten Profangebäude, den Artushof, die Georgshalle, den Stockturm mit der Peinkammer, das Theater. Vom Krantor sind nur die beiden dachlosen Rundtürme übriggeblieben. Grauenhaft war der Anblick der einstigen Prunkstraße, der Langgasse und des Langen Marktes, der guten Stube Danzigs, dieses Schmuckstücks städtebaulicher Kunst, mit dem

Danzig allen Städten des stammverwandten Holland den Rang abgelaufen hatte. In der Langgasse ließ sich nur ein einziges Haus im Erdgeschoß zum Wohnen herrichten (ehemals Haus Machwitz). Über Hügeln von Schutt, aus denen man Teile von Skulpturen, Giebelkrönungen, Ornamenten herausragen sah, über rauchgeschwärzte und zerbröckelnde Fassaden und einem Chaos von Mauerresten ragte der formlose Stumpf des Rathausturmes, dessen berühmte zierliche Bekrönung herabgestürzt war, und daneben, jetzt nicht mehr umringt und halbverdeckt von dem Gedränge schmaler Giebelhäuser, bot sich der finstere und ausgeraubte Anblick der Marienkirche dar. Der Dachstuhl war verbrannt, die schlanken Giebeltürmchen bis auf eins herabgestürzt. Der mächtige Hauptturm, das Wahrzeichen Danzigs, war ausgebrannt und der kleinen Bekrönungsdächer beraubt. Durch seine offenen Fensterhöhlen blickte man hindurch wie durch eine Kulisse. Auch das Innere der Marienkirche war fast ganz zerstört. Die Gewölbe waren zum großen Teil eingestürzt, der Boden aufgerissen, die Gräber ausgeleert. Von den Kunstwerken, soweit man sie nicht fortgeschafft hatte, hingen nur einige steinerne Epitaphien an den Pfeilern. Der Zustand von St. Johann und St. Katharinen war ähnlich. St. Brigitten war vollständig zerstört. Nur von St. Nikolai hatten die Gewölbe bis auf eine Einbruchstelle standgehalten. Wenn von den Außenbauten die Backsteintürme, obschon ausgebrannt, meist noch aufrecht standen, so waren doch die barockgeschwungenen kupfernen Bekrönungen sämtlich vernichtet, die jene für Danzig so charakteristische Vermählung von Mittelalter und Barock hervorgebracht und die Silhouette der Stadt unter den norddeutschen Küstenstädten unverkennbar gemacht hatten. Suchten nun die zurückkehrenden Menschen, deren sich mehr und mehr ein elementares, die persönlichen Sorgen noch übertönendes Angstgefühl bemächtigte, ihre alten Keller und Zufluchtstätten auf, in welche die Hausgemeinschaften das Beste und Notwendigste aus den Wohnungen gebracht hatten, so fanden sie, daß auch hier Zerstörungswut und Plünderung getobt hatten. Vieles war geraubt worden, weitaus mehr aber lag am Boden zerstreut; Kleidungs- und Wäschestücke, zerbrochener Hausrat, Lebensmittel dazwischen, alles durcheinandergeworfen, zerwühlt, zerstampft und ekelhaft beschmutzt. Fußhoch bedeckte unbeschreibliches Chaos die Böden der Keller oder anderer Räume, deren Fensterscheiben zerbrochen, deren Möbel umgestürzt und demoliert waren, stinkend – ein widerwärtiger Anblick, der in seiner vollkommenen Sinnlosigkeit ein Spiegelbild der trostlosen

Empfindungen war, die sich mehr und mehr der Menschen bemächtigt hatten. Und so war es nicht etwa nur in den einzelnen Stadtteilen, sondern straßauf, straßab, keine noch so entlegene Gasse war ausgelassen. In der Innenstadt gleichermaßen wie in den Vorstädten Ohra und Schidlitz hatte sich die Vernichtungswut ausgewirkt. Einige Grade erträglicher waren die Eindrücke in Langfuhr, Oliva und Zoppot, weil hier die Häuser weniger zerstört waren. Aber viele Menschen gelangten gar nicht mehr an ihren ursprünglichen Wohnplatz zurück. Die Gemeinschaften waren auseinandergesprengt. Frauen klagten um ihre Männer, Männer, die aus den Lagern zurückkamen, fanden ihre Frauen nicht. Kinder waren abhanden gekommen. Am schlimmsten waren alte, hilflose Menschen dran, die ihre Verwandten verloren hatten. Man fand sie, vollständig erschöpft von Hunger und Entbehrung, herumirrend und irgendwo den Tod erwartend. Am Platz vor der Hauptkommandantur sah man eine Frau, zur Greisin geworden, zum Skelett abgemagert, auf einem Steinhaufen sitzend und aus roten Augenhöhlen regungslos ins Weite starrend, einer furchtbaren Sybille gleichend, die der Stadt die Zeit namenlosen Jammers verkündete. Der junge polnische Offizier, mit dem ich zum ersten Male wieder in die Stadt fuhr, griff spontan nach der Pistole, weil der Anblick für menschliche Augen kaum zu ertragen schien. Wer Lebenswillen hatte, versuchte, so gut es ging, sich in den Ruinen einzunisten. Oft hätte man angesichts der Zerstörung nicht geglaubt, daß hier noch Menschen hausen könnten. Über Ziegelhaufen und verkohlte Balken hinwegsteigend, fand man wohl ein Loch, um in die dunkle Wohnstätte einzudringen, deren zerbrochene Fenster mit Brettern oder Pappe vernagelt waren. Das tägliche häusliche Leben ließ sich überaus schwierig an. An den wenigen Brunnen standen die Frauen Schlange mit Wassereimern. Sie mußten manchmal von weither bergauf, bergab, vom Bischofsberg nach der Johannisschule, von Stolzenberg ins Stadtgebiet gehen, um das stark eisenhaltige, schnell sich trübende Brunnenwasser zu holen. Die Bevölkerung wurde sofort zur Arbeit gezwungen. Kolonnen wurden aufgestellt. Männer und Frauen mußten von morgens 7 oder 8 Uhr bis nachmittags um 16 Uhr den Schutt von der Straße räumen. Die Kolonnen wurden meist von den Polen aufgestellt. Dafür bekamen die Arbeitenden eine Wassersuppe und, wenn es gut ging, etwas Brot. Das war die einzige Ernährung und Entlohnung. Die Vorräte, die noch erhalten geblieben waren und sich in Kellern und den wenigen Wohnungen fanden, waren bald aufgezehrt. Aus verlassenen Nachbarkellern und Räumen wurde herausgeholt und fortgenommen, was brauchbar erschien. Auch sprach sich rund, wo irgendwelche Vorräte wie Salz, Essig, Seifenpulver zu holen waren. Begehrt war der halbverbrannte Zucker, den man bei den großen Speichern in Neufahrwasser fand, obwohl er sich manchmal als zu bitter zum Genuß erwies. Fischmehl wurde zu Klopsen verwendet, mit Fischöl briet man Kartoffeln. Die Begriffe von Mein und Dein galten nicht mehr, jeder nahm, was er fand. Es war ohnehin für den rechtmäßigen Eigentümer verloren. Glücklich, wer im unverschütteten Keller noch Kartoffelvorräte vorfand und ein paar Kohlen zum Kochen besaß. Nahezu drei Monate aß man Kartoffeln, morgens, mittags und abends. Als Zukost wurden wildwachsende Kräuter wie Brennesseln, Löwenzahn und Sauerampfer gesucht. Brot gab es gar nicht. Als die Kartoffeln in der Stadt zu Ende gingen, versuchte man, sie vom Lande zu holen und, wenn möglich, herrenlose Mieten zu öffnen. Man sah Frauen und Kinder unter der Last der Kartoffelsäcke keuchen oder hochbepackte Handwagen ziehen und schieben. Wer keinen Wagen besaß, suchte sich einen gegen Abgabe eines Teiles der geholten Kartoffeln zu leihen. Meistens blieb man zwei Tage unterwegs, weil der Weg zu weit und anstrengend war. Vielen gelang das Unternehmen nicht, sie wurden zur Arbeit herangeholt, die Kartoffeln wurden ihnen zum Teil oder insgesamt weggenommen, der Wagen beschlagnahmt. Was so zwischen den Trümmern sein Dasein fristete, trug die Spuren von Entbehrung und Krankheit an sich. An den eingefallenen gelben Gesichtern mit rot umrandeten Augen, der dürftigen Kleidung und unsicheren Haltung erkannte man den Deutschen, den die Katastrophe so schwer mitgenommen hatte. (Wolfgang Drost)

1945 13. April Knapp zwei Wochen nach der Erstürmung der Stadt Danzig durch die Rote Armee werden die ersten Schulkinder registriert. Von den erhalten gebliebenen Schulgebäuden werden 21 für den Unterricht eingerichtet.

1945 25. April Aufforderung zum Arbeitseinsatz der deutschen Bevölkerung durch die polnische Stadtverwaltung.

1945 9. Mai Letzter Wehrmachtsbericht aus dem Hauptquartier des Großadmirals Dönitz: In Ostpreußen haben deutsche Divisionen noch gestern die Weichselmündung und den Westteil der Frischen

Nehrung tapfer verteidigt, wobei sich die 7. Division besonders auszeichnete.

1945 9. Mai Auf der Frischen Nehrung kapitulierten die letzten Verbände der deutschen Wehrmacht vor der Roten Armee.

1945 Anfang Mai Als erste Zeitung erscheint in Danzig die Ausgabe des »Biuletyn Baltycki«.

1945 Anfang Mai Der Unterricht für 616 polnische Schüler wurde aufgenommen. Der Eisenbahnverkehr von Danzig nach Neustadt (Wejherowo) wurde eröffnet.

1945 19. Mai In einem Teil des Leitungsnetzes wurde die Wasserversorgung wiederaufgenommen.

1945 19. Mai Die Danziger Tageszeitung »Dziennik Baltycki« erscheint in der Region Danzig, Gdingen, Zoppot.

1945 10. Juni Der Danziger polnische Sender strahlt die ersten Rundfunkprogramme aus. (Die Anzahl der Rundfunk-Lizenzen stieg bis 1955 auf 47000, bis 1970 über 72000 und 1980 über 130000.)

1945 15. Juni Die Ausweisungsbestimmungen für die deutsche Bevölkerung treten in Kraft.

1945 im Juni Der einzige noch in Danzig zurückgebliebene deutsche Maler, Erich Scholtis, dokumentiert in acht Blättern »Danzig nach der Zerstörung«.

1945 19. Juni Das Wasserkraftwerk Straschin produziert den ersten elektrischen Strom für die Stadt Danzig.

1945 im Juli Das erste Frachtschiff nach Kriegsende, die finnische »Imo Ragnar«, wird im Danziger Hafen abgefertigt.

1945 im Juli Wiederaufnahme des Straßenbahnverkehrs auf der Strecke Danzig–Olivaer Tor–Langfuhr.

1945 26. Juli Schriftsteller und Redakteur der »Danziger Neueste Nachrichten«, Fritz Jaenicke, in Danzig gestorben (Schöpfer des literarischen Danziger Originals »Poguttke«).

1945 2. August Auszug aus dem »Potsdamer Protokoll«: »Die Häupter der drei Regierungen bekräftigen ihre Auffassung, daß die endgültige Festlegung der Westgrenze Polens bis zu der Friedenskonferenz zurückgestellt werden soll.« Die deutschen Ostgebiete kommen »unter die Verwaltung des polnischen Staates«, während das nördliche Ostpreußen »unter die Verwaltung der Union der Sozialistischen Sowjetrepubliken in Übereinstimmung mit den auf dieser Konferenz erzielten Vereinbarungen gestellt wird«. Unterzeichnet von J. W. Stalin, Harry S. Truman und C. R. Attlee.

1945 im Oktober Als erste polnische Theatertruppen treten in Danzig das »Theater der Marine« und als Stadttheater die »Komedia« auf.

1945 Vor Beginn des Wiederaufbaues der Danziger Rechtstadt mußten drei Millionen Kubikmeter Schutt, zum größten Teil mit Loren von Feldeisenbahnen beiseite geräumt werden.

1946 Gründung der »Baltischen Philharmonie« in Gdańsk.

1946 im Januar* Das Portal des Arturhofes ist mit verhältnismäßig geringen Beschädigungen davongekommen. Selbst die vier Steinfiguren auf den Konsolen zwischen den Fenstern, Scipio Afrikanus, Themistokles, Camillus und Judas Maccabäus darstellend, haben den Sturm überdauert und hielten getreu ihrer Bestimmung als Symbol der Standhaftigkeit vor dem Grabe des einst so festlich beschwingten Raumes die Totenwacht. Grauenvoll dann aber der Anblick grenzenloser Verwüstung, der sich uns beim Eintritt in die dreischiffige Halle bietet. Auf Schuttbergen ragen die vier vom Feuer angefressenen Pfeiler. Das auf ihnen ruhende, ehemals sinnvoll zueinanderstrebende Rippensystem, durch den im Feuerorkan zusam-

* Protokoll von Erich Volmar, des letzten Konservators der Bau- und Kunstdenkmale in Danzig, über die einzelnen historischen Bauten und ihre Innenausstattung – was aus ihnen in den Tagen des Unterganges geworden ist und welche Bedeutung sie für den gerade beginnenden Wiederaufbau haben.

menstürzenden holzreichen Dachstuhl durchschlagen und in groteske Bildungen zerrissen, gibt einen lachenden blauen Himmel frei. Aber vergebens halten die Sonnenstrahlen Ausschau nach Werken von Menschenhand, die ihrer Vergoldung wert wären. Vieles von den Bildern, Plastiken und Schnitzereien wurde ja vorher ausgebaut und in Landgebieten geborgen. Was dagegen aus technischen Gründen an Ort und Stelle bleiben mußte, ist in dem höllischen Feuer zu Asche geworden, so auch das Jüngste Gericht von Anton Möller, 1602 von den Danziger Schöppen zum Schmuck ihrer Gerichtsstätte gestiftet. Einiges von der Innenausstattung, soweit sie den Weg nach Danzig zurückgefunden hat, ist mit anderen Kunstwerken im alten Speicher des Olivaer Schloßparks zusammengetragen. Bei grimmiger Kälte im Januar 1946 identifizierte ich im Auftrage der polnischen Kulturbehörde die einzelnen Stücke und durfte mit Genugtuung erkennen, daß manche lieben, alten Bekannten zur Stelle waren. Ihre Lage glich unserem Flüchtlingselend. Unvergeßlich wird mir der Anblick des großen Christopher bleiben, hilflos am Boden hingestreckt und doch, wie nie zuvor, die Mächtigkeit erweisend, die Meister Paul mit dieser Frührenaissanceschöpfung erreicht hatte. Als ob er den legendären Fährmann schützen wollte, stand der heilige Reinhold neben ihm mit aufrechter Lanze. Der Holzschnitzer Adrian Karffycz hatte sich mit dieser reich ornamentierten Plastik noch entschiedener von der bisherigen mittelalterlichen Kunstübung entfernt als Meister Paul mit seinem eben genannten Alterswerk. Von der Ausstattung noch aus gotischer Zeit enthielt der Artushof die schlichte Figur Jakobus des Älteren und den Drachentöter St. Georg. Es war mir richtig ein Trost, dem Jünger Jesu hier zu begegnen, und als ich ihn unversehrt mit seinem Wanderstab vor mir sah, in rüstiger Bereitschaft, auch weiterhin durch diese verwirrte Welt zu ziehen, gedachte ich des Wortes im 23. Psalm, Vers 4: »Dein Stecken und Stab tröstet mich.« Welch ein Unterschied zwischen der stillen, tiefen Frömmigkeit, die aus einem solchen mittelalterlichen Bildwerk spricht, und dem religiösen Pathos einer barocken Madonnenfigur, wie sie im Artushof auf der Konsole nahe dem Kachelofen stand! In der dem Speicher benachbarten Remise hatte sie sich eingefunden, den unwirtlichen Raum mit ihrer ganzen hoheitsvollen Anmut erfüllend. Man verzeihe mir, wenn ich in diesem Zusammenhang erwähne, daß als Hintergrund dieser liebenswerten Plastik ein Wagen der alten Danziger Pferdebahn dienen mußte. Das Kind im Manne wollte spielen – trotz Kälte, Hunger und Herzensnot – und bestieg dieses Requisit des ehemaligen Heimatmuseums, um sich einen Augenblick in jene entschwundenen Tage zurückversetzt zu fühlen, als es, wirklich ein Kind, in den scheinbar so festen Geleisen seiner Zeit durch die friedlichen Gassen Danzigs fuhr. Beim Aussteigen konnte ich es mir nicht versagen, der Messingglocke am Führerstand, wenn auch nur zaghaft, einen Ton zu entlocken, dessen heller Klang, so profan er war, mir irgendwie zu Herzen ging. Eine freudige Entdeckung waren dann noch einige der charakteristischen Bilder in Halbkreisform (in den alten Verträgen »Rundele« genannt), darunter von Lorenz Lawenstein »Die Heimkehr des Jephta«. Auch verschiedene der hierzu gehörigen, trefflich geschnitzten Rahmen von Karffycz und Paul lagen dabei. Der Abschied von dem vertrauten Kreis, mit dem mich in dieser Stunde gewissermaßen eine Notgemeinschaft verband, war der schwerste Teil meiner Aufgabe, und ich kam mir beinahe wie treulos vor, als ich die Tore behutsam hinter mir geschlossen hatte. Inzwischen sind alle hier erwähnten Kunstwerke in einer ihrer Bedeutung gemäßen würdigen Umgebung untergebracht worden. »Die Heimkehr des Jephta«, zu der sich noch die »Belagerung Marienburgs« von Martin Schoninck (1536) gesellt hat, schmücken den Saal des völlig wiederhergestellten Altstädtischen Rathauses Pfefferstadt. Die übrigen Bildwerke sind als willkommene Ausstellungsobjekte in das jetzt staatliche Museum – Fleischergasse – gezogen, wo sie im Kreuzgang recht vorteilhaft zur Geltung kommen. Ein Glanzstück der Artushofausstattung, die St.-Georgs-Gruppe, habe ich leider mit eigenen Augen nicht mehr gesehen, doch hörte ich schon im Oktober 1945, daß sie geborgen ist. Nun prangt auch dieses von dem tüchtigen Meister Hans Brand geschaffene Schnitzwerk im Museumskreuzgang. Die Einzelheiten der Komposition, der edle Kopf des Ritters, seine schimmernde Rüstung, das mutige Roß, das erregende Moment des ungestüm flatternden Mantels, der sich unter dem Lanzenstich aufbäumende Drachen, die entsetzte Prinzessin und die Burgarchitektur im Hintergrund – sie alle sind hier dem Beschauer zugänglicher als am ursprünglichen Platz links neben dem hohen Kachelofen. Wie aber in einer Partitur eine einzelne Instrumentalstimme ihren Sinn nur im Zusammenklang mit den anderen Stimmen enthält, so fiel jedem Schmuckteil der hochgewölbten Artushofhalle eine wohlerworbene Bedeutung im Rahmen der Gesamtdekoration zu, deren Verlust tief zu beklagen ist. Solange es Menschen gibt, die Gut und Böse voneinander unterscheiden können, kämpft St. Georg gegen den Drachen, heute erbitterter denn je. In diesem Kampf sollen gerade wir Danziger den Schutzheiligen unserer lieben Ostseeküste unterstützen und nicht, wie die Prinzessin, angstvoll vor dem Ungetier in die Knie sinken. Man verstehe mich recht: Zwar um vieles ärmer geworden, wollen wir uns doch nicht in Kummer über die verlorene Heimat verzehren, sondern mutig – im Vertrauen auf den weisen Sinn allen Geschehens – dort weiterleben, wo uns ein hartes Schicksal hinbefohlen hat. Am Schluß meiner ersten Betrachtung war von St. Georg, dem Drachentöter im Artushof, die Rede gewesen. Am Anfang dieses zweiten Berichtes soll gleichfalls ein Streitbarer stehen. Aber statt eines apokalyptischen Ungeheuers, das unter dem Lanzenstich des in prächtiger Rüstung dahinsprengenden Ritters verendet, bäumen sich vor ihrem – splitternackten – Gebieter muntere Seepferde spielerisch auf gegen den Dreizack zu ihren Häupten. Über 300 Jahre stand er auf dem Langen Markt, unser lieber Neptun, Schirmgott einer schiffahrttreibenden Bevölkerung, für die das Meer die Brücke zu Wohlstand und Bildung bedeutete. Aus seinem Bergungsort Kahlbude ist er nach Danzig zurückgekehrt und befindet sich mit den Kunstschätzen aus dem Artushof im Kreuzgang des Museums, um zu gegebener Zeit wieder den alten Platz einzunehmen. Wahrscheinlich werden dann die Artushoffassade und mit ihr die Nachbargebäude zu beiden Seiten wiederhergestellt sein, da hier noch bedeutende architektonische Reste übriggeblieben sind, die eine Restaurierung nahelegen. Der Anfang ist bereits gemacht – mit dem Steffenshaus, vom Rostocker Bildhauer Hans Voigt »von oben bis unten mit Bildwerken versehen«. Er schuf die prächtige Sandsteinfassade 1609 im Auftrage des reichen und hochgebildeten Kaufmanns Hans Speimann, der zweifellos persönlich die Anregungen für den Skulpturenschmuck gegeben hat. Ein echtes Kind seiner Zeit, wählte er als Thema Beispiele aus der Vorstellungswelt römischer Bürgertugend und Vaterlandsliebe und ließ mit diesem Stoff die drei breiten, zwischen den vier Geschossen gelagerten Friese füllen. Ein Hymnus auf den Waffenruhm erstarb in der Märzkatastrophe 1945. Durch den Feuersturm in die Tiefe gerissen, lag etwa zwei Drittel der Fassade in einzelnen Werkstücken auf und vor dem Beischlag. Jetzt sieht es hier wesentlich anders aus: Die durcheinandergeworfenen Teile wurden, einem Geduldspiel ähnlich, an ihren rechten Ort gebracht, gelegentlich wohl auch ergänzt, mit dem Ergebnis, daß die Ansicht des Steffenshauses auf dem Langen Markt aus dem wüsten Haufen wieder emporgefunden hat zu der Harmonie ihrer toskanischen, ionischen und korinthischen Ordnung. Hinter dieser Schauseite entsteht ein Gebäude, das für einen Architektenverein bestimmt ist. Das ehemalige Schöppenhaus rechts neben dem Artushof war in seinem Erdgeschoß bekanntlich mit Stücken aus der Gyldszinskisammlung als reichausgestattete Danziger Diele eingerichtet. Sie ist den Flammen zum Opfer gefallen. Das Gebäude selbst blieb so weit erhalten, daß mit seiner Restaurierung gerechnet werden kann. Fast unversehrt steht das Portal da, und sorglos treiben in seinem vergoldeten Fries Tritonen und Meerjungfrauen ihr fröhliches Spiel in den Wellen. Von zwei Bauwerken am Langen Markt soll noch die Rede sein, die neben ihrem hohen architektonischen Eigenwert durch ihre Stellung der Platzanlage eine vorzügliche Raumwirkung verliehen hatten und auch weiterhin verleihen werden – Rathaus und Grünes Tor. Furchtbare Wunden hat ihnen zwar der Krieg geschlagen. Ihn konnte nicht die apollinische Schönheit des Turmhelmes in seinem Amoklauf hemmen, ebensowenig wie die berühmte kunstvolle Wendeltreppe der Rathausdiele oder die Giebel des Grünen Tores. Aber die Baukörper überstanden die Feuerprobe dank des eisenharten Backsteinmauerwerkes, und selbst die hohe Schauwand des Rathauses nach dem Langen Markt zu hat sich aufrecht gehalten, nur die Zierhauben der Ecktürmchen verzehrten die Flammen. Ein neues Dach deckt wieder den ehrwürdigen, um 1380 begonnenen Bau, die von einem Bombentreffer aufgerissene Südwand (nach der Langgasse) ist geschlossen, der Turm eingerüstet. Dirk Daniels schuf nach einem Brand 1580 den Turmaufsatz, schöner als zuvor stieg er gleich einem Phönix aus der Asche. Was aber soll jetzt geschehen? Ich muß es mir versagen, an dieser Stelle meine Ansicht kundzutun, würde ich doch nur, einem der in der Schlacht auf den katalaunischen Gefilden gefallenen Krieger gleich, in den Lüften weiterkämpfen. So bleibe ich auf der Erde und teile mit, daß der Renaissancehelm wiedererstehen soll. Mit der eisernen Turmdachkonstruktion ist bereits begonnen. Von der Innenausstattung, soweit sie vorher ausgebaut worden war, fand sich manches wieder ein, so das ovale Mittelbild der Decke des Roten Saales von Isaak von dem Block (1609), der Zinsgroschen von Anton Möller (1601) und wohl noch manche andere Bilder. Sie sind jetzt im großen Saal des Altstädtischen Rathauses Pfefferstadt untergebracht. Mit eigenen Augen gewahrte ich bei der Sichtung der Kunstwerke im Speicher des Olivaer Schloßgartens (Januar 1946) zum Roten Saal gehörig die Intarsientür, einige Holzverkleidungen von den Sitzbänken und ein Stück von dem Abschluß der Wandverkleidung mit den meisterhaft geschnitzten Köpfen des

Simon Herle. Das Grüne Tor verlor sein im Jahre 1880 anstelle des alten Satteldaches aufgesetztes Mansardendach und Teile der Giebel auf beiden Seiten. Für die Wiederherstellung werden recht umfangreiche Arbeiten notwendig sein, doch ist mit baldigem Beginn zu rechnen. Die gewölbte Durchfahrt mit den vier Bogenöffnungen hat keinen wesentlichen Schaden genommen. Für Abertausende verzweifelter Danziger führte hier der letzte Weg fort aus der brennenden Stadt unter Verlust von Hab und Gut und manches lieben Angehörigen, hinaus einem Schicksal entgegen, in dessen ungewisses Dunkel die Flammen der zur Hölle gewordenen Heimat ihren blutroten Schein warfen. Zeuge dieser heillosen Flucht war der Milchkannenturm, an dem vorbei sich der Strom niederungswärts drängte. Das Mauerwerk zeigte mehrere Einschläge, das Kegeldach war vom Feuer zerstört. Inzwischen sind die Schäden behoben, und nun steht der als Verkehrshindernis Vielumstrittene fester denn je an seinem, im Jahre 1518 eingenommenen Platz, während die Umgebung – Milchkannengasse und Langgarten – ein großes Trümmerfeld bildet. Ähnlich erging es den im letzten Viertel des 15. Jahrhunderts zur Befestigung der Vorstadt errichteten Wehrbauten, dem Weißen Turm und dem Trumpfturm. Der Weiße Turm an der Einmündung der Fleischergasse in den Wallplatz ist völlig wiederhergestellt, der Trumpfturm soll noch folgen. Von der ordenszeitlichen Wehranlage wurden schwer heimgesucht der Stadthofturm, sozusagen der Grundstein der Stadtmauer, und der Ankerschmiedeturm. Von dem Stadthofturm auf dem Feuerwehrhof blieb nur eine Ruine übrig, und doch kann man mit seinem Wiederaufbau rechnen, weil mir aus den Äußerungen der Männer, in deren Händen die städtebauliche Gestaltung Danzigs liegt, bekannt ist, daß bei der Gesamtplanung die Sichtbarmachung des alten Stadtmauerzuges berücksichtigt werden soll. Du aber, lieber, alter Ankerschmiedeturm, mein treuer Nachbar in 20 langen glücklichen Jahren, mußtest die Faust des Krieges härter fühlen als deine Gefährten. Getroffen von Bomben schwersten Kalibers barsten deine zwei Meter starken Mauern – seit der Mitte des 16. Jahrhunderts als Verteidigungswerk außer Dienst gestellt, im 19. Jahrhundert Polizeigefängnis, nach dem Ersten Weltkrieg Zigarrenfabrik und vom Jahre 1925 ab als Herberge der Evangelischen Bahnhofsmission nutzbar. Mein Haus an deiner Seite folgte dir. Nichts fanden meine Frau und ich im Juni 1945 mehr vor, als in dem Ziegelschutt einen 80 Zentimeter langen Blindgänger und den vergoldeten Pomuchel, den ich zur Erinnerung an das Danziger 10-Pfennig-Stück in den

Giebelkopf gesetzt hatte. Der Strohturm, Kiek in de Kök und Schwanturm am brausenden Wasser haben mehr Glück gehabt. Sie werden mit dem Stadthofturm und dem Stockturm auch im zukünftigen Danzig fortdauern als älteste Geschichtsdenkmale der Stadt an der Weichselmündung. Die sogenannten Taschengebäude am Stockturm sind im Feuersturm verweht, die zierlichen Giebel Anthony van Obbergens auf der Peinkammer fast gänzlich zerstört, doch das in ungebrochener Kraft aufragende Turmmassiv, schon mit neuem Dach versehen, beherrscht nach wie vor den Kohlenmarkt. In dem Befestigungsring zur Zeit des Mittelalters öffnete sich an dieser Stelle der Hauptzugang zur Rechtstadt, dreifach gesichert durch die Doppeltoranlage des Stockturms und durch das stadtwärts gerichtete Langgassertor. Den schlichten Backsteinbogen ersetzte Abraham v. d. Block 1612 durch den uns vertrauten Repräsentationsbau. Mehr salon- als wehrfähig hatte ihn das Trommeln der Artillerie in seiner geraden Haltung etwas erschüttert. Entsprechende Ausbesserungsmaßnahmen waren im Mai 1946 soweit gediehen, daß jetzt »alles im Lot« sein wird. Den wuchtigen Sandsteinblock des Hohen Tores – 1588 von Wilhelm von dem Block – konnten Bomben, Granaten oder gar Feuer nicht außer Fassung bringen. Durch einen Treffer an der rechten Ecke, Feldseite (also nach dem Heumarkt zu), waren einige Kubikmeter herausgerissen, eine leicht heilbare Wunde. Arg zerzaust ist das Langgarter Tor vor Kneipab. Sein Abbruch – einmal schon gefordert einer Rundplatzidee zuliebe –, wird in Verbindung neuer Verkehrsplanungen unausbleiblich sein. Gleich diesem Festungsbau entstand unter dem beunruhigenden Eindruck des schwedisch-polnischen Erbfolgekrieges von der Hand des Baumeisters Hans Strackwitz 1624 das Leege Tor. Vom Standpunkt der Denkmalpflege blieb ihm stets die Gunst der Verhältnisse hold. Bis in seinen stillen Winkel drangen die Loren zum Fortschaffen der Wallaufschüttung nicht vor, und an dem Gebäude selbst änderte sich ebenfalls nichts, denn dem geringen Verkehr genügten Höhe und Breite der Durchfahrt mit den beiden schmalen Bogenöffnungen für Fußgänger. Allenfalls wurde es an schönen Wintertagen etwas lebhafter, wenn fröhliche Schlittschuhläufer das Tor durchschritten auf dem Wege zur Eisbahn nach Krampitz. Der kleine Giebelausbau nach der Stadtseite und das Dach sind zwar ein wenig durchgerüttelt, doch präsentiert sich die unverwüstliche Granitfront nach der Feldseite ohne jede Spur der Verwitterung oder sonstiger Beschädigung. Ich grüße in herzlicher Verbundenheit den Baumeister Bruno Fey und seine Familie, für die das Leege Tor gewissermaßen das Haustor zu ihrem Anwesen in Kl. Walddorf gewesen ist. Wie schon sein Vater, so passierte er es Tag für Tag, Jahr für Jahr, bis er mit den Seinen an einem Julitag 1946 zum letztenmal den Weg durch den Granitbogen, mit dem Danziger Wappen im Schlußstein, nehmen mußte. Schweres Verhängnis brach über die Reihe der Wassertore herein, jene städtebaulich so außerordentlich reizvollen Abschlüsse der Straßenzüge, die auf die Mottlau zuführen. Für die zerschlagenen Tore der Häker-, Johannis- und Heiligengeistgasse etwas Neues zu schaffen, wird bei den einfachen Torhäusern keine Schwierigkeiten machen. Problematischer ist schon der Wiederaufbau des architektonisch wesentlich anspruchsvolleren Brotbänken- und Frauentores, beide durch gotische Flächengliederung belebt. Wie aber soll ein neues Krantor aus der Schutthalde dieses Bauwerks erstehen, das durch Gestalt und Bestimmung den Rang einer der drei Wahrzeichen der alten Hansestadt einnahm? Es kann hier nicht der Platz sein, einen Versuch zur Beantwortung einer solchen Frage zu machen, und ich möchte noch einmal an die katalaunischen Gefilde erinnern. Wir jedenfalls wollen das Bild dieses behäbigen, in seiner Synthese aus Wehr- und Industriezweck einzigartigen Baukörpers in unseren Herzen weitertragen. Wie er – ein Riese Goliath – auf die Fähre zu seinen Füßen schaute und mit der herunterhängenden Kette »Paulchen von der Krantorfähre« hochzunehmen drohte, weil dieser der Flasche überreichlich zugesprochen hatte (Flaschenzug gegen Flaschenzug!), ja, und wie man, die schweren Treträder über sich, durch den gotischen Torbogen zum nahen »Lachs« in der Breitgasse strebte, um das Goldwasser an der Quelle zu genießen – das alles gehört wohl auch zu den Erinnerungen an unser Krantor. Unvergeßlich soll aber vor allem die markante Silhouette bleiben, ob strahlendes Blau oder düstere Gewitterwolken den Hintergrund bildeten oder die Konturen sich beim Mondenschein messerscharf vom sternenklaren Nachthimmel abzeichneten. Eine 500jährige stolze Geschichte Danziger Seeschifffahrt nahm mit dem Tode des alten Recken ihr bitteres Ende, es blieb auf der Langenbrücke an der Mottlau sein Hünengrab.

(Erich Volmar)

1946 25. März Die aus Danzig geflüchteten oder vertriebenen Deutschen gründen in Lübeck den »Bund der Danziger e. V.«.

Danzig, »Stadt ohne Herz«

1946 29. Juli Eine erschütternde Beschreibung der heutigen Verhältnisse in Danzig gibt der »News Chronicle«-Korrespondent, Dennis Weaver, am Freitag aus Danzig. »Heute führt eine rostige Straßenbahn die Langgasse entlang, an leeren Hauseingängen und Häusern ohne Dächer vorbei. Danzig ist eine Stadt, der man das Herz ausgerissen hat. Überreste mittelalterlicher Goldornamente hängen noch traurig an beschädigten Säulen. Als ich jetzt durch die Stadt wanderte, habe ich nur drei Gebäude wiedererkannt. Ich habe nur zwei Leute getroffen, die fließend Deutsch konnten. Die Stadt ist tot. Es heißt, daß die Russen sie systematisch, Straße um Straße, zerstört haben. Die ehemaligen Einwohner, zu 90 v. H. Deutsche, sind verschwunden. Alle Straßennamen sind geändert worden, und alle deutschen Bezeichnungen sind fort. Im Hafen aber ist Leben. In Danzigs Hafen blinken nachts die Lichter. Kräne und Winden machen ein schrilles Geräusch. Man hört Hämmern und Schweißen. Polen versucht, Danzig als Ausgangstor für seinen steigenden Überseeverkehr auszubauen. Danzig und Gdingen werden in einem Superhafen zusammengelegt, über den sich, zusammen mit Stettin, der gesamte polnische Seeverkehr abwickeln soll.«

1947 7. April *Vernehmung des Zeugen Gamm im Forster-Prozeß:** Am 1. Mai 1945 sprach Forster zur Bevölkerung in Hela. Er erklärte, daß er jetzt nach Dänemark reisen und sich bemühen werde, Schiffe aufzutreiben, um die noch auf der Halbinsel befindlichen Menschen abzuholen. Aber wie wir von den Fischern erfuhren, die Forster mit einem Kutter fortbrachten, hatte er gar nicht daran gedacht, nach Dänemark zu fahren. Nach seiner Ankunft in Deutschland wurde Forster sofort von den britischen Besatzungsbehörden verhaftet. Nach seiner im Spätherbst erfolgten Auslieferung an die polnischen Behörden hatte er im Gefängnis Zeit, über seine Politik nachzudenken. Dabei muß er wohl zu dem Schluß gekommen sein, daß es – im Besitz der totalen Macht – leichter ist, aus weiß schwarz zu machen und Menschen anderer Meinung ins Lager zu schicken, als vor einem objektiven Gerichtshof Dokumente und Zeugenaussagen zu bestreiten. »Der Gauleiter ist die Personifizierung des nationalsozialisti-

* Gamm, Rudolf, »Hakenkreuz über Danzig« (polnisch von M. Tomala), Verlag Iskry, Warschau. (Deutsche Übersetzung Wolf Runge.)

schen Gewissens in Danzig«, schrieb Forsters Biograph Löbsack in seiner Schrift zu Ehren seines Herrn. Ausdruck dieses Gewissens war das zerstörte und ausgebrannte Danzig, war der Tod von Tausenden von Danziger Menschen. Über 1½ Jahre dauerte die Untersuchung im großen Prozeß gegen den ehemaligen Gauleiter und Reichsstatthalter. Er hatte sich vor einem polnischen Gericht wegen Verbrechen gegen die Menschlichkeit zu verantworten. In diesem Zeitraum wurden vom polnischen Obersten Nationalen Gerichtshof viele Zeugen gehört und Akten geprüft. Eine sehr erhebliche Zahl von Zeugen mußte wiederholt gehört werden, und es zählten nur konkrete Aussagen. Äußerungen wie »ich habe gehört« und »es scheint mir« wurden überhaupt nicht in Betracht gezogen. Die zu diesem Prozeß zusammengetragenen Akten und Dokumente hatten ein Gewicht von vielen hundert Kilogramm. Einen schlechten Dienst erwies seinem Herrn der schon mehrfach zitierte Hofbiograph Forsters, der ehemalige Danziger Propaganda-Amtschef Wilhelm Löbsack. Mit seinen Büchern »Gauleiter Forster, der Angestelltenführer« und »Das nationalsozialistische Gewissen in Danzig«, die er ganz offensichtlich unter dem Diktat seines Vorgesetzten geschrieben hatte, wurde uns viel Material an die Hand gegeben. Ähnlich verhielt es sich mit den Büchern des Gaupropagandaleiters Wolfgang Diewerge, die unter dem Titel »Der neue Reichsgau Danzig-Westpreußen« erschienen waren. Tatsachen, die früher zugunsten seines Chefs sprachen, wurden nun vor dem Gerichtshof zu einem Forster noch weiter belastenden Moment. Einige Worte über Forster selbst: Nur schwerlich war der auf der Anklagebank Sitzende zu erkennen. Von dem hochmütigen, selbstsicheren und arroganten Gauleiter war nichts übriggeblieben. Aus dem ondulierten »nordisch-blonden« Typ war ein gedrückter, zusammengeschrumpfter Mensch geworden. Die von Löbsack prophezeite »große Wende« war auch für Forster gekommen, allerdings in anderer Form, als er gedacht hatte. Der stolze Reichsstatthalter hatte sich wieder zurückverwandelt in den kleinen armen Beamten. Sicher sind seine Gedanken zu jenen Tagen zurückgewandert, als er im gleichen Saale nach dem Einmarsch der Standarten und Marschmusik unter frenetischen »Heil-Rufen« zu seinen »getreuen Parteigenossen« gesprochen hatte. Hier, in dieser Halle hatte Forster, Herr über Leben und Tod, oftmals seine Macht demonstriert. Und heute? Bescheiden, unauffällig, in Begleitung von zwei Milizbeamten betritt er den Saal durch einen Nebeneingang und nimmt seinen Platz in der Angeklagtenbank ein – dort, wo er schon viel eher hätte sitzen müssen. Erstaunlich war die Taktik seiner Verteidigung. Sie ähnelte fast völlig derjenigen, die zwei Jahre zuvor Greiser, Gauleiter und Reichsstatthalter von Posen, angewandt hatte. Man konnte sogar den Eindruck gewinnen, als hätten sie sich gemeinsam auf diese Prozesse vorbereitet. Sie wußten angeblich nichts von den Fakten, die sie belasteten, sie erinnerten sich an keinen der in der Anklageschrift erwähnten Fälle – alles schoben sie auf Himmler und die Gestapo. Sie waren nur Vollstrecker der Befehle Himmlers, und wenn sie diese Befehle nicht ausgeführt hätten, wären sie selbst Opfer der Gestapo geworden. Greiser bekannte, er hätte »in einem goldenen Käfig gesessen«, Forster dagegen – daß der »Nationalsozialismus ihn auf den Weg des Verbrechens geführt hätte«. Als ich am 7. April 1947 zur Sporthalle fuhr, wohin ich als Zeuge geladen worden war, mußte ich an die noch gar nicht so weit zurückliegenden Tage denken, als die nationalsozialistische Partei an die Macht gekommen war. In meiner Erinnerung standen wieder die alten Freunde von den Danziger Oppositionsparteien neben mir, mit denen ich den Kampf gegen den Nazismus geführt hatte, mit denen ich die Zelle in den Danziger Gefängnissen geteilt hatte. Tiefbewegt gedachte ich jener, die ihren Glauben an den Sieg der Idee mit dem Leben bezahlen mußten. Ich wußte, daß ich in diesem Prozeß nicht nur in eigener Person Zeuge sein würde, sondern daß ich im Namen aller derer würde aussagen müssen, die von den Nazis ermordet worden waren. Zu Beginn meiner Aussage machte ich einige Ausführungen über die Tätigkeit der NSDAP vor dem Jahre 1930. Wörtlich sagte ich: »Bis zum Zeitpunkt der Ankunft Forsters in Danzig wußte man wenig von der nationalsozialistischen Partei. Es gab zwar die SA, SS und die politischen Leiter, aber alles in engem Rahmen. Es gab damals einen Kompetenzstreit zwischen Greiser und Hohnfeld um die Führung in der Partei. So blieb es bis zum Jahre 1930, als der Angeklagte nach Danzig kam und die Parteileitung übernahm.« Nach umfassender Charakterisierung der Tätigkeit des Angeklagten als Führer der nationalsozialistischen Partei, nach Ausführungen über den Terror gegenüber den Danziger Oppositionsparteien, den ich auf den vorangegangenen Seiten beschrieben habe, ging ich zu einer Analyse der Aktivität des Angeklagten hinsichtlich der Beziehungen zu Polen über. Unmittelbarer Anlaß zu diesem Teil meiner Aussagen war die Aufforderung des Gerichtsvorsitzenden: »Ich bitte den Zeugen jetzt, den Stand der Kriegsvorbereitungen der Jahre 1938–1939 zu erläutern, also der Kriegsvorbereitungen gegen Polen auf Danziger Gebiet.« Dazu sagte ich aus: »Im Jahre 1939 wurde das Danzig-Polnische Gentlemen's Agreement vollständig gegenstandslos. Monatelang wurden auf Pontons über die Weichsel Pferde transportiert. Diese wurden in Langfuhr und auf den umliegenden Gütern in Ställen untergebracht. Aus dem Reich wurden auch mit Autos und Schiffen Geschütze, Scheinwerfer und anderes Kriegsmaterial herangeschafft und nachts in Langfuhr ausgeladen. Die Straßen wurden durch Beamte in Zivil scharf bewacht. Dabei handelte es sich nicht um Danziger Beamte, die mir ja bekannt waren. Die Danziger Bevölkerung war durch diese Situation sehr bedrückt, die durch die ständigen Transporte aus Pommern eingetreten war. Wie sich später herausstellte, handelte es sich bei den jungen Leuten um Männer, die später im sogenannten Selbstschutz wieder in Erscheinung traten. Diese Leute waren mit Visitenkarten versehen, deren Ecken auf besondere Weise abgeschnitten worden waren. Es konnte nämlich festgestellt werden, daß es Leute waren, die erwartet wurden. Sie hatten sich an besonderen Sammelstellen zu melden, wo die abgeschnittenen Ecken mit den Visitenkarten verglichen wurden. Täglich hörte man im Rundfunk den ›Marsch der Deutschen in Polen‹. Das ganze war eine auf breiter Front angelegte antipolnische Propaganda.« Danach beschrieb ich den Augenblick des Kriegsausbruchs in Danzig, die gnadenlose Behandlung der polnischen Postbeamten, als sie nach der Kapitulation des Postgebäudes gefangengenommen wurden. Ich sagte: »Das alles war schrecklich. Zu einem diensttuenden Hauptmann wandte ich mich mit den Worten: ›Wie können Sie zulassen, daß diese SA-Leute, die im Polizeipräsidium nichts zu suchen haben, die Festgenommenen mißhandeln?‹ Er antwortete, daß er gegenüber der Partei keine Befehlsgewalt habe. Wir richteten eine Beschwerde an Himmler, erhielten aber nie eine Antwort. Eine Frau, die zusah, wie die Postbeamten vom Auto hinuntergeworfen wurden, und die ihrer Empörung laut Ausdruck gegeben hatte, wurde von SS-Leuten geschlagen. Es waren furchtbare Szenen.« Nach Beendigung des ersten Teils meiner Anhörung wurden mir eine Reihe Fragen gestellt, die den Grad der Verantwortung Forsters an diesen Dingen betrafen. Vorsitzender: »Erklären Sie bitte, ob die Brutalität und Grausamkeit des Vorgehens der SS-Einheiten als Ergebnis einer speziellen Schulung durch die Partei und die nazistische Ideologie angesehen werden kann.« Ich: »Ja. Die Würdenträger der NSDAP bedienten sich einer besonderen Sprache gegenüber Menschen, die ihre Ansichten nicht teilten. Vors.: Hat insbesondere Forster bei der Aufhetzung der Parteimitglieder erreichen wollen, daß es zu Gewaltakten und zu schärfstem Vorgehen gegen die Gegner kommen sollte? Ich: Gerade das war seine Aufgabe; er machte die Propaganda, er hetzte und log und trieb seine Leute in diesem Sinne an. Die Lüge ist die Waffe der Nationalsozialisten; das hat mit Moral oder Unmoral überhaupt nichts zu tun. Vors.: Ist nach Ihrer Meinung der Angeklagte für die damaligen Gewaltakte in Danzig verantwortlich? Ich: Darauf möchte ich mit einem Beispiel antworten: Auf Forsters Schreibtisch stand eine Fotografie Hitlers im Münchener Braunen Haus mit folgendem eigenhändigen Text: ›In der Partei geschieht nichts ohne mein Wissen und meinen Willen.‹ Alle diese Leute waren Imitatoren Hitlers. Vors.: War der Angeklagte Forster einer der Gründer und Organisatoren der SS und Heimwehr? Ich: Das weiß ich nicht. Aber er war Gauleiter. Er war verantwortlich für alles, was hier geschah... Beisitzer Szczepański: Ich möchte den Zeugen befragen, inwieweit Forster den Tod der 25000 Opfer der Zivilbevölkerung zu verantworten hat? Ich: Er ist schuldig, weil er entgegen jedem gesunden Menschenverstand den Kampf fortsetzte.« Ja, Forster war schuld an dem Tod von 25000 Danzigern, die in den Wäldern zwischen Heubude und Schiewenhorst umgekommen waren. Dieser Mensch war schuldig an der Zerstörung der schönen Stadt Danzig; seine Schuld war es, daß unsere alte Stadt in Schutt und Asche fiel. Als der erste Teil der Aussagen beendet war, bat Forster um die Erlaubnis, mir einige Fragen stellen zu dürfen. Er wollte damit den Wert meiner Aussagen abschwächen. Wie bereits oben erwähnt, hatte ich 1945 einen ähnlichen Kampf mit Greiser geführt, der in Posen abgeurteilt worden war. Er hatte kompromißlos um sein Leben gekämpft. Meine Freunde und ich waren der Meinung, daß Greiser intelligenter war als Forster. Schon die ersten Fragen des letzteren bewiesen, daß er – um in der Boxersprache zu sprechen – »groggy« war. Anders kann ich mir seine schwache Verteidigung nicht erklären. Eine Zeitung in Danzig schrieb damals zu meinen Aussagen: »Während der Zeugenaussage Gamms verlor Forster seine Selbstsicherheit. Er brach völlig zusammen.« Eine der ersten Fragen zielten auf eine Abschwächung der Beweiskraft von Rauschnings Büchern. Also fragte er: »Ist dem Herrn Zeugen bekannt, daß Rauschning vor 1931 Bücher geschrieben hat, die dem polnischen Staat gegenüber feindselig eingestellt sind?« Ich antwortete, daß mir nur zwei Bücher Rauschnings bekannt seien und daß er sich darin gegenüber dem Nationalsozialismus ablehnend ausgesprochen hätte. Die zweite Frage Forsters zielte darauf, ihn in der Frage der Beziehungen zu Polen reinzuwaschen. Wenn man den Ausführungen des ehemaligen Gauleiters von Danzig lauschte, dann konnte man den Eindruck gewinnen, daß nur er es war, der sich um gute Beziehungen zur polnischen Regierung bemüht hatte und daß nur die früheren Danziger Regierungen mit Polen Streitigkeiten gehabt hatten. Das war nicht verwunderlich, denn Greiser hatte in der gleichen Richtung argumentiert. Ich antwortete, daß es in der Tat während der Amtszeit früherer Danziger Regierungen Reibereien mit der polnischen Regierung gegeben hatte, aber die damaligen Regierungen hätten mit Polen kein »Gentlemen's Agreement« gehalten. Aus den weiteren Ausführungen Forsters konnte man entnehmen, daß er darauf aus war, sich als den Kommandanten eines Schiffes darzustellen, der bis zum letzten Augenblick auf seinem Posten ausgeharrt hatte. Da ich jedoch die örtlichen Verhältnisse genau kannte, konnte ich dem Gerichtshof mit Leichtigkeit die angeblichen Verdienste Forsters bei der Evakuierung der Bevölkerung, die zu Tausenden auf den Straßen an Frost und Hunger zugrunde gegangen war, aufzählen. Der letzte Teil meiner Aussagen galt der geheimnisvollen Geschichte um den Tod des ehemaligen sozialdemokratischen Volkstagsabgeordneten Hans Wiechmann. Ich hatte diese Angelegenheit bereits während des Greiser-Prozesses in Posen angeschnitten, aber ebenso wie in Posen erklärte auch jetzt der Angeklagte Forster, daß er von dieser Sache nichts wüßte. Seinerzeit hatte dieser Fall großes Aufsehen erregt und wurde daher auch vom Gerichtshof nochmals angesprochen. Hier ein Ausschnitt aus meiner Aussage: Staatsanwalt Cyprian: Ist dem Zeugen der Fall der Ermordung des sozialistischen Fraktionsführers, des Abg. Wiechmann, bekannt? Ich: Ja, ich kannte Wiechmann sehr gut. Cyprian: Berichten Sie bitte, was Ihnen in der Sache bekannt ist. Ich: Wiechmann war Bediensteter der polnischen Eisenbahndirektion und Sprecher der sozialdemokratischen Eisenbahnarbeiter. Sein Büro befand sich in der Eisenbahndirektion und daher in der für die damaligen Verhältnisse besonderen Situation, daß es im Gegensatz zu den Büros der Oppositionsparteien von der Polizei nicht betreten werden durfte. Wiechmann fuhr häufig nach Warschau zu seinen dortigen sozialdemokratischen Freunden. Das war offensichtlich auch der Danziger politischen Polizei bekannt. Im Frühjahr 1937 wurde Wiechmann in Oliva auf offener Straße verhaftet. Als seine Frau Tags darauf zum Polizeipräsidium ging, um in Erfahrung zu bringen, was mit ihrem Mann geschehen sei, sagte der bereits erwähnte Kripo-Chef Grötzner zunächst, er kenne Wiechmann überhaupt nicht, versicherte aber später, man habe ihn nach kurzem Verhör wieder freigelassen. Wiechmann wurde jedoch nicht gefunden. Dem Vorsitzenden der sozialdemokratischen Partei, Artur Brill, wurde ein Brief ausgehändigt. Bevor dieser Brief allerdings ausgehändigt wurde – so berichtete mir Brill persönlich –, waren Polizeibeamte bei ihm erschienen und brachten ihn mit dem ungeöffneten Brief zur Polizei. Dort wurde festgestellt, daß es sich angeblich um einen Brief von Wiechmann handelte, der sich in Spanien aufhielt, wo zu jener Zeit Bürgerkrieg tobte. Einige Zeit später wurden auf polnischem Gebiet, auf einem Kartoffelfeld, Wiechmanns Papiere gefunden. Bald danach wurde in einem Kanal bei Elbing eine männliche Leiche entdeckt. Daraufhin fuhren Parteifreunde von Wiechmann an diese Stelle, um die Leiche zu identifizieren. Die örtliche Gestapo drohte ihnen jedoch mit Verhaftung, worauf sie unverrichteter Sache wieder zurückkehren mußten. Die Leiche war mit Segeltuch umwickelt und mit Gewichten beschwert. Wiechmann war kräftig, aber die sich entwickelnden Gase hatten trotz der Belastung bewirkt, daß die Leiche an die Oberfläche getragen wurde. (Rudolf Gamm)

1947 im Juni Als zweite Tageszeitung erscheint in Gdańsk die »Glos Wybrzeza« (Stimme der Küste).

1947 Aufnahme der Restaurationsarbeiten an den Dächern der Marienkirche (insgesamt ca. 1 Hektar an Fläche, die bis 1950 andauern).

1947 Die Staatliche Musikhochschule eröffnet. (Seit 1982 als Musikakademie weitergeführt.)

1948 Die erste neue Wohnsiedlung in Danzig, bestehend aus 27 finnischen Holzhäusern, fertiggestellt. Zwischen Langfuhr und Oliva wird mit einer modernen Wohnsiedlung für 60 000 Einwohner begonnen (Przymorze). Unter anderen Wohnhäusern entsteht hier später das wellenförmig gebogene, in seiner Ausdehnung längste Haus in der Kolberger Straße.

1948 29. April Der Oberste Nationale Gerichtshof in Danzig verkündete folgendes Urteil: »Das Gericht erkennt den Anklagten Albert Forster für schuldig, weil er A) In der Zeit vom 1. September

1939 bis Mai 1945 an führender Stelle als ›Gauleiter‹ zunächst im Gebiet der Freien Stadt Danzig, später im Reichsgau Danzig-Westpreußen, in der von den Behörden des Deutschen Reiches unter der Bezeichnung Nationalsozialistische Deutsche Arbeiterpartei eingesetzten verbrecherischen Organisation tätig war, welche das Ziel verfolgte, die an das Deutsche Reich grenzenden Gebiete einzuverleiben, und danach strebte, dieses Ziel durch Verbrechen gegen den Frieden, Kriegsverbrechen und Verbrechen gegen die Menschlichkeit zu erreichen, B) In Danzig in der Zeit von Oktober 1930 bis 1. September 1939 gemeinsam mit den führenden Organen der NSDAP und den in deren Interesse handelnden Regierungsorganen des Deutschen Reiches die Entfesselung von Kriegs- und anderen feindseligen Handlungen gegen den polnischen Staat plante. Dabei handelte es sich darum, 1) den polnischen Staat in seiner kraft Art. 104 des Versailler Vertrages sowie der Pariser Konvention vom 9.9.1920 und des anschließend aufgrund dieser beiden Verträge getroffenen Abkommens vom 24.10.1921 zustehende Rechte im Gebiet der Freien Stadt Danzig widerrechtlich zu berauben, 2) die internationalen, das Statut der Freien Stadt Danzig garantierenden Abmachungen zu verletzen, 3) die auf diesem Gebiet den Personen polnischer Herkunft und polnischer Zunge sowie allen polnischen Staatsangehörigen zustehenden Rechte im Wege der ›Gleichschaltung‹ der Danziger Gesetze mit der Gesetzgebung des Reiches durch eine zu der in Kraft befindlichen Verfassung und den internationalen Verpflichtungen im Widerspruch stehenden Gesetzgebung einzuschränken, 4) Vorbereitungen für Kriegshandlungen zu treffen mit dem Ziel der Abtrennung polnischen Staatsgebiets und später der Liquidierung der Unabhängigkeit des polnischen Staates. Dieses Endziel ist am 1. September 1939 in die Tat umgesetzt worden durch: a) das vom Angeklagten erlassene Grundgesetz über die Einverleibung der Freien Stadt Danzig in das Reich und b) die Einleitung von Angriffskriegshandlungen gegen den polnischen Staat, an denen auf diesem Gebiet Abteilungen der SS-Heimwehr sowie andere unter der Leitung des Angeklagten gebildete Parteiorganisationen teilnahmen. C) Auf dem Gebiet des Reichsgaues Danzig-Westpreußen während der Zeit vom 1. September 1939 bis Mai 1945 zugunsten des deutschen Staates: a) an der Verübung von Mordtaten an der polnischen Zivilbevölkerung teilgenommen hat, und zwar insbesondere an der Intelligenz, der Geistlichkeit sowie führenden Persönlichkeiten des Volkstums und der Arbeiterschaft, desgleichen an den nach

Auffassung der Besatzungsmacht unerwünschten Elementen und Bürgern jüdischer Nationalität bzw. jüdischer Abkunft, die in ihrer Gesamtheit vernichtet werden sollten, b) und zum Schaden des polnischen Staates teilgenommen hat an: 1) der rechtswidrigen Freiheitsberaubung und Mißhandlung der genannten Personen in Kerkern, Gefängnissen und verschiedenen Arten von Lagern, 2) der Massenaussiedlung dieser Menschen in das sogenannte Generalgouvernement und in Umsiedlerlager sowie zu Zwangsarbeit in das Reich, 3) der Zwangsverschleppung polnischer Kinder in das Reich zum Zweck der Trennung von ihren Familien und zwecks Germanisierung, 4) der Entnationalisierung von Polen durch zwangsweise Eintragung in die deutsche Volksliste im Wege unmittelbaren Zwanges oder Erschwerung der Lebensbedingungen, wenn die Betreffenden die polnische Nationalität nicht aufgeben wollten, 5) der völligen politischen Entrechtung oder auch an dem Entzug bzw. teilweisem Entzug anderer Rechte dieser Personen bei gleichzeitiger bevorzugter Behandlung der deutschen Bevölkerung, 6) der systematischen Vernichtung aller polnischen materiellen und geistigen Kulturgüter, insbesondere des polnischen Schulwesens aller Kategorien, und anderer polnischer Kulturzentren sowie an der Verhinderung der freien Religionsausübung der polnischen Bevölkerung, 7) der Enteignung des gesamten öffentlichen Eigentums sowie des gesamten unbeweglichen Privateigentums einschl. der wertvolleren Teile des beweglichen Eigentums zum Nachteil des polnischen Staates und seiner Bevölkerung und verurteilt den Angeklagten Albert Forster wegen dieser Taten, von denen die unter A) bezeichnete gem. Art. 4 §§ 1 und 2 des Dekrets vom 10. 12. 1946 (Ges.Bl. 69, Pos. 377), die unter B) gem. Art. 99 StGB, die unter C) a) gem. Art. 1, Pkt. 1 des genannten Dekrets und die unter C) b) gem. Art. 2 dieses Dekrets Verbrechen sind, kraft Art. 1 obigen Dekrets unter Anwendung des Art. 33, § 1 StGB zum Tode.«

Mit diesem Urteil wurde eines der dunkelsten Kapitel Danzigs abgeschlossen. Denn die Verhandlung gegen Forster war das Fazit seiner gesamten jahrelangen verbrecherischen Tätigkeit in dieser Stadt, eine Abrechnung mit den Nazis, die während ihrer zwölfjährigen Herrschaft rücksichtslos alles unterdrückten, was in dieser Stadt polnisch war. Diese Verhandlung hatte der Welt auch gezeigt, wie Forster seine Vorbereitungen getroffen hatte, um aus Danzig das Objekt zu machen, das Hitler als Vorwand zur Entfesselung des Zweiten Weltkrieges dienen sollte.

1948 im August Kunstausstellung »Danziger Maler – Gemälde, Aquarelle, Graphik« in den Galerieräumen der Kunstrunde im Alsterhaus, Hamburg, von Prof. Willi Drost eröffnet.

1948 im Oktober Das Danziger Theater »Wybrzeze« öffnet seine Pforten zur ersten Spielzeit in der Sporthalle in Langfuhr.

1948 6. November Das erste auf der Danziger Werft (im Lenina) gebaute Schiff läuft vom Stapel. Es ist das Erz-Kohlen-Transportschiff »Soldek« mit 2500 Tonnen Tragfähigkeit.

1949 Mit dem Wiederaufbau des kriegszerstörten Artushofes wurde im Frühjahr begonnen. Die polnische Stadtverwaltung beabsichtigt, Fragmente der Schnitzarbeiten und Malereien zu rekonstruieren.

1949 Unter den 185000 Polen, die jetzt in Danzig leben, davon zahlreiche »Repatrianten« aus Wilna und den an die USSR abgetretenen polnischen Ostgebieten, befinden sich noch ca. 3000 Deutsche, die meisten von ihnen werden als Facharbeiter auf den Werften beschäftigt.

1949 29. Juli Dennis Weaver in der englischen Zeitung »News Chronicle«: »Können Sie sich noch auf Danzig besinnen?« »Vor 10 Jahren, als Hitler überall in Europa Zündstoff legte, stand die einst Danzig genannte alte Stadt im Blickpunkt des allgemeinen Interesses. Würde es Krieg geben oder nicht? Von hier aus würde sich die Beantwortung der Frage ergeben. Heute schleicht trübselig eine klapperige Straßenbahn durch die Langgasse, in der einst die Danziger Nazis mit den Rufen ›Zurück zum Reich‹ oftmals paradierten. Heute stehen hier leergebrannte Ruinen und geborstene Pfeiler, an denen noch rührend traurig die wenigen Reste mittelalterlicher Goldornamente hängen. Danzig ist eine Stadt, der das Herz ausgerissen wurde. Hier war ich noch drei Wochen lang, ehe Hitler zuschlug, und konnte mir ansehen, wie der Krieg begann. Längst vergangene Erscheinungen wie Seyss-Inquart, Frank, Forster und Bohle gingen damals in Lauterbacher's berühmtem Keller um oder hielten ihre nächtlichen Zusammenkünfte in dem Zoppoter Kasino-Hotel ab, wo die Pläne zur Vernichtung Polens geschmiedet wurden. Heute habe ich auf einer Tour durch die Stadt nur drei Gebäude wiedererkannt und nur zwei

Personen habe ich angetroffen, deren Muttersprache Deutsch war. Hier und dort entstehen aus den Ziegelsteinen der Ruinen erbaute Arbeiter-Unterkünfte, Baracken, Kirchen und öffentliche Gebäude. Sie heben sich blaß und kläglich neu von dem tiefen Ziegelrot der jahrhundertealten Ruinen ab. Die Stadt ist tot. Es wird erzählt, die Russen hätten Straße um Straße systematisch zerstört. Aber der Hafen lebt. Nachts winken die Lichter von den Hafenbecken, Winden und Kräne kreischen schrill, der Wind zaust den aufsteigenden Rauch, der Lärm vom Hämmern und Nieten klingt herüber. Polen versucht Danzig als Ausfalltor für seinen wachsenden Überseehandel wieder aufzubauen. Die versandete Weichsel und die Mottlau werden ausgebaggert, Dampfer und Leichter ziehen auf ihrem Weg zur See vorbei. Danzig ist verschwunden. An seiner Stelle kommt langsam und mühevoll neues Leben in den polnischen Hafen Gdansk. Die früheren Einwohner, von denen 90 Prozent deutsch waren, sind nicht mehr. Die Straßennamen sind verändert, alle deutschen Aufschriften wurden beseitigt. Ein russischer Soldat blickt aus einem Kasernenfenster verwundert auf mein britisches Abzeichen. In den Vororten ist die Zerstörung weniger groß. Der Hauptbahnhof, der erstaunlicherweise gut erhalten ist, weist reges Leben und Treiben auf. Es herrscht sehr starker Güterverkehr auf der Eisenbahn, der heute den Warenumschlag ein- und ausgehend zwischen Danzig mit Warschau, Gdynia und der Ostsee zu bewältigen hat. An der Chaussee Danzig–Gdynia, die bei meinem damaligen Besuch durch Tankfallen und Sperren blockiert war, arbeiten heute Kolonien von Jugendlichen mit entblößtem Oberkörper an dem Bau einer neuen großen Straße, die Polens Handel mit der großen Welt verbinden soll.«

1949 im August Die »Opera Baltycka« eröffnet die erste Spielzeit mit der Oper »Halka« von Moniuszko. Mit der Oper arbeitet die »Filharmonia Baltycka« eng zusammen. In ihrem eigenen Haus in der umgebauten ehemaligen Sporthalle, »Polonia«, gaben Oper und Philharmonie bis zum Jahr 1980 5000 Aufführungen beziehungsweise Konzerte.

1949 im Oktober In Langfuhr und Schidlitz sind neue Arbeitersiedlungen errichtet worden. In Langfuhr sollen 1100, in Schidlitz 280 Wohnungen den Arbeitern übergeben werden. Auch im Stadtzentrum von Danzig werden Wohnhäuser für Arbeiter gebaut. Beim Bau dieser Häuser ist das Landeskonservatorium hinzugezogen worden, da man bei den Fassaden den historischen Stil der Altdanziger Giebelhäuser gewahrt wissen will.

1949 im Dezember Die Hafengemeinschaft Danzig-Gdingen hat das Recht einer Basis auch nach indischen Häfen sowie nach Ceylon und Pakistan erworben. (Die gesamte polnische Seetonnage umfaßt zur Zeit 130000 Bruttoregistertonnen.)

1950 1. Januar Die Häfen von Danzig und Gdingen sind zu einer Hafengemeinschaft zusammengefaßt worden, nachdem der Danziger Hafen modernisiert und voll benutzbar gemacht wurde.

1950 Die Danziger Bevölkerung ist auf 194600 Einwohner angewachsen. (Im Jahr 1955 wird mit 242000 Einwohnern etwa die Vorkriegszahl erreicht.)

1950 Gründung des Seeinstituts (Instytut Morskie) am Langen Markt. Das Institut ist die wissenschaftliche Wirkungsstätte des Fachbereichs Seewirtschaft, der sich mit Fragen der Handelsflotte, der Häfen, des Seetransports und der Hydrotechnik, aber auch mit Fragen des Seerechts und der Ökonomie der Küstenregion, verbunden mit Umweltschutzfragen befaßt.

1950 Die wiederaufgebaute Marienkirche ist noch von den Ruinen und Trümmern der zerstörten Giebelhäuser und Beischläge der Frauen-, Jopen-, Brotbänken- und Heiligengeistgasse umgeben.

1950 5. April In Zoppot weilte Chiles großer Dichter, Pablo Neruda, zur Erholung. Hier schrieb er das Gedicht über das zerstörte Danzig: »Die Ruinen am baltischen Meer«. In Zoppot fand eine Ausstellung des amerikanischen Graphikers Samuel Gropper statt.

1950 Zum Wiederaufbau der Danziger Rechtstadt wurden zwei Wettbewerbe ausgeschrieben, an denen sich 30 Architekten beteiligten.

1951 Zu Beginn des Jahres wurde die Vorortstrecke der Eisenbahn nach Neufahrwasser elektrifiziert.

1952 Die polnische Regierung beschließt endgültig den Wiederaufbau der Danziger Rechtstadt im historischen Baustil.

1952 Dach und Fassade des Artushofs werden restauriert.

1952 Zwischen Danzig und Zoppot verkehrt eine elektrische Schnellbahn mit Waggons der Berliner S-Bahn.

1953 im Juli In der Langgasse werden das wiederaufgebaute Hauptpostamt und das Kino »Leningrad«, auf dem Grundstück des früheren Filmtheaters »Tobis-Palast«, eröffnet.

1954 Restauration des Neptunbrunnens und Wiedereinsetzung der Statue des ausgelagerten Meergottes vor dem Artushof.

1955 In 5 Kinos mit ca. 1200 Sitzplätzen werden Filme vorgeführt. (Bis 1959 stieg die Zahl der Kinos auf 20 mit 6500 Sitzplätzen an. Mit der Einführung des Fernsehens verringerte sich die Zahl der Kinos 1980 auf 12 mit 4400 Sitzplätzen.)

1955 17. November In einem vom 17. November 1955 datierten Brief aus Danzig werden über die Einweihung der Danziger Marienkirche folgende Einzelheiten berichtet: »Heute, um 10.30 Uhr vormittags, wurde die Marienkirche eingeweiht. Menschen ohne Ende nehmen daran teil und säumten die Straßen; Fronleichnam ist nichts dagegen. Das Dach und die Decke der Kirche sind fertig, eine Säule ganz vorne ist neu gemacht. Der Altar, welcher ziemlich hoch steht, besteht aus einem massiven, mächtigen Kreuz, davor die Mutter Gottes und der hl. Johannes in überlebensgroßen Figuren, der Corpus Christi auch groß. Der Altar ist sozusagen aus zwei Teilen (zweifach gestuft), alles hoch. Scheinwerfer und Lautsprecher waren eingesetzt, über 100 Geistliche waren zugegen. Geweiht und zelebriert hat der Olivaer Bischof Ziemanowski, die Olivaer Geistlichkeit hat assistiert. Das Innere besteht nur aus kahlen Wänden, die stellenweise noch die Spuren des Krieges zeigen, und es wird wohl noch Jahrzehnte dauern, bis alles in Ordnung ist. Von den 36 Seitenkapellen besteht keine. Wo mag das ›Jüngste Gericht‹ sein? Von den schlanken kleinen Türmen steht nur einer. Die St.-Josefs-Kirche wird auch schon aufgebaut, da war nur ein Stück von einer Mauer übriggeblieben. Viele Kirchen, außer St. Katharinen, sind so weit wiederhergestellt, daß wenigstens Gottesdienst abgehalten wird. Um die Marienkirche soll nicht gebaut werden, sie soll frei stehen und dadurch mehr zur Geltung kommen.«

1956 Die volkspolnische Presse befaßte sich in einer Reihe von Artikeln mit der Verminderung der polnischen Handelsflotte im laufenden Jahr, da seit Januar kein neues Schiff in Dienst gestellt wurde, zugleich aber eine Reihe von Schiffen »exportiert« worden sind, so zum Beispiel fünf große Schiffe an die Volksrepublik China. Außerdem sank im Februar d. J. der Handelsdampfer »Stalowa Wola«, der Dampfer »Boleslaw Prus« mußte aus dem Verkehr gezogen werden, und der Stückgutfrachter »Nida« wurde an eine brasilianische Reederei verkauft. Die Produktion der polnisch verwalteten Werften soll nach Plan jährlich 20000 Tonnen betragen, doch sind nicht weniger als 86 v. H. »für den Export bestimmt«. Es steht nun allein ein Zuwachs von zwei größeren Handelsschiffen in Aussicht. Es ist geplant, den 10000-Tonnen-Dampfer »Marcel Nowotko« noch vor Jahresende in Dienst zu stellen. Außerdem erhält die polnische Handelsflotte wahrscheinlich noch im nächsten Jahr ein weiteres 10000-Tonnen-Schiff, das im Juli d. J. in Danzig vom Stapel lief und an sich für die Sowjetunion bestimmt war, jedoch wegen technischer Beanstandungen nicht abgenommen wird. Die Danziger Werft baut gegenwärtig allein kleine Fischkutter. Der augenblickliche Bestand der polnischen Flotte beläuft sich gegenwärtig auf allein 300000 Tonnen, wobei viele Schiffe veraltet sind und häufig zur Reparatur im Dock liegen.

1956 Das Neubauprogramm der Danziger Werften sieht mehrere Schiffstypen für die Serienproduktion vor: Typ »Gdynia« (5000 tdw, zwölf Knoten) und Typ »Ozeana« (10000 tdw, zwölf Knoten) als Einheitstramper, Linienfrachter Typ »M. Nowotko« (10000 tdw, 16 Knoten) und Einheitstanker Typ »Warschau« (17000 tdw, 14 Knoten). Das Programm soll bis 1962 abgewickelt sein: zehn Tanker, fünf Tramper von 10000 tdw und zwölf Tramper von 5000 tdw.

1957 im Januar Der Bischof von Danzig, Carl Maria Splett, ist nach zehnjährigem Gefängnis- und Haftaufenthalt in Polen im Rheinland eingetroffen, wo er zunächst seinen Wohnsitz in Neuß genommen hat. Der stellvertretende Vorsitzende des »Bund der Danziger e. V.«, Konsul Franz Neubauer, hat den Bischof persönlich aufgesucht, um ihm die Glückwünsche der vertriebenen Danziger zu seiner Freilassung zu überbringen.

1957 im März Der Senat der Hansestadt Lübeck, die Lübecker St. Mariengemeinde und der Denkmalsrat sind übereingekommen, die ausgelagerten Paramente der Danziger Marienkirche in der Lübekker St. Marienkirche in Obhut zu nehmen.

1957 Die Vertretung der Freien Stadt Danzig hat der Olympiasiegerin im 200-m-Brustschwimmen in Melbourne die Danziger Gedenkmedaille verliehen. Frau Ursula Happe-Krey ist gebürtige Danzigerin. Die Europameisterin war in Danzig Mitglied des traditionellen Schwimmklubs »Neptun« an der »Kampfbahn Niederstadt«.

1957 Als dritte Tageszeitung erscheint in Danzig die »Wieczór Wybrzeźa« (Abend der Küste).

Urteilsverkündigung im KZ-Stutthof-Prozeß *

1957 4. Juni Am 4. Juni verkündete Landgerichtsdirektor Pähler folgendes Urteil des Schwurgerichts Bochum: »Der 47jährige ehemalige SS-Obersturmführer und Kommandant des Konzentrationslagers Stutthof, Werner Hoppe, wird wegen Beihilfe zum Mord an mehreren Hundert Menschen zu neun Jahren Zuchthaus und sechs Jahren Ehrverlust verurteilt. Ihm werden drei Jahre Untersuchungshaft auf diese Strafe angerechnet. Der gleichaltrige frühere Lagersanitäter im KZ Stutthof, Otto Knott, wird unter Anrechnung der Untersuchungshaft wegen Beihilfe zum Mord an mindestens 50 Häftlingen zu drei Jahren und drei Monaten Zuchthaus und drei Jahren Ehrverlust verurteilt.« In einem ersten Verfahren war Hoppe im Dezember 1955 zu fünf Jahren und drei Monaten und Knott zu drei Jahren Zuchthaus verurteilt worden. Die Staatsanwaltschaft hatte damals Revision eingelegt. Vom Bundesgerichtshof war die Strafsache zu einer neuen Verhandlung nach Bochum zurückverwiesen worden. Das Gericht schloß sich jetzt der Auffassung der Richter in der ersten Instanz an, daß die Angeklagten nur die Befehle ihrer Vorgesetzten ausgeführt und deshalb lediglich Beihilfe zum Mord geleistet hätten. Der Staatsanwalt hielt sie dagegen für die Tötungen di-

* »UNSER DANZIG«, Jg. 1957: VIII, 21; X, 19; XI, 18–19; XII, 20–21.

rekt verantwortlich und hatte für Hoppe lebenslänglich und für Knott dreieinhalb Jahre Zuchthaus beantragt. Er warnte dabei vor Stimmen in der Öffentlichkeit, die den Mantel des Vergessens über die furchtbaren Taten legen möchten. In seiner Urteilsbegründung wies der Gerichtsvorsitzende einleitend darauf hin, daß in sechswöchigen eingehenden Verhandlungen ein Stück grausiger Zeitgeschichte, ein Teilausschnitt aus der sogenannten Endlösung der Judenfrage, mit den Untaten im KZ Stutthof in voller Breite vor der Öffentlichkeit aufgerollt worden sei. »Es ging um das Schicksal von Menschen, deren einzige Schuld es gewesen ist, daß sie Juden waren. In Stutthof sind noch zu einem Zeitpunkt solche Bestialitäten begangen und Menschen vernichtet worden, als bereits die Alliierten im Anmarsch waren. Als es mit den Verbrennungen von Leichen im Krematorium durch die verbrecherischen SS-Elemente des KZ Stutthof nicht mehr zu schaffen war, wurden aufgeschichtete Leichen auf einem Scheiterhaufen verbrannt. Vorher wütete die Menschenvernichtung durch heimtückische Vergasungen in einem Eisenbahnwaggon und Genickschüsse an Häftlingen an einer ärztlich getarnten Meßplatte.« Unter Hinweis auf das Urteil in erster Instanz, so erklärte das Gericht, habe die neue Hauptverhandlung vor dem Schwurgericht die Frage der Täterschaft zu klären gehabt. »Hierbei ist das Schwurgericht zu den gleichen Feststellungen gekommen wie das Schwurgericht im Jahre 1955. Nachdem Hoppe 1942 das KZ Stutthof übernommen hatte, wurde es 1943 judenfrei gemacht. Als die Ostfront immer näher kam und die aus dem Deutschen Reiche in den östlichen Ghettos angesiedelten Juden zwangsweise zurückgeführt und auf die KZ-Lager verteilt wurden, da praktizierten die Gewalthaber auch in Stutthof die Ausrottung der jüdischen Rasse. Wieviel Juden vernichtet wurden, ließ sich nicht feststellen.« Es sei erwiesen, so betonte der Gerichtsvorsitzende, daß Hoppe der Vernichtungsbefehl nicht genehm gewesen sei, er habe ihn zumindest dilatorisch behandelt, schließlich aber sei er zu seiner Ausführung geschritten. Der berüchtigte spätere SS-Vernichtungsspezialist Höß aus dem KZ Auschwitz habe über Hoppes Kopf hinweg den Vernichtungsbefehl für Stutthof dem Schutzhaftlagerleiter Meyer und dem inzwischen durch Selbstmord geendeten Lagerarzt Dr. Heidl erteilt. Für die Untaten in der Entlausungsbaracke sei Hoppe jedoch verantwortlich zu machen, ebenso für die Vergasungen in einem Eisenbahnwaggon. Beide Angeklagte hätten den Tod von vielen Häftlingen durch ihr aktives Handeln herbeigeführt. Dabei sei die starre Befehlsbürokratie in der SS nicht zu übersehen. Offensichtlich habe die Tatherrschaft bei ihren Vorgesetzten, bei Hitler und Himmler, gelegen. Bei Hoppe habe sich die Tatherrschaft in der Weitergabe des Vernichtungsbefehls erschöpft. Er habe die Vergasungen nicht kontrolliert, keine Häftlinge zur Vernichtung ausgesucht, sei auch nicht dabei gewesen und habe sich innerlich davon distanziert. Es komme auf den Tatwillen an. So sei Hoppe als Gehilfe, aber nicht als Täter anzusehen. Beide Angeklagte könnten sich aber nicht auf einen ihr Verschulden ausschließenden Notstand berufen, beide seien als Gehilfen bei den Morden anzusehen. Sie seien sich der Rechtswidrigkeit ihrer Handlungen bewußt gewesen. Für Hoppe gelte, daß er immer mehr hineingezogen worden sei in den Sog der Verblendungen, sich zu Untaten hinreißen zu lassen. Beide Angeklagte, so erklärte der Gerichtsvorsitzende abschließend, werden sich mit dem ihnen zuteil gewordenen gerechten Richterspruch abzufinden haben. Nach 17 Verhandlungstagen war die Beweisaufnahme am 30. Mai d. J. abgeschlossen. Unter den Zeugen befanden sich auch vier Schweden, die als politische Häftlinge nach 1942 in das KZ Stutthof kamen. Auch aus deren Aussagen verdüsterte sich das Bild des grauenhaften Schicksals unzähliger Häftlinge, die, zuletzt überhaupt nicht mehr registriert, vergast, gehängt, erschossen wurden oder verhungerten. Ein weiterer Zeuge, nach dem 30. Juli 1944 von der Danziger Gestapo verhaftet, der als politischer Häftling in Stutthof sich in Gesellschaft zahlreicher ehemaliger Reichs- und Landtagsabgeordneter befand, kam auf die Effektenkammer des KZ Stutthof. Er mußte auch die Uniformen an SS-Leute zur Tarnung herausgeben, die in Verkleidung als Eisenbahnbeamte den Waggon bedienten, in den jüdische Frauen zur Vergasung getrieben wurden, nachdem ihnen von den SS-Leuten vorgetäuscht worden war, sie sollten zur »Erholung« fortgebracht werden. Nach seiner Schätzung seien 15000 bis 20000 Jüdinnen in Stutthof vergast worden. Ein als Küchenhilfsschreiber beschäftigt gewesener ehemaliger Häftling erlebte, wie noch 1945 einmal für acht Tage den Jüdinnen das Wasser abgesperrt und das Essen entzogen wurde. In dieser Zeit habe es rund 12000 Tote gegeben. Grauenhaft sei es gewesen, als die Frauen wieder Essen bekamen. Die Essenkübel wurden in verzweifeltem Durcheinander umgeworfen, und wie die Tiere wälzten sich die verhungernden Frauen auf der Erde, um wenigstens noch den elenden Suppenmatsch aufzulecken. Als dann die Wehrmacht für kurze Zeit das KZ-Lager übernahm und in diesem unvorstellbaren Elend sich der Verhungernden erbarmte und die Proviantlager öffnete, fand man Tausende verschimmelter Brote und ebenso viele ranzig gewordene Päckchen von Margarine, während auch Kartoffeln in reichlichen Mengen in den Mieten lagerten. Ein technischer Zeichner, der 1942 mit 1500 Häftlingen nach Stutthof kam und Kapellmeister einer 35 Mann starken Musikkapelle wurde, bekundete als Zeuge, daß er in seiner Freizeit die Exekutierten ins Krematorium schaffen mußte. Im Durchschnitt wurden täglich 20 bis 30 Leichen verbrannt. Zuerst wurden dazu zwei Öfen benutzt. In diese gingen acht Leichen, die in zwei Stunden zu Staub verbrannten. Später lieferte eine Spezialfirma zwei Koksöfen, die zwölf Leichen faßten. Als das nicht mehr ausreichte, wurden Scheiterhaufen errichtet. Die Erschießungen wurden von den SS-Leuten »abgestoppt«, als man dahinterkam, daß die Dorfbewohner einer Stutthof benachbarten Siedlung vom Dachboden aus entsetzte Zeugen dieser grausigen Henkersarbeit wurden. Ein anderer Zeuge aus Braunschweig, der als früherer Leiter der Effektenkammer des KZ Stutthof 1947 von einem polnischen Gericht in Danzig wegen Zugehörigkeit zu der SS zu drei Jahren Gefängnis verurteilt wurde und diese Strafe auch abgebüßt hat, wollte zunächst nicht mit der Sprache heraus. Seine Bemerkung, eine Gaskammer habe im KZ Stutthof nie bestanden, läßt den Gerichtsvorsitzenden hochfahren: »Sie erzählen uns hier einen Unsinn, der selbst von dem Angeklagten Knott widerlegt ist.« Als dann der Zeuge auch von einem Beisitzer des Gerichts »in die Zange genommen« wurde, packte er aus: »Ehe die großen Judentransporte aus dem Baltikum und aus Ungarn in Stutthof in einem großen Chaos landeten, waren die vorhandenen Juden schon alle tot. Die jüdischen Frauen, die auf Karren verladen zur Vergasung geschafft wurden, waren so entkräftet, daß sie kaum sprechen konnten und nur mit leisem Wimmern sich in ihr Schicksal ergaben. Die Frauen, die nicht mehr gehfähig waren, wurden mit der Reitpeitsche hochgetrieben. Wer vom Karren fiel, wurde auf der Erde totgeschlagen.« Es sei möglich, so bekundete der Zeuge, daß sich zuletzt 120000 Menschen im KZ Stutthof befunden haben. Die Zahl der jüdischen Frauen schätzt er auf 100000. »Und wie viele sind davon entlassen worden?« fragte der Vorsitzende. »Entlassen«, so erwiderte der Zeuge, »wurde keine!« --- Ein Bergmann, der mit acht Matrosen in das KZ Stutthof eingeliefert wurde, berichtete als Augenzeuge von den Vernichtungsaktionen. Zu dreien arbeiteten sie im Krematorium, das sonst von keinem betreten werden durfte. Morgens kam ein Leiterwagen mit den Leichen geendeter Jüdinnen, die dann verbrannt wurden. Auch über Erschießungen im Krematorium wußte er Bescheid: Sobald ein Häftling in den Eingang kam, erhielt er auch schon die Kugel. Auch jüdische Jungen, die sich im Frauenlager versteckt hielten, wurden erschossen, als man sie entdeckt hatte. Sobald der Schuß gefallen war, mußten die Leichen weggeräumt werden. Ein Bauunternehmer aus Hamburg, der wegen angeblicher Zersetzung von Buchenwald aus 1942 als Häftling nach Stutthof kam, berichtete als Zeuge von bestiefelten und bewaffneten SS-Aufseherinnen, die zum Schrecken der ankommenden jüdischen Frauen wurden. Kahlgeschoren und in Sackleinwand gekleidet, so trafen die ungarischen Jüdinnen ein. Häftlinge, die nicht mehr arbeiten konnten, wurden auch durch »Abspritzen« liquidiert. Auch Kinder wurden vergast. Täglich gab es 150 bis 220 Tote. Die Leichen wurden morgens gewöhnlich nackt aus den Fenstern geworfen, aufgelesen und dann ins Krematorium geschafft. Im März 1945 begann die SS, sich langsam aus Stutthof abzusetzen, als die Sowjetfront immer näher rückte. Wer von den Häftlingen nicht mehr marschfähig war, wurde kurzerhand erschossen. Die SS gab keinen frei, der von ihren Schandtaten wußte. Der Zeuge war dabei, wie zuletzt noch 1500 Jüdinnen in Marsch gesetzt wurden. Sie gerieten in Pommern in den Geschoßhagel der Sowjets, und nur geringe Teile erhielten die Freiheit. In Swinemünde auf der Flucht von Stutthof aus angelangt, machten SS-Häscher Jagd auf die Exekutionskommandos in Stutthof, um sie als Mitwisser und Teilnehmer an ihren Greueltaten beiseite zu bringen, damit sie nicht gegen sie zeugen könnten. Ein Wehrmachtoffizier warnte: »Macht, daß ihr wegkommt, ihr wißt zuviel und werdet deshalb von der SS umgelegt.« Im KZ Stutthof ist es, wie auch der Anklagevertreter in seinem Plädoyer betonte, nicht anders gewesen als in allen Lagern des NS-Regimes. Auch hier hat ein ausgeklügeltes Vernichtungssystem unschuldige Menschen zu Tausenden ermordet. Den Prozeß haben die Danziger mit besonderer Anteilnahme verfolgt, da sich das Konzentrationslager Stutthof auf ihrem Gebiet befand. (UNSER DANZIG)

1958 im Mai Die erste kleinere Anzahl von Fernseh-Lizenzen wird registriert. Der erste Fernsehsender startet sein Programm im Mai in Wrzeszcz (Langfuhr).

1958 Als eine Dependance des Pomerellischen Museums (ehem. Stadtmuseum in der Fleischergasse) wird das Archäologische Museum in den Räumen der einstigen Naturforschenden Gesellschaft in der Frauengasse eingerichtet.

1958 Gomulka weist vor Danziger Werftarbeitern auf die Führungsmacht der USSR und die Einheit des Sozialismus hin.

1958 Auf einer Anhöhe zwischen Langfuhr und Oliva wird die Siedlung »Osiedle Młodych« (Siedlung der Jungen) begonnen. Bis zum Jahre 1965 entstehen hier 19 fünfgeschossige Punkthäuser, fünf ähnliche sieben- bis zehngeschossige Häuser und ein neun- bis elfgeschossiges Hochhaus mit über 250 Wohnungen. Außerdem wurden hier eine Schule, ein Kindergarten und ein Einkaufszentrum errichtet.

1959 Beginn des Baus der größten Siedlung bei Konradshammer, zwischen Langfuhr und Glettkau, des für 55000 Einwohner berechneten Stadtviertels »Przymorze«. Hier entstanden die größten Wohnhäuser des Nachkriegsdanzigs, die sogenannten »Wellenhäuser«. Ein 500 Meter langer, elfgeschossiger Koloß mit 1380 Wohnungen und für 6000 Einwohner berechnet.

1959 Der Roman »Die Blechtrommel« von Günter Grass erscheint im Luchterhandverlag, Neuwied und Berlin. Grass tritt mit seinem Werk in die erste Reihe der deutschen Nachkriegsliteratur. Mit der Übersetzung in zahlreiche Sprachen und der Verfilmung der Romanhandlung durch Volker Schlöndorff, zum Teil auch in Danzig, wird der Roman weltbekannt.

1959 Die Turmuhr des Rechtstädtischen Rathauses wird nach ihrer Restaurierung wieder in Betrieb genommen.

1960 im Oktober Als Dependance des Pomerellischen Museums in der Fleischergasse (heute Nationalmuseum, früher Stadtmuseum) wird das Maritime Museum im wiederaufgebauten Krantor in der Breitgasse eingerichtet, das 1962 ein selbständiges Museum wird.

1960 im Februar Carl Maria Splett, Bischof von Danzig (1938), wird das Große Verdienstkreuz der Bundesrepublik Deutschland verliehen. (Nach zehn Jahren in polnischer Haft lebte er seit 1956 in der Bundesrepublik Deutschland.)

1961 »Katz und Maus«, Novelle von Günter Grass, erscheint im Luchterhand Verlag. Schauplatz der Handlung ist das Danzig des Zweiten Weltkrieges, das der Autor mit seinem Roman »Die Blechtrommel« in die Weltliteratur einführte.

1961 Die in Königsberg stationierte sowjetische Fischereiflotte ist durch das 16000 t große Fischerei-Fabrikschiff »Iwan Fedoroff« verstärkt worden. Es ist das achte Spezialschiff dieser Kategorie, das in den letzten zwei Jahren für die USSR auf Danziger Werften gebaut wurde.

1961 Die Verhandlung im Eichmann-Prozeß führt der Richter beim Obergericht in Jerusalem, Dr. M. Landau. Landau stammt aus Danzig und hat dort das Königliche Gymnasium besucht. Er studierte in London Jura und war dort mehrere Jahre als Anwalt tätig.

1961 im Mai Zu einem internationalen Seminar in Danzig hat der polnische Studentenverband fünf deutsche Studenten eingeladen. Während dieses ersten offiziellen Treffens von deutschen und polnischen Studenten seit 1959 soll über die Fortsetzung eines Studenten-Austausches gesprochen werden.

1961 Bei einem schweren Brand auf dem 10000-Tonnen-Frachter »Maria Konopnicka«, der sich auf der Danziger Werft kurz vor seiner Fertigstellung ereignete, sind 22 Menschen ums Leben gekommen. Das Feuer hatte sich auf den Maschinenraum und das Treibstofflager ausgedehnt und dort eine Explosion ausgelöst, die den ganzen Frachter in Flammen hüllt.

1962 Das Rechtstädtische Rathaus in Danzig, dessen Turm wiederhergestellt ist, soll nach einer Mitteilung im Pressedienst der polnischen Militärkommission in Berlin nun auch im Innern restauriert werden. Aus Mitteln, die durch Sammlungen der Bevölkerung aufgebracht wurden, sind für die vollständige Rekonstruktion des Interieurs zwölf Millionen Zloty bereitgestellt worden. Die infolge vorsorglicher Auslagerung erhalten gebliebenen Wand- und Deckengemälde alter Meister werden an ihren Ort zurückkehren, darunter die berühmte Allegorie des Handels mit der Apotheose Danzigs von Isaak von dem Block.

1962 im Juli Der ehemalige Senatspräsident der Regierung der Freien Stadt Danzig, Dr. Ernst Ziehm, verstarb im 96. Lebensjahr in Timmendorf.

1962 »Die Marienkirche in Danzig und ihre Kunstschätze« von Willi Drost erscheint als Band 4 in der Reihe A Kunstdenkmäler der Stadt Danzig. (Bd. 1 St. Johann [1957], Bd. 2 St. Katharinen [1958] und Bd. 3 St. Nikolai und andere Kirchen [1959]).

1963 Mit dem Roman »Hundejahre« vollendet Günter Grass seine »Danziger Trilogie«.

1963 im Januar Nach einem Beschluß der Warschauer Regierung soll in Danzig ein Atomforschungszentrum gebaut werden. Das geplante Atomzentrum soll in enger Zusammenarbeit mit der Technischen Hochschule entstehen. In der weiteren Entwicklung ist vorgesehen, Lösungen für den Atomantrieb für Schiffe zu finden.

1963 im Februar Papst Johannes XXIII. übersandte der Danziger Marienkirche ein Porträt von sich mit einer Widmung in polnischer Sprache. Die Pax-Bewegung schließt aus dieser Geste auf große Sympathien des Papstes für das polnische Volk.

1963 26. Juni Pfarrer Kurt Walter, ehemaliger Vorsitzender des Danziger Bruderrats der Bekennenden Kirche, ist in Stuttgart-Bad Cannstatt verstorben. Pfarrer Walter war Ehrenmitglied des Bundes der Danziger und seit Herbst 1945 Landesbeauftragter der vertriebenen Danziger für die amerikanische Besatzungszone.

1964 im März Nach dem Tod des Bischofs von Danzig, Dr. Carl Maria Splett, hat Papst Paul VI. den Prälaten Dr. Anton Behrendt zum apostolischen Visitator der in Deutschland lebenden Danziger vertriebenen Katholiken ernannt und ihm gleichzeitig mit der Würde eines Apostolischen Protonotars ausgestattet.

1964 im April In der Danziger Marienkirche fand ein Dankgottesdienst anläßlich der Ernennung des polnischen Bischofs Nowicki zum residierenden Bischof der Diözese von Danzig statt. In einer Predigt betonte Kardinal Wyszyński den polnischen Charakter Danzigs – dieser urbs fidelissima – und die »Freude und Dankbarkeit aller Katholiken Polens« über den Beschluß des Heiligen Stuhles, die »kirchenrechtliche Situation der Danziger Diözese in Übereinstimmung mit ihrer patriotischen und gesellschaftlichen Richtigkeit endgültig zu regeln«.

1964 im Oktober Der Platz vor dem Danziger Hauptbahnhof soll verbreitert und mit einem Fußgängertunnel unter dem Stadtgraben, der verkehrsreichsten Straße Danzigs, versehen werden.

1964 Errichtung des Denkmals »Helden der Westerplatte«.

1965 Beginn des Danzig-Tourismus unter dem Motto: »Ein Wiedersehen mit Danzig. Kreuzfahrten mit MS ›Nordland‹«.

1966 Im Danziger Krantor ist der historische Kran – der einzige dieser Art in Europa – rekonstruiert worden, meldet die Zeitung »Glos Wybrzeza«. Das alte Bauwerk, das im Zweiten Weltkrieg zerstört und vor drei Jahren wiederaufgebaut worden war, beherbergt gegenwärtig das Danziger Seemuseum. In Zoppot berieten polnische Behördenvertreter über eine bessere Ausnutzung kleiner, bisher unbekannter Ostseeorte für Erholungszwecke. Wie die Zeitung »Glos Wybrzeza« schreibt, sei es dringend erforderlich, die Urlaubsplätze an der Ostsee zu vermehren. Ein 18 Stockwerke hohes Luxus-Wohnhaus wird gegenwärtig in Danzig-Langfuhr erbaut, schreibt die Zeitung »Glos Wybrzeza«. Die Wohnungen können nur gegen Devisen, die von Freunden oder Verwandten aus dem westlichen Ausland aufgebracht werden müssen, erworben werden. Der Artushof in Danzig wird als Kunstgalerie dienen, wo polnische und ausländische Maler und Bildhauer ihre Werke ausstellen können. Der Renaissancebau wurde mit einer Ausstellung des polnischen Künstlers Makowski seiner neuen Bestimmung übergeben. (UNSER DANZIG)

1966 im August Gegenstände von dem 1869 in Glasgow erbauten 367-t-Schiff »Otago«, dessen Kapitän einst Joseph Conrad gewesen war, sollen im Danziger Meermuseum im Krantor ausgestellt werden. Ein polnischer Schiffskapitän hat das Wrack der »Otago« in einer Flußmündung in Tasmanien entdeckt.

1966 1. Dezember Ein WDR-Kamerateam unter Leitung von Olrik Beckoff besuchte Danzig im Juni 1966 und filmte unter anderem die historischen Bauten, die beat-begeisterte Jugend und westdeutsche Schauspieler, die hier nach der Grass-Novelle »Katz und Maus« einen Film drehen.

1966 In Danzig-Oliva wird gegenwärtig eine sogenannte »Akademikersiedlung« gebaut, in der 600 Studenten der pädagogischen Hochschule in Danzig untergebracht werden sollen, berichtet die Zeitung »Glos Wybrzeza«. Im Jahre 1946 lebten in Danzig 117900 Menschen, heißt es in einem Artikel der Danziger Zeitung »Glos Wybrzeza«. Die Einwohnerzahl stieg im Jahre 1965 auf 321000. In der gleichen Zeit wuchs die Zahl der Wohnräume von 133300 auf 224100. Während sich also die Bevölkerung Danzigs in den vergangenen 20 Jahren zahlenmäßig verdreifachte, konnte die Zahl der Wohnräume in gleicher Zeit nicht einmal verdoppelt werden. Das Hafenbecken von Danzig wird zur Zeit vertieft, so daß 35000-t-Schiffe, in absehbarer Zeit auch 40000-t-Schiffe laden und löschen können. Ziel der weiteren Ausbauarbeiten ist eine Abfertigung von 65000-t-Schiffen. Das polnische Komitee für die »Pugwash«-Konferenzen, das unter der Leitung von Prof. Malecki steht, ist beauftragt worden, die 16. Konferenz dieser vorwiegend mit Fragen der »friedlichen Koexistenz« befaßten Organisation in Zoppot vorzubereiten. Malecki erklärte hierzu, man werde sich auf dieser Tagung, die im September d. J. stattfinden soll, insbesondere auch mit der Deutschlandfrage befassen und in diesem Zusammenhang »das Problem des internationalen Status der Deutschen Demokratischen Republik« zur Sprache bringen. Danzig erwartet in diesem Jahr etwa 1,3 Millionen Touristen aus allen Ländern Europas. Bei Heubude wird jetzt auch ein neues Heilbad gebaut. Als »schwimmende Lagerhäuser« dienen gegenwärtig in den Häfen Danzig und Gdingen fünf ausrangierte Frachtschiffe, heißt es in der Zeitung »Glos Szczecinski«. Diese Schiffe seien mit geringen Mitteln für diesen Zweck hergerichtet worden. Der sehr knappe Lagerraum konnte auf diese Weise »billig« vergrößert werden.

1967 Eröffnung des neuen Stadttheaters am Kohlenmarkt im Stil moderner Glasarchitektur (»Wybrzeza«).

1967 im Januar Während die Renovierungsarbeiten im Weißen Saal des Rechtstädtischen Rathauses zu Ende geführt werden konnten (mit Wandfresken und Deckengemälden und Porträts einiger polnischer Könige), sind die Renovierungsarbeiten im Roten und Blauen Saal noch im Gange. Sie sollen im nächsten Jahr abgeschlossen werden.

1967 im September Der Besuch des französischen Staatspräsidenten und dessen propolnische Erklärungen in Hindenburg und Danzig lösen in der internationalen Presse ein lebhaftes Echo aus. Die in Warschau erscheinende Tageszeitung »Trybuna Ludu« zitiert de Gaulles Ansprache in Danzig wörtlich, in der er unter anderem sagte: »Zur Zeit ist diese Stadt in besonderem Maße polnisch.« Mit der spektakulären Visite hat die sogenannte Danzig-Frage eine neue Aktualität erfahren.

1967 27. März Papst Paul VI. ernannte den Danziger Konsistorialrat Msgr. Dr. Franz Josef Wothe zum neuen Apostolischen Visitator für die Danziger Katholiken in Deutschland. Wie seinem verstorbenen Vorgänger, Dr. Behrendt, wurde ihm die Würde eines Apostolischen Protonotars verliehen.

1968 im März Nach in Danzig verlegten Bauplänen soll in der Altstadt ein 19geschossiges Hotel mit 600 Betten gebaut werden. Ein weiteres Hochhaus in der ehemaligen Altstadt soll die Verwaltung der Schiffstechnologie aufnehmen und in der Nähe der Danziger Werft errichtet werden.

1968 Im Garten des Generalkonsulats der Volksrepublik China in Danzig-Langfuhr wurde eine Filmleinwand aufgestellt, auf der Filme mit antisowjetischer Tendenz vorgeführt werden. Kürzlich wurde auch ein in China produzierter Dokumentarfilm unter Verwendung deutschen Filmmaterials über die Erschießung kriegsgefangener polnischer Offiziere im Wald von Katyn gezeigt. Die Filme finden lebhaftes Interesse unter der Bevölkerung.

1968 Fontane- und Theodor-Heuß-Preis an Günter Grass vergeben.

1969 im April In den Kellerräumen des vor zwei Jahren wiederaufgebauten Artushofs in Danzig wird ein »gastronomisches Kombinat« mit einem Kabarett für 250 Personen, einem Café und Restaurant sowie einer Bar eingerichtet.

1969 im April Vielen Touristen sei es unverständlich, daß man in einer Seestadt wie Danzig keinen Fisch kaufen konnte. Eine Zeitlang hatte man direkt von einem alten Fischkutter auf der Mottlau Seefische verkauft. Doch das Schiff war alt und mußte verschrottet werden. Nun soll es »endlich in Danzig einen Fischladen mit einem Fischrestaurant« am Hauptbahnhof geben (Trybuna Opolska).

1969 im Mai Burgen und Schlösser des Deutschen Ordens im südlichen Ostpreußen sollen nach Möglichkeit wieder instand gesetzt und zu »Kulturkombinaten« genutzt werden. Die Ordensschlösser in Neidenburg und Rastenburg werden bereits als Hotels eingerichtet. Mit der gleichen Zielsetzung werde zur Zeit an den ehemaligen Ordensschlössern in Frauenburg und Heilsberg gearbeitet. Bis 1973 sollen diese weiteren »Kulturkombinate« »als Perlen der Architektur« Touristen anlocken. Auch die Staatsgüter, die architektonisch wertvolle Gebäude besäßen, würden von nun an mehr für touristische Zwecke instand gesetzt werden.

1969 im Mai In die unter Denkmalschutz stehende evangelische Kirche in Hela soll ein Fischereimuseum einziehen. Das Gotteshaus diente bereits seit einigen Jahren als heimatkundliches Museum.

1970 Die Bevölkerung der »Dreistadt« (Danzig-Zoppot-Gdingen) hat die Grenze von 365000 überschritten.

1970 Nach der vom Institut für Denkmalschutz vorgenommenen Restauration des Roten Saals (Sommerratsstube) des Rechtstädtischen Rathauses (mit der Inneneinrichtung aus den Jahren 1593 bis 1611) wird das Gebäude als Museum der Geschichte der Stadt Danzig der Öffentlichkeit übergeben.

1970 17. Juli Mit dem Ausbau des Nordhafens als Umschlagplatz für Massengüter wurde begonnen.

1970 12. Dezember Der Ministerrat beschließt Preiserhöhungen für Grundnahrungsmittel (Fleisch um 17,6 %, Fett um 33,4 %, Mehl um 16 %, Milch um 8 % und Fischprodukte um 11,7 %).

1970 14. Dezember Die Arbeiter der Danziger Leninwerft legen spontan ihre Arbeit nieder und formieren sich zu einem Protestzug gegen die Erhöhung der Lebensmittelpreise zum Parteigebäude am Waly Jagiellonskie (ehem. Elisabethwall). Das im Krieg unzerstört gebliebene Gebäude der ehemaligen Feuersozietät wird in Brand gesteckt.

1970 15. Dezember Der Streik der Werftarbeiter breitet sich aus. Bei Zusammenstößen der Streikenden mit Militär und Miliz werden zahlreiche Demonstranten verletzt und sechs von ihnen getötet.

1970 16. Dezember Bei einem Versuch, die Leninwerft zu verlassen, werden am Haupttor in der Werftgasse die Arbeiter von einem Kordon der Miliz aufgehalten, elf werden schwer verletzt, drei junge Arbeiter werden erschossen.

1970 im Dezember Die Unruhen in Danzig, die blutig vom Gomulka-Regime niedergeschlagen wurden, führen zur Ablösung Gomulkas und zur Nachfolge Giereks. Warschauer Vertrag zwischen Polen und der Bundesrepublik geschlossen (sogenannter Gewaltverzicht-Vertrag).

1971 25. Januar Nach Rücknahme der im Dezember angeordneten Preiserhöhungen der wichtigsten Grundnahrungsmittel besucht Gierek Danzig.

1971 Die sterblichen Überreste des 1946 in Italien verstorbenen Verteidigers der Westerplatte, Major Sucharski, werden nach Polen übergeführt und auf der Westerplatte feierlich beigesetzt.

1972 Die neue Ölraffinerie wird in Betrieb genommen.

1972 Der Schiffbauanteil der Danziger Werften beträgt mit 201400 Tonnen 29 Prozent der gesamten polnischen Kapazität (700350 Tonnen).

1973 In der Altstadt wird das Heveliusdenkmal vor dem Altstädtischen Rathaus aufgestellt. Die Rekonstruktion des Barockhelms der Katharinenkirche wurde abgeschlossen.

1973 Auf dem Gelände des Flughafens und ehemaligen Großen Exerzierplatzes bei Langfuhr wird mit dem Bau der genossenschaftlichen Siedlung Zaspa, die für 40000 Bewohner geplant ist, begonnen.

Heveliushotel und St. Bartholomäi.

1974 Nach dem Neubau des Flughafens Rębiechowo auf den Höhen oberhalb von Langfuhr wird Danzig an den internationalen Flugverkehr angeschlossen.

1974 Als Verwaltungszentrum der technischen Betriebe der Woiwodschaft Gdańsk wird in der Altstadt als Hochhaus das »Haus des Technikers« errichtet.

1974 18. Juli Der Kohlepier mit der gesamten Kohlebasis wird im Nordhafen in Betrieb genommen.

1974 Hans Memlings »Jüngstes Gericht« ist im Rahmen der Ausstellung »Kunst in Polen« neben anderen Kunstwerken in Zürich zu betrachten.

1974 Die Eislaufsporthalle bei Oliva wird fertiggestellt. In Oliva befindet sich auch das olympische Vorbereitungszentrum und die Akademie für Körperertüchtigung.

1975 22. Juli Im Nordhafen wird der Ölpier angeschlossen.

1975 Als Wochenzeitschrift erscheint die »Czas« (Zeit) in Danzig.

1975 Der Wiederaufbau des Ankerschmiedeturms (erbaut Ende des 14. Jahrhunderts) wird beendet.

1976 Unruhen nach Lebensmittelpreiserhöhungen in Danzig.

1976 27. September Gründung eines Komitees zur Verteidigung der Arbeiter durch Intellektuelle (KOR).

1977 26. Juni Dorothea von Montau in Münster heiliggesprochen.

1977 Im Rechtstädtischen Rathaus (Museum für die Geschichte der Stadt Danzig) wird die Ausstellung »Fünf Jahrhunderte des Buches in Danzig« eröffnet.

1977 Der Danziger Hafen verzeichnet einen Güterumschlag von 24500000 Tonnen und nimmt damit den ersten Platz im Ostseeraum ein.

1978 In der Geschichte des Danziger Hafens werden die höchsten Umschlagleistungen von 28247000 Tonnen nach Installation des Nordhafens erzielt.

1978 Der Schiffbauanteil der Danziger Werften beträgt mit 241000 Tonnen 33 Prozent der gesamten polnischen Kapazität (740700 Tonnen).

1979 Die Kölner Ausstellung »Die Parler und der schöne Stil 1350–1400« zeigte in ihrem Mittelpunkt die Danziger »Schöne Madonna« aus der Oberpfarrkirche St. Marien zu Danzig.

1979 17. Juni Anläßlich der Heiligsprechung der seligen Dorothea von Montau im Jahr 1977 durch Papst Paul VI. fand in der St. Michaelskirche in München ein feierliches Pontifikalamt mit dem Münchener Erzbischof Kardinal Josef Ratzinger statt. Anwesend war auch der Apostolische Visitator der Danziger vertriebenen Katholiken, Monsignore Dr. Franz Wothe, und seine geistlichen Mitbrüder.

Georghalle und Stockturm auf dem Kohlenmarkt.

1979 1. September In sechs Fernsehfolgen überträgt das Dritte Programm der ARD den Fernsehfilm »Meine Danziger Mission« nach den Erinnerungen des ehemaligen Völkerbundkommissars (1937–39) Carl Jacob Burckhardt. (Im Film wird auch die »Wiechmann-Affäre« geschildert.)

1980 14. Januar Massenstreiks und Gründung der unabhängigen Gewerkschaft »Solidarität« durch den Elektriker Lech Walesa auf der Danziger Werft als Demonstration gegen die Entlassung der Kranführerin Anna Walentynowicz.

1980 im August Danziger Werftarbeiter protestieren gegen Erhöhung der Lebensmittelpreise durch die kommunistische Regierung.

1980 31. August Das Streikkomitee der Danziger Werft unter Lech Walesa verhandelt mit Abgesandten der Warschauer Regierung. Die Streikforderungen werden in einem Mehr-Punkte-Programm angenommen.

1980 im September Nach dem Rücktritt Giereks wird zum Führer der kommunistischen Partei Polens Kania bestellt.

1980 12. Dezember Denkmal der »Solidarität« zum Gedenken an die 1970 von der Miliz getöteten Werftarbeiter vor dem Haupttor der Danziger Werft enthüllt. (Von hier aus breitete sich der Widerstand der Arbeiter gegen die materielle und geistige Unterdrückung der

Bevölkerung durch die kommunistische Regierung über ganz Polen aus.)

1980 Die Rekonstruktion des »Englischen Hauses« (Renaissance 1569–70) in der Brotbänkengasse wurde beendet.

1980 Die Einwohnerzahl Danzigs ist auf 456800 angestiegen.

1981 12. Februar Armeegeneral Wojciech Jaruzelski neuer Regierungschef in Warschau.

1981 Restaurationsausstellung in der Marienkirche zeigt die Erneuerung von Teilen des kriegszerstörten Hauptaltars (ein Werk von Meister Michael um 1517).

1981 12./13. Dezember Auf dem Kongreß der Gewerkschaft »Solidarität« in Oliva werden unter anderem betriebliche Selbstverwaltung und freie Wahlen gefordert. Verhaftung der Führer der »Solidarität« und Proklamation des Kriegsrechts über ganz Polen durch General Jaruzelski. Verbot der Gewerkschaft »Solidarität«.

1982 Fährverkehr zwischen Travemünde und Danzig-Neufahrwasser wird mit polnischen Fähren eröffnet.

1982 im Juli Das auf der Danziger Werft gebaute neue Segelschulschiff der polnischen Marine, die »Dar Mlodzieży« (Geschenk der Jugend), in Dienst gestellt und der Seefahrthochschule in Gdynia übergeben. Es ist Nachfolger der außer Dienst gestellten Fregatte »Dar Pomorża« (Geschenk Pomerellens), die vor dem Ersten Weltkrieg in Deutschland gebaut wurde.

1982 im August Widerstand und Arbeiterproteste gegen das Jaruzelski-Regime in Danzig. Zusammenstöße demonstrierender Arbeiter mit der Miliz.

1982 8. Oktober Danziger Arbeiter treten in Streik aus Protest gegen das vom polnischen Sejm verabschiedete Gesetz über neu zu bildende Gewerkschaften und das praktische Verbot der »Solidarität«.

1982 15. November Nach elfmonatiger Internierung kehrt Lech Walesa zu seiner Familie nach Danzig zurück. Er erklärt in einer von der Bevölkerung mit Beifall aufgenommenen spontanen Rede vom Fenster seiner Wohnung aus, daß die Prinzipien des Arbeiter-Abkommens vom August 1980 für ihn auch künftighin Gültigkeit besäßen.

1983 5. Oktober Verleihung des Friedensnobelpreises an Lech Walesa und die Gewerkschaft »Solidarität«.

1984 13. Dezember Arbeiterdemonstration in Danzig aus Anlaß des Jahrestages der Proklamation des Kriegsrechts in Polen durch die Regierung Jaruzelski.

1985 18. August Feierliche Einweihung der neuen von Dr. Otto Kulcke geschenkten Orgel in der Danziger Marienkirche durch Bischof Tadeusz Goclowski in Anwesenheit von polnischen und deutschen Danzigern.

1985 Nach Eröffnung des Fährverkehrs zwischen Travemünde und Danzig-Neufahrwasser mit polnischen Schiffen sind die Passagierzahlen ständig angestiegen. 1985 wurden mehr als 13000 Fahrgäste registriert, davon rund 80 Prozent Deutsche.

1985 13. Oktober Bei den ersten freien Parlamentswahlen zum polnischen Sjem (Reichstag) erzielt die »Solidarität« die absolute Mehrheit. Ministerpräsident Jaruzelski erklärt Rücktritt.

1985 6. November Jaruzelski zum Staatsoberhaupt (Vorsitzender des Staatsrats) gewählt.

1986 im Februar Am Zarnowitzer See unweit von Danzig finden gegenwärtig Umsiedlungen privater Bauern statt, bedingt durch den Bau des ersten polnischen Atomkraftwerks, das 1990 an das Stromnetz angeschlossen werden soll. Mehr als 12000 Arbeiter sind mit dem Bau des Kernreaktors beschäftigt.

1986 24. März Eröffnung der Kunstausstellung »Bruno Paetsch – ein Danziger Maler« im »Haus Hansestadt Danzig« in Lübeck. Veranstalter ist der »Danziger Förderkreis e. V.«.

Krantor mit Mottlaupartie und neuaufgebauten Häusern der Heiligengeist- und Frauengasse.

Danzig 1986. Fischmarkt mit Schranenturm.

1986 18. Mai Die Saison der ersten Linienfahrten der Fährschiffe zwischen Travemünde und Danzig-Neufahrwasser (Nowy Port) wird eröffnet. In der Hauptsaison wird Danzig zweimal wöchentlich angelaufen. Das mit 400 Passagieren und 150 Kraftfahrzeugen zu besetzende polnische Fähr- und Kreuzfahrtschiff »Rogalin« läuft vom 7. Juni bis Anfang September auch einmal wöchentlich Rönne auf Bornholm an.

1986 Die Ostseeverschmutzung vor der polnischen Küste nimmt bedrohliche Formen an. Die meisten Ostseebäder wurden deshalb bis auf weiteres geschlossen. In der Danziger Bucht wurde ein Badeverbot angeordnet. Bis zum Jahr 1990 sollen 46 Kläranlagen an der Ostseeküste entstehen.

1986 Die polnische Regierung hat dem Druck der Bevölkerung nachgegeben und – wie auf Demonstrationen sowie in einem Schreiben von Wissenschaftlern gefordert – eine Sonderkommission eingesetzt, die die Sicherheit des im Bau befindlichen ersten polnischen Kernkraftwerks am Zarnowitzer See bei Danzig nochmals überprüfen solle.

1986 Mit seinem neuen Roman »Die Rättin« (mit der atomaren Apokalypse eines futuristischen Danzigs) hat Günter Grass lebhaftes internationales Interesse erfahren. Nach einer Verlautbarung des Luchterhandverlags sind für das Werk Übersetzungsverträge für mehr als zwanzig Sprachen abgeschlossen worden. Grass hat sich inzwischen auf eine Reise nach Indien begeben, wo er sich voraussichtlich für längere Zeit aufhalten wird.

1986 15. August In der Danziger Katharinenkirche ist das Grab des Astronomen Johannes Hevelius entdeckt worden. Dies berichtet die »Gazeta Pomorska« in einer Meldung vom 15. August 1986.

1987 12. Juni Papst Johannes Paul II. besucht die achthundertjährige Kathedrale zu Oliva. Die Ostsee bezeichnete er als das »polnische Meer«.

1988 Bei ihrem Polenbesuch wird die englische Premierministerin Thatcher vom Führer der »Solidarität«, Lech Walesa, empfangen und zu einem gemeinsamen Essen in das Gemeindehaus von Pfarrer Jankowski der Danziger Brigittenkirche gebeten. Walesa hat seine Streikandrohung noch einmal zurückgenommen. Andererseits hat aber auch die polnische Regierung ihre Beschlüsse, die Danziger Leninwerft aufzugeben, modifiziert.

1988 21. Oktober Der Regierende Bürgermeister von Westberlin, Eberhard Diepgen, überreichte dem Vorstandsvorsitzenden der Deutschen Lufthansa AG, Heinz Ruhnau, einem gebürtigen Danzi-

Fragment vor der Peter-und-Paul-Kirche.

Kogge als Altar beim Papstbesuch am 15. 8. 1987.

Günter Grass, Autor der »Blechtrommel«, in Hamburg.

ger, in Anerkennung hervorragender Verdienste um Berlin den vom Senat am 1. Oktober 1988 verliehenen Verdienstorden des Landes Berlin im Rathaus von Schöneberg.

1988 1. Dezember Mit der Stillegung der Danziger Leninwerft wurde begonnen. Die Arbeitsplätze auf der Werft betragen nur noch 11000, in früheren Jahren bis zu 17000.

1989 17. April Wiederzulassung der Gewerkschaft »Solidarität« in Danzig.

1989 im Juni Im Ost-Berliner »Verlag der Nation« erscheint das Buch »Die Danziger« mit dem Untertitel »Erlebnisse eines Kaschuben« von Brunon Zwarra in deutscher Übersetzung. Der 1919 in Danzig geborene Autor beschreibt als Danziger polnischer Nationalität seine Erinnerungen an das Danzig der Zwischenkriegsära aus polnischer Perspektive.

1989 10./11. Juli Der amerikanische Präsident George Bush besucht Danzig. In einer Rede auf dem Platz vor der Danziger Werft führt er u. a. aus: »Amerikaner und Polen wissen, daß nichts eine Idee aufhalten kann, wenn ihre Zeit gekommen ist. Der Traum ist ein wiedergeborenes Polen und der Traum lebt.« Der Präsident war zuvor Gast des Arbeiterführers Lech Walesa in dessen Haus in Oliva. Zum Abschluß seines Besuches legte er einen Kranz auf der Westerplatte nieder.

1989 30. August Zwei Tage vor dem 50. Jahrestag des Ausbruchs des Zweiten Weltkriegs wird das neue Glockenspiel der Katharinenkirche von Bischof Tadeusz Goclowski eingeweiht. Das mit 37 Glokken größte Carillon in Europa war dem Krieg zum Opfer gefallen. Ein Danziger, Hans Eggebrecht, ergriff die Initiative und sammelte mit einem von Bremen aus tätigen »Glockenverein« die erforderlichen Mittel, um die Glocken nach alten Aufzeichnungen aus Danzig originalgetreu nachgießen zu lassen. Die Vorbilder waren vor mehr als achtzig Jahren in einer thüringischen Gießerei entstanden. Außerdem ließ der Verein eine Glocke für die Gedenkstätte des ehemaligen Konzentrationslagers Stutthof gießen.

Speicherinsel vor dem Kuhtor.

1989 im September Die Universität Danzig veranstaltete ein Symposion mit Zeitzeugen des Zweiten Weltkrieges. (FAZ 27.9.1989). Kapelle für die Katyn-Opfer in der Marienkirche. Schonungslos stellten die polnischen Historiker dar, wie 1945 nach der »Befreiung« Polens durch die Sowjetarmee hunderttausend Polen nach Sibirien verschleppt wurden, von denen kein einziger zurückgekommen sei. Die meisten gehörten zur Elite des Volkes. Von einer Tafel am Lubliner Schloß wurde berichtet, mit der derjenigen Häftlinge gedacht wird, die von 1939 bis 1954 dem Terror von Gestapo oder KGB zum Opfer fielen. In der Danziger Marienkirche erinnert eine Ausstellung zum Gedenken an den Kriegsausbruch an »die weißen Flecken« im polnischen Geschichtsbild. Für die in Katyn von der Roten Armee erschossenen Polen soll eine eigene Kapelle in der Marienkirche geschaffen werden.

1989 im September Walesa: »Heimatvertriebene sind uns willkommen«. Danzig. Der polnische Arbeiterführer Lech Walesa hat sich zum Abschluß seines Deutschlandbesuches dafür ausgesprochen, das Wissen über die Vergangenheit nicht mit Schuldgefühlen zu verbinden, sondern es als Verantwortung für die Zukunft zu betrachten. Walesa sprach sich gegen ein Aufrechnen von Schuld aus und erinnerte auch an das Leiden vieler Deutscher, die nach dem Krieg aus ihrer Heimat vertrieben worden seien. Polen wolle sich aber in den gegenwärtigen Grenzen gesichert fühlen. Walesa wörtlich: »Wenn jemand Diskussionen zu diesem Thema provoziert, leistet er nur einen Beitrag zum unnötigen Zeitverlust.« Polen sei betroffen über einige Stimmen in der Bundesrepublik Deutschland in Sachen der angeblichen Offenheit der Grenze an Oder und Neiße. Die Deutung befriedige nicht, daß es nur um eine Klarstellung der rechtlichen und grundgesetzlichen Lage gehe. Wenn sich diese Lage so zweideutig interpretieren läßt, sollte man sie ändern, forderte Walesa. Über die Aussiedler, die derzeit in die Bundesrepublik strömen, sagte der polnische Gewerkschaftsführer, nicht nur ihnen, sondern auch den Polen habe man im Lande 40 Jahre die Bürgerrechte abgesprochen. Das Recht auf Bürgerrechte hätten alle gleichermaßen. Wenn nun Bürgerrechte verwirklicht würden, werde man bestrebt sein, auch für die in Polen lebenden Deutschen diese Rechte zu sichern. Viele »Auswanderer« hätten eine »gemischte Volkszugehörigkeit«. Sie könnten als Europäer Brücken zwischen zwei Völkern bauen; man solle für sie menschliche Lösungen ohne Nationalismus suchen und daran denken, daß in Polen jeder gebraucht werde. Eine Gefahr des Revanchismus sehe er gegenwärtig nicht, sagte Walesa: »Das ist eine vergangene Epoche in Europa.« Die jüngeren Polen glauben nicht an Revanchismus. Auch Deutsche, die als Heimatvertriebene nach Polen kommen, »und mit uns zusammen das Land aufbauen wollen«, seien willkommen. Sie sollten so schnell wie möglich kommen, »nicht als 5. Kolonne, sondern um ein gemeinsames Europa zu errichten«. In einem Grußwort vor dem Gewerkschaftstag der IG Bergbau und Energie in Dortmund erinnerte Walesa daran, daß »viele von Euch unschuldig aus Danzig und anderen Städten herausgeworfen worden sind«. Die Solidarität versuche, das wiedergutzumachen. Es müsse Brücken geben, und jeder Mensch müsse dorthin gehen und dort leben können, wo er möchte. Walesa sprach sich für ein einiges und freies Europa aus, in dem alle Menschen die gleichen Rechte haben sollten. Dies müsse anders als in der Vergangenheit mit friedlichen Mitteln geschaffen werden. (UNSER DANZIG)

1989 im Oktober Danzig. Der Vorsitzende der Gewerkschaft Solidarität, Lech Walesa, hat sich in Danzig mit den Kandidaten seiner Organisation für die Wahlen zum Parlament und zum Senat getroffen. Im historischen Saal der Lenin-Werft, in dem 1980 die Vereinba-

Danzig 1989. Lange Brücke mit Krantor und dem neu erbauten Heiligengeisttor. Vor den Speichern auf der Bleihofinsel (zum Meeresmuseum gehörig) liegt das Museumsschiff »Soldek«, das erste in der Nachkriegszeit erbaute Schiff.

rungen zwischen streikenden Arbeitern und der Regierung unterzeichnet wurden, versicherte er: »Unter dem Banner der Solidarität werdet ihr in einen schweren Kampf für Polen, für Demokratie, für Pluralismus und für diese Werft gehen.« Er rief alle Anwesenden auf, schon am Montag ihre Kampagne zu beginnen. Der Verhandlungsführer der Solidarität bei den Beratungen am runden Tisch, Bronislaw Geremek, betonte, die Kandidaten müßten sich auch um die Unterstützung der Polen bemühen, die der Solidarität gleichgültig gegenüberstünden. Ob die Hoffnung auf volle Demokratie in vier Jahren in Erfüllung gehe, hänge vom Verlauf des Wahlkampfs und von der Wahl der Kandidaten ab. Auch wenn Solidarität im Parlament einziehe, bleibe sie in Opposition zum System. Sie trete für ein anderes Regierungssystem und für die Garantie der Grundfreiheiten ein. Ihre Kandidaten zum Parlament und zum Senat seien nicht für den Zustand verantwortlich, in den die Partei das Land in mehr als 40 Jahren gebracht habe. Sie seien jedoch bereit, die »Mitverantwortung für Reformen« zu übernehmen. Die vom Bürgerkomitee der Solidarität aufgestellten 271 Kandidaten können sich um alle Mandate im Senat und 35 Prozent der Sitze im Parlament – das sind 171

Abgeordnete – bewerben. 65 Prozent der Parlamentssitze sind nach den Vereinbarungen am runden Tisch noch der Regierung vorbehalten.

1989 im Dezember Der in Danzig geborene ehemalige Thyssen-Generaldirektor und einflußreichste Manager in der Aufbauphase der Bundesrepublik Deutschland, Hans-Günther Sohl, ist in Düsseldorf im Alter von 83 Jahren gestorben. Er war nach dem Zweiten Weltkrieg am Wiederaufbau der August-Thyssen-Hütte AG in Duisburg-Hamborn beteiligt, die unter seiner Leitung nach der Fusion mit Rheinstahl 1973 zum größten Stahlkonzern Europas aufstieg.

1990 25. März Gdansk oder Danzig – oder sowohl als auch? »Kultur Korrespondenz« im Gespräch mit Freimut Duve (SPD-MdB): *Frage:* Am 25. Januar 1989 fand eine Bundestagsdebatte statt, die der »revanchistischen« Plastiktüte aus dem BUNDESMINISTERIUM FÜR INNERDEUTSCHE BEZIEHUNGEN gewidmet war. Auf dieser Tüte war nämlich, neben dem Kölner Dom und der von Gottfried Semper erbauten Oper in Dresden, auch das Danziger Krantor abgebildet. Sollte es wirklich der Entspannungspolitik abträglich sein, darauf aufmerksam zu machen, daß Danzig und seine Baudenkmäler Teil der deutschen Geschichte sind wie das Holstentor in Lübeck und das Brandenburger Tor in Berlin? Ist es friedensgefährdend, von »Danzig« zu sprechen, statt von »Gdansk«, wie der Sprachgebrauch in Ihrer Partei ist? *Antwort:* Ich sage in solchen Zusammenhängen auch oft »Danzig«, bemühe mich aber gleichzeitig darum, mich an den Namen »Gdansk« zu gewöhnen. Ich sage manchmal Mailand, eine alte deutsche Bezeichnung, die mit der österreichischen und deutschen Beziehung zur Lombardei und zu Norditalien zu tun hat. Weil ich die Sprache spreche, sage ich nun eben auch oft »Milano«. »Danzig« oder »Gdansk« ist für mich kein Problem. Es wird allerdings problematisch, wenn es um die Beziehungen zwischen den beiden Staaten geht, wenn die Regierung nicht korrekt mit den Bezeichnungen umgeht. *Frage:* Sie sprechen ja auch mit Polen. Ich habe das öfter erlebt auf Tagungen, wo Polen, sehr verständige Leute, dabei waren, die sagten: Wenn ich deutsch spreche, sage ich Danzig, und wenn ich polnisch spreche, sage ich Gdansk. *Antwort:* In den bilateralen Beziehungen und wenn staatliche Stellen beteiligt sind, ist es aber etwas anderes. Ich glaube, am Beispiel dieser Plastiktüte ging es um etwas anderes: Der Protest hat sich entzündet, weil ein Ministerium sie verteilte. Dann wird es sinnvoll und wichtig, »Gdansk« zu sagen. In einem Regierungsdokument könnte heute nicht mehr »Königsberg« stehen. Ich denke eher, daß der, der die Grafik für diese Tüte entworfen hat, überhaupt nicht darüber nachgedacht hat, und das finde ich problematisch. *Frage:* Fänden Sie es da nicht merkwürdig, wenn dann darin stünde »das Gdansker Krantor«. Das ist ja nun seit 600 Jahren ein deutsches Baudenkmal. Da kann man doch nicht den polnischen Namen davorsetzen? *Antwort:* Ich glaube, es geht gar nicht um die grafische Darstellung auf der Plastiktüte, sondern darum, daß das Ministerium für innerdeutsche Beziehungen sie als Werbematerial verteilt. Ich hatte als Kind ein Städtequartett, das inzwischen leider verlorengegangen ist. Auf den Karten waren deutsche Städte mit den wichtigsten Baudenkmälern dargestellt. Heute müßte man bei einem solchen Quartett auch dazu sagen, daß Danzig nicht nur die Stadt mit dem Krantor ist, sondern daß Gdansk der Ort ist, an dem Lech Walesa mit der Organisation einer demokratischen Revolution angefangen hat. Damit ist es heute ein Ort der Zeitgeschichte, ohne den Gorbatschow nicht denkbar ist, ohne den die Öffnung der Mauer nicht zustande gekommen wäre, weil die »Solidarität« die erste Organisation der Arbeiterschaft gegen den kommunistischen Staat war. Danzig hat durch die Geschichte heute eine neue Qualität bekommen. Es ist mit Budapest und Prag einer der Ursprungsorte der Revolution in Osteuropa. Und das gehört jetzt zu Gdansk dazu.

1990 30. März »In Bukarest nahm das französische Radio Fun bereits im Januar den Betrieb auf, mittlerweile wird das Programm auch in der Region Krakau ausgestrahlt. Der ebenfalls französische Sender Europe 1 will in Gdańsk, das Pariser Nostalgie gar in Moskau seine Antennen aufstellen.«*

1990 31. März Im »Hause Hansestadt Danzig« in Lübeck referiert der Dekan der Architekturabteilung am Danziger Polytechnikum, Professor Dr. W. Gruszkowski, über den Wiederaufbau der Danziger Rechtstadt nach 1945. Von besonderem Interesse seien Zeichnungen aus dem Jahr 1941, aus denen hervorging, daß nach dem »siegreichen Kriegsende« geplant war, den nördlichen Teil der Speicherinsel zu

* Tages-Anzeiger, Zürich, Burkhard Müller-Ullrich »Blick auf die gewandelte Medienlandschaft Osteuropas«.

Lech Walesa und US-Präsident George Bush am 11. Juli 1989 in Danzig.

räumen. Die dort stehenden kulturhistorischen Speicher sollten abgetragen werden, um einer neuzeitlichen »Ordensburg«, dem »Haus der NSDAP« zu weichen, das im Ausmaß viermal größer als der mächtige Baukörper der Danziger Marienkirche geworden wäre. Des weiteren war beabsichtigt, eine Achse von Gebäuden zu erstellen, als Sitz des Gauleiters, des Reichsstatthalters, des Reichsarbeitsdienstes, der Wehrmacht usw., die achtmal größer geplant war als das Staatstheater am Kohlenmarkt. Am Olivaer Tor sollte eine Oper als »das größte europäische Gebäude« erstellt werden.

1990 im März »Ich schrecke nicht einmal vor einer Erklärung zurück, die mich in Deutschland nicht populär machen wird. Wenn die Deutschen – auf die eine oder andere Weise – von neuem Europa destabilisieren, dann darf nicht auf die Teilung Deutschlands zurückgegriffen werden, sondern muß dieses Land schlicht und einfach von der (Land-)Karte gestrichen werden. Der Osten und der Westen verfügen über die notwendige Technologie, um dieses Urteil auszuführen. Wenn Deutschland wieder anfängt, gibt es keine andere Lösung.«*

* Lech Walesa, polnischer Gewerkschaftsführer (Interview mit der holländischen Zeitung »Elsevier«, März 1990).

1990 5. April Im Jahre 1987, sozusagen am Ende des schwarzen Tunnels der Jaruzelski-Zeit, erschien der Romanerstling des Danziger Literaturwissenschaftlers Pawel Huelle, »Weisser Dawidek«. Der namhafte polnische Kritiker Jan Błoński begrüßte ihn als das »bedeutendste Debüt der letzten Jahre«.*

1990 14. April FAZ: »Gibt es ein Ethos der polnischen Kunst? Eine bittere Bilanz nach den zehn leidvollen Jahren der Solidarität.« Von Nawojka Cielinska, Dozentin an der Kunsthochschule in Danzig.

1990 19. April In Danzig begann der erste landesweite Kongreß der Gewerkschaft Solidarität seit September 1981. Wenige Tage zuvor hatte Lech Walesa seine Kandidatur für das Amt des polnischen Staatspräsidenten angemeldet und den amtierenden Präsidenten Jaruzelski kritisiert.

1990 26. April In der außenpolitischen Debatte des Sejm erinnerte der polnische Außenminister Skubiszewski an das Wort der polnischen Bischöfe von 1965 (»Wir vergeben und bitten um Vergebung«). Er äußerte Verständnis für »das Leid jener Deutschen, die ihrer Heimat und ihrer Häuser beraubt wurden und Unrecht erlitten«. Auf die unrechtmäßige Vertreibung der Deutschen ging auch der Fraktionsvorsitzende des Parlamentarischen Bürgerkomitees der Gewerkschaft »Solidarität«, Geremek, ein.

1990 3. Mai Dieser Tag wird erstmals seit dem Kriege wieder als polnischer Staatsfeiertag begangen und dafür der kommunistische Staatsfeiertag, der 22. Juli, aus dem Kalender gestrichen. Der 3. Mai soll an das Jahr 1791 erinnern. An diesem Tage verabschiedete damals der polnische Reichstag (Sejm) die erste moderne Verfassung.

1990 im Mai Im Juli 1989 leitete eine deutsche Gruppe im Bereich von Danzig die für eine Registrierung notwendigen Dokumente dem zuständigen Woiwodschaftsgericht zu. Inzwischen wurde die »Gesellschaft polnischer Bürger deutscher Herkunft e. V.« amtlich registriert und zugelassen.

* Neue Züricher Zeitung, Rezension »Mutmassungen über Dawid« Jeannine Luczak-Wild. Aus dem Polnischen übersetzt von Renate Schmidgall, Luchterhand-Literaturverlag, Frankfurt a. M. 1990.

1990 im Mai Die Geburtsstätte der polnischen Gewerkschaft »Solidarität«, die Danziger Leninwerft, hat von ihrem sozialistischen Schutzpatron Abschied genommen. Wie die amtliche polnische Nachrichtenagentur PAP meldet, wurde der Name des sowjetischen Staatsgründers Wladimir Iljitsch Lenin unter dem Beifall der Werftarbeiter und zahlreicher Passanten mit Schweißgeräten vom Haupttor der Werft abmontiert. Die Werft wird fortan wieder »Danziger Werft« heißen.

1990 4. Mai Bundespräsident Richard von Weizsäcker besucht Danzig. Vor dem Rechtstädtischen Rathaus wurde er von dem Danziger Bürgermeister Jerzy Pasinski begrüßt, der in seiner Ansprache auch auf die verbindende Funktion Danzigs zwischen Deutschen und Polen hinwies. Von der wahrhaft offenen Stadt Danzig seien die Ursprünge der gegenwärtigen Reformbewegung in Osteuropa ausgegangen. Weizsäcker würdigte Mut, Kühnheit und Besonnenheit dieser Freiheitsbewegung. In Begleitung von Lech Walesa legte der Bundespräsident am Ehrenmal vor der Danziger Werft Blumen nieder. Auf der Westerplatte wurde er von einer Militärkapelle mit der deutschen und der polnischen Nationalhymne begrüßt. Auch am »Denkmal der Verteidiger der Westerplatte« legte von Weizsäcker einen Kranz nieder.

1990 19./20. Mai* Kleiner Exkurs in die Geschichte: Bernhard Lemanczyks Vater war vor dem Krieg Mitglied des Bundes der Polen in Danzig und wurde sofort nach dem Überfall der deutschen Wehrmacht 1939 mit 1500 weiteren Polen verhaftet und ins KZ Stutthof gebracht. Der Danziger Gauleiter Albert Forster ließ die Häftlinge antreten und fragte sie einzeln: »Kennst du mich?« Sie hatten zu antworten: »Jawoll, Sie sind der Gauleiter Forster.« Nach dem Krieg war Lemanczyks Vater Diplomat an der polnischen Militärmission in Berlin. Eines Tages wurde dort vorübergehend der frühere Gauleiter Forster inhaftiert. Lemanczyks Vater besuchte ihn und fragte ihn: »Kennst du mich?« – »Nein.« – »Ich bin Jan Lemanczyk.« Es war dem Vater die größte Genugtuung seines Lebens, sagt der Sohn. Reisebilder. Pommern im Sonnenschein – Pappelalleen, kleine Felder, unbelebte Baustellen, in einem Dorf ein Videogeschäft, in einem an-

* Süddeutsche Zeitung, Klaus Brill: »Der ferne, fremde Nachbar«. Notizen von einer Reise durch Polen.

deren ein Kaufladen. Dort im Angebot: Schokolade, Marke Nußbeißer, Edelvollmilch. Die Kauffrau hat sie aus West-Berlin geholt. Gdansk – die Westerplatte. Einst Badestrand, später polnisches Munitionsdepot, heute Gedenkstätte. Hier fielen die Schüsse, die am 1. September 1939 den Zweiten Weltkrieg eröffneten, abgefeuert von dem deutschen Schlachtschiff *Schleswig-Holstein*. Unter den Polen, denen das Denkmal gewidmet ist, waren auch Bürger aus Gdynia, die sich den hochgerüsteten deutschen Truppen mit Sensen und anderem Ackergerät entgegenstellten ... Danzig – die Schöne. Kaum Autos in der Altstadt, nur Menschen zwischen den Barock- und Renaissancebauten, die 1945 fast alle in Trümmern lagen. Klarer Fall: Gegen Gdansk schneidet selbst Lübeck schlecht ab. Kurzes Gespräch mit einem Taxifahrer über die deutsche Einheit. »Sehr gut, sehr zufrieden«, sagt er. »Dann gibt es mehr Arbeit.« Kurzes Gespräch mit einer Fremdenführerin über die deutsche Einheit. »Wir haben mehr Angst vor den Leuten in der DDR als vor den Westdeutschen«, sagte sie. »Die Westdeutschen haben den Geschmack der Welt, die Leute in der DDR sind im Haß erzogen worden.« Geschmack der Welt?

1990 30. Mai Die Zürcher »Weltwoche« berichtet über die improvisierte Marktwirtschaft in Danzig: »Jetzt scheint sich ganz Danzig in einen Markt verwandelt zu haben. Die Marktwirtschaft hat viele Parkplätze der Stadt erobert, aus kleinen Polski-Fiat 500 und aus großen Lkws wird alles mögliche verkauft: Kaffee, Tee, Brot, Mehl, Zucker, Reis, Fisch, geräucherte Heringe, Aal, Sprotten, ein ganzer Kabeljau, frisches Fleisch, Speck, Eier. Und fast an jeder Ecke Bananen – für die meisten Polen zwar sehr teuer, zumal in dieser Zeit verminderter Realeinkommen. Aber wenigstens gibt es das alles endlich, und für Zlotys. Gelangweilt liest ein Mann in seinem Lada die ›Gazeta Gdanska‹, eine neue Zeitung. Die Fenster hat er mit Zigaretten verstellt, billige aus Polen und teure Marlboros. Aus einem andern Pkw verkauft ein junger Bursche Multivitamin-Saft, Netzadapter für Elektrogeräte und wiederaufladbare Batterien, Kopfhörer, Uhren und Rechner. Am Auto hängt ein Zettel in Polnisch: ›Kaufe Mark der BRD.‹«

1990 3. Juli Der polnische Arbeiterführer Walesa hat Ministerpräsident Mazowiecki zu einer öffentlichen Debatte nach Danzig (Gdansk) eingeladen, dem Geburtsort der Solidarität. »Laßt uns an die Quelle gehen«, schrieb Walesa an seinen früheren Berater, mit dem er in letzter Zeit im Streit liegt. Zuvor hatte Mazowiecki ebenfalls Gespräche angeregt, um den Konflikt in den Reihen der Solidarität beizulegen. Walesa lud neben Mazowiecki auch die 260 Abgeordneten und Senatoren der Solidarität nach Danzig ein.

1990 6. Juli* *Lech Walesa, als wir uns vor neun Monaten in Danzig unterhielten, waren Sie stolz auf die neue nichtkommunistische Regierung, jetzt sind Sie scharf auf das Staatspräsidentenamt. Was treibt Sie dazu?* Die Zustände, der zu langsame Prozeß des Wandels im Lande. Ich muß es offenbar auch jetzt noch einmal wiederholen: Ich will das Amt nicht, ich werde auf den Weg zu diesem Amt gezwungen. *Und betrachten mit voller Sympathie die Gründung des »Zentrum«, das sich auf eine Volkspartei der Mitte hin entwickeln könnte. Warum geht es mit dem Aufbau einer Parteienstruktur so viel langsamer als zum Beispiel in Ostdeutschland oder Ungarn?* Einfach deshalb, weil wir früher als die anderen in den Kampf zogen. Wir haben ja schon 1980 mit dem Aufbau der neuen Gesellschaft begonnen. Da herrschte noch Breschnew in Moskau, nicht Gorbatschow. In jener Zeit haben wir zäh ums Brot gekämpft und eher zurückhaltend auch um demokratische Freiheiten oder Strukturen. Sonst hätte uns die UdSSR damals um einen Kopf kürzer gemacht. Trotzdem ist den Polen und nur den Polen das Kriegsrecht nicht erspart geblieben. Jene Kräfte in Ostmitteleuropa aber, die den Kampf Jahre später, ja erst im letzten Jahr begannen oder beginnen konnten, waren in der Lage, sofort und offen unter dem Motto der Freiheit anzutreten, und dieser Kampf ergab für sie dann auch das Brot. Wenn ich heute erst beginnen müßte, dann würde ich auch so vorgehen. Die Lösungen und Modelle in den einzelnen postkommunistischen Ländern sind folglich verschieden ausgefallen, aber es verändert sich alles in gleicher Richtung, auch ideologisch-parteipolitisch. *Wissen Sie, wie sehr Ihr Interview mit einer niederländischen Zeitung Ihr Image in Deutschland demoliert hat? Sie sprachen vom Ausradieren Deutschlands, wenn wir in Europa zu weit gehen würden, wie Sie das nannten.* Aus dieser traurigen Sache, die grob manipuliert wurde, ziehe ich den Schluß, daß ihr mit eurer Wiedervereinigung auch im Westen Gegner habt. Man hat ganz offensichtlich versucht, mich gegen euch auszuspielen. Es sollte so aussehen, als gehörte ich zu solchen Kreisen. Zur deut-

* Rheinischer Merkur v. 6.7.1990. Auszüge aus dem Interview von Jürgen Wahl mit Lech Walesa: »Der Mann aus Danzig spielt hoch«.

schen Wiedervereinigung habe ich mich aber schon oft als Freund geäußert, auch in Deutschland und auch vor dem Fall der Mauer. Ich müßte wohl ein politischer Idiot sein, wenn ich es in dem Interview anders getan hätte, aber ich bin kein Idiot. Übrigens hat man meine verdrehte Aussage auch in Polen hochgespielt, denn da habe ich meinerseits Gegner. Und nun appelliere ich an die öffentliche Meinung in ganz Deutschland, sich nicht länger gegen mich aufwiegeln zu lassen! *Die Grenze ist anerkannt, aber wie geht es weiter, was können wir für eine bessere Zukunft tun?* Wir können von euch lernen, wie man Europa aufbaut. Ich möchte nicht, daß das an der Oder-Neiße-Grenze endet. Deshalb mache ich einen Vorschlag: Wir machen die Oder von der Quelle bis zur Mündung wieder zu einem sauberen Fluß, nicht getrennt, sondern im Rahmen eines von der EG finanziell unterstützten Gemeinschaftsprojekts beider Völker. Wenn unsere Politiker so etwas anpacken würden, Lech Walesa wäre gleich dabei. Ich werde mich dafür einsetzen.

1990 Als Museumsschiff wird der erste nach dem Zweiten Weltkrieg auf der Danziger Werft erbaute Frachter »Soldek« (Stapellauf 6. Nov. 1948) vor der Bleihofinsel gegenüber dem Krantor (Seefahrtsmuseum) verankert.

1990 im Juli Die Strände der Danziger Bucht – vor Jahren ein Badeparadies mit feinem weißen Sand – sind im Sommer fast ausnahmslos geschlossen. Ursache: Die hohe Konzentration an Kolibakterien, Indikator für die ungeklärten kommunalen Abwässer aus der Weichsel. Unter den Ostsee-Anrainerstaaten hält Polen einen traurigen Rekord. Nach den Messungen des Danziger Instituts für Meteorologie und Wasserwirtschaft kamen im letzten Jahr 260845 Tonnen Stickstoff aus polnischen Flüssen, vor allem der Weichsel. Zum Vergleich: Die Bundesrepublik Deutschland war mit 24538 Tonnen beteiligt. Ähnlich war das Verhältnis bei den Phosphateinleitungen: 22917 Tonnen kamen aus Polen, 3153 Tonnen aus der Bundesrepublik. Auch bei den Schwermetallen Kupfer und Zink ist Polen der größte Ostsee-Verschmutzer, Schweden folgt knapp dahinter. Aus den Schornsteinen zwischen Kattowitz und Danzig entweichen pro Jahr 2,09 Millionen Tonnen Schwefeldioxid, das als »saurer Regen« Schwermetalle aus dem Erdboden wäscht. Nur die DDR läßt mit 2,43 Millionen Tonnen noch mehr ab. Polen wird um einen drastischen Abbau der veralteten Industrie nicht herumkommen. Helmut Schreiber vom Bonner Institut für Europäische Umweltpolitik fordert: »Dreckschleudern wie Nowa Huta müssen weg.« Der Krakauer Chemiker Jerzy Haber, Mitglied der Polnischen Akademie der Wissenschaften, würde die oberschlesischen Kohleminen »lieber heute als morgen« dichtmachen. Dem Weichselstaat steht ein gewaltiger Kraftakt bevor. Die Danziger Meeresbiologin Agnieszka Grzesiak, die die Ostsee-Verschmutzung täglich im Reagenzglas beobachten kann, zieht ein bitteres Resümee: »Für uns ist der Zweite Weltkrieg erst letztes Jahr zu Ende gegangen.« (Pressezitat)

1990 31. Juli Die deutsch-polnische Schulbuchkommission erarbeitet derzeit ein gemeinsames Lehrhandbuch für Pädagogen beider Staaten. Dies Projekt gilt als Premiere in der internationalen Schulbucharbeit und ist die Folge von vielen Jahren gemeinsamer Arbeit, bei der allerdings bisher nur die nationalen Schulbücher auf ihre Aussagen zur Nachbarnation hin überprüft worden seien, teilte jetzt das betreuende Georg-Eckert-Institut in Braunschweig mit. Eine Tagung in Eutin habe kürzlich erste Details über Ziele und Inhalte des Handbuchs erbracht. Das Lehrhandbuch – vor allem für die Sekundarstufe II – wird neben erzählenden und kommentierenden Darstellungen auch Quellen und Materialien bieten. Die Darstellung der gemeinsamen Geschichte beginnt mit der Gründung des Erzbistums Gnesen im Jahre 1000. Damals reiste Kaiser Otto III. ans Grab des gerade heiliggesprochenen Pruzzenmissionars Adalbert. Zuvor hatte sich der erste polnische König Mieszko taufen und christlich verheiraten lassen. So wuchs eine Westorientierung Polens, die zum kulturellen Austausch – von der Sprache über die Arbeitswelt bis zum Recht – führte, bei der gemeinhin im Westen der polnische Anteil unterschätzt wird. (Pressezitat)

1990 13. August Im Zuge des Sparprogramms zur Sanierung der Wirtschaft muß Polen zahlreiche begonnene Investitionen stoppen oder zeitlich hinausziehen. Nach Angaben der Nachrichtenagentur PAP sind einige sehr teure Vorhaben wie der Bau von Bergwerken, des ersten Atomkraftwerks in Zarnowiec bei Danzig sowie einer zweiten Wasserleitung für Warschau bereits vorläufig gestoppt worden. Ihre Fertigstellung würde nach den vorliegenden Berechnungen 43 Billionen Zloty (7,5 Milliarden Mark) kosten (»Die Welt«, Hamburg).

1990 31. August Lech Walesa, der polnische Arbeiterführer und Nationalheld der Ereignisse vor zehn Jahren, der Gründung der freien Gewerkschaft Solidarität in Danzig, gedachte in einer Rede vor dem Denkmal für die gefallenen Werftarbeiter der historischen Tage jenes Sommers und brachte sie in einen europäischen Zusammenhang. Am Vortage hatte Ministerpräsident Mazowiecki an einem vierstündigen Diskussionsmarathon mit den Arbeitern der Danziger Werft teilgenommen und harte Kritik an der bisherigen Arbeit der demokratischen Regierung einstecken müssen (Neue Zürcher Zeitung vom 1./2. Sept. 1990).

1990 im September Der Stadtrat von Gdansk hat das Warschauer Nationalmuseum um die Rückerstattung der dort befindlichen Kunstschätze aus den Danziger Kirchen ersucht, die nach der Eroberung Danzigs durch die Rote Armee von den damaligen polnischen Behörden nach Warschau verschleppt worden waren. Allein in der Danziger Marienkirche hätten 21 Altäre den Krieg überstanden. Davon stünden heute nur noch acht in Danzig. Die anderen befänden sich in polnischen Museen, vor allem im Nationalmuseum in Warschau.

1990 im Oktober Das vereinte Deutschland wird jenseits von Oder und Neiße die bisherigen DDR-Konsulate in Stettin, Breslau und Danzig übernehmen.
Wie in Warschau bekannt wurde, soll später auch ein neues Konsulat der Bundesrepublik Deutschland in Krakau eröffnet werden. In dem bisherigen Gebäude des DDR-Kultusministeriums in Warschau soll ein Goethe-Institut einziehen.

Ausgewählte Bibliographie

Altpreußische Biographie, hg. von Christian Krollmann, Königsberg, 1936/1942, Gräfe und Unzer Verlag.

Blech, Ernst, Das älteste Danzig, Verlag von L. Saunier, Danzig, 1903.

Blech, Ernst, Danzig als Kunststätte, Verlag v. L. Saunier, Danzig, 1904.

Blech, A. F., Geschichte der siebenjährigen Leiden Danzigs von 1807 bis 1814, gedruckt bey Carl Heinrich Eduard Müller, Danzig, 1815.

Caspar Weinreichs Danziger Chronik, ein Beitrag zur Geschichte Danzigs, der Lande Preußen und Polen, des Hansabundes und der Nordischen Reiche, hg. v. Theodor Hirsch und F.A. Vossberg, J. A. Stargardt, Berlin, 1855.

Chronica oder Handbüchlein Danziger Geschichte, gedruckt durch Jacob Rhode, hg. v. F. Schwarz, Danzig, 1926.

Cuny, Georg, Danzigs Kunst und Kultur im 16. und 17. Jahrhundert, Verlag Heinrich Keller, Frankfurt am Main, 1910.

Curicke, Reinhold, Der Stadt Danzig Historische Beschreibung. Verlegt durch Johan und Gillis Janssons von Waeberge, Amsterdam und Dantzigk, 1688, Nachdruck.

Danzig und seine Bauten, hg. v. Westpreußischen Architekten- und Ingenieur-Verein zu Danzig, Verlag von Wilhelm Ernst & Sohn, Berlin. MCMVIII.

Edmund, Cieslak/Biernat Czeslaw, History of Gdansk, Danzig 1988.

Fendrich, G., Metallene Türme und Giebelkrönungen in Danzig (Diss.), Danzig, 1939.

Ferber-Chronik von 1511–1525 (In: Script. Rer. Pruss. V, 1874, S. 529).

Grunau, Simon, Preußische Chronik (vollendet 1531. Abgedr.: Perlbach I, 595).

Gruneweg, Martin, Danziger Chronik (um 1600) Danzig.

Keyser, Erich, Die Baugeschichte der Stadt Danzig, hg. v. Ernst Bahr, Böhlau Verlag Köln Wien, 1972.

Keyser, Erich, Danzigs Geschichte, Danzig, 1928.

Kloeppel, Otto, Die Wiederherstellung des alten Stadtbildes von Danzig, Danzig, 1935.

Lengnich, Gottfried, Jus Publicum Civitatis Gedanensis, hg. v. Otto Günther, Th. Bertling, Danzig 1900.

Leonhard, Hans, Nazi Conquest of Danzig, Chikago, 1942.

Lingenberg, Heinz, Die Anfänge des Klosters Oliva und die Entstehung der deutschen Stadt Danzig, Klett-Cotta, Stuttgart, 1982.

Löschin, Gotthilf, Geschichte Danzigs von der ältesten bis zur neuesten Zeit, in 2 Bänden, Danzig 1822 – 1823.

Löschin, Gotthilf, Beiträge zur Geschichte Danzigs und seiner Umgebungen, meistens aus alten Manuscripten und selten gewordenen Druckschriften gesammelt und hg. v. Wedelsche Hofbuchdruckerei, Danzig, 1837.

Meyer, Hans Bernhard, Danzig in schönen Bildern, 4. Aufl., 1943.

Rauschning, Hermann, Gespräche mit Hitler, Europa Verlag, Zürich, 1940.

Schütz, Caspar, Historia rerum Prussiae, Zerbst, 1592.

Schwarz, F., Das deutsche Danzig im Wandel der Zeit, Danzig 1927.

Simson, Paul, Geschichte der Stadt Danzig, in 3 Bänden, Danzig, 1913–1917, Neudruck der Ausgabe Danzig, 1967 Scientia Verlag Aalen.

Szermer, Bohdan, Gdansk – Vergangenheit und Gegenwart, Warszawa 1971.

Volmar, Erich, Danzigs Bauwerke und ihre Wiederherstellung, Danzig 1940.

Wendt, Günter, Die Danziger Giebel (Diss.), Danzig, 1942.

Personenregister